Schockwellen

Claudia Kemfert ist die wichtigste deutsche Wissenschaftlerin für Energie- und Klimaökonomie. Seit 2004 leitet sie die Abteilung Energie, Verkehr, Umwelt am Deutschen Institut für Wirtschaftsforschung (DIW Berlin) und ist Professorin für Energieökonomie und Nachhaltigkeit. Außerdem ist sie stellvertretende Vorsitzende des Sachverständigenrats für Umweltfragen (SRU), der die Bundesregierung berät. Kemfert genießt als Wissenschaftlerin weltweit höchstes Renommee und wurde für ihre Forschung vielfach ausgezeichnet. Die Bestsellerautorin erläutert die wissenschaftlichen Erkenntnisse auch in der breiten Öffentlichkeit und in vielen Medien, so läuft beispielsweise im MDR regelmäßig »Kemferts Klima-Podcast«.

Claudia Kemfert

SCHOCK-WELLEN

Letzte Chance für sichere Energien und Frieden

Campus Verlag
Frankfurt/New York

MIX
Papier aus verantwortungsvollen Quellen
FSC® C089473

Klimaneutral
Papier
ClimatePartner.com/13732-1910-1001

ISBN 978-3-593-51696-7 Print
ISBN 978-3-593-45362-0 E-Book (PDF)
ISBN 978-3-593-45361-3 E-Book (EPUB)

Umschlaggestaltung: Guido Klütsch, Köln
Umschlagmotiv: © Oliver Betke
Redaktion: Anne Büntig
Satz: DeinSatz Marburg | mg
Gesetzt aus der Scala und der Bould
Druck und Bindung: Beltz Grafische Betriebe GmbH, Bad Langensalza
Beltz Grafische Betriebe ist ein klimaneutrales Unternehmen (ID 15985-2104-1001).
Printed in Germany

www.campus.de

INHALT

VORWORT

Schockwelle auf Schockwelle: Kriegsschock, Energieschock, Preisschock, Inflationsschock, Klimaschock. Wir stecken mitten in einem fossilen Krieg, der jetzt ins Finale geht. Der Showdown des fossilen Zeitalters beginnt. Die Kräfte der Vergangenheit kämpfen ihre letzte Schlacht gegen die Kräfte der Zukunft. Es kämpft Autokratie gegen Demokratie. Es kämpft die Tyrannei eines oligopolistischen Imperiums, dem es nur um eins geht, nämlich um sich selbst, gegen die Freiheit der Medien, der Wissenschaft, der Menschen. Es kämpfen Menschen, die wollen, dass die Welt ihnen gehört, gegen Menschen, die wollen, dass die Welt allen gehört. Es kämpft die Lüge gegen die Wahrheit.

Wie furchtbar, dass es so weit kommen musste! Das Land fährt an die Wand. Den Leuten geht es schlecht. Den Armen noch schlechter. In der Ukraine sterben Menschen. Es ist das absolute Horrorszenario.

Aber jetzt sind alle wach. Jetzt wird alles gut. Jeder kümmert sich. Der eine kauft sich ein Balkonkraftwerk, die andere fährt freiwillig nur noch Tempo 100. Ein Dritter installiert eine Wärmepumpe, eine Vierte steigt aus dem Flugzeug aus und fährt mit der Bahn. Im Prinzip ist das die richtige Idee: Wir sind alle ein Teil der Lösung. Jeder und jede Einzelne ist gefordert, einen relevanten Beitrag zu leisten.

Doch leider passiert vieles nur sehr kurzsichtig: Leute kaufen in Panik Heizlüfter und Kaminholz; mancher sogar schnell noch eine neue Gasheizung. Deutschland schließt neue Gasverträge und baut Flüssiggas-Terminals. Eine echte Abkehr von fossiler Abhängigkeit sähe anders aus. Besonders ärgerlich ist, dass die Politik sich nicht traut, dem Volk etwas zuzumuten. Und der SUV-Fahrer denkt: »So schlimm kann's nicht sein, sonst wäre mein Auto längst verboten.« Statt jetzt endlich zu tun, was zu tun ist, geben wir den Schwarzen Peter weiter und hoffen, dass es schon gut ausgehen wird.

So kommt es, dass immer neue Schockwellen die Welt in Angst und Schrecken versetzen, während die fossile Wirtschaft freudig Geschäfte macht und eimerweise das Geld der Verbraucher:innen in eine Maschinerie schüttet, die eben diese Schockwellen verursacht.

Es ist zum Haareraufen: Muss der Laden erst völlig an die Wand fahren, damit alle verstehen, was los ist? Warum muss erst die Katastrophe passieren? Warum handeln wir immer nur reaktiv und nicht präventiv?

Ich bin nicht die Erste und auch nicht die Einzige, die vieles hat kommen sehen. Ich habe davor gewarnt und Vorschläge gemacht, was besser zu tun wäre. Warum ich mir bei alledem so sicher war und bin? Weil ich mich seit 25 Jahren als Wissenschaftlerin mit nichts anderem beschäftige als mit Wirtschaft, mit Energie, mit Klima- und Umweltschutz, mit Politik – und auch mit Russland!

Wie oft habe ich in all den Jahren erlebt, mit welch absurden Argumenten und wie arrogant und ignorant wissenschaftliche Fakten attackiert, verdreht oder ins Lächerliche gezogen wurden. Wie oft musste ich machtlos ertragen, wie Falschbehauptungen und Populismus politische Entscheidungen beeinflusst und uns letztendlich in diesen entsetzlichen Schlamassel geführt haben.

Wie konnte es so weit kommen?

Seit der Renaissance, dem Beginn der modernen evidenzbasierten Wissenschaft, ist die Zahl an Universitäten, Hochschulen, Instituten, Laboren und Forschungseinrichtungen jeglicher Art stetig gewachsen. Einsame Denkerstübchen sind zu weltumspannenden Denkfabriken geworden, mit einem enormen Output, der nicht nur an Quantität, sondern auch an Qualität exponentiell zugenommen hat. Wurde ein Goethe noch als Universalgelehrter gefeiert, so haben wir 200 Jahre später so viel Wissen, dass ein einzelner Mensch es nicht mehr erfassen kann. Genau das wird jetzt zum Problem. Weil es so viel mehr Wissen gibt, als wir individuell verstehen und begreifen können, müssen wir vertrauen. Oder, wie manche sagen, »glauben«. Aber dieses

»Glauben«, das so harmlos daherkommt, ist in Wahrheit ein Begriff der Wissenschaftsfeinde.

Nein, wir glauben nicht. Wir wissen.

Anders als die von Gott auserwählten Kaiser und Könige aus vordemokratischer Vergangenheit behaupten wir nicht, qua göttlicher Eingebung zu einer Erkenntnis gekommen zu sein. Nein, unser heutiges Wissen ist kein aristokratisches Privileg. Uns wird nicht nachts im Traum eine Botschaft von einer spirituell höheren Macht eingeflüstert. Die Erkenntnisse werden auch nicht mit autoritärer Gewalt dem Volk als alleinige Wahrheit übergestülpt.

Nein, unser wissenschaftliches Wissen ist in einem demokratischen, transparenten Verfahren bei Licht des Tages gewachsen. Es wird laufend hinterfragt und überprüft. Dieses Wissen wird einer interessierten bürgerlichen Weltgemeinschaft kostenlos zur Verfügung gestellt. Die Menschen können darauf aufbauend in freier und fairer Abstimmung miteinander die Schlüsse ziehen, die ihren Werten entsprechen. Auf diese Mechanismen freier Wissenschaft in einer demokratisch geregelten Welt können wir vertrauen.

Das Zusammenspiel von Wissenschaft und Demokratie hat die einstige Allianz von Monarchie und Religion aufgebrochen und ersetzt. Die Aufklärung wurde zum Auftakt einer demokratischen Bewegung, die ihren Weg noch immer nicht abgeschlossen hat. Die Beharrungskräfte des alten Blut-Adels sind stark. Aber die Befreiungskräfte der Menschen sind stärker.

Die heutige Wissenschaftsfeindlichkeit entspringt eben nicht dem Drang nach Aufklärung und Befreiung. Sie entspringt ganz im Gegenteil einer autoritären und nach Großmacht strebenden Kraft. Sie behauptet lediglich, den Menschen zu dienen, während sie den Planeten plündert und den Menschen eine neue Erbschuld auferlegt, die über Generationen abgezahlt werden muss. Das fossile Imperium ist ein gewaltiges Geflecht, das sich um den gesamten Globus spannt. Es sind nicht die Russen, die Amerikaner, die Saudis. Es sind die Fossilen.

Diese Macht hat nicht den einen Stellvertreter Gottes auf Erden, keinen heiligen Vater, vor dem alle niederknien, kein kirchliches Oberhaupt, sondern viele Köpfe – wie Hydra, der Wasserdrachen aus der antiken Mythologie. Hydra war die Schwester von Kerberos, dem Höllenhund, von Chimäre, deren Name zum Synonym für Hirngespinste und Trugbilder geworden ist, und von der Sphinx, jenem Dämon der Zerstörung und des Unheils. Was für eine mafiöse Familie!

Gegen Hydra im Kampf zu gewinnen war schier unmöglich. Immer wenn ein Kopf abgeschlagen wurde, wuchsen zwei neue nach. Erst Herkules, ein Mensch mit übernatürlichen Kräften, fand einen Weg, das Ungeheuer zu töten. Er tat es nicht allein. Er hatte seinen Neffen Iolaos an seiner Seite, der ihn als Wagenlenker bei der Bewältigung aller seiner Aufgaben begleitete. Gemeinsam gelang ihnen der Sieg über Hydra: Sobald Herkules mit seiner Keule einen Kopf abgeschlagen hatte, griff Iolaos zur Fackel und brannte den enthaupteten Hals aus, damit kein neuer Kopf nachwachsen konnte.

Warum ich das erzähle? Weil ich vor vielen Jahren bei der Neujahrsfeier des Bundesverbandes Erneuerbarer Energien (BEE) eine Keynote mit den Worten begonnen habe: »Die Energiewende ist eine gewaltige Aufgabe. Man könnte sagen: eine Herkules-Aufgabe. Zum Glück hat Deutschland jetzt endlich einen Energieminister. Aber ist der auch ein Herkules?«

Der damalige Energieminister, so kam mir später zu Ohren, habe sich durch meine Rede verspottet gefühlt und sei, obwohl er die ursprüngliche Einladung abgesagt hatte, spontan noch auf der Jahresfeier erschienen, um dort ordentlich über mich herzuziehen. Nun denn, ich hatte es ernst gemeint und wollte niemanden verspotten.

Die Energiewende ist eine Herkulesaufgabe. Und wir müssen verstehen, dass niemand sie im Alleingang bewältigen kann. Denn diese Herkulesaufgabe hat mehr zum Ziel als das Ende der fossilen Energien. Es geht um eine sozial-ökologische Marktwirtschaft, die sich in rechtsstaatlich organisierter Gewaltenteilung transparent selbst kontrolliert und permanent erneuert. Es geht um ein faires und fürsorgliches Miteinander. Um Demokratie. Um Freiheit. Um Frieden.

Ich bin keine Kämpferin, aber ich stehe gern helfend bereit, um mit dem Feuer der Wissenschaft den halsstarrigen Hohlköpfen der fossilen Hydra den Garaus zu machen. Wer auch immer aufbricht, um den Kampf gegen den angeblich unbesiegbaren Drachen zu führen – ich werde nicht den Wagen lenken, aber gern den Blick. Und meine Fackel wird hoffentlich hell genug leuchten, damit die vielen Drachenköpfe deutlich zu erkennen sind.

Mit diesem Buch möchte ich den Blick auf die Vergangenheit öffnen, um die Gegenwart besser zu beleuchten. Die letzten 20 Jahre habe ich als

Zeitzeugin miterlebt. Meine persönlichen Erlebnisse und Erfahrungen können hoffentlich dazu beitragen, die Herausforderungen der Zukunft erfolgreicher anzugehen. Ohne eine ehrliche Aufarbeitung vergangener politischer und ökonomischer Entscheidungen wird es keinen kraftvollen Neustart geben.

Deswegen gehe ich in diesem Buch den Schockursachen auf den Grund: Für die Gesellschaft war der Beginn des russischen Angriffskriegs auf die Ukraine eine Art von Erwachen aus einem jahrelangen Dornröschen-Schlaf, für die Wissenschaft nicht.

Energie ist eine Waffe in Putins Masterplan. Was heute so offensichtlich ist, war schon früh als Muster erkennbar. Die Wissenschaft warnte, aber die Politik wollte nicht sehen. Stattdessen wurden falsche Lehren und Schlüsse gezogen – und das, obwohl es schon viele Lösungsansätze gab, die aufgrund anderer Schockwellen bereits im Entstehen waren.

Wieso wussten manche schon so viel früher, was uns erwartete? Wann begann die Abhängigkeit von Russland, wieso haben wir Putin so sehr vertraut, und welche Rolle spielten Wirtschaft und Politik dabei? Hat Angela Merkel als Physikerin das Energieproblem und die Abhängigkeit von Russland wirklich nicht verstanden? Gerhard Schröder jedenfalls war ganz sicher nicht bloß gutgläubig und naiv.

Mächtige und finanzstarke Verhinderer haben die Energiewende strategisch blockiert. Das ist kein rein deutsches Problem. Lobbygruppen und Konzerne beeinflussten gezielt Politik und öffentliche Meinung und beschädigten damit die Grundfesten der Demokratie. Die verantwortlichen Politiker:innen haben bis heute nicht aus den Fehlern gelernt. Brückentechnologien jedenfalls benötigen wir keine mehr. Auch vor einer Deindustrialisierung brauchen wir keine Angst zu haben. Wir müssen nur endlich den Fuß von der Energiewende-Bremse nehmen.

Politik und Bevölkerung, also wir alle, haben es in der Hand, uns aus der fatalen Schockstarre zu lösen und effektive Bewältigungsstrategien der multiplen Krisen in Angriff zu nehmen. Die Energiewende ist mehr als ein simpler Wechsel der Energiequelle. Sie ist unsere letzte Chance für sichere Energien und Frieden.

Berlin/Oldenburg im Winter 2022/2023

KAPITEL 1

VERPASSTES ENERGIEEMBARGO

Was wurde aus der Zeitenwende?

Ein schnelles Energieembargo gegen Russland wäre sinnvoll und ökonomisch vertretbar! So lautete die wissenschaftliche Empfehlung an die Bundesregierung gleich zu Beginn des russischen Angriffskriegs gegen die Ukraine. Doch der Bundeskanzler entschied sich dagegen, mit einer überraschenden Begründung: Er vertraute lieber den Empfehlungen der Wirtschaft.

Alle Horrorszenarien werden wahr

Donnerstag, 24. Februar 2022. An jenem Morgen blickte ich auf mein Handy, wo in allen Medien die immer gleiche Eilmeldung aufblitzte. In den frühen Morgenstunden waren russische Truppen von mehreren Seiten in die Ukraine eingedrungen. Medien berichteten von Raketenangriffen und dem Einsatz von Kampfflugzeugen. Kämpfe sollen auch in der Tschernobyl-Zone nahe dem Atommülllager stattgefunden haben. Die in den Wochen zuvor an der ostukrainischen Grenze stationierten russischen Streitkräfte waren entgegen allen Beteuerungen nicht abgezogen worden. Stattdessen rückte weiteres Militär an die Grenze nach.

»Was für ein Albtraum!«, war mein erster Gedanke. »Seit über 20 Jahren habe ich davor gewarnt, dass so etwas passieren kann. Jetzt werden alle Horrorszenarien wahr: Der fossile Energie-Krieg eskaliert!«

Bei der Sitzung des Sachverständigenrats für Umweltfragen an diesem Tag traf ich auf meine Kolleg:innen. Alle waren erschüttert. Nur mit Mühe folgten wir der Tagungsordnung. Immer wieder schweifte unser Gespräch ab, und wir diskutierten Ursachen und Folgen des militärischen Angriffs. Den ganzen Tag behielten wir die Nachrichten im Blick. Wie reagierte Deutschland, wie Europa, wie die westliche Welt?

Schon am Tag zuvor hatte Deutschland die Zertifizierung und damit die Inbetriebnahme der Gas-Pipeline Nord Stream 2 gestoppt. Das war ein letzter verzweifelter Versuch gewesen, dem russischen Autokraten Putin zu drohen: Wenn du es wagst, einen Krieg zu beginnen, wirst du einen hohen Preis bezahlen!

Es hatte nichts genutzt. Am Abend hatte der ukrainische Präsident Wolodymyr Selenskyj den Ausnahmezustand verhängt. In der Nacht kam der Angriff. Seit den Morgenstunden galt das Kriegsrecht.

Am Vormittag trat Außenministerin Annalena Baerbock vor die Presse. Ihr erster Satz lautete: »Wir sind heute in einer anderen Welt aufgewacht.«

Wohl wahr. Dies ist ein Krieg, der alles verändert. Die Energiekrise, die Klimakrise, die Demokratie-Krise, alles. Diesen Warnschuss haben jetzt alle gehört! Jetzt wachen die Menschen auf. Wenn dieser Krieg nicht völlig eskaliert, dann ist jetzt unsere letzte Chance, das Ruder herumzureißen.

»Aber wenigstens sind wir dann schnell tot«

Dies war nicht irgendein Krieg. Er fand nicht irgendwo in der Welt statt, sondern dicht vor den Toren der Europäischen Union. Seine Schlachtfelder lagen näher an Berlin als die Urlaubsstrände auf Mallorca. Der Aggressor war die zweitgrößte Atommacht der Welt, und die russischen Raketen waren nach Westen ausgerichtet – in derselben Richtung, wie jetzt in hohem Tempo die Truppen vorrückten.

Egal, mit wem ich in jenen Tagen sprach, die Menschen hatten Angst. Sie waren geschockt. Sie standen hilflos neben sich und fragten sich, ob irgendetwas in ihrem Alltag gerade noch einen Sinn ergab.

»Vielleicht ist übermorgen alles vorbei«, sagte mein Nachbar und meinte damit nicht den Krieg in der Ukraine, sondern sein eigenes Leben. Ich versuchte, ihm Mut zu machen: »So schnell geht das nicht!«

Er winkte ab: »Sie haben gut reden! Wenn die ganz große Bombe fällt, dann garantiert auf Berlin. Aber wenigstens sind wir dann schnell tot.«

Ich telefonierte mit einem befreundeten Fachkollegen in den USA. »Es ist schrecklich«, sagte er, »seit Jahrzehnten habt ihr Deutschen euch zu abhängig von Russland gemacht und Putin das Geld in den Rachen geworfen. Jetzt müssen die Ukrainer dafür bluten. Hoffentlich verstehen es die Menschen jetzt.«

»Ja«, sagte ich, »die Leute sind ja nicht blöd.«

»Aber wissen sie, was jetzt zu tun ist?«, fragte er. »Entweder schlägt irgendwann die Klimakatastrophe zu oder Europa geht vorher im fossilen Krieg zugrunde. Ihr müsst jetzt handeln!«

»Letztes Jahr die Flutkatastrophe im Erft- und Ahrtal. Mehr als 180 Tote allein in Deutschland, plus 42 in Belgien. Das vergessen die Menschen nicht«, entgegnete ich zuversichtlich. »Dazu die wirtschaftlichen Schäden in den betroffenen Gebieten, schätzungsweise 40 bis 50 Milliarden Euro. Und nun der brutale Angriffskrieg des größten fossilen Imperiums der Welt. Jetzt weiß doch jeder, dass fossile Energien brandgefährlich sind.«

»Wollen wir's hoffen«, sagte er nachdenklich. »In den USA verstehen das leider längst noch nicht alle.«

Drei Tage nach Kriegsbeginn und nach drei Tagen des Schweigens trat der Bundeskanzler Olaf Scholz vors Parlament. Es war ein Sonntag.

Der Bundestag war wegen des Ukraine-Kriegs zu einer Sondersitzung zusammengekommen. Erwartungsvoll blickten alle auf den Kanzler, als er ans Rednerpult trat.

»Wir erleben eine Zeitenwende«, fing er an. »Und das bedeutet: Die Welt danach ist nicht mehr dieselbe wie die Welt davor.«

Er redete lange, bekam großen Applaus. Hängen blieb das Wort »Zeitenwende«. Es wurde fortan so oft zitiert, dass es Top-Favorit im Wettstreit um den Titel »Wort des Jahres« war. Es wurde in den Feuilletons aller großen Zeitungen in jeglicher Bedeutungsebene rauf und runter diskutiert. Im Laufe der folgenden Monate erschienen unzählige Bücher und Artikel mit dem bald schon fast überstrapazierten Begriff.

Die Zeitenwende, oder besser die Entscheidung, die Olaf Scholz mit der wohl bislang bedeutendsten Rede seiner Karriere einläutete, war viele Milliarden Euro schwer und bedeutete vor allem – und bislang leider fast ausschließlich – erhebliche Veränderungen in der deutschen Sicherheitspolitik: Die Partnerschaft mit Russland wurde auf- und klare Unterstützung für die Ukraine angekündigt, finanziell, wirtschaftlich, humanitär, politisch und durch die Lieferung von Waffen. Zudem sollte das Bemühen um einen EU-Kandidatenstatus der Ukraine und der Republik Moldau verstärkt werden. Das klare Bekenntnis zur NATO drückte sich vor allem durch das wenige Wochen später vom Parlament verabschiedete 100-Milliarden-Euro-Paket für die Bundeswehr aus; schließlich hatte Deutschland jahrelang die Zielmarke der NATO, 2 Prozent der Wirtschaftskraft für Verteidigung auszugeben und davon mindestens 20 Prozent in Rüstungsvorhaben zu investieren, deutlich unterschritten. Jetzt näherte sich der deutsche Verteidigungshaushalt dieser Zahl wenigstens an.

Und sonst? Zumindest in der Bevölkerung kehrte rasch Ernüchterung ein. Schon im Sommer war von dem Gefühl dieser ersten Tage nicht viel übrig geblieben. Mein Nachbar wollte vom Ukrainekrieg nichts mehr hören. Die Angst vor hohen Energiepreisen und die Inflation trieben ihn mehr um. »Alles wird teurer«, stöhnte er. »Der Krieg kann ja noch ewig dauern. Wie soll es denn weitergehen ohne russisches Gas? Das kann doch keiner bezahlen.«

Ich holte Luft, um zu antworten, doch er winkte ab. »Energiewende, ich weiß, Frau Kemfert! Dauert aber zu lange. Dieses Jahr werde ich die Gasnachzahlung noch stemmen. Aber wer zahlt sie nächstes Jahr?«

In mir nagte der Zweifel: Erleben wir tatsächlich eine Zeitenwende? Und wenn ja, ist es die, die ich erhofft und erwartet hatte?

Schrecksekunde in der Nacht

Der Krieg, von dem die meisten zu Beginn gedacht hatten, er sei mit einer schnellen Niederlage der Ukraine nach wenigen Tagen beendet, dauerte an. In den ersten Wochen wachte ich oft nachts auf und fragte mich, wie es wohl weitergehen werde. Die Ereignisse bereiteten mir große Sorgen – wie wohl uns allen. Jeden Moment drohte der Krieg weiter zu eskalieren. Es war eine extrem volatile Situation. Die Lage könnte schnell aus dem Ruder laufen. Alles war möglich.

In der Nacht zum 4. März war ich mal wieder nach unruhigen Träumen erwacht und blickte schläfrig auf mein Handy, um nach der Uhrzeit zu schauen. Dort blitzte die Eilmeldung auf: »Feuer in AKW Saporischschja!«

»Was für ein Horror!«, schoss es mir durch den Kopf. Saporischschja ist Europas größtes Atomkraftwerk und nur wenige Hundert Kilometer von Deutschland entfernt. Ich konnte in dieser Nacht nicht wieder einschlafen, meine Gedanken kreisten: »Hoffentlich gibt es keinen neuen Super-GAU wie in Tschernobyl. Das träfe ganz Europa. Putin will uns in Furcht und Schrecken versetzen, keine Frage. Er spielt mit unserer Angst. Trotzdem ist natürlich so ein Negativ-Szenario nie ausgeschlossen.« Ich hoffte, dass den Menschen die Augen aufgehen würden.

Zahlreiche Wissenschaftler:innen hatten davor gewarnt: Bomben auf einen Atomreaktor konnten eine nukleare Katastrophe auslösen. Die Gefahr eines militärischen oder terroristischen Angriffs auf ein Atomkraftwerk wurde schon seit Jahrzehnten diskutiert. Keines der mehr als 100 Atomkraftwerke in Europa war gegen einen solchen Anschlag gefeit.

Die Menschen waren beunruhigt und stellten Fragen. Aufgrund der verstärkten Suchanfragen bot Googles künstliche Intelligenz automatisch Fragen wie diese an: Wie wahrscheinlich ist es, dass ein Atomkraftwerk explodiert? Wie weit strahlt ein Atomkraftwerk, wenn es explodiert? Was passiert in Deutschland, wenn in der Ukraine das Atomkraftwerk explodiert?

Offenbar wurde plötzlich vielen Menschen klar, wie real die Gefahr war.

Der Krieg währt bei Drucklegung dieses Buches schon fast ein Jahr. Ein Ende ist nicht abzusehen. Selbst erfahrene Militärfachleute scheuen Vorhersagen. Zu sehr hatten sie anfangs danebengelegen. Wie wir heute wissen, ist aus dem »Blitzkrieg« ein langwieriger und brutaler Krieg geworden. Es sind Zehntausende gefallene Angehörige des Militärs auf beiden Seiten zu beklagen, Tausende getötete und verletzte Zivilist:innen, darunter Hunderte Kinder.

Schätzungen gehen allein von 14,6 Millionen Geflüchteten von Kriegsbeginn bis Ende Oktober 2022 aus, die die Ukraine verlassen haben; anfangs kamen teilweise über 200 000 Menschen pro Tag. Fast eine Million ukrainische Staatsangehörige sind bereits bis Ende September nach Deutschland eingereist und wurden erfasst. Deutschland zeigte sich angesichts der Fluchtwelle von seiner freundlichen Seite. Die Hilfsbereitschaft war und ist immer noch groß.

Fassungslos, aber nicht hilflos

Unzählige Bilder und Berichte über Gräueltaten und Massaker gingen um die Welt. »Diese Bilder werden den Krieg in eine neue Dimension katapultieren«, kommentiert Anfang April die *Süddeutsche Zeitung*. Um die Öffentlichkeit nicht allzu sehr zu verstören, wurden die meisten Aufnahmen verpixelt gezeigt. Trotzdem sind Orte wie Butscha und Mariupol, vorher den wenigsten Deutschen ein Begriff, zum Synonym für Kriegsverbrechen geworden.

Das Entsetzen darüber war groß, aber auch die Wut und die Entschlossenheit, dem Aggressor irgendetwas entgegenzusetzen.

Schon am Morgen des 24. Februar hatte die deutsche Außenministerin Baerbock erklärt: »Wir alle sind heute Morgen fassungslos, aber wir sind nicht hilflos«, und angekündigt: »Wir werden das volle Paket mit massivsten Sanktionen gegen Russland auf den Weg bringen.«

Tatsächlich hatte die Europäische Union schon am Vorabend des Krieges, nämlich am 23. Februar 2022, das allererste Sanktionspaket beschlossen – damals in Reaktion auf die völkerrechtswidrige Anerkennung der »Volksrepubliken« im Donbas durch Russland. Vermögenswerte aller 351 Mitglieder der russischen Staatsduma wurden eingefroren; es gab Reiseverbote und andere restriktive Maßnahmen gegen einzelne Personen, Banken und Geschäftsleute. Und am 25. Februar, keine 48 Stunden nach Kriegsbeginn, hatte man prompt das zweite Sanktionspaket auf den Weg gebracht.

Schnell war klar gewesen, dass es keine direkte Beteiligung der NATO geben würde. Niemand wollte das Risiko einer militärischen Eskalation eingehen. Aber genauso klar war, dass der Angriff Russlands gegen die Ukraine ein Angriff gegen das westliche Lebensmodell, gegen Demokratie und Menschenrechte als Ganzes war und mit aller Entschlossenheit auf politischer und wirtschaftlicher Ebene beantwortet werden müsse.

Im Februar und März 2022 verhängte die EU zwei weitere Sanktionspakete mit Einreise- und Vermögenssperren gegen zahlreiche hochrangige belarussische Militärs und Mitglieder des russischen Föderationsrats, einem Importverbot für Stahl und Eisen, einem Verbot von Investitionen in Ölunternehmen und den Energiesektor sowie einem Exportverbot für Luxusgüter. Das fünfte bis achte Sanktionspaket folgten im April, Juni, Juli und Oktober.

Doch all diese Maßnahmen würden erst nach einer gewissen Zeit ihre volle Wirkung zeigen. Die öffentliche Debatte kreiste deswegen um die Frage, wie man Russland so schnell wie möglich und so stark wie möglich treffen konnte, damit Putin seinen Krieg aufgab oder wenigstens zu Friedensgesprächen bereit war. Ein Druckmittel gab es, das garantiert Wirkung zeigen würde: ein sofortiger Importstopp von Kohle, Öl und Gas aus Russland.

Ein Energieembargo, da waren sich alle einig, würde ohne Frage Russland erheblich treffen. Etwa ein Fünftel des russischen Bruttoinlandsprodukts hängt an der Energiewirtschaft und damit hauptsächlich an Kohle, Öl und Gas. Fossile Energieträger machen rund zwei Drittel der gesamten Exporterlöse Russlands aus.

Der Energiesektor macht rund ein Drittel des russischen Staatshaushalts inklusive Steuern und Abgaben aus. Fiele ein Großteil durch ein Embargo weg, würde Russlands Wirtschaft stark beeinträchtigt werden – und ein wirtschaftlich geschwächtes Land ist auch militärisch geschwächt.

Außerdem basierte der russische Machtapparat im Wesentlichen auf engen personellen und finanziellen Verflechtungen mit der Energiewirtschaft. Putin hatte seit 1999 die Rückverstaatlichung des Energiesektors gezielt vorangetrieben und alle Schlüsselpositionen in der Energiewirtschaft mit engen Vertrauten besetzt. Ein entschlossenes und konsequentes Energieembargo gegen Russland würde diesen Machtapparat also ebenfalls empfindlich treffen.

Energieembargo – eine Diskussion und ein Irrtum

In Deutschland war die Diskussion zu dem Energieembargo besonders intensiv, denn Deutschland ist Putins bester Kunde, was das fossile Geschäft angeht. Kaum ein anderes Land importiert mehr Kohle, Öl und Gas aus Russland als Deutschland. In den ersten beiden Kriegsmonaten soll Deutschland alleine 9,1 Milliarden Euro für Energie an Russland gezahlt haben. Umgekehrt ist Deutschland nach China, den Niederlanden und dem Vereinigten Königreich für Russland der viertwichtigste Handelspartner und Russland machte 2020 etwa 5,5 Prozent seines Exportgeschäfts mit deutschen Unternehmen.

Deswegen gab es zahlreiche prominente Stimmen aus der Politik, die Deutschland aufriefen, die milliardenschweren Lieferungen von Gas, Erdöl und Kohle aus Russland und vor allem den entgegengesetzten Geldfluss zu unterbrechen. Sofort.

Neben US-Außenminister Antony Blinken gehörte dazu vor allem der ukrainische Präsident Wolodymyr Selenskyj. Er zeigte sich enttäuscht, dass Deutschland sich schon bei den Waffenlieferungen an die Ukraine extrem zurückhielt, und forderte nunmehr wenigstens deutliche wirtschaftliche Sanktionen ein. Ein Energieembargo befürworteten auch Prominente aus den Regierungsfraktionen, etwa Jürgen Trittin (Grüne), Agnes Strack-

Zimmermann (FDP) und die Juso-Vorsitzende Jessica Rosenthal (SPD). Auch aus der Opposition kam Zuspruch für einen solch radikalen Importstopp von fossilen Energien, beispielsweise von Norbert Röttgen, Jens Spahn und Paul Ziemiak (alle CDU). Aus den Fraktionen der Linken und der AfD sprach sich hingegen niemand für ein Energieembargo aus.

Am deutlichsten aber begrüßte die deutsche Bevölkerung die Idee eines Energieembargos. Laut ZDF-*Politbarometer* waren Anfang März 55 Prozent der Befragten dafür, kein russisches Öl oder Gas mehr einzuführen, auch wenn es dann in Deutschland zu Versorgungsproblemen käme. Die Menschen wollten offenbar, dass die deutsche Reaktion auf den Angriff für Putin so schmerzhaft wie möglich ausfiel, und scheuten auch keine eigenen negativen Auswirkungen.

Zu einem vergleichbaren Ergebnis kam zur gleichen Zeit auch das Meinungsforschungsinstitut Civey in einer repräsentativen Umfrage. Sie hatten gefragt: »Wären Sie bereit, aufgrund möglicher Sanktionen gegen Russland persönlich wirtschaftliche Konsequenzen zu tragen (z.B. erhöhte Energiekosten)?« 54 Prozent antworteten mit Ja. 37 Prozent sagten, sie seien auf jeden Fall bereit, die Folgen zu tragen, 17 Prozent antworten mit »eher Ja«.

Umso erstaunlicher schien es, dass sich Bundeskanzler Olaf Scholz (SPD) zeitgleich entschlossen gegen einen Importstopp aussprach. Er behauptete, dieser könne nicht von heute auf morgen wirksam werden. Bei überhasteten Schritten drohe Deutschland eine Rezession. Was genau ihn zu dieser Einschätzung bewogen hat, verriet er nicht. Deswegen kann man nur spekulieren, welche Motive seine Entscheidung beeinflussten.

Sicher, ein Bundeskanzler muss immer abwägen, die möglichen Wirkungen auf Gesellschaft und Gemeinwohl im Blick haben und darf sich nicht von Umfragen leiten lassen. Vermutlich befürchtete er einen möglichen Volksaufstand, der ausbrechen könnte, wenn die persönlichen wirtschaftlichen Konsequenzen doch höher ausfielen als gedacht.

Das technisch wirkende Argument, man könne einen Importstopp nicht von heute auf morgen machen, war jedenfalls vorgeschoben. Denn kurz darauf beschloss die EU ein gemeinsames Kohle-Embargo, dann auch ein Öl-Embargo. Beides trat erst zeitlich verzögert ein. So hätte man auch ein Gasembargo gestalten können.

Doch auch das zweite Argument, dass Deutschland eine Rezession einzig und allein durch ein Energieembargo drohe, schien wenig stichhaltig. Denn Deutschland drohte sowieso eine Rezession – mit oder ohne Embargo. Der Krieg würde in jedem Fall – auch ohne jedes Embargo – die Energiepreise auf den Weltmärkten steigen lassen.

Warum ein Krieg die Energiepreise steigen lässt

Fossile Energie wird zu großen Teilen mit sehr viel Vorlauf gekauft. Man muss zum Kaufzeitpunkt also den Verkaufspreis in einer ungewissen Zukunft abschätzen. Je länger im Voraus ich plane, desto ungewisser ist der Preis, aber je größere Mengen ich abnehme, desto billiger wird es. Die Mindestbedarfe werden über Jahre im Voraus in großen Mengen billig vertraglich abgesichert; die Spitzenverbrauchswerte werden kurzfristig teuer dazugekauft. In Friedenszeiten, wo sich alle wie gewohnt verhalten, kann man aufgrund der Erfahrungswerte relativ entspannt Vorhersagen treffen. Im Winter wird mehr Gas gebraucht als im Sommer. Das kann man auf Jahre hinaus am Kalender ablesen. In einem milden Winter wird weniger verbraucht als in einem kalten. Für die Kalkulation werden meteorologische Daten und Prognosen hinzugezogen. Deswegen gibt es im Gashandel ausgeklügelte Computerprogramme, die versuchen, derlei Faktoren bei einer umfassenden Risikobewertung auszubalancieren.

Ein Krieg aber bringt alles durcheinander. Hier taucht eine Vielzahl von neuen Risiken auf, die sich auf die Marktpreise auswirken. Ähnlich wie Menschen in Krisen anfangen, beispielsweise Mehl und Toilettenpapier zu hamstern, gibt es in Krisen auch auf den Energiemärkten verstärkte Aktivitäten. Dazu gehören auch Spekulanten, die auf eine Verschlechterung der Lage und damit auf steigende Preise wetten, indem sie Energie kaufen, ohne sie selbst zu brauchen oder handeln zu wollen. Sie hoffen auf Profit und treiben damit die Preise zusätzlich in die Höhe.

Insofern war auch schon weit vor dem 24. Februar 2022 erkennbar, dass die sich zuspitzende Lage an der Grenze zwischen Russland und der Ukraine die Preise für fossile Energien steigen ließ. Der Ausbruch des Krieges würde die Preise also garantiert weiter steigen lassen. Denn früher oder später war damit zu rechnen, dass zwischen Russland und Europa kein Gas und kein Öl mehr fließen würde. Und dabei war es egal, ob Putin Stopp sagte oder die EU.

Das Einzige, was die Preissteigerung stoppen konnte, war ein schnelles Ende des Krieges. Und dafür war ein Embargo ein ziemlich vielversprechendes Instrument.

Wenn die Preise steigen, ist die deutsche Wirtschaft belastet. Ist sie überlastet, gibt es eine Rezession. Aber ist es das Ende? Natürlich nicht. Es ist schlimm, das ist keine Frage. Aber es ist machbar. Jedenfalls haben wir das schon in der Corona-Pandemie erlebt – und ganz gut überstanden. Im Jahr 2020 geriet nämlich die deutsche Wirtschaft nach zehn Jahren des Wachstums in eine tiefe Rezession. Das war für manche Branchen – Gastronomie, Luftverkehr, Tourismus, Kultur und so weiter – durchaus dramatisch, aber es bedeutete für Deutschland nicht den Untergang. Manche Branchen haben sogar davon profitiert, der Onlinehandel zum Beispiel.

Warum ein Energieembargo richtig gewesen wäre

Ich persönlich habe mich für ein schnelles Energieembargo eingesetzt. Ein frühzeitiges Energieembargo hätte ein früheres Ende des Kriegs bewirken können – und zwar sowohl ein Ende des brutalen Angriffskriegs gegen die Ukraine als auch ein Ende des Energiekriegs gegen den Westen. Mit einem Energieembargo hätten wir den Spieß einfach umgedreht: Statt dass Putin uns den Gashahn zudreht, drehen wir ihm den Geldhahn zu. Mit einer radikalen Abkehr von fossilen Energien erschweren wir die Finanzierung eines Kriegs und jeglicher Repressalien gegen die russische Bevölkerung. Gleichzeitig machen wir uns unabhängig. Und wir schaden Putin. Schließlich ist der Verkauf von Energien seine Haupteinnahmequelle.

Aus Angst vor Preissteigerungen ein Embargo auszuschließen ist ein Logikfehler, der sich wissenschaftlich klar widerlegen lässt. Auch ohne

Sanktionen bekämen wir keine billige Energie, denn ein Verzicht auf Sanktionen führt nicht automatisch zu keinem Energie-Stopp und auch nicht automatisch zu billiger Energie wie bisher.

Um es in formaler Logik auszudrücken: Wenn die Aussage »A bewirkt B« wahr ist, folgt daraus eben nicht automatisch, dass auch »Nicht A bewirkt Nicht B« wahr ist. Wenn es regnet, werde ich nass. Stimmt. Wenn es nicht regnet, werde ich nicht nass. Das stimmt nicht, wenn ich gerade unter der Dusche stehe. Denn B kann auch durch etwas anderes ausgelöst werden. Nicht nur wir könnten mit einem Embargo »Stopp« sagen, sondern mindestens genauso einfach auch Putin – und zwar ganz unabhängig davon, ob wir Sanktionen erheben oder nicht. Und genau so ist es ja auch gekommen.

Zu glauben, Putin würde diesen Schritt nicht gehen, bedeutete, das Ruder aus der Hand zu geben. Dabei war von Anfang an klar: Schnellstmöglich zu Alternativen zur russischen Energie zu wechseln ist folgerichtig und zwingend nötig – und zwar sowohl im Falle eines selbstbestimmten Importstopps als auch bei einem fremdbestimmten Lieferstopp durch Putin. Ein Verzicht auf russische Energie ist energiewirtschaftlich möglich, wie unsere Berechnungen gezeigt haben – und wie sich in der Realität auch bestätigt hat. Die deutschen Speicher waren vor der anvisierten Zeit wieder gefüllt – am Ende auch ohne russisches Gas.

Natürlich hatten wir ohne Embargo noch einige Monate länger Zeit, das russische Gas zu ersetzen. Aber leider haben wir diese Monate über auch Milliarden Euro in Putins Kriegskasse gespült. Ein frühzeitiges Energieembargo wäre schmerzhaft gewesen und hätte vielleicht bedeutet, dass wir den Sommer über hätten stärker Energie sparen müssen. Aber auch das wäre – gerade im Sommer – möglich gewesen, wie wir in unseren Modellrechnungen zeigen konnten.

Ein frühzeitiges Energieembargo wäre ein deutlicher Schlag gegen Putin gewesen und darüber hinaus ein Befreiungsschlag für Deutschland, der uns erlöst hätte aus der Energieabhängigkeit und der Fremdbestimmtheit. Es hätte uns als Nation zusammengeführt und die Solidarität Europas gefestigt, die Deutschland aufgrund seines Zauderns strapaziert hat.

Nun lag offen, dass sich Deutschland nicht von Logik und Vernunft leiten ließ, sondern von einer unlogischen, diffusen Angst vor Wohlstandsverlust. Damit war auch klar, dass Putin mit dem Lieferstopp eine sehr mächtige Waffe in der Hand hatte, die er wie seine Folterinstrumente nach und nach zum Einsatz bringen würde – was er dann ja auch tat.

Auswege aus der Abhängigkeit

Natürlich war Deutschland, aber auch Europa insgesamt enorm abhängig von den russischen Energielieferungen. Etwa ein Viertel des nach Europa importierten Öls und Gases kam aus Russland und sogar rund 50 Prozent der Kohle. Manche Länder kauften deutlich mehr Öl aus Russland, beispielsweise Tschechien, Ungarn oder die Slowakei, die direkt an der sogenannten »Freundschafts-Pipeline« hängen. Deutschland importierte vor allem Gas. Laut Wirtschaftsminister Robert Habeck hatten wir zu Beginn des Angriffskriegs im Frühjahr 2022 einen »Import von 55 Prozent Gas, 50 Prozent Kohle und 35 Prozent Öl aus Russland«. Genau das machte Deutschland wirtschaftlich besonders verletzlich.

Aber war die Lage wirklich so aussichtslos, wie der Kanzler es offenbar befürchtete? Nein, denn es gab Alternativen zur Abhängigkeit. Auf dem Weltmarkt gibt es ein ausreichendes Angebot an Öl, Kohle und auch Gas. Es wäre teuer geworden, aber es wäre machbar gewesen. Russland hat auf keine Energiequelle ein alleiniges Monopol. Und es hat sich ja gezeigt, dass wir alle notwendigen Ressourcen zusammenbekamen.

Öl und Kohle konnten immer schon problemlos aus anderen Ländern bezogen werden. Für Steinkohle gibt es leicht verfügbare alternative Lieferanten, etwa Südafrika oder Kolumbien. Auch Öl ist auf dem Weltmarkt derzeit nicht knapp. Die OPEC kann ihre Förderquoten erhöhen, die USA können das auch tun.

Nur beim Gas war es komplizierter, aber auch hier war russisches Erdgas nicht alternativlos. Deutschland bezog anteilig so viel Gas aus Russland wie kaum ein anderes Land auf der Welt. Aber wir waren nicht nur wegen der enormen Menge an Gas besonders verletzlich, sondern vor allem, weil wir durch die direkte Nord-Stream-Pipeline nach Russland weniger Ausweichmöglichkeiten hatten. Andere EU-Länder hatten – wie in der gemeinsamen Energie-Union vereinbart – die Abhängigkeit zu Russland in den letzten zehn Jahren deutlich vermindert und Flüssiggas-Terminals gebaut. Deutschland hatte das nicht getan, was ein fataler Fehler war, auf den ich immer wieder hingewiesen hatte. Im Frühjahr 2022 steckten wir deswegen in einer vertrackten Lage. Woher und vor allem auf welchem Weg sollte das Gas nach Deutschland kommen, wenn nicht aus Russland?

Genau dazu brauchten wir bei Kriegsbeginn schnell wissenschaftliche Antworten. Mein Team und ich machten uns an die Arbeit und modellierten binnen kürzester Zeit, was passieren würde, wenn die Gaslieferungen ausblieben – egal aus welchem Grund.

Wir fingen nicht bei null an, denn wir erstellen schon seit knapp 20 Jahren Daten, Modellierungen und Studien zum Gasmarkt. Mit einem Ausfall der Lieferungen war auch vor dem Angriff auf die Ukraine jederzeit zu rechnen. Die Pipeline hätte beispielsweise ausfallen können, sei es durch irgendein Naturereignis oder durch einen terroristischen Anschlag. Insofern hatten wir die notwendigen Zahlen für eine solche Berechnung bis ins tiefste Detail der komplexen Datenlage vorliegen.

Schon bei vergangenen Gaslieferunterbrechungen durch Russland in den Jahren 2009 und 2012 hatten wir die Gasversorgungslage in Europa und Deutschland detailliert analysiert. Im Jahr 2014 – als Russland den bewaffneten Konflikt in der Ukraine begann – hatten wir umfassend Russlands Rolle im Europäischen Gasmarkt und die damit verbundenen Auswirkungen auf die Versorgungssicherheit untersucht. Darauf aufbauend konnten wir jetzt also sehr präzise verschiedene Szenarien durchrechnen und wussten mit sehr hoher Wahrscheinlichkeit, was schlimmstenfalls auf dem Gasmarkt passieren würde.

Unser Ergebnis lautete: Die Gasversorgung ohne russisches Gas zu sichern, ist nicht leicht, aber handhabbar.

Einen Teil des Gases könnten wir im europäischen Kontext über existierende Pipeline-Routen beispielsweise aus Norwegen oder im Süden Europas aus Nordafrika importieren. Ein anderer Teil könnte mittels Flüssigerdgas (LNG) beispielsweise aus Katar oder den USA nach Europa transportiert werden. Die damit verbundenen Umweltschäden wären unter diesen Umständen das geringere Übel.

Kurz: Deutschland könnte über den europäischen Verbund die notwendige Energie weltweit erwerben. Es wird teuer, aber Deutschland ist ein reiches Land und kauft anderen das Gas weg.

Wir gingen sogar noch einen Schritt weiter, denn der Totalausfall von russischer Energie hätte auch Auswirkungen auf den deutschen Strommarkt. Auch das rechneten wir konkret durch und kamen zu dem Schluss, dass auch dies handhabbar wäre. Wir könnten, wie beschlossen und geplant, bis 2030 aus Atom- und Kohleenergie aussteigen, wir müssten dann nur die erneuerbaren Energien deutlich schneller ausbauen. Zwar würden wir kurzfristig etwas mehr Kohle für die Strom- und Wärmeherstellung nutzen müssen, aber niemand müsste im Kalten oder im Dunkeln sitzen.

In ähnlicher Weise rechneten andere Forschungseinrichtungen mit ihrer jeweiligen Expertise weitere Facetten der Szenarien durch, beispielsweise die Folgen eines Embargos für bestimmte Industrie- oder Produktionszweige, die Import-Export-Effekte, die Auswirkungen auf Finanz- oder Arbeitsmärkte sowie natürlich die gesamtwirtschaftlichen Effekte eines Energieembargos. Alle arbeiteten auf Hochtouren. In kürzester Zeit entstanden zahlreiche Studien. Deutschlands Wissenschaft zeigte, was sie draufhatte!

Alle kamen weitestgehend zu demselben Schluss: Es wird nicht leicht, und es wird teuer, aber es ist machbar!

Ein souveräner Akt der Selbstverteidigung

Schon einen Tag vor Kriegsbeginn meldete sich deswegen sehr deutlich die Wissenschaft zu Wort. Das Kieler Institut für Weltwirtschaft (IfW) erklärte, ein Handelsstopp mit Gas hätte »einen Einbruch der russischen Wirtschaftsleistung um knapp drei Prozent zur Folge, ein Handelsstopp mit Öl einen Einbruch um gut ein Prozent«. Was die heimischen Kollateralschäden anging, lautete der Befund: »Für Deutschland und die EU wären die wirtschaftlichen Schäden in beiden Fällen äußerst gering.« Dabei spielte es laut IfW keine Rolle, ob ein Einfuhrembargo seitens der EU verhängt würde oder ob Russland ein Lieferembargo beschlösse.

Auch ein spontan gebildetes Team aus neun deutschen Forscher:innen hatte das Importstopp-Szenario mit wissenschaftlicher Akribie durchgespielt und war sicher: Deutschland kann ein Energieembargo verkraften! Fast zeitgleich zogen elf weitere Wissenschaftler:innen von der Nationalen Akademie der Wissenschaften Leopoldina nach. Ein Embargo sei handhabbar. Dafür müsse, könne und solle die Versorgung international diversifiziert und die Energieträger stufenweise ersetzt werden.

Eine der Embargo-Befürwortenden war Volkswirtin und Kollegin Veronika Grimm aus dem Sachverständigenrat für Wirtschaft der Bundesregierung: »Je länger wir warten, desto mehr Zeit bleibt auch Putin und seinen Verbündeten, sich auf die Sanktionen einzustellen«, sagte sie am 8. März dem *Handelsblatt* und warnte, das nehme einem Embargo unter Umständen die Schlagkraft. Dabei wies sie auf einen wichtigen Umstand hin: dass es nämlich nicht nur um Energie und Wirtschaftsfolgen ginge, sondern um die Stabilität der Demokratie und Sicherheit in Europa und der Welt.

Doch plötzlich hatte auch jeder Laie zur Frage eines möglichen Importstopps russischer Energielieferungen eine Meinung. Aus dem Land der Nationaltrainer war über Nacht ein Land der Energiexpert:innen geworden. Dieses so stark erwachte Interesse habe ich daher wie immer mit Fakten unterfüttert und die gängigen Argumente wissenschaftlich eingeordnet.

Auf Basis der wissenschaftlichen Fakten war auch meine Position klar. »Putins Krieg: Warum ein Importstopp russischer Energielieferungen richtig ist«, lautete die Überschrift meiner Kolumne im Redaktionsnetzwerk Deutschland (RND) am 11. März. Ich votierte für ein Embargo, weil ich es für politisch geboten hielt, die Ukraine zu unterstützen, wenn der Preis verkraftbar war: »Ein proaktives Embargo wäre ein sehr souveräner Akt der Selbstverteidigung, bei dem wir die Handlungshoheit über den Zeitpunkt bewahren.«

Zugleich erinnerte ich daran, dass die hohen Preise in Deutschland nicht allein eine Folge des Kriegs, sondern auch der Preis der verschleppten Energiewende seien. Alle, die rechtzeitig auf erneuerbare Energie umgestiegen waren, schauten nämlich relativ entspannt auf die Energiemärkte. Dänemark zum Beispiel oder auch deutsche Städte wie Höxter oder Paderborn waren eben nicht so stark von teureren fossilen Energien abhängig.

Außerdem könnten wir die Energiekosten reduzieren, indem wir endlich unseren Verbrauch drosselten. Vielleicht wäre mancher bereit, im Kampf für Freiheit und Demokratie auf die eine oder andere Verschwendung zu verzichten. Das betrifft vor allem reichere Haushalte, die viel mehr fossile Energien verbrauchen und vor allem verschwenden als ärmere. Statt »Spritpreisbremsen« bräuchten wir nämlich nur »Verschwendungsbremsen«. Das würde nicht mal unsere Lebensqualität mindern, im Gegenteil. Im Netz, so machte ich Mut, kursierten bereits Slogans wie »Tempo 100 für eine freie Ukraine!« oder »1 Grad weniger ist Feuer unter Putins Hintern!«

Es läuft nach Putins Drehbuch

Es kam bekanntlich anders. Deutschland sperrte sich gegen ein rasches und komplettes Energieembargo. Das führte auf europäischer Ebene zu komplizierten Verhandlungen, die am Ende kleinteilig geregelte und schrittweise eingeführte Sanktionen gegen fossile Rohstoffe zum Ergebnis hatten: Ab August 2022 galt eine Sanktion gegen den Import von Kohle und anderen festen fossilen Brennstoffen wie etwa Kokskohle, Steinkohlenbriketts oder Teer aus Steinkohle. Sanktionen gegen den Import von Rohöl und bestimmten Erdölerzeugnissen treten ab Januar beziehungsweise ab März 2023 in Kraft. Nur der Import von Gas wurde nicht angetastet.

Trotzdem musste sich Deutschland darauf vorbereiten, dass Putin die Gas- und Öllieferungen seinerseits stoppte. Angedroht hatte er es schon.

Die deutsche Ablehnung eines Embargos und ihre Begründung war nicht nur wissenschaftlich fragwürdig, sie war auch in sich widersprüchlich. Denn als Wirtschaftsminister Habeck im März seine Ablehnung eines Embargos begründete, versicherte er quasi im selben Atemzug, dass Deutschland bereits heute damit umgehen könne, falls Russland von sich aus seine Ausfuhren stoppen würde.

Ja, was denn nun? Wenn wir damit umgehen können, dass Putin uns das Gas abdreht, dann könnten wir ja logischerweise auch damit umgehen, wenn wir selbst das Gas abstellen. Ohne Gas ist ohne Gas – egal, wer den Hebel bedient.

Offenbar hatte der Wirtschaftsminister die sehr eindeutigen Stimmen der Wissenschaft durchaus vernommen. Gleichzeitig hatte man sich aber anscheinend durch Stimmen aus der Wirtschaft derart verunsichern lassen, dass man sich für einen seltsamen Mittelweg entschied: kein aktives Embargo, damit die Wirtschaft der Regierung keine Vorwürfe machen kann – und insgeheim darauf vertrauen, dass die Wissenschaft recht behält, falls Putin seine Ausfuhren stoppt.

So ging der Wirtschaftsminister auf Shoppingtour, sein Ministerium arbeitete rund um die Uhr, um all das zu tun, was die Wissenschaft als kurzfristige Notmaßnahmen empfohlen hatte. Das war dann wohl der Weg des angeblich kleinsten gemeinsamen Nenners.

Am Ende geschah, was wir in unseren Modellen errechnet und ich in meiner RND-Kolumne erklärt hatte: »Die Preis-Explosion bei fossilen Energien belastet die gesamte Wirtschaft schon jetzt und sie belastet auch die privaten Haushalte. Derzeit noch durch steigende Energiepreise, zunehmend auch durch allgemeine Preissteigerungen. Denn ob Zahnpasta oder Mountainbike – überall steckt teure Energie drin.«

Welche sozialen und politischen Folgen solche Preissteigerungen haben würden, war wissenschaftlich auch klar gewesen. »Uns drohen starke soziale Verwerfungen. Vor allem Menschen mit niedrigen Einkommen und wenig Vermögen werden die steigenden Preise schmerzlich spüren«, hatte ich in meiner Kolumne vorhergesagt. »Und es ist durchaus wahrscheinlich, dass vor allem anti-demokratische Kräfte diese Situation versuchen werden auszunutzen, um die Stimmung spalterisch aufzuheizen. Ohne Zweifel spielen die sozialen Verwerfungen innerhalb der westlichen Demokratie in Putins Karten. Nicht umsonst sind russische Medien stetig aktive Treiber von Fake News und Verschwörungsgeschwurbel.«

Gerade deswegen dürfe man sich nicht politisch erpressbar machen und aus Angst vor »Gelbwesten« auf einen Importstopp verzichten. »Den sozialen Verwerfungen durch die Preissteigerungen müssen wir sowieso begegnen!« Dazu hatte ich konkrete Ansätze benannt: »Wir müssen einkommensschwachen Haushalten helfen, ihre Heizkosten zu bezahlen, den ÖPNV billiger machen, ein Mobilitätsgeld bezahlen. Auch dafür gibt es Studien und wissenschaftliche Modelle, wie sich dergleichen gezielt, gerecht und wirkungsvoll organisieren ließe.«

In den Monaten darauf trat alles ein, was wir prognostiziert hatten. Es gab eine Preis-Explosion bei fossilen Energien und dadurch allgemeine Preissteigerungen. Menschen mit niedrigen Einkommen und wenig Vermögen machten und machen die steigenden Preise zu schaffen. Zwar gab es für einkommensschwache Haushalte Hilfen für Heizkosten, Mobilitätsgeld für den Mittelstand und billigen ÖPNV für alle. Aber trotzdem war die Bevölkerung verunsichert und wütend.

Fatale Kommunikation der Regierung

Die Begründung des Kanzlers, als er sich Anfang März gegen ein Energieembargo aussprach, war also in der Sache nicht überzeugend. Aber sie hatte einen Effekt, leider einen negativen. Scholz argumentierte mit einem kausalen Zusammenhang, den es tatsächlich gab – die Folge eines Energieembargos wäre eine Rezession –, aber er vernachlässigte dabei, dass auch die Folgen des Krieges *ohne* Energiesanktionen eine Rezession bedeuten würden. Anders gesagt: Der Krieg ist der Grund für die Rezession, nicht die Energiesanktionen. Die Energiesanktionen verstärken die Rezession nur.

Es schien wie eine Bestätigung, dass sich schon eine Woche später das Meinungsbild leicht verschoben hatte. In einer YouGov-Umfrage befürworteten die Deutschen zwar zu 65 Prozent grundsätzlich weitere Wirtschaftssanktionen. Wenn dies allerdings bedeuten würde, dass die Energiepreise signifikant ansteigen, befürworteten nur noch 38 Prozent eine weitere Verschärfung der Sanktionen gegen Russland. 44 Prozent der Befragten lehnten sie sogar eher ab.

Die Aussagekraft solcher Umfragen ist sicherlich begrenzt, und sie sind in hohem Maße von der Art der Fragestellung abhängig. Zwar geben sie ein Stimmungsbild, sie beruhen aber auf hypothetischen – und ziemlich unrealistischen – Annahmen. Die Vorstellung, wir hätten die Wahl, ob es zu Preissteigerungen im Energiemarkt käme oder nicht, war eine völlige Fehleinschätzung der Situation. Wie wir inzwischen wissen, kam es auch ohne das Embargo zu eklatanten Preissteigerungen im Energiemarkt.

Doch eine solche (sehr wahrscheinliche) Prognose wurde von der Regierung Anfang März nicht verlautbart. Im Gegenteil, in großer Geschlossenheit stellten sich wie der Kanzler auch der Finanzminister, der Wirtschaftsminister und die Außenministerin gegen ein Energieembargo, alle im Kern mit derselben Begründung: »Putin wollen wir schwächen, nicht uns selbst.« Wenn man von heute auf morgen jegliche Energieimporte einstellen würde, »würde das bedeuten, dass wir keinen Strom und keine Wärme in ein paar Wochen mehr haben würden«, so Annalena Baerbock. Das sei doch genau die Destabilisierung, die sich der russische Präsident nur wünschen würde. Mit einem sofortigen Ende russischer Energielieferungen seien gesamtgesellschaftliche Schäden »schwersten Ausmaßes« verbunden.

Wenn aus der Regierung ohne Unterschied solche Sätze kommen, zeigt das Wirkung – weniger bei den Menschen als bei den Medien. Als der *Spiegel* Ende April erneut eine Umfrage in Auftrag gab, waren immer noch sehr viele Menschen auch zu konkretem Verzicht bereit: 500 Euro weniger? 42 %. – 750 Euro weniger? 4 %. – 1000 Euro weniger? 15 %. – Tempolimit? 70 %. – Weniger Auto fahren? 42 %. – Kein Auto mehr? 10 % – Weniger heizen? 76 %. – Kalt duschen im Winter? Immerhin 10 %.

Aber was steht über dem Artikel? »Die Angst der Deutschen vor der kalten Dusche«. Die *FAZ* fasst die Studie am 28. April folgendermaßen zusammen: »Nur knapp die Hälfte der Deutschen wäre bereit, persönliche Einbußen hinzunehmen, um ein Energieembargo gegen Russland zu ermöglichen.«

Dabei waren – um es mal journalistisch zu formulieren – drei von vier Deutschen bereit, in Solidarität mit den Ukrainern im Winter zu frieren (76 %). Und knapp zwei Drittel der Deutschen wäre die Schwächung Putins mindestens 500 Euro wert (42 + 4 + 15 = 61 Prozent). Das ist viel, wenn man bedenkt, dass knapp ein Fünftel der Deutschen von Armut betroffen ist, also schwerlich auf irgendeinen Cent verzichten kann. Da bleiben nicht viele, die real Nein zu finanziellen Einbußen gesagt haben. Und wer weiß, vielleicht hätten sie bei 400 Euro oder 250 Euro doch »Ja« angekreuzt.

Die Kommunikation der Regierung in dieser Frage war doppelt fatal. Statt Stärke zu zeigen, strahlte sie Sorgen und Bedenken aus. Nicht vor Putin, sondern vor dem eigenen Volk. Zugleich weckte sie die Erwartung, dass »keine Sanktionen« das Land vor gesamtgesellschaftlichen Schäden schwersten Ausmaßes schützen würden. Das war eine Illusion!

Wenige Wochen später sollte es dafür die Quittung geben, weil sich die Bevölkerung über steigende Energie- und Lebensmittelpreise empörte. Aufgrund der missverständlichen Kommunikation der Regierung fühlte sich das Volk nämlich betrogen. Prompt versuchten anti-demokratische Kräfte die Stimmung spalterisch aufzuheizen.

Ich bin zutiefst davon überzeugt, dass uns eine »Blut, Schweiß und Tränen«-Rede des Kanzlers und ein schnelles, umfassendes Energieembargo davor gefeit hätten. Zugleich wäre es ein starkes Signal in die Europäische Union hinein gewesen, dass Deutschland aus den Fehlern der Vergangenheit lernt und sich nunmehr kraftvoll und solidarisch Seite an Seite mit anderen willigen demokratischen Ländern gegen den aggressiven Despoten in Russland stellt.

So aber ging die Regierung mit ihrer halbherzigen Entscheidung Putin auf den Leim, der genau darauf setzte: die Angst der deutschen Regierung vor der eigenen Courage.

Ohne das Embargo lief alles nach Putins Drehbuch, und währenddessen kassierte er lächelnd weltweit knapp 1 Milliarde Euro – pro Tag (!) – für die immer teurer werdenden Energielieferungen, wovon Europa und auch Deutschland einen Großteil leisteten. Damit konnte er nahezu komplett seine Kriegskosten finanzieren. Der angegriffenen Ukraine lieferten wir zögerlich Waffen, gleichzeitig schütteten wir dem russischen Regime mit vollen Händen das Geld für seinen Vernichtungskrieg in den Rachen.

Mit einem schnellen, starken und konsequenten Embargo, das uns vielleicht mehr Geld gekostet hätte als die jetzige Rezession, hätten wir ein anderes Signal gesendet. Ein Signal der Stärke und Entschlossenheit. Und dann wäre uns vielleicht auch die nächste Peinlichkeit erspart geblieben, als nämlich Bundespräsident Frank-Walter Steinmeier Anfang April von der ukrainischen Regierung »ausgeladen« wurde.

Seine spontan verabredete gemeinsame Reise nach Kyiv zusammen mit den Staatschefs von Polen, Litauen, Lettland und Estland platzte. »Für

Steinmeier war und bleibt das Verhältnis zu Russland etwas Fundamentales, ja Heiliges, egal, was geschieht – auch der Angriffskrieg spielt da keine große Rolle«, hatte der ukrainische Botschafter Andrij Melnyk in einem *Tagesspiegel*-Interview dazu erklärt. Möglicherweise ging es dabei gar nicht allein um Steinmeier persönlich, sondern vielmehr um seine Funktion als oberster Repräsentant Deutschlands. Aber das ist nur Spekulation.

Eine letzte Frage und eine schockierende Antwort

Es bleibt die Frage, warum sich die Regierung, statt proaktiv in die Schranken zu verweisen, lieber verkroch, um sich dann mit (fast) denselben (von der Wissenschaft empfohlenen) Maßnahmen auf das Worst-Case-Szenario einzustellen, in dem das Gas abgedreht würde (was ja erst schrittweise und am 31. August dann auch tatsächlich passierte).

Hatte man Angst, Putin zu provozieren und sich damit selbst zur Zielscheibe russischer Aggression zu machen? Fürchtete man den Volkszorn der »Gelbwesten« mehr als irgendein materielles Opfer im Kampf um Demokratie und Freiheit?

Diese Fragen hat uns die Regierung bislang nicht beantwortet. Selbst als am 27. März der Bundeskanzler alleiniger Gast bei Anne Wills ARD-TV-Talk war und eine Stunde lang von der Moderatorin »gegrillt« wurde, gab es darauf keine deutliche Antwort.

Nach knapp 22 Minuten stellte Anne Will die entscheidende Frage. Ich gebe hier den ganzen Dialog wieder, weil wirklich jedes Wort wichtig ist.

> Anne Will: »Also, wenn Putin uns den Gashahn abdrehte, dann wären wir vorbereitet. Verstehe ich das richtig? Aber andersherum könnten wir es nicht aus eigenem Antrieb veranlassen?«

> Olaf Scholz: »Wir wären vorbereitet. Aber wenn von einem Tag auf den anderen diese Importe ausblieben, würde das dazu führen, dass ganze Industriezweige ihre Tätigkeit einstellen müssten.«

Anne Will: »Das sehen allerdings, wissen Sie, etliche Wirtschaftswissenschaftlerinnen und Wirtschaftswiss …«

Olaf Scholz (fällt ihr ins Wort): »Die sehen das aber falsch. Und es ist ehrlicherweise unverantwortlich, irgendwelche mathematischen Modelle zusammenzurechnen, die dann nicht wirklich funktionieren. Ich kenne in der Wirtschaft überhaupt niemanden, der nicht genau wüsste, dass das die Konsequenz wäre. Deshalb haben wir uns so gut vorbereitet und deshalb arbeiten wir jetzt mit dem schnellsten Tempo, das überhaupt möglich ist, daran, dass wir uns unabhängig machen können von diesen Importen.«

Anne Will: »Herr Scholz, Sie sagen, dass alle anderen, alle Wirtschaftswissenschaftlerinnen und Wirtschaftswissenschaftler, die ja durchaus auch Expertise haben, die Renommé haben, die zum Teil zu den Wirtschaftsweisen gehören – dass die das alle nicht verstanden haben?«

Olaf Scholz: »Es ist etwas anderes, ob man ausrechnet, wie viel Gas und wie viel Öl man braucht und wie viel Kohle benötigt wird an Import und wie viel Kohle, Öl und Gas es auf den Weltmärkten gibt. Oder ob man sich mit der Frage beschäftigt, was der Wirtschaftsminister getan hat, was übrigens auch viele Unternehmensverbände und viele Unternehmen getan haben: Wo soll das denn eigentlich durchgehen? Wo sind die Gasleitungen? Wo ist die Regasifizierungskapazität? Wo sind die Terminals? Und gibt es, wenn auch alle anderen das machen, genügend Kapazität, um das zu erreichen? Glauben Sie mir, die Frage: ›Was passiert eigentlich, wenn das plötzlich aufhört?‹, die treibt mich schon lange um. Und darauf haben wir uns sehr genau vorbereitet. Und deshalb sind wir jetzt so schnell dabei, diese Dinge voranzutreiben, über die ich hier gesprochen habe. Das ist ja nicht einfach so dahergesprochen. Wir werden versuchen, in diesem Jahr von den russischen Importen, was Kohle und Öl betrifft, wegzukommen und wir wollen die technischen Voraussetzungen schaffen, dass wir so schnell wie möglich auch von den Importen, (stockt) den Gas-Importen unabhängig werden können.«

Wie bitte? Ich glaubte, mich verhört zu haben.

Es war unfassbar, mit welcher Ignoranz Scholz die Arbeit von international vernetzten, wissenschaftlich evaluierten, vielfach ausgezeichneten – sowie übrigens mit Steuergeldern finanzierten und deswegen politisch und wirtschaftlich unabhängigen – Forschungseinrichtungen abtat. Es verschlug mir den Atem. Ganz abgesehen davon hatte unser Team genau das gemacht: jede einzelne Leitung und Pipeline angeschaut. Aber hier geht es nicht um die Debatte von richtig und falsch, sondern darum, wie Politik mit Wissenschaft umgeht. Wichtiger als die Empfehlungen aus der Wissenschaft war dem Kanzler offenbar, was ihm die Experten aus der Wirtschaft rieten.

Mich würde durchaus interessieren, welche Unternehmensverbände und Unternehmen den Kanzler in Sachen Energieembargo in dieser frühen Zeit beraten haben. Ich weiß auch nicht, welche – selbstverständlich interessengeleiteten – Erklärungen die Lobbyismus-Profis vorgetragen haben und inwiefern sie plausibler, überzeugender oder glaubwürdiger waren als die Erkenntnisse der unabhängigen Wissenschaft. Aber eins ist klar: Es muss intensiv um die »Regasifizierungskapazität« gegangen sein. Die spielt übrigens für die Modellierung eines Energieembargos gegen Russland eher eine untergeordnete Rolle. Aber sie ist wichtig für den Bau von Flüssigerdgas-Terminals. Es scheint intensive Gespräche mit sehr gewieften Vertriebsleuten aus der LNG-Branche gegeben zu haben.

Das Interview jedenfalls verbreitete sich wie ein Lauffeuer in der Wissenschafts-Community. Es gelangte bis an die renommierte Universität MIT in Massachusetts, USA. Auch dort löste es Empörung aus.

So kam es, dass sich Esther Duflo und Abhijit Banerjee, beide zusammen 2019 mit dem Wirtschaftsnobelpreis ausgezeichnet, in die deutsche Debatte einmischten – und zwar ausgerechnet über ein Interview mit der *Bild-Zeitung*, am 15. April 2022. Auf die Frage, ob er glaube, dass Deutschland ernsthaft von Armut bedroht sei, wenn es ab sofort keine Rohstoffe mehr aus Russland importieren würde, antwortete Abhijit Banerjee: »Definitiv nicht!« Deutschland sei ein reiches Land, das über die notwendigen Ressourcen verfüge, um umzuverteilen, sodass niemand durch den Schock, den ein sofortiges Embargo auslösen würde, arm werden würde. »Ja, es würde etwas kosten«, gab er zu. »Aber das Wort ›Armut‹ in dem Zusammenhang zu verwenden ist geradezu absurd.«

Esther Duflo ergänzte, es würde schmerzhafte Einschnitte geben, aber wir könnten in den westlichen Gesellschaften sicher sein, dass die Schwächsten geschützt seien. »Das war während der Corona-Pandemie möglich. Es wird wieder möglich sein.«

Gefragt nach dem Einfluss von Wirtschaft und Industrie auf die Politik in Deutschland, antwortete Duflo: »Die Industrie scheint sehr wirkungsmächtig zu sein, denn die Berichte der Wirtschaftsverbände werden als Beweis für angebliche Kosten angeführt.« Das sei kein spezifisch deutsches Problem, das gäbe es überall. »Allzu viele derjenigen, die sich im Fernsehen als ›Ökonomen‹ bezeichnen, sind in der Regel keine Akademiker, sondern Leute, die ausdrücklich die Interessen der Industrie oder der Wirtschaft vertreten.« Deren Ratschläge seien natürlich davon geprägt, woher sie kommen. Auffallend sei auch, dass dieselben Industrieverbände, die ein Jahrzehnt lang behauptet haben, der Umfang der deutschen Energieeinfuhren aus Russland sei unbedenklich, jetzt sagen, dass ein Ende dieser Einfuhren katastrophale Folgen hätte.

Bei der Frage eines sofortigen Energieembargos brauche man Fachleute, empfahl Duflos, weil intuitive Annahmen oft irreführend seien: »Da ist die intuitive Logik, ein Embargo würde bedeuten, dass Deutschland 30 Prozent seiner Gaslieferungen verliert, die aus Russland kommen, und dass die Produktion ebenfalls um 30 Prozent schrumpfen müsste – vielleicht sogar noch mehr, weil die Angestellten dieser Unternehmen arbeitslos werden würden und kein Geld mehr ausgäben – und schon ist die Katastrophe da.« Aber das sei schlichtweg falsch. Nicht für jedes Unternehmen sei Gas völlig unverzichtbar. Viele Unternehmen bräuchten Gas nur indirekt als Teil ihrer Stromversorgung. Aber es gebe viele andere Möglichkeiten, Energie zu erzeugen.

Kurz darauf rief mein bereits erwähnter US-Kollege aufgeregt bei mir an. »Was ist los mit euch Deutschen?«, fragte er. »Man muss doch nicht mal Schach spielen können, um zu begreifen, was Putins Strategie ist.«

»Ich weiß«, seufzte ich.

»Es geht um Demokratie, um Freiheit, um Frieden.« Er betonte jedes Wort. »Du musst etwas tun.«

»Ich bin Wissenschaftlerin«, antwortete ich genauso betont.

»Eben. Du musst es ihnen erklären«, beharrte er.

»Das tue ich seit 25 Jahren«, antwortete ich.

»Dann musst du es ihnen noch mal erklären.«

»Ich weiß«, sagte ich.

Am selben Tag schrieb ich dem Verlag eine E-Mail, dass ich seine Anfrage, ein neues Buch zu publizieren, annehmen würde.

KAPITEL 2

MACHTFAKTOR ROHSTOFFE

Was Energieversorgungssicherheit wirklich bedeutet

Die Energieversorgung Deutschlands war schon vor 60 Jahren ein Streitthema mit Kriegspotenzial. Bei der Frage, ob Willi Brandts Ostpolitik den Weg zur deutschen Einheit bereitet oder nur den Niedergang der Sowjetunion verzögert hat, scheiden sich die Geister. Die Wissenschaft erforscht die Risiken und Chancen der Energiewirtschaft schon lange. Dabei nimmt sie im Gegensatz zu den Unternehmen Geopolitik als wesentlichen Aspekt der Energieversorgungssicherheit in den Blick.

Erkenntnisse – unbeachtet, aber vorhanden

Der Krieg in der Ukraine war ein Schock, ohne Frage. Aber er kam nicht aus heiterem Himmel. Viele haben ihn kommen sehen, schon lange vor jenem 24. Februar 2022.

Schon am 24. Januar, also exakt einen Monat vor dem offiziellen Kriegsbeginn, hatte beispielsweise das US-Außenministerium Diplomaten-Familien angewiesen, die Ukraine zu verlassen. »Angesichts der Gefahr eines russischen Militäreinsatzes sollten zudem alle US-amerikanischen Staatsbürger in der Ukraine eine Ausreise erwägen«, hieß es in der entsprechenden Erklärung.

Bereits knapp drei Monate vor Kriegsbeginn, Anfang Dezember 2021, mutmaßten nicht nur US-amerikanische Medien – unter Berufung auf den US-Geheimdienst –, dass es Anfang 2022 zu einer russischen »Offensive« in der Ukraine kommen könne. Nein, sogar die deutsche *Bild-Zeitung* kannte zu diesem Zeitpunkt bereits »Details über die Einmarschpläne«. Und der *Spiegel* berichtete eine Woche später über NATO-Pläne zur »Truppenverstärkung an der Ostflanke«.

Okay, könnte man sagen, Geheimdienste wissen solche Sachen natürlich schon viel früher. Dafür sind sie da.

Stimmt. Es gibt noch eine andere Berufsgruppe, die manche Zusammenhänge sehr viel früher erkennt als andere, nämlich Wissenschaftler:innen. Auch wir sind dafür da.

In gewisser Weise sitzen wir im selben Boot, der Geheimdienst und die Wissenschaft. Beide werden staatlich finanziert, beide sind auf Wahrheitssuche und kommen daher Angriffen auf die Demokratie von gierigen, selbstsüchtigen Tyrannen schneller auf die Schliche. Beide nutzen die technischen Möglichkeiten ihrer Zeit. Was wäre James Bond ohne seinen genialen Forscher und Tüftler? Q, genau. Ohne Q geht's nicht!

Aber im Unterschied zu Geheimdiensten arbeitet die Wissenschaft nicht im Verborgenen, sondern in aller Öffentlichkeit. Unser Wissen wird zwar nicht immer wahrgenommen, aber es ist da.

Ende Februar, kurz nach Kriegsbeginn, stand zum Beispiel das Buch *Entscheidung in Kyiv* in Deutschland auf der Bestsellerliste. Doch bei genauem Hinsehen staunten die Leute nicht schlecht: Das Buch war nämlich gar nicht frisch im Handel. Niemand hatte es von Zauberhand über Nacht geschrieben und gedruckt. Das Buch war schon sieben Jahre alt. Es war bereits 2015 erschienen und in gebundener Form nur noch antiquarisch erhältlich. Trotzdem schilderte und erklärte es die aktuelle Situation in der Ukraine äußerst anschaulich. Wie konnte das sein? Woher wusste der Autor all diese Dinge schon so viele Jahre vor allen anderen?

Der Autor des Buches ist Karl Schlögel, ein ausgewiesener Osteuropa-Experte, da er sich als Professor zeitlebens mit der dortigen Geschichte beschäftigt hat. Sein umfassendes Wissen zur Ukraine hat er also sieben Jahre vor Kriegsbeginn veröffentlicht. Er hat in seinem Buch davor gewarnt, was durch den Krieg in der Ukraine auf dem Spiel steht. Ähnlich wie beispielsweise die Politikwissenschaftlerin Gwendolyn Sasse, Direktorin des Zentrums für Osteuropa- und internationale Studien in Berlin, die zur Krim-Annexion promovierte. Auch ihre Studien zeigen eindrucksvoll, dass der Krieg Russlands in der Ukraine alles andere als überraschend kam. Wie kann das sein?

Wissenschaft bedeutet: Wissen generieren, Fakten sammeln, Daten analysieren und Zusammenhänge aufzeigen. Historisch, politisch, ökonomisch, soziologisch. Wie das? In den meisten Disziplinen werden Beobachtungen vorgenommen, Zahlen und Fakten gesammelt und analysiert, Details herausgearbeitet, verglichen und analysiert. Dabei entdecken Wissenschaftler:innen oftmals typische Muster, symptomatische Aspekte und wiederkehrende Entwicklungen. Aus solchen Erkenntnissen lassen sich dann wiederum Modellierungen für die Zukunft entwickeln. Das sind keine eindeutigen Prognosen, aber ziemlich präzise Szenarien. Je mehr Informationen und Daten wir haben, desto komplexer werden die Modellierungen und desto näher kommen wir den tatsächlichen Entwicklungen. Das gilt vor allem für die Natur- und für Geisteswissenschaften – und somit auch für historische und ökonomische Wissenschaften.

Wissenschaft ist kein Hexenwerk

»Bekanntermaßen nutzt Russland zunehmend die Energielieferungen als Druckmittel, um politische Ziele durchzusetzen.« Diesen scheinbar prophetischen Satz habe ich schon vor sehr langer Zeit geschrieben – nämlich 2009 in meinem Buch *Jetzt die Krise nutzen*. Damals ging es vordergründig um die Finanzkrise. Aber schon damals warnte ich zugleich vor zwei weiteren Krisen: »Die Finanzkrise wird irgendwann vorbei sein, die Energie- und Klimakrise steht uns dann aber erst noch bevor.« Ich plädierte dafür, dass wir die Maßnahmen, die wir ergreifen, um die Finanzkrise zu bewältigen, so klug wählen, dass wir gleichzeitig die Energie- und die Klimakrise verhindern. Deshalb hatte ich das Buch geschrieben.

Zwischen dem Buch damals und dem Buch heute liegen 14 Jahre.

Mein damaliges Buch verschwand im Nirvana massenmedialer Aufmerksamkeitsökonomie. Die Finanzkrise haben wir anders bewältigt als von mir empfohlen. Jetzt stecken wir tief in einer Energiekrise, und die Klimakrise hat schon den Fuß in der Tür. Vermutlich wird dieses Buch mit größerer Aufmerksamkeit gelesen.

Niemand kann die Zukunft haargenau vorhersagen. Auch ich nicht. Dafür ist die Welt zu komplex und Entwicklungen zu unsicher. Das ist auch nicht der Anspruch der Wissenschaft. Wissenschaft kann aber Muster und Entwicklungen aufzeigen – unter bestimmten Vorzeichen. Um diese Vorzeichen und kritischen Kipp-Punkte geht es. Wenn wir sie überschreiten, ist nichts mehr, wie es war. Deshalb warnt die Wissenschaft immer lauter. So auch ich.

In der kritischen Rückschau meiner wissenschaftlichen Publikationen muss ich leider sagen, dass ich zu oft recht hatte. Leider. Denn gerade was die Negativszenarien angeht, wünschte ich mir, ich würde unrecht behalten.

Manchmal komme ich mir vor wie eine Mutter, die ihrem Kind sagt: »Setz eine Mütze auf, sonst erkältest du dich.« Kaum ist das Kind um die Ecke, reißt es die Mütze vom Kopf und liegt drei Tage später mit Fieber im Bett. Das nervt, aber es ist nicht so schlimm. Manche Erfahrungen muss man halt selbst machen. Nur sind wir inzwischen in einem Stadium angelangt, wo ich nicht mehr zu einem Kind, sondern zu einem Erwachsenen spreche: »Betrunken solltest du dich keinesfalls ans Steuer deines Autos setzen.« Er tut's trotzdem und überlebt den Unfall mit schweren Verletzungen, die von ihm angefahrene Passantin mit ihren zwei Kindern allerdings nicht.

Natürlich kann man jetzt den Fahrer bedauern, dass er einen schlimmen Unfall und schwere Verletzungen hatte und sein Kleinwagen einen Totalschaden. Aber das ist eben nur ein unbedeutender Aspekt aus einer bestimmten, eingeschränkten Perspektive. Und ich fände es unerträglich, wenn der Autofahrer, als einzige Konsequenz aus dem Unfall, sich ein größeres und schwereres Auto zulegte, mit dem ihm beim nächsten Unfall weniger passieren kann.

Etwa so erlebe ich die aktuelle Energiekrise. Wir steuern durch unser rücksichtsloses und riskantes Verhalten auf einen ziemlich schweren Unfall zu. Wir schrammen schon an den Leitplanken entlang. Der eigentliche Crash steht unmittelbar bevor. Aber statt zu überlegen, was wir verändern müssen, beklagen wir uns über teures Benzin und dass die Sitzheizung nicht funktioniert. Wie heißt es noch auf Twitter? »Kopf … Tisch … Platte.« Genau.

Der Krieg in der Ukraine ist kein unerwarteter Schicksalsschlag oder eine spontane Idee, die einem völlig abgedrehten Despoten in Moskau plötzlich eingefallen ist. Nein, der Krieg ist Teil einer langen Kette von Planungen, Vorbereitungen und Entscheidungen, die viele sehenden Auges mitgemacht und mitgetragen haben – und an denen manche von ihnen sogar beteiligt waren.

Bereits 2009 – im Grunde sogar noch viel früher – war klar, dass Russland zunehmend die Energielieferungen als Druckmittel nutzt, um politische Ziele durchzusetzen, und dass nach der Finanzkrise eine Energiekrise kommen wird. Das ist kein Hexenwerk, sondern Wissenschaft.

Die Trägheit des Energiemarkts als politische Herausforderung

Als Energie-Ökonomin betrachte ich die wirtschaftlichen Aspekte des gesamten Energiespektrums von der Förderung über den Transport bis zum Verbrauch von Energie. Dabei geht es immer auch um das soziale, das politische und das ökologische Umfeld, die allesamt vom Energiesystem abhängen. Ich sage deswegen gern: »Energie ist das Blut der Volkswirtschaft.« Und das Energiesystem ist eben der Blutkreislauf. Bricht der zusammen, kollabiert der Mensch.

Das Blut der Volkswirtschaften ist auf der Welt sehr ungerecht verteilt, jedenfalls was die fossilen Energien angeht. Manche Länder verfügen über sehr viel mehr Öl, Kohle oder Gas als andere. Kohle ist weltweit verbreitet, aber in unterschiedlicher Qualität. Abbaugebiete für Braunkohle gibt es fast überall, doch Braunkohle hat einen geringeren Brennwert, verursacht aber höhere Emissionen. Steinkohle dagegen hat eine höhere Energieeffizienz; sie findet sich allerdings in deutlich weniger Ländern wie zum Beispiel China, Indonesien oder Russland. Deutschland importierte bis vor dem russischen Angriffskrieg in der Ukraine fast 50 Prozent der Steinkohle aus Russland. Öl wiederum kommt vorrangig aus den arabischen Ländern und Südamerika. Die größten Gasvorkommen befinden sich in den USA und in Russland, aber es gibt auch andere größere Lieferländer wie den Iran, China, Katar oder Kanada.

Fossile Energien sind keine Handelsware wie Milch oder Brot, wo sowohl kleine Marktplayer wie der Hofladen in der Uckermark ihre Ware lokal anbieten, als auch Lebensmittelkonzerne wie Nestlé oder Danone als Global Player antreten. Fossile Energien sind *immer* ein internationales Geschäft und oft ein Geschäft zwischen Staaten. Dadurch spielen auch Lieferwege und -zeiten eine wesentliche Rolle. Denn um Öl oder Gas von einem »Ende« der Welt ans andere zu bringen, muss man weite Entfernungen überbrücken, entweder per Schiff oder durch zu bauende Pipelines. Genau daher rührt die immense Bedeutung politischer Beziehungen im Energiemarkt. Je freundschaftlicher Staaten miteinander verknüpft sind, desto eher werden sie dauerhafte Verträge abschließen, welche die notwendigen Investitionen rechtfertigen.

Auch in der Nutzung fossiler Energien sind gewaltige Investitionen nötig. Ein Kohle- oder Gaskraftwerk ist ein komplexes Industrie-Bauwerk. Aufwendige Planungsarbeiten, langwierige Genehmigungsverfahren und enorme Baukosten machen erhebliche Investitionen erforderlich, die sich erst nach einer entsprechenden Laufzeit amortisieren. Auch die Kosten für den Rückbau und die Entsorgung der Anlage müssen durch den Betrieb erst eingespielt werden.

Ein Kohlekraftwerk hat eine Laufzeit von etwa 30 Jahren, braucht aber – je nach Marktsituation – auch mindestens ein Jahrzehnt, um seine Kosten wieder einzuspielen. Gaskraftwerke können sogar etwa 50 Jahre laufen und benötigen je nach Einsatz- und Marktlage sowie Marktentwicklung ebenso viele Jahre, um rentabel zu sein. Während man im Einzelhandel versucht, die Ware schneller zu verkaufen, als man sie beim Lieferanten bezahlen muss, ist in der Energiewirtschaft Tempo kein Kriterium. Im Gegenteil, es geht um möglichst große Stabilität. Ist das Kraftwerk erst mal gebaut, gehen die Dinge ihren Gang.

Man spricht daher von einem »trägen Markt«. Der Duden erklärt »träge« als »lustlos und ohne Schwung; nur widerstrebend sich bewegend, aktiv werdend«. Aber in der Energiewirtschaft geht es nicht um »Lust« und »Unlust«. Wir verstehen den Begriff eher physikalisch: Trägheit ist das Bestreben physikalischer Körper, in ihrem Bewegungszustand zu verharren, solange keine äußeren Kräfte auf sie einwirken. Etwas Träges bewegt sich, aber es bewegt sich nur sehr langsam, es sei denn, es wird von außen angeschoben.

Das heißt: Ist ein Energiesystem erst mal etabliert, bleibt es über sehr lange Zeit unverändert. Ein Gegenbeispiel wäre der Modemarkt. Der ist wahnsinnig schnell. Kaum ist die Frühjahrskollektion auf dem Markt, ist schon die Herbstkollektion in Vorbereitung. Und wehe, die Kleidung sieht der letztjährigen zu ähnlich! Der Energiemarkt ändert seine »Kollektion« nur zweimal im Jahrhundert.

Jedes Kraftwerk braucht eine passende Infrastruktur aus Leitungen zu Lieferanten und Abnehmern, sei es Industrie, seien es Privathaushalte. Deswegen ist Energiewirtschaft auch ein wesentlicher Aspekt in der Politik, die solche Leitungen als Grundversorgung der Gesellschaft organisiert und bereitstellt. Umgekehrt stellen instabile politische Verhältnisse, die zu Preisschwankungen bei den Rohstoffen Kohle, Öl und Gas führen könnten, eines der größten Risiken in der Energiewirtschaft dar.

Energie-ökonomische Modellierungen sind äußert komplexe mathematische Berechnungen, bei denen Kennzahlen aus verschiedenen Bereichen einfließen. Wir ermitteln, welche Restmengen an Energieträgern wo in der Welt vorhanden sind, wie lange diese Vorräte reichen und wie sie zu welchen Kosten wohin transportiert werden können. Wir beschäftigen uns beispielsweise mit geologischen Beschaffenheiten, Kraftwerksbau, technologischen Veränderungen, Industrieprozessen, mit Materialforschungen und modernsten technischen Entwicklungen. Wir erfassen aktuelle Datenentwicklungen und -analysen oder aber Forschung und Entwicklung, etwa, wie sich energieintensive Produkte oder Industrien weiterentwickeln und welche Perspektiven für eine verbesserte Energieeffizienz dadurch entstehen.

Kurz: Wir beobachten die Energiebranche an sich, die geologischen Gegebenheiten in aller Welt, Infrastrukturen in verschiedensten Regionen, die technische Forschung und Entwicklung sowie die marktwirtschaftlichen und politischen Geschehnisse rund um den Globus. In diesem vielseitigen Forschungsfeld kommt niemals Langeweile auf.

In der Geschichte der Wissenschaften ist Energie-Ökonomie ein relativ junger Forschungszweig. Dabei liegen ihre Ursprünge ganz schön weit zurück.

Selbst Getreide ist eine Waffe – eine schmerzhafte Erkenntnis

Dass Menschen in hohem Maße auf Rohstoffe aus der Natur angewiesen sind, wusste wohl schon der Neandertaler. Aber im 18. und 19. Jahrhundert erkannte man, dass diese Ressourcen nicht nur ein Geschenk der Natur waren, sondern dass sie systematisch und effizient als Ware produzier- und handelbar waren. Das war der Anfang der »Naturökonomie«. Man versuchte, den wirtschaftlichen Wert von natürlichen Ressourcen zu katalogisieren. Man erstellte ein »Inventar der Natur«. Es ging um Wald, Acker und Weiden, aber auch um Kohle, Salz und Erz.

Ab etwa 1900 rückten die geopolitischen Aspekte der Naturökonomie in den Vordergrund. Das 20. Jahrhundert wurde bekanntlich zur Epoche zweier Weltkriege und des Kalten Krieges. Rohstoffe wurden zu dieser Zeit zu wichtigen Kriterien nationaler Souveränität und internationaler Beziehungen. Es gibt viele Beispiele in der Vergangenheit und der Gegenwart, an denen sich die große Bedeutung von natürlichen Rohstoffen ablesen lässt.

Den Nationalsozialisten in Deutschland ging es bei ihrem Feldzug gegen Russland bekanntlich um »Lebensraum im Osten«. Man wollte aber nicht einfach mehr Platz für das deutsche Volk. Es ging sehr konkret zum Beispiel um die riesigen fruchtbaren Ackerflächen in der Ukraine, deren Ernteerträge Hitler für die »arische Herrenrasse« beanspruchte. Für die Ukraine sind ihre großen landwirtschaftlichen Nutzflächen nach wie vor eine wertvolle Ressource. Die »Getreidekammer der Welt« ist von größter ökonomischer und geopolitischer Bedeutung. Länder wie Ägypten, Indonesien, Bangladesch oder Pakistan sind auf Getreide aus der Ukraine angewiesen.

Bis zum Beginn von Putins Angriffskrieg entfielen 10 Prozent des globalen Weizenmarktes, 15 Prozent des Maismarktes und 13 Prozent des Gerstenmarktes auf die Ukraine. Im Markt für Sonnenblumenöl belieferte die Ukraine über 50 Prozent des Welthandels. Die EU-Kommission veröffentlichte diese Zahlen im Mai 2022 mit großer Sorge. Denn fällt so ein wichtiger Exporteur aus, hat das gravierende Auswirkungen auf die Ernährungssicherheit in der Welt.

Genau auf diese Verletzlichkeit zielte Russlands Kriegsstrategie. Putin beanspruchte den Weizen nicht für sich oder das russische Volk. Er nutzte das Getreide schlicht als Mittel der Erpressung. Als die russische Marine den einzigen ukrainischen Export-Hafen in Odessa bedrohte, hatte das ukrainische Militär den Hafen mit Unterwasserminen geschützt. So wurde es aber auch für zivile Transportschiffe unmöglich, die Weizenernte wie gewohnt auf dem sicheren Wasserweg in die weite Welt zu exportieren. Auf diese Weise wurde nicht nur die ukrainische Wirtschaft um ihre Einnahmen gebracht, sondern auch die vielen Lieferländer in Geiselhaft genommen. Ihnen drohte ein massiver Lebensmittelnotstand. Putin lehnte sich zurück und schob der Ukraine den Schwarzen Peter zu, nach dem Motto »Ergebt euch, sonst hungert die Welt!«

Putin war zynisch genug, diese Getreideblockade auch als Erpressung gegenüber den westlichen Unterstützerländern zu benutzen. Vor unser aller Augen stand quasi ein Erpresserbrief: »Europa, stoppt eure Sanktionen, sonst hungert die Welt und Millionen Flüchtlinge werden zu euch kommen!« Zum Glück fanden sich Lösungen, das Getreide wenigstens teilweise auf dem Landweg nach Europa zu transportieren und stattdessen Lieferungen aus anderen Ländern, die eigentlich nach Europa gehen sollten, nach Afrika und Südostasien umzuleiten.

Die klassische Naturökonomie wusste um solche Szenarien und versuchte deswegen, die Chancen und Risiken von natürlichen Ressourcen im Sinne einer langfristig sicher gesteuerten Volkswirtschaft im Blick zu behalten.

Das große Geschäft mit dem Öl

In den letzten 150 Jahren wuchs nicht nur die Weltbevölkerung, sondern auch der Energiebedarf der Industrieländer. Mit dem Aufstieg der Automobilität in den 1920er Jahren war vor allem das vermeintlich »billige« Öl begehrt, das es unbegrenzt in den USA zu geben schien. Das ölreiche Land war im Besitz einiger weniger Privatunternehmen, die dadurch erheblich an Geld und Einfluss gewannen. Das Ölgeschäft boomte. Also wurde bald auch andernorts nach Ölquellen gesucht. Man entdeckte riesige unterirdische Ölfelder erst in Alaska und später auch in den arabischen Ländern. Was zunächst wie ein Schnäppchen für die – sich nach dem Ende des Zweiten Weltkriegs unantastbar fühlende – »Erste Welt« aussah, erwies sich bald darauf als zuschnappende Falle. In den frühen 1960er Jahren schlossen sich 13 ölexportierende Länder zur Organization of the Petroleum Exporting Countries (OPEC) zusammen und nutzten ihre daraus entstehende Marktmacht, um politische Ziele durchzusetzen.

»Die arabischen Länder der OPEC verkünden, dass sie von nun an jeden Monat fünf Prozent weniger Öl fördern werden, bis die Israelis sich aus den besetzten Gebieten zurückziehen, und dass von diesen Beschränkungen alle Länder betroffen sind, die keine deutlich proarabische

Position einnehmen«, erzählt Rüdiger Graf, der am Leibniz-Zentrum für Zeithistorische Forschung Potsdam forscht und Spezialist für die Geschichte von Öl und Energie ist, den Beginn der Ölkrise in den 1970ern.

Überrascht stellte man fest: Einerseits können militärisch starke Industriestaaten ihren Rohstoffbedarf günstig von schwachen Drittstaaten erwerben; andererseits haben rohstoffreiche »Dritte Welt«-Länder eine extrem starke Waffe in der Hand, wenn sie diese wertvollen Ressourcen künstlich und willkürlich verknappen können.

Diese schmerzhafte Erkenntnis erreichte alle Industriestaaten. Verzweifelt versuchte man in kürzester Zeit, die Abhängigkeit vom arabischen oder südamerikanischen Öl zu reduzieren. In Deutschland wurde zum Energiesparen aufgerufen. Es gab einen autofreien Sonntag, um den Spritverbrauch zu reduzieren. Die Menschen zogen in ihren hohen Altbauwohnungen Zwischendecken ein. Und man suchte nach Alternativen. Seither werden in neue Gebäude vor allem Gasheizungen eingebaut. Trotzdem nutzt bis heute noch knapp ein Viertel der deutschen Haushalte Ölheizungen. Solche Veränderungen dauern (leider) Ewigkeiten. Wie gesagt, der Energiemarkt ist träge, jedenfalls, wenn man ihn nicht von außen in Richtung Veränderung anschiebt und »den Markt« in Ruhe lässt.

Bis Ende der 1950er Jahre heizten noch 90 Prozent aller Haushalte in Westdeutschland mit Kohle-Einzelöfen. Dabei war bereits Mitte des 19. Jahrhunderts das Prinzip der zentralen Warmwasserheizung mit Verteilung im Rohrsystem entwickelt worden. 1867 wurde es erstmals im Berliner Rathaus eingesetzt. Die erste Warmwasser-Zentralheizung in einer Wohnanlage gab es aber dann erst 1930 in der damals top-modernen und bis heute denkmalgeschützten »Weißen Stadt« in Berlin-Reinickendorf. Aber selbst da blieb die Kohle der am meisten verbreitete Energieträger.

Auch das zum Kochen verwendete Gas war kein fossiles Erdgas, wie wir es heute nutzen, sondern wurde mittels »Kohlevergasung« aus Koks hergestellt, sogenanntes Stadtgas. In der DDR wurde bis zur Wende die Suppe im Kochtopf oftmals mit Stadtgas erhitzt.

Das Heizen mit Kohleofen habe ich auch selbst erlebt, als ich Anfang der 1990er Jahre – ich schrieb damals meine Diplomarbeit am Deutschen Institut für Wirtschaftsforschung (DIW) – in Berlin wohnte. Bis dahin war mir als Westdeutscher völlig unbekannt gewesen, was das bedeutet:

Kohlebriketts kaufen, den Anheizer zünden und dann warten. Das Warten hatte ich völlig unterschätzt. Denn wenn ich abends die Kohle anzündete, war die Wohnung am kommenden Morgen endlich warm. In jenem Winter habe ich in der vollkommen ungedämmten Wohnung oft gefroren. Seither kenne ich die Nachteile veralteter Energien aus eigener Erfahrung – ganz abgesehen von Emissionen, Ruß und Umweltgiften, die Kohleöfen trotz modernster Technik immer noch ausstoßen.

In der Bundesrepublik gab es im Neubau-Boom der 1960er Jahre einen Trend zu (»billigen« und »sauberen«) Ölheizungen. Der Ölbedarf stieg entsprechend, auf dem Weltmarkt stiegen die Preise und Deutschland suchte nach alternativen Lieferanten. So kam die Sowjetunion ins Spiel. Die Regierungen in Bonn und Moskau schlossen bald umfassende Öl-Lieferverträge, um den deutschen Energiehunger zu stillen. Das war insofern überraschend, weil Russland ja auf der anderen Seite des Eisernen Vorhangs, also im »Feindesland« lag, und zum »Schutz« der DDR gerade erst ein »antifaschistischer Schutzwall« errichtet worden war. Nun untergrub der große Bruder aus Moskau diesen Schutzwall buchstäblich mit unterirdischen Leitungen und lieferte dem »Klassenfeind« billige Energie für seine Industrie.

Waren die blöd? Oder vielleicht eher besonders schlau?

Ostpolitik – im Sinne des Friedens oder im Sinne Moskaus?

Der Energie-Pipeline-Deal war Teil der neuen deutschen »Ostpolitik«. Die hatte Willy Brandt schon im Wahlkampf versprochen und trieb sie in seiner Kanzlerschaft 1969 bis 1974 konsequent voran. Sein Kniefall in Warschau am 7. Dezember 1970, bei dem er im Namen der Deutschen um Vergebung für die Verbrechen des Nazi-Regimes bat, ist ein ikonografischer Glanzpunkt der deutschen Geschichte.

Unter dem Schock des Mauerbaus von 1961, der nicht nur das Land trennte, sondern auch unzählige deutsche Familien auseinanderriss, hatte Brandt, damals Berlins Regierender Bürgermeister, zusammen mit seinem engen Vertrauten Egon Bahr ein politisches Konzept für die SPD entwickelt, das den knackigen Titel »Wandel durch Annäherung« trug. Der zugrunde liegende Gedanke: Der Bau der Mauer sei ein Zeichen der Angst und des Selbsterhaltungstriebs des SED-Regimes. Man müsse nunmehr die Hand ausstrecken, um diese Mauer zu durchbrechen.

Das war eine krasse Täter-Opfer-Umkehr. Aber große Teile der Bevölkerung hatten 20 Jahre nach Kriegsende noch längst nicht das Trauma der eigenen Schuld am so vernichtend verlorenen »totalen Krieg« ihres Führers überwunden. Man sehnte sich nach Frieden, nach Versöhnung – und wenn sich das mit einer billigen modernen Energiequelle verbinden ließ: umso besser.

Billige Energie gefiel auch der deutschen Wirtschaft, deren politische Stimme in der Regierung der liberale FDP-Politiker Walter Scheel als Außenminister verkörperte. Diese sozialliberale Ost- und Entspannungspolitik inklusive der neuen Energiepolitik bildete den Kern der Ära Brandt/Scheel. Sie wird bis heute in der SPD als Erfolg gefeiert. Schließlich habe die UdSSR auch in Hoch-Zeiten des Kalten Krieges zuverlässig ihre Verträge erfüllt und Energie nach Westdeutschland geliefert – übrigens lieber als ins Bruderland DDR, das erst nach der Wende mit den notwendigen Gasleitungen ausgestattet wurde, um die ostdeutsche Industrie (soweit es sie noch gab) und die Privathaushalte mit fossilem Erdgas aus Russland versorgen zu können. Manche Sozialdemokrat:innen gehen so weit, dass sie die Ostpolitik Brandts als initialen Wendepunkt auf dem Weg zur deutschen Wiedervereinigung zwanzig Jahre später deuten.

Das kann man so sehen, muss man aber nicht. Aus wissenschaftlicher Perspektive gibt es da durchaus andere Ansichten. Denn erstens war vor allem der Energie-Deal nicht ohne Risiko. Die Erkenntnis, dass starke Militärmächte ihren Rohstoffbedarf günstig von anderen Staaten erwerben wollen, aber dadurch rohstoffreiche Länder eine starke ökonomische Waffe in der Hand haben, dürfte sich damals auch bis nach Moskau herumgesprochen haben.

Und zweitens waren die sowjetischen Herrscher weniger an der politischen als an der wirtschaftlichen Annäherung interessiert. »Der Kreml hoffte, auf diese Weise das immer noch aggressive kommunistische Imperium vor dem fortschreitenden wirtschaftlichen Zerfall zu retten«, schrieb 2011 der deutsch-polnische Historiker Bogdan Musial von der Kardinal-Wyszynski-Universität Warschau in einem Beitrag für eine Publikation der Bundeszentrale für politische Bildung. »Und die damalige soziallіberale Bundesregierung und westdeutsche Konzerne machten mit.« Auf diese Weise habe die neue Ostpolitik von Willy Brandt und seinen Nachfolgern (Helmut Schmidt und auch Helmut Kohl) »den Zusammenbruch des sowjetischen Imperiums und damit letztlich auch die deutsche Wiedervereinigung um etliche Jahre hinausgezögert«.

Das kann man natürlich als steile »Was wäre, wenn«-Spekulation abtun. Unstrittig ist aber, dass die geopolitische Dimension der Energieversorgung in jener Zeit eine enorme Wichtigkeit hatte.

Die USA waren jedenfalls nicht »amused« und versuchten, spätestens nach dem Einmarsch der Sowjets in Afghanistan 1979, die blühenden Energiegeschäfte der Deutschen mit den Sowjets über die gesamten 1980er Jahre hinweg durch Sanktionen zu behindern.

Doch dann kamen Gorbatschow und »Glasnost«. Das heruntergewirtschaftete Sowjetreich zerfiel, und das Thema Energiesicherheit wurde – im Zuge einer rasanten Privatisierung der staatlichen beziehungsweise kommunalen Energieversorger – der Privatwirtschaft überlassen. Die westlichen Unternehmen stürzten sich freudig in die für sie attraktiven Geschäfte mit den unerfahrenen russischen Neugründungen, die sich im Streit um die verbliebenen Reste des post-sowjetischen Wirtschaftskuchens untereinander massiv bekämpften und dadurch äußerst angenehme Verhandlungspartner:innen waren.

Geopolitik spielte keine Rolle mehr. Die Erde hatte sich in eine riesige Ressourcenkammer verwandelt – ein kapitalistisches Schlaraffenland. Diese Vorstellung wurde durch den Slogan »Das Ende der Geschichte« befeuert, mit dem der US-amerikanische Politikwissenschaftler Francis Fukuyama 1989 seine These betitelt hatte, dass sich bald die Prinzipien des Liberalismus in Form von Demokratie und Marktwirtschaft endgültig und überall durchsetzen würden. In Deutschland wurde die sozialdemokratische Erfolgsformel »Wandel durch Annäherung« zur nunmehr neoliberalen Erfolgsformel »Wandel durch Handel« umformuliert.

Energieökonomie – neue Perspektiven gewinnen an Bedeutung

Einziger Wehrmutstropfen in den 1990er-Wallstreet-Partycocktails waren die wachsenden Umweltprobleme und die sich langsam, aber immer sicherer abzeichnende Klimakrise. 1988 hatte die World Meteorological Organization (WMO) zusammen mit dem Umweltprogramm der Vereinten Nationen das Intergovernmental Panel on Climate Change (IPCC) gegründet. Hier wurden fortan die Vielzahl einzelner Forschungsprojekte rund um den Globus zum Thema Klimawandel zusammengetragen und die Forschungsergebnisse dann (mehr oder weniger) allgemeinverständlich aufbereitet. So konnte und sollte Wissenschaft Grundlage für politische Entscheidungen werden. Die IPCC-Sachstandsberichte kennen wir heute alle als »UN-Klimaberichte« aus den Nachrichten. Nachdem 1990, 1995, 2001, 2007 und 2013/2014 die ersten fünf Berichte publiziert worden waren, erschien im Mai 2022 der dritte Teil des 6. Berichts.

Leider ging der Bericht im Kriegsgetöse ziemlich unter. Auf der Webseite des Umweltbundesamts findet man ihn aber immer noch und auch die Essenz der Erkenntnisse. Der wichtigste Satz daraus ist für mich der folgende. Ich lasse ihn hier mal unkommentiert stehen und komme in Kapitel 10 darauf zurück:

> »Armutsbekämpfung und eine gesicherte Energieversorgung könnten ohne signifikante Emissionssteigerungen erreicht werden. Die allerwichtigsten Optionen liegen dabei in der Nutzung von Sonnenenergie und Windkraft sowie im Mobilitäts-, Gebäude- und Ernährungs-Sektor, aber auch besonders im Schutz der Ökosysteme (vor allem Schutz der globalen Wälder und Moore).«

Energiesicherheit, soziale Gerechtigkeit und Klimaschutz gehören zusammen. Sie sind kein Widerspruch, sie sind keine Alternativen, sie sind eine Einheit. Durch die Nutzung der bereits existierenden Technologien, nämlich der erneuerbaren Energien, werden alle drei Ziele erreicht.

Heute liegt alles offen auf dem Tisch. Vor dreißig Jahren allerdings begann die Energieökonomie erst, sich mit den Gefahren des Klimawandels und der Bedeutung des fossilen Energiesystems auseinanderzusetzen. Damals entdeckte sie neue ökonomische Risiken: zum einen die von den Unternehmen externalisierten Umweltkosten und zum anderen – wenngleich aktuell noch unsichtbar – die sich stetig, aber mit wachsender Geschwindigkeit anhäufenden Klima-Schulden, die von den Volkswirtschaften früher oder später zu tragen wären. Der Profit von heute wurde zulasten künftiger Generationen erwirtschaftet. Die Welt steuert auf eine globale Insolvenz zu.

Ende der 1980er Jahre begann ich mich in meinem Studium der Wirtschaftswissenschaften für Energie-Ökonomie zu begeistern. Mir wurde vielfach davon abgeraten. Das sei ein Nischenbereich, hieß es. Das Fach wurde in der Mainstream-Ökonomie eher belächelt und galt als wenig karriereförderlich. Die Kartierung und Bewertung der globalen Energiequellen war Fleißarbeit, geopolitische Risiken waren angeblich nicht mehr relevant, und die Umwelt- und Klimaschäden wurden lieber als Angstfantasie übereifriger »Latschen-Ökos« abgetan denn als relevantes Forschungsthema der Ökonomie ernstgenommen.

Ich blieb dabei. An der Universität Bielefeld, wo ich mein Studium begann, hatte ich die Spieltheorie von Reinhard Selten kennengelernt, einem der bedeutendsten deutschen Wirtschaftswissenschaftler und Mathematiker, der die Methode nicht nur entwickelt, sondern auch als Vorreiter in Rückkopplung mit der Realität überprüft hatte. In unseren Seminaren hatten wir seine Modelle auf den Ölmarkt angewendet. Wir kamen aus den Krisen der 1970er Jahre und wussten: Im Energiemarkt gibt es unheimlich viel Marktmacht. Und wir hatten – auch wenn nur als Kinder – selbst miterlebt, welche Auswirkungen das haben kann. Spieltheoretisch war das jedenfalls unglaublich interessant.

Ich wechselte an die Universität Oldenburg, wo in der Wirtschaftswissenschaft der Schwerpunkt auf Energie lag. Es gab den ersten Studiengang der erneuerbaren Energien, und zahlreiche Energieökonom:innen lehrten und forschten dort. Dort lernte ich auch den Klimaforscher Hans Joachim Schellnhuber kennen, der damals gerade als Professor ans Institut für Chemie und Biologie des Meeres der Universität Oldenburg berufen worden war. Er prägte die internationale politische Diskussion zur Klimakrise, brachte das Konzept der Kippelemente in die Klimaforschung ein und forderte die zeitnahe Umstellung von fossilen auf erneuerbare Energiequellen. 1992 gründete er das Potsdam-Institut für Klimafolgenforschung (PIK), das er bis 2018 leitete. Ich bin bis heute mit ihm kollegial verbunden.

Nischenfächer jedenfalls sind Energie-Ökonomie und Klimafolgenforschung schon lange nicht mehr. Das sieht man auch daran, dass sich die aktuelle Regierung gleich an vier Stellen von Energie-Expertinnen Rat holt: Dazu gehört Veronika Grimm, die unter anderem in den Sachverständigenrat zur Begutachtung der gesamtwirtschaftlichen Entwicklung als sogenannte »Wirtschaftsweise« berufen wurde. Sie berät zudem das Bundeswirtschafts- und das Bundesforschungsministerium. Es gehört außerdem die Physikerin und Klimawissenschaftlerin Brigitte Knopf dazu. Sie ist Mitglied im 2020 neu gegründeten Expertenrat für Klimafragen, und zuvor schon war sie wissenschaftliche Beraterin der Vereinten Nationen bei der Vorbereitung des UN-Klimaaktionsgipfels 2019. Und dazu gehört auch die Münchner Umweltökonomin Karen Pittel, die seit 2016 im Wissenschaftlichen Beirat der Bundesregierung für globale Umweltveränderungen tätig ist.

Die vierte Energie-Expertin bin ich selbst. Seit 2016 bin ich Mitglied im Sachverständigenrat für Umweltfragen beim Bundesumweltministerium. Aber auch unterschiedliche andere Minister:innen, Ministerien oder Parteien haben schon meinen Rat gesucht. 2007 berief mich beispielsweise der damalige EU-Kommissionspräsident José Manuel Barroso in ein Team von Spitzenforscher:innen, um eine einheitliche Energie- und Klimaschutzpolitik für die EU zu entwickeln. Ich war aber auch beispielsweise Mitglied im Wissenschaftlichen Beirat des EU-Umweltkommissars sowie der Landesregierungen in Niedersachsen und Hessen zur Erarbeitung von Energiestrategien. 2012 berief mich Norbert Röttgen (CDU) als Energieministerin in sein Schattenkabinett in Nordrhein-Westfalen, 2013 war ich Energiebeauftragte im Schattenkabinett von Thorsten Schäfer-Gümbel (SPD) in Hessen. Beide verloren die Wahl. Aus den Ämtern wurde nichts.

Der derzeitige Gesundheitsminister Karl Lauterbach, selbst Wissenschaftler, fordert in seinem Buch *Bevor es zu spät ist* Wissenschaftler:innen auf, in die Politik zu gehen, um sie gestalten zu können. Es gibt tatsächlich viele engagierte Menschen, die aus der Wissenschaft heraus in unterschiedlichsten politischen Gremien und Instanzen beratend aktiv sind. Wissenschaft macht vor allem eines: Sie schafft Wissen. Das ist für politische Entscheidungen elementar. Aber was die Politik daraus macht, steht auf einem anderen Blatt.

In den letzten 15 Jahren hatte ich unzählige Begegnungen mit politisch Verantwortlichen. Manche nahmen sich mehr, manche weniger Zeit. Manche wollten alles verstehen, manche nur das Wichtigste. Vielen Politiker:innen war es wirklich wichtig, den Austausch mit der Wissenschaft zu führen und zu intensivieren. Das ist nicht selbstverständlich, und ich weiß das sehr zu schätzen. Um nur einige Beispiele zu nennen: Svenja Schulze, damals Ministerin für Innovation, Wissenschaft und Forschung in Nordrhein-Westfalen und von 2018 bis 2021 Bundesumweltministerin, habe ich als besonders interessiert an Forschungsthemen erlebt genauso wie Thorsten Schäfer-Gümbel, der in Hessen eine Zeit lang die Opposition im Hessischen Landtag anführte. Ebenso interessiert zeigte sich stets Stefan Weil, der im Jahr 2013 eine kleine Energierunde in Niedersachsen einberief, um die Energiewende anzuschieben. Geradezu legendär waren die tiefgreifenden, langen und hitzigen Gespräche mit dem Energiewende-Vordenker und SPD-Urgestein Hermann Scheer, der mich in vielfältiger Weise inspiriert hat.

Mit dem damaligen Bundesumweltminister Norbert Röttgen gab es viele gute Gespräche, genauso wie mit Klaus Töpfer, der eine Zeit lang das IASS, das Institute for Advanced Sustainability Studies, in Potsdam leitete. Die Liste ließe sich sehr lang weiterführen, da ich in den 18 Jahren meiner Tätigkeit in Berlin mit sehr vielen Entscheidungsträger:innen nicht nur in Berlin, sondern in ganz Deutschland gesprochen habe. Gerade die lokalen Politiker:innen, die mit unglaublichem Engagement die echte Energiewende in ihrer Region konkret vorangebracht haben, fand ich immer wieder beeindruckend.

Stets interessante Gespräche, im letzten Jahrzehnt insbesondere zum Thema Gazprom und der Rolle Russlands im europäischen Gasmarkt, gab es mit Reinhard Bütikofer, Rebecca Harms und Sven Giegold aus dem Europaparlament. Nicht minder intensiv waren die Diskussionen um das Thema Energiewende mit zahlreichen Landes-Umweltminister:innen, wie beispielsweise Johannes Remmel in Nordrhein-Westfalen, Stefan Wenzel aus Niedersachsen oder Simone Peter im Saarland.

Leider könnte ich auch einige gegenteilige und besonders abschreckende Beispiele auflisten. Manchmal gab es weder ein offenes Gespräch noch überhaupt aufrichtiges Interesse, stattdessen wurde die eigene Wissenschaftsfeindlichkeit stolz zur Schau gestellt. Besonders unangenehm waren dabei vor allem die unsachlichen Argumente und persönlichen Angriffe. Aber ich will hier keine Namen nennen, um dem Unsinn und der Aggression kein Forum zu bieten.

In besonders guter Erinnerung sind mir die Treffen mit dem damaligen EU-Präsidenten José Manuel Barroso geblieben. In der Beratergruppe der EU-Kommission waren lauter hochkarätige Wissenschaftler versammelt, zum Beispiel der ehemalige Chefökonom der Weltbank Nicolas Stern, der Direktor des Potsdam-Instituts für Klimafolgenforschung John Schellnhuber, Nicolas Hulot, der spätere Umweltminister in Frankreich, und nicht zuletzt der Physik-Nobelpreisträger Carlo Rubbia. Ich war die Jüngste und die einzige Frau. Das war natürlich eine große Ehre und ein großes Vergnügen, mit solchen außergewöhnlichen Wissenschaftlern zusammenarbeiten zu dürfen.

Wir beschäftigten uns – immer im Hinblick auf Europa – mit effektivem Klimaschutz und Energieversorgungssicherheit. Dabei war natürlich auch eine Frage, wie wir die zu starke Abhängigkeit vom Import fossiler Energien reduzieren können, und unsere Antwort lautete: durch einen stärkeren Ausbau der erneuerbaren Energien. Wir warben umfassend für eine schnelle Reduktion der Treibhausgase. Umgesetzt wurden letztendlich eine Senkung der Treibhausgase um 20 Prozent, ein Ausbau der erneuerbaren Energien auf 20 Prozent und die Senkung des Energieverbrauchs um 20 Prozent – und das Ganze bis 2020. Die Emissionsminderungsziele wurden dann in die knackige Formel »20–20–20« gegossen. Solche Merkformeln sind in der Politik immer wichtig.

Das entsprach nicht ganz unseren Vorstellungen. Aber an die Gespräche mit dem damaligen EU-Präsidenten erinnere ich mich trotzdem gern. Barroso hat sich Zeit genommen und zugehört. Das war und ist leider nicht selbstverständlich.

Glücklicherweise habe ich im Laufe der Jahre viele Menschen getroffen, die sich wirklich interessiert, zugehört und immer wieder nachgefragt haben. Vor allem über meine langjährige Arbeit im Sachverständigenrat für Umweltfragen (SRU) hatte ich viele erfreuliche Begegnungen. Aber auch jenseits irgendwelcher Gremien gab es oft gute Gespräche mit Abgeordneten oder politischen Profis, mit Engagierten aus NGOs oder Medienschaffenden aller Art. Sie haben sich wirklich im Sinne der Sache bemüht. Leider fast nie mit durchschlagendem Erfolg – jedenfalls nicht gemäß den Ansprüchen der Wissenschaft. Doch das könnte sich jetzt ändern. Denn mit Russlands fossilem Krieg gegen die Ukraine und den gesamten demokratischen Westen geht vielen Menschen gerade ein Licht auf. Möglicherweise ändert sich jetzt endlich die Wahrnehmung, und wir kommen auf die Zielgerade zum Happy End.

Q hatte es schließlich auch nicht immer leicht mit dem Top-Agenten 007. Einen wunderbaren und legendären Dialog zwischen James Bond und seinem Tüftler hat der Filmhistoriker Andreas Hutter nacherzählt:

»›Q, habe ich Sie jemals enttäuscht?‹
Eben waren die Augenbrauen noch herausfordernd hochgezogen, nun legt sich die Stirn in Falten. Die Augen sind zugekniffen, die Lippen zusammengepresst. Auf ein kaum sichtbares Kopfschütteln folgt ein tiefer Seufzer.
›Oft.‹
17 Mal war es, um genau zu sein. 17 Mal hat Schauspieler Desmond Llewelyn als genialer Tüftler Q dem Agenten James Bond seine Erfindungen anvertraut. Und fast genauso oft wurde er bitter enttäuscht.«

Trotz aller Enttäuschungen ist es bislang immer gelungen, dass James Bond – mit oder ohne Qs geniale Gadgets – in den letzten Minuten des Films die Welt gerettet hat. Auch unser realer Thriller ist noch nicht vorbei. Selbst wenn ich nicht sicher weiß, wie viele Minuten uns noch bleiben, ich gebe nicht auf. Ich kläre auf. Denn eine wichtige Waffe in diesem Krieg sind wissenschaftliche Fakten.

KAPITEL 3

GESCHÄFTSPARTNER EON, BASF, GAZPROM

Wie die Abhängigkeit von Russland begann

Deutschlands Wirtschaft und Politik haben sich großenteils von Putins Rhetorik und den erhofften wirtschaftlichen Chancen betören lassen. Die deutschen Energiekonzerne ließen sich auch vom ruppigen russischen Geschäftsgebaren nicht schrecken und blendeten die Risiken gegenüber der deutschen Öffentlichkeit komplett aus. Den hohen Preis für ihre jahrelangen Gewinne zahlen nun andere.

Putins berühmte Rede im Bundestag

Von James Bond führt der Weg recht schnell zu einem seiner berühmten Gegenspieler. Ob Dr. No, Goldfinger oder Blofeld, der Bösewicht mit der weißen Perserkatze im Arm: vor unserem inneren Auge sehen wir den Anti-Bond in unzähligen Varianten, aber immer ist er mächtig, reich und skrupellos. In *Die Welt ist nie genug* gibt es sogar mal eine böse Frau: Elektra King, die Erbin eines Ölimperiums. Es geht um eine Pipeline und wahnsinnig viel Geld.

Viele Menschen in Deutschland finden heute, dass Vladimir Putin als oberster russischer Kriegsherr ziemlich gut ins Bild des Bond-Bösewichts passt. Zu Beginn seiner Präsidentenzeit sah das jedoch ganz anders aus.

Zeitsprung. Dienstag 25. September 2001. Auf den Tag genau zwei Wochen zuvor waren in den USA durch Anschläge des Terrornetzwerks Al-Kaida fast 3000 Menschen ums Leben gekommen. Es war ein Tag, der sich ins kollektive Gedächtnis eingebrannt hat. 9/11, die US-amerikanische Schreibweise des Datums, steht seither als Synonym für diesen Wendepunkt der Geschichte.

Zwei Wochen später steckte auch uns Deutschen der Schock der Bilder noch frisch in den Knochen. In endlosen Wiederholungen hatten wir das Grauen der einstürzenden World-Trade-Center-Türme gesehen. Es waren entsetzliche Bilder. Es ging die Angst um, dass das Terrornetzwerk weitere Ziele auch in Europa, in Deutschland ansteuern würde. Ein harmloses Flugzeug konnte plötzlich eine Waffe sein.

An jenem Tag kam Vladimir Putin erstmals auf Staatsbesuch nach Deutschland. Er war damals gerade erst anderthalb Jahre Ministerpräsident der Russischen Föderation. Ein russischer Wissenschaftler, mit dem ich damals in einem Forschungsprojekt zusammenarbeitete, geriet geradezu ins Schwärmen, dass die deutsch-russische Freundschaft durch Putins Besuch nun intensiviert würde. Und manche älteren Abgeordneten bekommen heute noch eine Gänsehaut, wenn sie sich an Putins Auftritt im Plenarsaal des Bundestags in Berlin erinnern: Die Abgeordneten hörten – zunächst simultanübersetzt vom Russischen ins Deutsche – elaborierte Sätze, in denen es um Ehre und Rührung geht, um den Geist der Freiheit und des Humanismus, um Lessing und Wilhelm von Humboldt und darum, dass Russland gegenüber Deutschland immer »besondere Gefühle« gehegt habe.

Doch plötzlich sagt die Dolmetscherstimme: »Heute erlaube ich mir die Kühnheit, einen großen Teil meiner Ansprache in der Sprache von Goethe, Schiller und Kant, in der deutschen Sprache, zu halten.«

Während der Simultanübersetzer den Satz noch zu Ende spricht, nimmt Putin vorn am Pult einen Schluck Wasser. Höfliches Klatschen. Dann redet er weiter. Überraschenderweise spricht er in einem Deutsch, das sogar reiner und klarer ist als das des Dolmetschers.

Eine neue Seite in der Geschichte – Standing Ovations

Putin spricht fast eine halbe Stunde. Er spricht von Ideen der Demokratie und der Freiheit, davon, dass auch Europa unmittelbar an der Weiterentwicklung des Verhältnisses zu Russland interessiert sei, und er spricht von gemeinsamen Möglichkeiten und Potenzialen. Er verbreitet Optimismus, Zuversicht, Wohlgefühl.

Kritik formuliert er allein gegenüber der NATO. Russland sei ein freundlich gesinntes europäisches Land. Es habe mehrere Abrüstungsverträge ratifiziert. Leider folgten nicht alle NATO-Länder diesem Beispiel. Wir sprächen von einer Partnerschaft, in Wirklichkeit hätten wir aber immer noch nicht gelernt, einander zu vertrauen. »Mal verlangen wir Loyalität zur NATO, mal streiten wir uns über die Zweckmäßigkeit ihrer Ausbreitung«, mahnt er. »Wir können uns immer noch nicht über die Probleme im Zusammenhang mit dem Raketenabwehrsystem einigen.« Und es ist nicht zu überhören, dass diese Uneinigkeit seiner Ansicht nach nicht Moskaus Schuld ist.

»Der Kalte Krieg ist vorbei«, proklamiert er unter Beifall. Aber er dämpft sogleich die aufflackernde Euphorie, denn es gäbe neue Bedrohungen: »Terrorismus, nationaler Hass, Separatismus und religiöser Extremismus.« Alle wissen, wovon er redet. Vor dem inneren Auge erscheinen sofort die einstürzenden Türme in New York. Putin weiß, was derlei bedeutet. Denn, so schildert er anschaulich, auch Russland kämpfe in Tschetschenien gegen »religiöse Fanatiker« und »internationale Terroristen«, die in der Absicht, einen »neuen fundamentalistischen Staat« zu schaffen, »einfache Bürger zu Geiseln gemacht hätten«. Die »Kampfmittel gegen diese Probleme«, schlussfolgert Putin, sollten »universal« sein. Dafür bedürfe es einer »effektiven Zusammenarbeit«.

Am Ende ist er überzeugt: »Wir schlagen heute eine neue Seite in der Geschichte unserer bilateralen Beziehungen auf und wir leisten damit unseren gemeinsamen Beitrag zum Aufbau des europäischen Hauses.«

Mit dem Schlusssatz zitierte er – ungenannt, aber im Publikum gewiss sofort erkannt – Michail Gorbatschow, jenen letzten Präsidenten der UdSSR, den anlässlich seines Todes im September 2022 die deutsche Parlamentspräsidentin Bärbel Bas als einen »Mann des Friedens« würdigte, der die »Welt zum Besseren« verändert habe. Er wurde in Deutschland als »Gorbi« für seine Politik gefeiert, welche die deutsche Wiedervereinigung erst möglich gemacht hatte. »Europa ist unser gemeinsames Haus«, hatte jener Mann des Friedens einst proklamiert.

Putins Auftritt, aber vielleicht auch das gefühlte Wiedererscheinen des hoch verehrten »Gorbi« riss die Abgeordneten von ihren Sitzen. Sie hatten eine hinreißende Rede erlebt. So hinreißend, dass das deutsche Parlament den neuen russischen Präsidenten mit Standing Ovations feierte.

Nur einer blieb sitzen – der grüne Abgeordnete Hans-Christian Ströbele. Er wollte damit zum Ausdruck bringen, erklärt er in einem *taz*-Interview vom 25. April 2022, dass man Putin »seine Sünden nicht einfach nachsehen kann«. Putin habe beim KGB schon »einige schmutzige Dinge« getan und er habe brutal in Tschetschenien Krieg geführt: »Er hat Grosny in Schutt und Asche bomben lassen.«

Auch vereinzelte Medien berichteten kritisch über Putins Rede. Manche waren skeptisch gerade wegen des rhetorisch fast perfekten Auftritts. Putin habe das brutale Vorgehen der russischen Regierung gegen die Zivilbevölkerung in Tschetschenien verharmlost und versucht zu rechtfertigen.

Trotzdem überwog die Begeisterung. Die *FAZ* sprach sogar von einer »Perestroika in den internationalen Beziehungen«. Nun liege es vor allem an der westlichen Bereitschaft, »auf Russland zuzugehen, um dauerhaft eine qualitativ neue Partnerschaft zu begründen.«

Nicht zuletzt Bundeskanzler Gerhard Schröder zeigte sich beeindruckt – unter anderem von Putins Hinweis, dass es sich im Nordkaukasus um dieselben religiösen Fanatiker handele wie bei den Attentätern vom 11. September in den USA. Vielleicht hatte Putin ja recht, wurde gemunkelt. Und mit der Erklärung: »Fehlerhaft wäre es, ein Gleichheitszeichen zwischen Moslems im Generellen und religiösen Fanatikern zu setzen«, hatte Putin den Abgeordneten aus dem Herzen gesprochen, die gerade sehr besorgt den aufkeimenden Anti-Islamismus in Deutschland beobachteten.

Der Kanzler versprach jedenfalls am selben Tag, »dass es in Bezug auf Tschetschenien zu einer differenzierteren Bewertung der Völkergemeinschaft kommen muss und sicher auch kommen wird«. Tatsächlich neigten bald auch die USA dazu, die russische Darstellung der Kriegsmaßnahmen in Tschetschenien als »Anti-Terror-Operation« zu akzeptieren. Schließlich bereitete man in Washington als Vergeltung für 9/11 selbst einen völkerrechtlich fragwürdigen Krieg gegen den Irak vor.

Gute Geschäfte mit einem »lupenreinen Demokraten«

Schröder und Putin trafen sich nicht nur physisch auf Augenhöhe, sie zelebrierten bald auch öffentlich ihre »Männerfreundschaft«, luden sich gegenseitig zum Geburtstag ein und schwitzten medienwirksam gemeinsam in der Sauna. Noch als Privatmann 2017 schwärmte Schröder: »Es mag sentimental oder romantisch klingen. Doch ich bin überzeugt, dass es eine Art Seelenverwandtschaft zwischen Russen und Deutschen gibt.«

Zur festen Redewendung wurde die Äußerung des Kanzlers, dass er Putin für einen »lupenreinen Demokraten« halte. Er sei sicher, dass Putin Russland »zu einer ordentlichen Demokratie machen will und machen wird«. Zweifel und Kritik wischte der damalige Kanzler stets vom Tisch: »Putin schafft es jetzt, den Staat wieder in seine Funktion zu setzen.« Es sei klar, »dass dabei nicht alles idealtypisch laufe«.

Was dagegen immer besser lief, waren die Geschäfte. Russland lockte mit seinem größten (und einzigen) Schatz, den gigantischen Vorkommen an fossilen Energien. Und zahlreiche deutsche Unternehmen bissen an und investierten in großem Stil in der russischen Föderation. Natürlich befände sich Russland erst »am Anfang des Aufbaus einer demokratischen Gesellschaft und einer Marktwirtschaft«, hieß es. Das hatte Putin in seiner Rede selbst gesagt. Auf diesem Wege seien noch viele Hürden und Hindernisse zu überwinden, hatte er zugegeben.

Aber hatte er nicht auch zu Recht darauf hingewiesen, dass mit eben solchen Aussagen auch »Deutschland und seine Hauptstadt« noch »vor einiger Zeit charakterisiert« wurden? Hatte sich nicht in dieser jungen, ungeübten deutschen Demokratie jenes legendäre »Wirtschaftswunder« entwickelt? War es also nicht geradezu Pflicht, als stabiles westliches Unternehmen an einem solchen Aufbau andernorts mitzuwirken? Und was spräche dagegen, wenn sich dabei gewisse wirtschaftliche Chancen ergäben, von denen man dann selbst entsprechend profitieren könnte?

Das etwa dürften die Gedanken zum Beispiel der Unternehmen gewesen sein, die sich im »Ost-Ausschuss der Deutschen Wirtschaft« versammelten. Der Ausschuss ist ein gemeinnütziger Verein, der bis heute existiert und von sechs Spitzenverbänden der deutschen Industrie (BDI, DIHK, BGA et cetera) getragen wird und über 300 Mitglieder hat. Er steht, so heißt es heute auf der Webseite, »seinen Mitgliedsunternehmen zur Flankierung von Projekten, zur Vermittlung von Kontakten sowie für Fragen zum Markteinstieg zur Verfügung«. Gemeint sind 29 Länder in Mittelosteuropa, Ost- und Südosteuropa, im Südkaukasus und Zentralasien, wobei Russland wohl den Hauptpart einnimmt. Im Hinblick auf Russland-Verbindungen hat der Verein jedenfalls eine lange und starke Tradition, die bis in die 1950er Jahre zurückreicht, als der Ausschuss auf Initiative des damaligen Wirtschaftsministers Ludwig Erhard gegründet wurde.

Es war eben dieser Ost-Ausschuss gewesen, der seinerzeit unter dem Vorsitz von Otto Wolff von Amerongen ab 1970 die Erdgas-Röhren-Geschäfte mit der Sowjetunion vorbereitet hatte. Auch im Jahr 2001 war das Interesse an lukrativen Geschäften mit dem juristischen Nachfolger der Sowjetunion groß. Russland hatte ja nach dem Zusammenbruch der Sowjetunion 1991 alle ihre Verträge und also auch sämtliche Schulden übernommen. Man war also als Gläubiger in Deutschland an einer guten und fruchtbaren Fortsetzung der alten Zusammenarbeit interessiert.

Nachfolger Wolff von Amerongens war im Jahr 2000 Klaus Mangold geworden, damals Vorstandsmitglied der DaimlerChrysler AG. Er blieb Vorsitzender des Ost-Ausschusses bis 2010 – und war in dieser Zeit daran beteiligt, wesentliche Weichen für die deutsch-russischen Beziehungen zu stellen. Die damit verbundenen Geschäfte waren im Wesentlichen auf Öl und Gas gebaut. Damit hatte man schließlich gute Erfahrungen gesammelt, und Russlands Bodenschätze waren nach wie vor attraktiv.

»Eine wahrhafte Herzensangelegenheit«

Am Tag nach seiner Berliner Rede, nämlich am 26. September 2001, landete Putin mit dem Helikopter nahe der Villa Hügel im Essener Stadtteil Bredeney. Der Ost-Ausschuss der deutschen Wirtschaft hatte dorthin eingeladen. Man wollte dem russischen Präsidenten Gelegenheit geben, einflussreiche Personen der Wirtschaft zu einer stärkeren Zusammenarbeit zu motivieren.

Die berühmte Villa war im 19. Jahrhundert vom Stahlmagnaten Alfred Krupp errichtet worden und eines der bekanntesten Symbole für die Industrialisierung des Ruhrgebiets – und damit für den Beginn des boomenden fossilen Zeitalters. Die Familie Krupp wohnte hier bis 1945. Heute residiert in der Villa die Alfred Krupp von Bohlen und Halbach-Stiftung. Sie verwaltet das Vermögen des letzten persönlichen Inhabers der Firma Krupp. Der hatte testamentarisch bestimmt, das Unternehmen in eine Stiftung umzuwandeln, »die Ausdruck der dem Gemeinwohl verpflichteten Tradition des Hauses Krupp sein soll«.

Das Auditorium an jenem Tag diente also dem Gemeinwohl. Aber es war zufällig auch der 88. Geburtstag des mächtigen Industriellen und Verwalters der Krupp-Stiftung Berthold Beitz. Der hatte als einer der ersten Unternehmer nach dem Zweiten Weltkrieg neue Beziehungsgeflechte zwischen Russen und Deutschen geknüpft und selbst in Hoch-Zeiten des Kalten Krieges eine Art privatwirtschaftliche Ost-Politik betrieben. Er war sogar persönlich dabei, als Kanzler Willy Brandt nach Warschau zu seinem legendären Kniefall reiste.

Noch zu Lebzeiten ehrte ihn die Deutsche Gesellschaft für Auswärtige Politik (DGAP) »für seine Mission, Brücken nach Polen, Russland und in andere osteuropäische Länder zu schlagen« – indem sie 2010 dem Russland-Zentrum in Berlin seinen Namen verlieh. In der Pressemitteilung dazu hieß es: »Die Beziehungen mit Russland waren ihm (Beitz) eine wahrhafte Herzensangelegenheit.«

Zum Geburtstag gratulierte nun also auch Vladimir Putin. Zu dem exklusiven Treffen ins Herrenzimmer der Villa kam auch der damalige Ministerpräsident von Nordrhein-Westfalen, Wolfgang Clement.

Putin hielt eine freundliche Rede vor den übrigen geladenen Gästen, diesmal auf Russisch. Dafür warb er mit einer Gewinnsteuer von nur 24 Prozent für Wirtschaftsaktivitäten in Russland: »Und das ist einer der niedrigsten Steuersätze in Europa.«

Anschließend besuchte Putin gemeinsam mit Clement die Automatisierungsmesse Interkama in Düsseldorf. Auf dem Gemeinschaftsstand der Ruhrgas AG erschien auch Gazprom-Chef Alexej Miller, ein enger Vertrauter Putins aus dessen Zeit als Bürgermeister von St. Petersburg. Burckhard Bergmann, der Vorstandsvorsitzende der Ruhrgas AG, überreichte Putin einen Gaszähler als Symbol für die rund 400 Milliarden Kubikmeter russisches Erdgas, die seit jener »Ostpolitik« und der Aufnahme der Lieferungen 1973 nach Deutschland geflossen waren.

Anderthalb Jahre später wurde Wolfgang Clement Wirtschaftsminister in der zweiten Berliner Amtszeit von Kanzler Gerhard Schröder und hielt seine Hand schützend über deutsche Gaskonzerne und bewilligte eine Milliardenbürgschaft für die Nord Stream AG. Fünf Jahre später wechselte er in den Aufsichtsrat eines Energiekonzerns, und neun Jahre später wurde er Putins Energieberater in Moskau.

Ein »historischer Tag« – leider

In den folgenden vier Jahren wurden intensive Geschäftsverbindungen zwischen der BASF Wintershall, Eon Ruhrgas und Gazprom geknüpft. Das war insofern besonders, weil BASF Wintershall und Eon Ruhrgas eigentlich Rivalen waren.

Die Verhandlungen mündeten 2005 in der Gründung des Gemeinschaftsunternehmens »North European Gas Pipeline Company«, an dem Gazprom mit 51 Prozent und Eon sowie BASF mit jeweils 24,5 Prozent beteiligt waren. Der Name der Firma lautete ein Jahr darauf: Nord Stream AG, mit Sitz im Schweizer Steuerparadies im Kanton Zug. Geschäftszweck: der Bau einer neuen Gasleitung von Russland durch die Ostsee bis nach Lubmin in Mecklenburg-Vorpommern.

Der Bau dieser Pipeline wurde am 8. September 2005 in Berlin in Anwesenheit von Bundeskanzler Gerhard Schröder und Präsident Wladimir Putin besiegelt. Stolz wurde angekündigt, dass der erste Leitungsstrang mit einer Transportkapazität von rund 27,5 Milliarden Kubikmetern Erdgas 2010 in Betrieb gehen solle und später die Kapazität mit einem zweiten Strang verdoppelt werde.

Schröder sprach von einem »historischen Tag«. Mit dem Abkommen werde ein großer Teil der deutschen Energieversorgung auf Jahrzehnte gesichert.

Genau: »auf Jahrzehnte gesichert«. Seither sind keine zwanzig Jahre vergangen, und von Sicherheit ist keine Rede mehr. Trotzdem war es ein historischer Tag, denn mit der Pipeline begann die lange Geschichte der deutschen Abhängigkeit von Russland. Und es ist kein Zufall, dass Deutschland noch am Tag vor dem russischen Überfall auf die Ukraine den zweiten Teil des Pipeline-Deals zu canceln versuchte – in der Hoffnung, irgendetwas noch zu verhindern. Es ist die Konsequenz aus dieser Vertragsunterzeichnung am 8. September 2005, dass fast auf den Tag genau 17 Jahre später Putin genau diese Pipeline nutzte, um uns zu erpressen, als er am 31. August 2022 die Gaslieferungen nach Deutschland stoppte.

Schröders Gefühl für Sicherheit entpuppte sich 2005 gleich ein zweites Mal als trügerisch – nur bekam er da die Konsequenz deutlich schneller zu spüren. Zehn Tage nach dem »historischen Tag« der Nord-Stream-

Gründung wurde in Deutschland gewählt – und obwohl Schröder sich ganz sicher war, dass er diese Wahl gewinnen würde, wurde es ein historischer Tag für jemand anderen. Am 18. September 2005 wählte Deutschland zum ersten Mal in seiner Geschichte eine Kanzlerin.

Es war geradezu symptomatisch: Selbst als die Zahlen und Fakten bereits deutlich auf dem Tisch lagen, war Schröder nicht bereit, die Wahrheit zu akzeptieren. In der sogenannten »Elefantenrunde« am Wahlabend erteilte der gerade abgewählte Kanzler seiner siegreichen Konkurrentin noch gönnerhaft den Ratschlag, sie solle mal die Kirche im Dorf lassen. Denn nicht sie, sondern er werde die Gespräche zur Regierungsbildung führen.

Wir wissen: Es war andersherum – und Angela Merkel blieb die nächsten 16 Jahre an der Macht.

Eine »rein privatwirtschaftliche« Initiative

Schröder verließ bekanntlich die Politik und wechselte fast ohne jede Übergangszeit in die Wirtschaft. Im Dezember 2005 gab Alexej Miller, der enge Putin-Vertraute und Gazprom-Chef, bekannt, dass Schröder als Vertreter von Gazprom zum Aufsichtsratsvorsitzenden (»Chef des Aktionärsausschusses«) der Nord Stream AG (damals noch NEGP) ernannt werde. Da ging ein Raunen durch die Republik. Selbst aus der SPD kam vereinzelte Kritik.

Doch der damalige SPD-Parteivorsitzende Matthias Platzek stellt sich schützend vor seinen alten Boss, wie der *Spiegel* unter der Überschrift »Schröder verrubelt seinen Ruf« berichtete. Das Jobangebot sei allein von den beteiligten Unternehmen Gazprom, Eon und BASF ausgegangen. Es handele sich »um eine rein privatwirtschaftliche Initiative«, die »den Privatmann Schröder« um Mitwirkung gebeten habe.

Die »rein privatwirtschaftliche Initiative« wurde ein ähnlicher Schlager wie der »lupenreine Demokrat«. Alle wussten, dass es nicht stimmte, aber gerade dadurch verlor die Lüge ihre Gefahr. Sie wurde zu einem Scherz, den man jederzeit schmunzelnd vortragen konnte. Ein Kavaliersdelikt. Nichts, was uns beunruhigen müsste.

Wenige Monate später nahm auch Wolfgang Clement seinen endgültigen Abschied aus der Politik und kehrte im Februar 2006 als Mitglied des Aufsichtsrats der RWE-Kraftwerkstochter RWE Power AG zurück in die Wirtschaft. Dieser in einer Demokratie nicht sonderlich gern gesehene Drehtür-Effekt, also der schnelle Wechsel zwischen Wirtschaft, Politik und zurück, sorgte auch für leise Empörung, war aber im Vergleich zu Schröders Seitenwechsel geradezu trivial.

Noch mal zwei Monate später kam aber heraus, dass vier Tage nach der verlorenen Wahl, also auf den letzten Metern vor der Machtübergabe, die nur noch geschäftsführende alte Regierung eine Kreditbürgschaft von 900 Millionen Euro zugesagt hatte. Den Antrag gestellt hatte Gazprom. Der abzusichernde Kredit diente dem Bau einer Leitung in Russland, durch die später Gas in die Nord-Stream-Pipeline fließen sollte. Zugesagt hatte ihn der interministerielle Ausschuss zur Vergabe der Garantien unter Vorsitz des Wirtschaftsministeriums. Ein Energiekonzern, in dem der Kanzler Gerhard Schröder kurz darauf Aufsichtsratsvorsitzender werden sollte, bekam eine Regierungsbürgschaft in Höhe von fast 1 Milliarde Euro – und zwar bewilligt vom Parteifreund und Wirtschaftsminister Wolfgang Clement, der kurz darauf in den Aufsichtsrat eines anderen Energiekonzerns wechselte. Was für ein Filz!

Clement wies im April 2006 in einem Interview der *Welt am Sonntag* alle Vorwürfe zurück. Die Bürgschaftsgarantie sei gewährt worden, weil die Pipeline für die deutsche Energieversorgung außerordentlich wichtig sei. »Das hatte nicht das Geringste mit Schröder zu tun. Der Bundeskanzler hat bei meiner Entscheidung keine Rolle gespielt.« Es sei das Vernünftigste, was es gäbe, diese Bürgschaft zu übernehmen. »Die nachfolgenden Generationen werden über diese Pipeline froh sein.« Viele andere Staaten beneideten Deutschland um »die engen Beziehungen, die wir zu Russland haben«.

Jetzt wollte niemand mehr irgendetwas davon wissen oder gewusst haben. Schröder nicht. Aber auch Gazprom nicht. Es floss kein Geld. Die Sache wurde ad acta gelegt, und die Empörung legte sich wieder.

Clement nahm im Laufe der Jahre zahlreiche weitere Aufsichtsratsmandate an. Unter anderem wurde er 2009 zum Aufsichtsratsvorsitzenden des russischen Beratungsunternehmens Energie Consulting gewählt und beriet damit den russischen Präsidenten bei seiner – ungewöhnlichen und nie so genannten – »West-Politik«.

Die neue Kanzlerin Angela Merkel flog knapp zwei Wochen nach dem »Bürgschaftsskandal«, Ende April 2006, zu zweitägigen deutsch-russischen Wirtschaftsgesprächen nach Tomsk in Sibirien. Sie wurde dabei unter anderem von den Vorstandschefs Jürgen Hambrecht, BASF, und Wulf Bernotat, Eon, begleitet. Es war ein mehr oder weniger offenes Geheimnis, dass dort das nächste Gazprom-Geschäft angeleiert werden sollte: Das westsibirische Gasfeld Juschno-Russkoje zählt nämlich zu den größten Erdgasvorkommen in Russland. Und darauf waren sowohl BASF Wintershall als auch Eon Ruhrgas mehr als erpicht. Dieses Interesse und das sich anbahnende Geschäft wurde in Deutschland ob der wachsenden Abhängigkeit und der fraglichen Zuverlässigkeit Russlands als Energielieferant durchaus kritisch diskutiert. Russisches Öl und Gas machte damals rund drei Viertel der deutschen Einfuhr aus.

Aber die Verhandlungen schienen durch solche Sorgen nicht beeinträchtigt zu sein. Im Nachhinein wurde bekannt, dass Gazprom beiden deutschen Unternehmen Eon und BASF angeboten hatte, sich an der Ausbeutung des Gasfeldes zu beteiligen – als Juniorpartner. Gazprom war also nicht bereit, das Gasfeld komplett herzugeben, sondern wollte die Hand auf dem Geschäft halten. So weit, so vertraut.

Aber das eigentlich Überraschende war, dass Gazprom im Gegenzug »Aktiva im Westen« forderte, sprich: Beteiligungen an den deutschen Geschäften von Wintershall und Ruhrgas. Man stelle sich vor: Ein Bauer bietet eine Beteiligung an seinem Hof an, will aber im Gegenzug eine Beteiligung am Supermarkt. Das war kein normaler Liefervertrag mehr.

Es verwundert nicht, dass sich Eon Ruhrgas und BASF Wintershall mit diesem Angebot schwertaten. Erschwerend kam hinzu, dass die beiden nicht nur einfach zwei zufällig konkurrierende Gashändler waren, sondern dass sie eine komplizierte Vorgeschichte miteinander hatten. Sie waren quasi Erzfeinde – oder noch schlimmer: BASF Wintershall war gegründet worden, um die traditionelle Großmacht Eon Ruhrgas vom Thron zu stoßen. Ruhrgas war Caesar, Wintershall war Brutus. Aber der Dolchstoß war noch nicht passiert.

Vorgeschichte: Ein innerdeutscher Gaskrieg

Eon oder genauer die 1926 gegründete Eon Ruhrgas AG ist ein Unternehmen mit langer Geschichte. Sie reicht zurück in eine Zeit, als man im Deutschen Reich noch nicht mit Erdgas, sondern mit aus Kohle gewonnenem Gas seine Suppe kochte, mit sogenanntem Stadtgas. Das ist ziemlich genau 100 Jahre her, und trotzdem wird deswegen vermutlich bei Eon kein Jubiläum gefeiert, weil sich das Unternehmen permanent gewandelt hat.

Da gab es Umbenennungen, Fusionen, den Tausch von Unternehmensteilen und so weiter, weswegen die Eon-Anteile an Nord Stream 1 zwischenzeitlich komplett an die neu gegründete Eon-Tochter Uniper ausgegliedert wurden. 2016 übertrug Uniper einen 15,5-Prozent-Anteil zurück an Eon – der Wert der Transaktion betrug 1 Milliarde Euro. Im Februar 2022 war Uniper also noch mit 9 Prozent an der Nord Stream AG beteiligt, die sie zu Kriegsbeginn abgeschrieben haben. Absurderweise besitzt deswegen seit der Verstaatlichung von Uniper im Herbst 2022 nunmehr ein deutsches Staatsunternehmen zusammen mit einem russischen Staatsunternehmen eine tote Gaspipeline durch die Ostsee.

Klingt verwirrend? Ist es auch.

Der gesamte Energiemarkt ist ein einziges Hin und Her von Kooperationen, Beteiligungen, Abspaltungen und Fusionen. Und weil der Energiemarkt gleichzeitig ein sehr langwieriges Geschäft ist – der Bau eines Kraftwerks oder einer Leitung dauert inklusive Planung und Genehmigung Jahre, wenn nicht Jahrzehnte –, ändern sich oft die Besitzverhältnisse schneller, als die Projekte abgeschlossen sind. Da verliert man schnell mal den Überblick.

Auch der anschließende Verkauf an die Kundschaft – Privathaushalte, aber vor allem auch Industrie und Stadtwerke – basiert in der Regel auf langfristigen Verträgen. Manche Menschen wechseln ihren Gasanbieter ihr Leben lang nicht. Und Unternehmen haben ein Interesse daran, die für ihre Produktion notwendige Energie langfristig zu einem günstigen Preis zu kaufen. Da man jenseits der heimischen Kohle alle anderen fossilen Energien weitestgehend aus dem Ausland importieren muss und die Energiequellen oftmals den Regierungen (Scheichs, Despoten, Diktatoren) der Herkunftsländer gehören, suchen die Energiekonzerne immer die Nähe zur deutschen Politik, damit sie auf Augenhöhe die Türen zu den Regierungen der anderen öffnet.

So kam es, dass die Ruhrgas AG im Januar 1970 einen Tipp bekam, dass der SPD-Politiker Klaus von Dohnanyi, damals Staatssekretär im Wirtschaftsministerium, auf seiner Russlandreise vielversprechende Gespräche geführte hatte. Daher schloss das Unternehmen – in »weiser« Voraussicht – im Frühjahr 1970 den ersten Vertrag mit einem sowjetischen Lieferanten (Sojuzgas). Prompt profitierte das Unternehmen erheblich von den sogenannten »Ostverträgen«, die der damalige Kanzler Willy Brandt (SPD) und sein Außenminister Walter Scheel (FDP) kurz darauf und in den folgenden zwei Jahren mit der sowjetischen Führung abschloss und die im Mai 1972 vom Deutschen Bundestag ratifiziert wurden.

So gingen die Dinge ihren Gang. Die Ruhrgas AG war der Platzhirsch unter den westdeutschen Ferngasunternehmen, und als 1989 die Mauer fiel, war klar, wer bei der Treuhand als Erstes auf der Matte stand, als es darum ging, das ostdeutsche Gasnetz, die VNG – Verbundnetz Gas AG, zu übernehmen.

Doch nun witterte völlig unerwartet ein anderer Player seine Chance, der bislang im Gasmarkt keine wesentliche Rolle gespielt hatte: die BASF. Kaum ein anderes Industrieunternehmen brauchte so viel Gas in seiner Produktion wie der Ludwigshafener Chemiekonzern. Und mangels Konkurrenz war die Ruhrgas AG seit Jahrzehnten der Lieferant, allerdings zu Preisen, die der BASF nicht richtig gefielen. Deswegen hatte der Konzern die in Kassel ansässige und ihm gehörende Bergbaugesellschaft Wintershall AG mit einer neuen Aufgabe betraut: billigeres Gas zu organisieren.

Den Zwischenhändler auszuschalten spart bekanntlich Geld. BASF Wintershall nahm also nach Norwegen Kontakt auf. Doch die waren nicht erpicht darauf, es sich durch ein Direktgeschäft mit einem Industriekonzern mit ihrem Großabnehmer Ruhrgas zu verderben. So viel Gas brauchte die BASF dann doch nicht. Wintershall beteiligte sich also an der einheimischen Erdgas-Förderung, zog Rohre von hier nach dort und so weiter. Das war viel im Rahmen der Möglichkeiten, aber zu wenig für den gasgierigen Mutterkonzern. Das Problem blieb.

Mit der Wende öffnete sich aber nicht nur die Mauer, sondern auch eine Marktchance. Wintershall ging auf einen anderen Großlieferanten zu, dessen Gas sie bislang nur über die Ruhrgas AG bezogen hatten: Gazprom.

Gazprom war interessiert. Man kam ins Geschäft. So kann man es auf der Energie-Chronik-Webseite von Udo Leuschner nachlesen: Schon im November 1990 wurde das Gemeinschaftsunternehmen Wintershall Erdgas Handelshaus GmbH (WIEH) gegründet, das dann mit Gazprom einen Gasliefervertrag schloss – und somit der alleinige Lieferant russischen Gases für die neuen Bundesländer war. Jetzt hatte man einen Lieferanten und das Gas, aber noch kein Netz. Deshalb beanspruchte BASF Wintershall nunmehr, von der Treuhand an der VNG beteiligt zu werden. Doch wider Erwarten fiel die Teilung nicht ganz so aus wie erhofft. Am Ende hatte dann doch die Ruhrgas das Sagen, während Wintershall und Gazprom sich mit 20 Prozent zufriedengeben sollten. Das taten sie aber nicht. Stattdessen begannen sie einen »Gaskrieg«, der es in sich hatte.

Ruhrgas bezog sein Gas – gerade in Ostdeutschland – aus Russland. Die frisch gegründete WIEH hatte aber dank der Gazprom-Beteiligung Einfluss auf den Lieferanten. Und so wurden der VNG saftige Preise abverlangt. Die VNG weigerte sich zu bezahlen. Also wurde der Hahn zugedreht. Das war natürlich nackte Erpressung. Und die Ruhrgas ging damit an dic Öffentlichkeit. Das Bundeskartellamt schaltete sich ein. Es kam zu einer Schlichtung, an deren Ende die VNG zwar mehr zahlte, aber nicht ganz so viel wie gefordert. Allerdings wurde zugleich die Macht der Ruhrgas etwas eingeschränkt. Der Essener Konzern hatte sich durch Kreditvergabe an ostdeutsche Kommunen dort Einfluss gesichert. Diese Kredite übernahm nun die Bayerische Landesbank.

Unterm Strich war das ein Erfolg für die Kooperation von BASF Wintershall mit Gazprom – und eine erste Erprobung, welche Macht es mit sich bringt, wenn man als kleiner Marktplayer plötzlich am Gashebel sitzt.

1994 flackerte der »Gaskrieg« noch mal auf. Wieder ging es um Preisverhandlungen, bei denen die VNG durch einen Gasstopp zu einer Zusage gezwungen werden sollte. Auch dieser Streit endete erst, als die Politik eingriff. Das Bundeswirtschaftsministerium wandte sich direkt an das russische Außenministerium, daraufhin fand sich dann doch ein Preiskompromiss. Das Bundeskartellamt hatte daraufhin durch eine Klage prüfen lassen, ob diese Art von Lieferstopp zur Durchsetzung eines höheren Preises rechtswidrig sei. Im November 1994 urteilte der Kartellsenat des Bundesgerichtshofs, dass es keine Pflicht gebe, fremdes Gas durch private Netze zu leiten. Diese Lektion zum Thema »Marktwirtschaft mit Oligopolen« hat sicher auch der Kreml mit großem Interesse wahrgenommen.

Jahrelanges Tauziehen zwischen Gazprom, BASF und Eon

Mittlerweile waren zehn Jahre vergangen. Alle hatten dazugelernt. Die Ruhrgas gehörte mittlerweile zu Eon. Es gab inzwischen in alle Richtungen zahlreiche wechselseitige Beteiligungen und Gemeinschaftsprojekte. Eon war damals mit einem Aktienpaket von 6,43 Prozent sogar größter Auslandsaktionär bei Gazprom. Auch BASF Wintershall hatte sich weiterentwickelt. Immer wieder war das Kartellamt eingeschritten und kämpfte gegen die unzureichend verteilte Marktmacht. Immer wieder zog dann irgendeine der Streitparteien vor Gericht, und mal bekam das Kartellamt recht, mal einer der Gaskonzerne. Es blieb kompliziert – bis heute.

Auch in Russland war der Energiemarkt nicht einfacher. Zwar hatte es im Ölbereich in den 1990ern eine starke Privatisierung gegeben. Es war die Boomzeit für Oligarchen, die sich rechtzeitig den einen oder anderen Ölkonzern unter den Nagel gerissen hatten. Der Gasmarkt aber war weiterhin vorrangig in Staatshand. Gazprom hatte zwar Anteile an diverse internationale Investoren verkauft – und ging sogar 2008 in London an die Börse. Doch Mehrheitseigner blieb immer der russische Staat. Der Kreml gab Gewinne ab, aber nicht Macht.

Mitte der Nuller-Jahre gab es eine Phase, wo Moskau versuchte, die wachsende Einflussnahme ausländischer Investoren auf die russische Wirtschaft wieder zu begrenzen. So drohten russische Behörden Konzernen wie Royal Dutch/Shell oder BP mit fadenscheinigen Begründungen (Verstöße gegen Umweltschutzregelungen oder Ähnliches) mit völligem Lizenzentzug und stoppten diese Verfahren erst, als die Multis so viele Aktien verkauften, dass sie beispielsweise beim weltgrößten Öl- und Gasförderprojekt Sachalin II von Gazprom zum Minderheitsaktionär wurden.

Zudem wollte Moskau laut *FAZ* den Zugriff ausländischer Investoren auf sogenannte strategisch wichtige Industrien begrenzen, also Militär- und Sicherheitstechnik, Autoindustrie und Maschinenbau, Rohstoffe – und natürlich Energie.

Investitionen in Russland wurden für ausländische Unternehmen damit zum großen Risiko. Niemand wusste, welche neuen Gesetze als Nächstes drohten und eventuell dazu führten, dass man ein Investment vor der Zeit wieder aufgeben musste. Diese Unsicherheit betraf auch das – eigentlich ja heiß begehrte – Gasfeld Juschno-Russkoje in West-Sibirien. Es gab ein jahreslanges Tauziehen zwischen den Beteiligten Gazprom sowie BASF Wintershall und Eon Ruhrgas.

Am Ende kam ein mehr oder weniger kompliziertes Firmengeflecht dabei heraus, bei dem sich alle drei Unternehmen, Gazprom, Eon Ruhrgas und BASF Wintershall, in unterschiedlicher Weise miteinander verflochten. Das war eigentlich nichts Neues, doch zeigte dieser ewige Verhandlungsmarathon, mit wie viel Geschick und Geduld Putin die westlichen Konzerne an der Nase herumführte und gegeneinander ausspielte, sodass er am Ende bekam, was er wollte: Aktiva im Westen.

Putin will etwas Größeres

Im Grunde war es ja ein simples Geschäft: Es gab da dieses Gasfeld im Osten Russlands, und es gab die Kundschaft in Deutschland, die erpicht auf das Gas war. Es brauchte also eine Firma, die das Gas in Russland aus dem Boden holt, dann eine Firma, die das Gas nach Deutschland transportiert, und schließlich eine oder mehrere Firmen, die das Gas in Deutschland unters Volk bringen.

Nun hätte man sich ja entlang der Wertschöpfungskette partnerschaftlich einigen können. Man hätte alles transparent teilen können, sowohl bei den Investitionen als auch bei den Gewinnen. Klingt simpel, transparent und fair. Aber das Vertriebsnetz in Deutschland gab es ja schon. Und im Grunde gab es auch schon genug Leitungen aus Russland nach Deutschland. Nur führten die durch verschiedene Transitländer, was im Grunde kein Problem war. Man hätte das alles so lassen können – und sich allein auf die Ausbeutung des westsibirischen Gasfeldes konzentrieren können.

Aber Putin wollte etwas Größeres. Es gelang ihm, den Deutschen die bestehenden Leitungen als Risiko zu verkaufen: Die Ukraine, Weißrussland, Polen oder Bulgarien seien keine zuverlässigen Geschäftspartner; sie würden bloß die Transfergebühren kassieren, aber ihre eigenen Gasabnahmen nicht bezahlen und die Leitungen nicht ordnungsgemäß warten. Deswegen müsse man eine neue Leitung ohne solche Risiken bauen, also ohne Transitländer – sprich: eine Ostsee-Pipeline, auf die nur Deutschland und Russland Zugriff haben. Das bedeutet weniger Risiko und weniger Beteiligte, also geringere Kosten.

Das war Musik in den Ohren von Eon und BASF. Bei Rohstoffgeschäften gibt es wirtschaftliches Wachstum nur durch eine Ersparnis im Einkauf. Der Rohstoff ist, wie der Rohstoff ist. Gas ist Gas. Man kann hier nicht durch bessere Produkte Marktvorteile gewinnen. Die einzige Chance, die Gewinne zu steigern, hieß, die Marge zu vergrößern, indem man den Einkaufspreis oder die Transportkosten senkte.

Indem Gazprom den deutschen Konzernen auch die unmittelbare Beteiligung an dem riesigen Gasfeld in Aussicht stellte, war klar, dass bei diesem Geschäft beides drin war: ein reduzierter Einkaufspreis und geringere Transportkosten. Den Deutschen muss der Mund wässrig geworden sein.

Details zur Höhe der Beteiligung und des Kaufpreises mussten natürlich noch geregelt werden. Bei der Pipeline ging das relativ schnell und unkompliziert. Man gründete eine Firma, suchte sich Banken, die entsprechende Kredite geben, und um die Kreditvergabe zu erleichtern, holte man sich eine staatliche Bürgschaft – fertig war die Finanzierung der Pipeline. Gazprom versprach, sich um den Bau zu kümmern. Aus Sicht der Deutschen lief alles perfekt.

Des Pudels Kern: »Aktiva im Westen«

Doch dann ging es endlich um das Gasfeld – und jetzt lag diese ungewöhnliche Forderung auf dem Tisch: Aktiva im Westen. Für Eon Ruhrgas war das keine Option. Zwar hatte man ein riesiges Netz in Deutschland, aber gerade deswegen wollte man davon nichts hergeben. Ausgeschlossen. Gazprom beharrte auf einer Beteiligung. Eon bot eine Beteiligung in Ungarn und an Gaskraftwerksprojekten. Gazprom beharrte auf einer Beteiligung.

BASF Wintershall sperrte sich nicht so lange. Zum einen hatte man ja – etwa bei dem Gemeinschaftsunternehmen WIEH – gute Erfahrungen miteinander gemacht; zum anderen war das Netz für Wintershall nicht so wesentlich für das Geschäftsmodell. Im Vordergrund standen immer die Interessen des Mutterkonzerns. Und der stockte im Dezember 2008 relativ bereitwillig die bereits bestehende Gazprom-Beteiligung an der Vertriebs-Tochter Wingas von 35 auf 50 Prozent (minus einen Anteil) auf, um der Tochter Wintershall einen 35-Prozent-Anteil am Erdgasfeld Juschno-Russkoje zu verschaffen.

Jetzt kam Eon noch stärker unter Zugzwang. Es ging nicht nur um Russland. Es ging um den gesamten osteuropäischen Markt, der für die großen Energiekonzerne fast die einzige Wachstumschance darstellt. Hier aber war einiges möglich, vor allem an Gewinn. In Polen baute Eon Kohlekraftwerke, in Bulgarien gab es Verhandlungen über ein neues Atomkraftwerk. Aber in Ungarn und Tschechien baute Eon Gaskraftwerke. Gas galt als Zukunftsmarkt. Und in Westsibirien lag ein gigantisches Erdgasfeld, das für die nächsten 15 Jahre reichte.

»Gazprom sitzt am längeren Hebel«, erklärte Eon-Chef Wulf Bernotat am 15. April 2005 gegenüber der *FAZ*. »Der Konzern weiß das und nutzt das, um sich strategisch wichtige Positionen zu sichern.«

Am Ende kam der Vertrag zustande. Der Preis war hoch. Ruhrgas bekam ebenso wie Wintershall 25 Prozent vom Gasfeld und gab im Tausch dafür eigene Gazprom-Aktien im Wert von fast 3 Milliarden Euro an Gazprom zurück. Das war richtig viel Geld und sicher mehr als das, was Wintershall für seine Beteiligung an Wingas bekommen hätte. Eon zahlte also einen deutlichen Aufschlag dafür, dass sie keine »Aktiva im Westen« rausrückten.

Drei Milliarden, das entspricht dem Vermögen, das Yvon Chouinard, der Gründer und bisherige Besitzer der Outdoor-Firma Patagonia, im September 2022 an drei Klimastiftungen übertragen hat. Drei Milliarden, das ist der Betrag, den die Europäische Union für eine europäische Wasserstoff-Bank bereitstellen will, um die Versorgung Europas mit Wasserstoff sicherzustellen.

Zur Belohnung gab es einen Fototermin: Am 18. Dezember 2007 durfte der stellvertretende BASF-Chef Eggert Voscherau mit einem symbolischen Knopfdruck die Förderung im Erdgasfeld Juschno-Russkoje starten – an der Seite von Gazprom-Chef Alexej B. Miller in der Moskauer Gazprom-Zentrale.

Der russische Staatskonzern, vulgo Putin, hatte damit viel gewonnen: einen größtmöglichen Verkaufspreis und einen Fuß im deutschen Netz. Von hier aus ging es bergauf. 2015 übernahm Gazprom 100 Prozent der Anteile an Wingas. Im selben Jahr gingen auch noch die Gasspeicher in Rehden, der Kavernenspeicher Jemgum in Niedersachsen sowie ein Anteil am Erdgasspeicher Haidach bei Salzburg in den Besitz von Gazprom über. Die BASF hatte das Gesamtpaket 2013 gegen Anteile am Gasfeld getauscht.

Es gab zahlreiche Warnungen. Aber niemand wollte sie hören.

Die Pressemitteilung von BASF zu dem Vorgang endet mit dem Standardtextbaustein: »Als das weltweit führende Chemieunternehmen verbinden wir wirtschaftlichen Erfolg mit dem Schutz der Umwelt und gesellschaftlicher Verantwortung. [...] Den Beitrag der BASF haben wir in unserem Unternehmenszweck zusammengefasst: We create chemistry for a sustainable future.«

Dieser Deal war – leider im negativen Sinne – besonders nachhaltig: Er führte dazu, dass bei Kriegsbeginn 2022 die Gazprom (also Putin) knapp 25 Prozent der deutschen Speicherkapazitäten kontrollierte – und sie »zufällig« leergelaufen waren.

Finanzielle Förderung eines russischen Staatskonzerns

Diesen über Jahre schleichenden Verlauf jetzt auf wenigen Seiten im Schnelldurchlauf zu erzählen lässt mich nicht kalt. Vor allem, wenn ich sehe, wo wir heute stehen und was durch den brutalen menschenverachtenden Russland-Feldzug für ein entsetzlicher Schaden entsteht. Und wenn ich mir überlege, wo wir stehen könnten, wenn wir nicht die letzten 15 Jahre dieses fossile Monster-Imperium mit unserem Geld gefüttert hätten.

Ich habe gewarnt, all die Jahre, und keineswegs zaghaft, sondern laut und deutlich. Bei der Materialsammlung für dieses Buch habe ich 5 000 Seiten wissenschaftliches Material unterschiedlichster Institute zum Thema Gasmarkt gefunden. Mein Team und ich haben zu dem Thema extrem viel geforscht und publiziert. Zahlreiche von den insgesamt über 400 wissenschaftlichen Publikationen beschäftigen sich mit den Entwicklungen im Gasmarkt. Da ich weiß, dass nur wenige Leute im Management oder in der Politik gern wissenschaftliche Texte lesen, habe ich alle Erkenntnisse in Hunderten von Gastbeiträgen, Interviews und Vorträgen mit einfachen, aber faktenbasierten Worten erklärt.

Schon 2006 habe ich in einem dpa-Interview vor den wachsenden Gasgeschäften mit Russland gewarnt. »›Auf der einen Seite hat man Versorgungssicherheit, auf der anderen Seite ist Russland natürlich nicht der optimale Wirtschaftspartner, weil hier auch strategische und politische Interessen verknüpft werden.‹ Das habe Russland in der Vergangenheit getan, ›und das wird es auch in der Zukunft tun‹.«

Trotz dieser immer offensichtlicheren Gefahren hält sich bis heute der Mythos, die Geschäfte mit Gazprom dienten der deutschen »Versorgungssicherheit«. Mit genau dieser wissenschaftlich zumindest fragwürdigen Begründung förderte der deutsche Staat die Ostsee-Pipeline Nord Stream sogar – diesmal die schwarz-gelbe Regierung unter Angela Merkel.

2009 stellte nämlich die Nord Stream AG, also ein Unternehmen, das mehrheitlich im Besitz von Gazprom, einem russischen Staatskonzern war, überraschend doch noch einen Bürgschaftsantrag an die deutsche Regierung. Den ersten 2006 hatte sie zwar genehmigt bekommen, aber nicht abgerufen, sodass das Bürgschaftsangebot auslief. Jetzt ging es um die dreifache Summe, nämlich um insgesamt 2,77 Milliarden Euro. Rund 1,7 Milliarden Euro dienten als Bürgschaft für Bankkredite an die Nord Stream AG, um die Röhren-Bestellungen beim Mülheimer Unternehmen Europipe, einer gemeinsamen Tochter von Salzgitter Mannesmann und den Dillinger Hüttenwerken, abzusichern. Eine weitere Milliarde Euro wurde der Nord Stream AG für sogenannte »ungebundene Finanzkredite« zugestanden. Die gibt es, wenn wirtschaftlich tragfähige Projekte »im besonderen staatlichen Interesse der Bundesrepublik Deutschland liegen«, etwa wenn sie die Energiesicherung gewährleisten. Gazprom hatte als Zuckerbrot für die Politik zusätzliche Gasmengen für Deutschland freigegeben. Die Peitsche kam dann später.

Dabei brauchte die Nord Stream AG angeblich gar kein Geld. Die Investoren rannten ihr die Bude ein. Unter Berufung auf einen Nord-Stream-Sprecher berichtete der *Spiegel*, das Konsortium habe von Banken weltweit bereits »Offerten im Umfang von mehr als sechs Milliarden Euro erhalten«. Es gebe ein »sehr hohes Interesse« an Beteiligungen an dem Projekt. Dichtung oder Wahrheit?

Ganz so üppig scheinen die Kredite jedenfalls doch nicht geflossen zu sein: Die *FAZ* berichtete eine Woche später, die staatliche Bürgschaft solle den 27 beteiligten Banken unter Führung der Commerzbank »helfen, die gesamte Kredittranche von 3,9 Milliarden Euro aufzubringen«. Als Sicherheit für die staatlichen Bürgschaften dienten die künftigen Erlöse aus dem Gastransport von Russland nach Deutschland.

Man kann nur hoffen, dass sich die zuständigen Abteilungen in der Regierung die Zahlen genauer angeschaut haben, auf deren Basis sie die Bürgschaft bewilligten. Über den Antrag befinden musste erneut der interministerielle Ausschuss, der nunmehr aus Vertretern des FDP-geführten Ressorts für Wirtschaft und Entwicklungshilfe sowie des CDU-Finanzministeriums bestand. 2006 hatte sich Guido Westerwelle als damaliger Chef der Oppositionspartei FDP über die damals bewilligte 900-Millionen-Bürgschaft noch sehr empört: Es gehe nicht, »dass der deutsche Steuerzahler für einen russischen Staatskonzern geradestehen soll«. Als Vizekanzler und Außenminister der neuen schwarz-gelben Regierung stimmt er der dreimal so hohen Bürgschaft allerdings zu. Weihnachten 2009 war das Thema vom Tisch.

Das Fiasko im Schnelldurchlauf

Ich fasse diese lange Geschichte des Scheiterns abschließend noch mal zusammen:

Zwei große deutsche Unternehmen – BASF und Ruhrgas – streiten in den 1990er Jahren über zu teure Gaslieferungen. Da freut sich der dritte: Die BASF umgeht über die Tochterfirma Wintershall den Zwischenhändler und schließt direkte Verträge mit Gazprom ab, steigt dann ins Gasvertriebsgeschäft ein und schafft es nun, Ruhrgas höhere Preise abzupressen. Das Kartellamt ist besorgt. Das Gericht nicht. Gazprom lernt.

Wenige Jahre später macht Gazprom den beiden Streithähnen ein neues (unmoralisches?) Angebot: die Beteiligung an einem riesigen Gasfeld, einige Jahrzehnte Gaslieferungen über eine zweite Pipeline bei Umgehung lästiger Transitländer sowie die Beteiligung an der Pipeline-Firma Nord Stream AG.

Die Pipeline-Firma wird als Konglomerat von allen drei Unternehmen gegründet. Sie wird später Nord Stream AG heißen. Der ehemalige Bundeskanzler wird Aufsichtsratsvorsitzender. Deutschland gibt eine Bürgschaft in Höhe von einem Drittel der Gesamtinvestition an dieses »rein privatwirtschaftliche« Pipeline-Projekt, hinter dem in Wahrheit der russische Staat oder genauer gesagt ein »lupenreiner Demokrat« steckt.

Bei den Verhandlungen um das Gasfeld spielt Gazprom die deutschen Firmen gegeneinander aus und verkauft die Minderheitsanteile zu einem ungewöhnlich hohen Preis: Aktien im Wert von 3 Milliarden Euro und Zutritt zum deutschen Energiemarkt.

Knapp 15 Jahre lang wird wie ein Mantra wiederholt, das Putin höchstpersönlich 2008 formuliert hatte: »Selbst in Zeiten des Kalten Krieges, als die beiden Systeme am Rande eines Weltkrieges standen, hat die Sowjetunion Tag für Tag geliefert.«

Aufkommende Kritik erstickt man stets im Brustton der Überzeugung: Die Abhängigkeit sei wechselseitig. Russland wolle (und müsse) sein Gas schließlich auch loswerden, und einen besseren Abnehmer als Deutschland müsste es erst mal finden! Warnungen wurden belächelt, beschimpft, lächerlich gemacht und natürlich ignoriert.

Geostrategische Risiken wurden komplett ausgeblendet. Was für ein Wahnsinn!

Entgegen allen Warnungen fühlten sich die deutschen Konzerne auf der sicheren Seite und ließen sich auf ein hochriskantes Spiel ein. Offenbar im festen Glauben an die eigene Unverletzlichkeit ergriffen sie beim russischen Energie-Roulette die »Waffe Gas«, die zwar nur mit geringer Wahrscheinlichkeit einen Schuss auslöste, aber wenn, war er tödlich. Und dann drückten sie tatsächlich den Abzug.

Das Bittere daran: Die Konzerne hatten recht. Sterben tun jetzt andere. Und die Konzerne sind immer noch da.

Im August 2022 endete die Geschichte dieses »privatwirtschaftlichen Projekts« in einer milliardenschweren Pleite. Die Nord-Stream-Röhren liegen ungenutzt und wertlos am Boden der Ostsee. Putin hat die Gaslieferung gestoppt. Einmal mehr nutzt er die Energieversorgung als Waffe, diesmal gegen ganz Deutschland und gegen ganz Europa.

Den Preis dafür, sich nicht erneut erpressen zu lassen, zahlen der Staat und die Verbraucher:innen – weit über Deutschlands Grenzen hinaus. Erpressbar gemacht wurden wir durch die finanzielle Gier und den blinden Egoismus einiger weniger Konzerne und eine ebenso blinde Politik, die dies ermöglicht hat.

Offenbar konnte sich niemand vorstellen, dass es Russland um etwas anderes gehen könnte als um Geld.

Elektra King übrigens, die Schurkin aus dem anfangs zitierten Bond-Film *Die Welt ist nie genug*, beeindruckte den Agenten 007, indem sie 1 Million Dollar auf eine einzige Drehung des Roulette-Rads setzte und die Wette achselzuckend annullierte, als sie verlor.

In diesem Sinne ist die heutige Resilienz der deutschen Wirtschaft ebenfalls beeindruckend. Aber vielleicht bezahlt sie die verlorene Wette wenigstens zu einem gewissen Anteil selbst? Das wäre fair.

Der Film jedenfalls hat ein Happy End – natürlich mit einem »Bond-Girl«. Es ist die Physikerin Christmas Jones, die kurz vor der völligen Zerstörung des Mittelmeerraums mal eben eine Atombombe entschärft. In den Film-Kritiken wurde die Figur der Wissenschaftlerin überwiegend als »total unglaubwürdig« bewertet. Schade eigentlich, aber es überrascht mich nicht. Der Wissenschaft wird leider viel zu oft nicht geglaubt oder besser: vertraut.

KAPITEL 4

DIE GASSTREITS

Energie als Waffe, die keiner sehen wollte

Dass Russland seine Gaslieferungen immer wieder für seine politischen Interessen instrumentalisierte, konnte man schon seit Jahrzehnten beobachten. Doch selbst bei den dramatischen Gasstreits 2006 und 2009, bei denen mehrere europäische Länder von Energieausfällen hart getroffen waren, wollte Deutschland die russischen Aggressionen nicht wahrhaben. Dieses Versagen bezahlen wir heute teuer.

Ein Maschinengewehr im Team

Moskau hat mich extrem beeindruckt, weil ich die Menschen vor Ort in der damaligen Zeit als sehr herzlich und gastfreundlich erlebt habe – wie übrigens alle Russen, die ich kennenlernen durfte und mit denen ich wissenschaftlich zusammengearbeitet habe.

Ich war Mitte der 1990er Jahre für ein paar Tage dort, um Vorträge zu halten. Die wirtschaftswissenschaftliche Fakultät der Universität Oldenburg kooperierte neben der Universität in St. Petersburg auch mit der Moskauer »New Economic School«, einer privaten Wirtschaftshochschule. Sie wurde 1992 von den Ökonomen Valery Makarov, der der Russischen Akademie der Wissenschaften angehört, und Gur Ofer, Professor an der Hebräischen Universität Jerusalem, gegründet und genießt einen exzellenten Ruf. So kam es, dass 2009 sogar Präsident Barack Obama an der New Economic School bei einer Abschlussfeier auftrat und in einer direkt an das russische Volk gerichteten Botschaft zu einem »Neuanfang« zwischen den USA und Russland aufrief. Aber das war lange nach meiner Zeit dort.

Zwischen unserer Fakultät und Forscher:innen aus Russland gab es seit den frühen 1990er Jahren einen regelmäßigen Austausch. Die russischen Wissenschaftler:innen kamen zu uns, und wir fuhren zu ihnen. Ich teilte sogar ein Büro an der Oldenburger Universität mit einem russischen Forscher. Wir beschäftigten uns mit Energiemärkten, auch der Bedeutung von Gas und Öl für Europa und Deutschland. Die russische Forschungslandschaft ist in diesem Bereich sehr stark, vor allem, was die mathematischen Fragen angeht.

Ich hatte fast immer auch russische Mitarbeitende in meinem Team. Einer hieß ausgerechnet Kalaschnikov mit Nachnamen. Deswegen bekam er so manch spöttischen Kommentar zu hören. Er hatte zum Glück einen ausgeprägten Humor und konterte irgendwann mal mit dem Satz: »In einer Wissenschaft, die sich mit den Waffen Öl und Gas beschäftigt, ist es klug, ein Maschinengewehr im Team zu haben!«

Er hatte doppelt recht. Zum einen lieferte er in der Tat in einem enormen Tempo Modellansätze – eben wie ein mathematisches Schnellfeuergewehr. Er war ein großartiger Mathematiker, der Computermodellierungen genialster Art machte. Deswegen haben wir ihn alle sehr geschätzt.

Zum anderen hatte er auch damit recht, dass wir uns in der Energie-Ökonomie nicht einfach mit irgendwelchen knappen Ressourcen beschäftigen, sondern mit Ressourcen, die sich als machtpolitische Instrumente, eben als »Waffen«, nutzen ließen. Daran muss ich jetzt oft denken.

Inzwischen wird wohl jeder sofort zustimmend nicken, wenn jemand von »Gas als Waffe« spricht – obwohl Präsident Putin den Vorwurf, dass er Gas als Waffe nutzen würde, noch im September 2022 empört als »Unsinn und Wahn« zurückwies.

Fakt ist: Putin nutzt Energie als Waffe, und zwar am laufenden Band. Der schwedische Sicherheitsexperte Robert L. Larsson hat 2006 in einer Studie zu den Sicherheitsdimensionen der russischen Energiepolitik und zu Russlands Verlässlichkeit als Energielieferant 55 Fälle in den Jahren 1991 bis 2005 festgemacht, in denen der Kreml Energie als Druckmittel einsetzte, im Schnitt fast viermal pro Jahr. Boris Jelzin und Wladimir Putin hätten mit Drohungen und Erpressungsversuchen eine aggressive Preispolitik betrieben; mehr als 40 Mal wurden Energielieferstopps verhängt. Und so ging es munter weiter. Im Folgenden finden Sie ein paar Headlines und Zitate aus deutschen Medien der letzten 18 Jahre.

GASSTREITS 2005–2021

- **27.12.2005** *Deutsche Welle*: »Der Streit um russische Gaslieferungen an die Ukraine spitzt sich weiter zu. Der russische Verteidigungsminister stellt inzwischen sogar den Grenzverlauf zwischen den Ländern infrage.«
- **30.12.2005** Der *Spiegel*: »Sollte die Regierung in Kyiv die Preisforderung nicht annehmen, stellt der Gazprom-Konzern zum 1. Januar die Lieferung ein.«
- **1.1.2006** *Deutsche Welle*: »Neujahr um 10 Uhr Moskauer Zeit ließ das Management des russischen Energiekonzerns Gazprom die Gaslieferungen an die Ukraine abstellen.« – *Handelsblatt*: »Europäische Staaten sollen weiter über die Pipeline durch die ehemalige Sowjetrepublik ver-

sorgt werden. Allerdings erklärte der ukrainische Gaskonzern Naftogas, es könne nun doch Schwierigkeiten geben. Tatsächlich kommt bereits weniger Gas in Ungarn an.«

- **27.12.2006** *Deutsche Welle*: »Der russische Gazprom-Konzern will Weißrussland den Gashahn abstellen, falls das Nachbarland nicht bis zum 1. Januar einem neuen Vertrag mit höheren Preisen zustimmt.«
- **9.1.2007** *Tagesschau*: »Öllieferungen aus Russland unterbrochen. Bundeskanzlerin Angela Merkel und EU-Kommissionspräsident José Manuel Barroso haben den unerwarteten Lieferstopp russischen Erdöls nach Westeuropa scharf verurteilt. Merkel sagte, es werde immer wieder Vertrauen zerstört, wenn ohne Konsultationen ein derartiger Schritt erfolge. Barroso sprach nach einem Treffen mit der Bundesregierung von einem ›inakzeptablen und beunruhigenden‹ Vorgang. Merkel bekräftigte die Notwendigkeit, von Energieimporten unabhängiger zu werden. Dabei sei wichtig, dass kein Land der Europäischen Union im Stich gelassen werde. Wichtig sei der Ausbau erneuerbarer Energien und der Energieeffizienz.«
- **25.8.2007** *Tagesschau*: »Der russische Energieriese Gazprom hat der Europäischen Union mit einem Zudrehen des Gashahns gedroht, sollte der Expansionsdrang des Konzerns in der EU gebremst werden. Gazprom könne in diesem Fall seine Erdgas-Exporte, die derzeit zum überwiegenden Teil nach Europa gehen, leicht in andere Regionen wie Nordamerika oder Asien umleiten. Die EU-Kommission in Brüssel wies die Drohung umgehend zurück und appellierte an das russische Unternehmen, seine Lieferverträge einzuhalten.«
- **19.2.2008** *Welt*: »Der russische Ölkonzern Lukoil hat zum zweiten Mal innerhalb eines Jahres seine Lieferungen an Deutschland gestoppt. Sie wollen damit höhere Preise erzwingen.«
- **29.5.2008** *Tagesschau*: »Russischer Energiekonzern Lukoil setzt Erdöl-Lieferungen an Deutschland aus«.

- **7.1.2009** *Tagesschau*: »Gazprom droht mit Lieferstopp«.
- **2.2.2012** *Frankfurter Rundschau*: »Russland gesteht, am Gashahn gedreht zu haben. Doch ist nicht nur Deutschland betroffen. Auch Österreich, Polen und Italien klagen über sinkende Gaslieferungen. In Österreich werden jährlich rund neun Milliarden Kubikmeter Gas verbraucht. Dort war der Gasverbrauch wegen der extremen Kälte zuletzt auf einen Rekordwert von zwei Milliarden Kubikmetern pro Tag geklettert. Polen sei angesichts der Lieferengpässe bereits dazu übergegangen, das Land aus eigenen Reserven zu versorgen, berichtete die Zeitung «Gazeta Wyborcza». Der italienische Gasversorger Snam wich zur Versorgung der Kunden auf andere Lieferanten und Gasspeicher aus. Ähnliche Vorwürfe kamen auch aus Tschechien, Ungarn und der Slowakei. Der Grund für die Versorgungsengpässe war zunächst unklar. Der russische Gazprom-Konzern räumte in einer Erklärung zwar ein, dass die Nachfrage in Russland aufgrund der Rekordkälte in die Höhe geschnellt sei, betonte aber gleichzeitig, das Unternehmen erfülle dennoch seine Lieferverträge. ›Mitten in einem harten Winter in Russland und Europa hat unser Unternehmen die maximalen Gaslieferungen nicht nur in europäische Länder [...] erhöht‹, sagte Gazprom-Vize Alexander Medwedew nach Konzernangaben. Er machte die Ukraine für Lieferprobleme verantwortlich. Das Land, das die wichtigste Pipeline-Route nach Europa kontrolliert, entnehme den Leitungen deutlich mehr als vereinbart. Der ukrainische Gasversorger Naftogaz wies diese Darstellung allerdings entschieden zurück.«
- **3.2.2012** *Tagesschau*: »Kältewelle in Europa. Russland kürzt Gaslieferung nach Europa. Europa erhält mitten im eiskalten Winter weniger Gas aus Russland. Nach Deutschland strömte offenbar fast ein Drittel weniger Gas.« – *Deutsche Welle*: »Begründet wurde die Maßnahme in Moskau mit erhöhtem Eigenbedarf bei wahrlich sibirischen Temperaturen. Doch alle Seiten versicherten, es herrsche kein Notstand.«
- **4.2.2012** *B. Z. Berlin*: »Russen drehen Gashahn zu. Mitten im Winter hat Russland seine Gasexporte nach Deutschland gedrosselt. Die beiden

größten Energieversorger, Eon und RWE, berichteten, Russland liefere derzeit rund 30 Prozent weniger als üblich. Weil die Gasspeicher der Versorger aber gut gefüllt seien, müssten Verbraucher keine Ausfälle fürchten. Die EU-Kommission meldete, dass insgesamt acht Länder von Lieferausfällen betroffen sind, darunter auch Österreich und Polen. Als Grund für die Drosselung gibt der russische Monopolist Gazprom den hohen Verbrauch wegen der Kälte in Russland an.«

- **5.2.2012** *Augsburger Allgemeine Zeitung*: »Russland kürzt die Gaslieferung nach Europa. Tagelang hatte Gazprom jede Schuld für die Kürzungen von sich gewiesen. Nun bestätigt die Konzernleitung, dass die Lieferungen nur zeitweise um etwa zehn Prozent gedrosselt wurden und jetzt wieder auf Vertragsniveau seien. Schuld an der Lage hätten diejenigen, die sich lange gegen die Ostseepipeline Nord Stream gewehrt hätten, meint Putin. Die Inbetriebnahme des ersten Strangs der Leitung feierten Deutsche und Russen im vergangenen November in Lubmin als Beitrag zur Energiesicherheit in Europa.«

- **16.6.2014** *Tagesschau*: »Keine Einigung im Gasstreit mit Russland. Ukraine droht ein Lieferstopp. Die Gasverhandlungen zwischen Kyiv und Moskau sind vorerst gescheitert. ›Wir haben keine Einigung erzielt und die Chancen sind gering, dass wir uns noch einmal treffen. Wir befinden uns schon auf dem Rückflug nach Moskau‹, sagte der Sprecher des russischen Energiekonzerns Gazprom, Sergej Kuprianow, am Morgen.«

- **11.9.2014** *Tagesschau*: »Russland liefert kein Gas an die Ukraine. Mit der Folge, dass dort ein kalter Winter droht. Aus Solidarität, aus wirtschaftlichen und aus politischen Überlegungen pumpen Polen, die Slowakei und auch ein deutsches Unternehmen wiederum Gas zurück in die Ukraine.«

- **15.9.2014** *Tagesschau*: »Verhandlungen mit EU und Kyiv abgesagt. Russland hat keine Zeit für Gasgespräche. Eigentlich sollten Russland und die Ukraine nach dem Willen der EU am kommenden Samstag versuchen, ihren Streit um Gaslieferungen beizulegen. Doch daraus wird vorerst nichts – Moskau sagte ab.«

- **25.2.2015** *Tagesschau*: »Gas-Streit: Putin droht der Ukraine erneut mit Lieferstopp.«
- **2.3.2015** *Tagesschau*: »Der russische Konzern Gazprom droht erneut mit einem Lieferstopp. Kyiv hingegen will nicht für Energie in von prorussischen Separatisten kontrollierten Gebieten zahlen.«
- **10.9.2015** *Focus*: »Der russische Ölkonzern Lukoil hat zum zweiten Mal innerhalb eines Jahres seine Lieferungen an Deutschland gestoppt. ›Wir sind mit dem Preis nicht einverstanden‹, sagte ein Unternehmenssprecher.«
- **7.3.2018** *Süddeutsche Zeitung*: »Seit Jahren streiten Kyiv und Moskau um Erdgas. Eigentlich hätte Russland der Ukraine nun wieder Gas liefern sollen. Stattdessen dreht Gazprom den Hahn zu. Dass der neue Gaskrieg Folgen für die europäische Gasversorgung hat, ist möglich, aber unwahrscheinlich.«
- **24.10.2021** *Redaktionsnetzwerk Deutschland*: »Die Ex-Sowjetrepublik Moldau befindet sich in einer akuten Energieversorgungskrise. Wegen nicht bezahlter Rechnungen droht nun auch noch der russische Energiekonzern Gazprom mit dem Abdrehen des Gashahns zum 1. Dezember. Moldau hat wegen des Gasdefizits bereits den Notstand ausgerufen.«

»Gas-Diebstahl«

Es war immer Gazprom, das die Lieferung stoppte. Aber für jeden dieser Lieferstopps gab es irgendwelche Gründe, wegen denen Russland behauptete, im Recht zu sein. Meistens ging es vorgeblich um Geld. Da war ein Liefervertrag ausgelaufen, und wenn man sich bei den Verhandlungen zu einer Vertragsverlängerung nicht auf einen neuen Preis hatte einigen können, konnte Gazprom jetzt »leider, leider« nichts mehr liefern. So geht Wirtschaft: Ohne Knete keine Fete. Oder ein Transitland hatte Rechnungen nicht oder nicht vollständig bezahlt; da muss man die Lieferung stoppen. Wir sind ja nicht bei »Wünsch dir was«! Oder es gab technische Probleme. »Technische Probleme« ist Putins Version von »My dog ate my homework«.

»Technische Probleme« führten bekanntlich auch am 31. August 2022 dazu, dass Putin die Gaslieferung über die Nord-Stream-Pipeline nach Deutschland einstellen musste. Es gebe da »Konstruktionsfehler an einer Turbine«. Und dafür war selbstverständlich nicht Gazprom aka Russland aka Putin verantwortlich. Als Sonderzugabe ließ Putin sich eine bislang ungenutzte Pointe einfallen. Denn an dem Konstruktionsfehler war ausgerechnet Siemens Energy schuld. Ein deutsches Unternehmen, deutsche Ingenieure. Also selbst schuld, wenn Deutschland kein Gas bekommt.

Der »Gasstreit« zum Jahreswechsel 2005/2006 zum Beispiel entstand, weil die Ukraine nach Darstellung der Russen Gas angeblich »gestohlen« habe – und zwar nicht Russland, sondern Europa. Tatsächlich vermeldete das *Handelsblatt* zwei Wochen später: »Ukraine bestätigt Gas-Diebstahl«. Die Ukraine habe mehr Gas aus der von Russland nach Europa führenden Pipeline entnommen, als ihr zustünde.

Aber Moment: Die Ukrainer stehlen Gas? Und was machen die dann damit?

Gute Frage. Ein Juwelendieb verscherbelt den geklauten Schmuck später auf irgendwelchen Märkten. Aber Gasdiebstahl ist eine ziemlich abstrakte Sache. Gas klaut man nicht, versteckt es eine Zeit lang im Keller und verkauft es dann als Hehlerware irgendwo weiter. Gas ist schlimmer als Wasser. Das kann man wenigstens noch eimerweise wegtragen. Aber Gas verbraucht man einfach, wenn man es braucht. Wenn man es nicht braucht, bleibt es in der Leitung beziehungsweise in der Quelle. Und wenn die Leitungen voll sind, muss das aus der Erde strömende Gas direkt an der Pumpstation abgefackelt werden – so wie es im August 2022 geschah, als Russland die Lieferungen nach Deutschland reduzierte.

Was also geschah bei diesem ominösen Gasdiebstahl wirklich?

Die Ukraine hatte einen bis Ende 2005 laufenden Liefervertrag mit Gazprom zu einem Preis von 50 Dollar für 1000 Kubikmeter Gas. Zum Jahreswechsel 2005/2006 wollte Gazprom den bisherigen Gaspreis erhöhen, aber nicht nur ein bisschen, sondern erheblich: Statt 50 Dollar sollte es laut *FAZ* fast das Fünffache sein: 230 Dollar. Die Begründung: Das sei der international übliche Preis. Kyiv war allerdings nur bereit (und in der Lage), maximal 95 Dollar zu zahlen.

Man hatte schon eine Weile verhandelt, aber Gazprom rückte keinen Millimeter von seiner Forderung ab. Für die Ukraine war der neue Preis nicht zu leisten. Das hätte eine Verfünffachung der Gaspreise für die ganze Bevölkerung bedeutet. Wir erleben derzeit in Deutschland, was solche massiven Preissprünge bedeuten. Und Deutschland ist ein sehr reiches Land. In der Ukraine aber hatten und haben die Menschen längst nicht so viel Geld. Also lehnte die damalige Regierung den hohen Preis ab. Gazprom stoppte daraufhin gnadenlos am Neujahrsmorgen 2006 die Gaslieferungen.

Gasbündnis zweier Autokraten

In einem freien Markt ist so etwas kein Problem. Ist etwas hier zu teuer, geht man halt woanders hin. Dazu braucht es aber eine Vielzahl von Anbietern, die miteinander im Wettbewerb stehen. Der fossile Energiemarkt ist aber, wie gesagt, ein oligopolistischer Markt, bei dem einige wenige Unternehmen den Markt beherrschen. Nur sehr wenige Länder verfügen über fossile Ressourcen – und bei Gas beherrscht Russland, also Gazprom, ein Fünftel der Quellen. Alle Länder, die Gas haben wollen, weil sie über kein eigenes verfügen, müssen erst eine Infrastruktur schaffen, um an die Quelle zu kommen – also Rohrleitungen oder Flüssiggasterminals. Alternative Lieferwege aufzubauen ist teuer und zeitaufwendig.

Doch die Ukraine hatte zum Glück eine Alternative. Es gab nämlich auch eine Gasleitung nach Turkmenistan. Das Land in Zentralasien verfügt – nach Russland, Iran und Katar – über die viertgrößten Erdgasvorkommen der Welt. Schon in den letzten Jahren hatte die Ukraine die Hälfte ihres Gasimports aus Turkmenistan bezogen. Man war also optimistisch. Diese Importe ließen sich gewiss steigern, und zusammen mit den eigenen Gasvorkommen würde das reichen, um halbwegs über die Runden zu kommen.

Doch völlig unerwartet stellte sich heraus, dass der turkmenische Autokrat Saparmyrat Nyýazow, der die ehemalige Sowjetrepublik seit der

Unabhängigkeit 1991 beherrschte, spontan eine ungewöhnliche Entscheidung gefällt hatte. Man sollte wissen: Die turkmenische Regierung ist eine der autoritärsten der Welt. Menschenrechtsverletzungen sind an der Tagesordnung. Frauen haben weder ein Wahlrecht noch sonst irgendwelche Rechte; Presse- und Meinungsfreiheit sind ein Fremdwort. In dem Land passiert nichts, was Saparmyrat Nyýazow nicht will. Und dieser Diktator hatte sich also vom »lupenreinen Demokraten« Putin mit freundlichen Worten und attraktiven finanziellen Angeboten davon überzeugen lassen, die Verwaltung sämtlicher Gas-Exporte an die Ukraine fortan an ein »rein privatwirtschaftliches« Unternehmen zu übergeben: an Gazprom.

Was für ein Schock!

Es war Dezember, es war Januar. Die ukrainische Bevölkerung brauchte Gas zum Heizen. Also was tun? In dieser Notlage nutzte die Regierung in Kyiv das Gas, das durch die Leitungen nach Europa floss. Nach eigenen Angaben war sie dazu vertraglich sogar berechtigt: 15 Prozent der über ihr Territorium transportierten Gasmenge durfte sie als Transitgebühr abschöpfen. Doch genau genommen galt der Vertrag ab 1. Januar 2006 nicht mehr. Erfahrungsgemäß kommt es aber selbst bei schwierigen Verhandlungen irgendwann zu einer Einigung. Deswegen wird üblicherweise lebensnotwendige Ware unter Preis-Vorbehalt weitergeliefert, auch wenn der Vertrag abgelaufen ist. Sobald man sich einig ist, wird der neue Preis eben rückwirkend bezahlt.

Das Gas einfach abzudrehen war dagegen eine ziemlich brutale Verhandlungsmethode – und sie zielte in Wahrheit nicht auf den Preis, sondern war ein Angriff auf die ukrainische Regierung. Denn es ging nicht ums Geld, sondern um Geopolitik.

Die Antwort auf die Orange Revolution

Gut ein Jahr zuvor, Ende 2004, hatte in der Ukraine die sogenannte »Orange Revolution« stattgefunden. Damals waren Hunderttausende Menschen, darunter viele Jugendliche und junge Erwachsene, wochenlang in Kyiv bei Schnee und Regen friedlich auf die Straße gegangen, um gegen die offenkundige Wahlfälschung zu protestieren. Ihr Erkennungszeichen war eine kleine orange Schleife am Revers, ein oranges Halstuch oder auch eine orange Flagge. Sie protestierten gegen Korruption, sie hatten es satt, dass pro-russische Oligarchen den Ton angaben, und forderten eine demokratische, also freie und faire Präsidentschaftswahl. Und sie hatten Erfolg. Tatsächlich erklärte das Oberste Gericht die Wahl für ungültig, sie wurde wiederholt, und diesmal gewann der pro-europäische Oppositionskandidat Viktor Juschtschenko.

Das war doppelt überraschend, weil eben dieser Juschtschenko im September 2004, auf dem Höhepunkt der orangenen Proteste, bei einem offiziellen Abendessen auf mysteriöse Weise vergiftet worden war. Den Anschlag hatte er nur mit Glück überlebt, weil er das vergiftete Reisgericht relativ schnell erbrochen hatte. Trotzdem war er sehr schwer erkrankt, hatte schreckliche Hautekzeme, musste mehrfach operiert werden und war in seiner weiteren Arbeit stark beeinträchtigt. Man hat nie wirklich herausgefunden, wer hinter dem Giftanschlag steckte. Verdächtige Personen wie der Koch, der Kellner und der Geheimdienstchef waren alle in Moskau abgetaucht. Nach wissenschaftlichen Untersuchungen kam 2010 ans Licht, dass das Gift ein spezielles Dioxin gewesen sei, das nur in wenigen Ländern produziert werde. Russland ist eines davon.

In Moskau jedenfalls erfreute sich der neue ukrainische Präsident keiner großen Beliebtheit. Ganz offensichtlich war es das eigentliche Ziel Putins, ihm durch den Gasstreit die Hölle heiß zu machen. Denn egal, wie Juschtschenko entscheiden würde, er hätte verloren: Keine Preissteigerung hieß kein Gas und die Menschen würden frieren. Würde er der Preissteigerung zustimmen, dann wäre das für die Menschen unbezahlbar. Sie würden ebenfalls frieren. So oder so war klar, dass die ukrainische Bevölkerung auf die Barrikaden gehen würde – und zwar voraussichtlich nicht gegen Moskau, sondern gegen die eigene Regierung. Denn Juschtschenko hatte bei seiner Wahl eine stärkere Loslösung von Russland und eine Annäherung an die EU und die NATO versprochen. Aber »Frieren für die Freiheit« erfreut sich nirgends allzu großer Beliebtheit. Darauf setzte Putin.

Genau deswegen hatte ein Gazprom-Sprecher am Neujahrsmorgen 2006, also am ersten Tag des Lieferstopps, unverhohlen angemerkt: »Wir meinen, dass es der ukrainischen Staatsführung unmöglich sein wird, ihrem Volk den Grund für eine derart kurzsichtige Politik zu erklären.«

Der Zeitpunkt für die Attacke war günstig. Denn die neue demokratisch gewählte Regierung war schon nach kurzer Zeit an internen Streitigkeiten zerbrochen. Deswegen regierte übergangsweise eine Interimsregierung bis zur nächsten Parlamentswahl Ende März. Passenderweise hatte Putin noch an Silvester einen Aufschub bis zu genau diesem Wahltermin angeboten. Dann hätte die Bevölkerung zwar im Winter noch billiges Gas bekommen, aber die Preissteigerung wäre ein heißes Wahlkampfthema geworden. Ganz sicher hätte der pro-russische Kandidat dann sehr plausibel erklärt, dass er mit Russland besser zu verhandeln verstünde.

Es ist ein typisches Muster, das Putin hier anwendet, das sich immer wieder zeigt. Er tut so, als halte er sich an demokratische Grundregeln, aber in Wahrheit pervertiert er sie. Er beeinflusst eine demokratische Wahl, wenn ihm das Ergebnis missfallen könnte. Das konnten wir 2016 sogar bei den Präsidentschaftswahlen in den USA erleben (dazu mehr in Kapitel 7).

Obendrein verdreht Putin den Rechtsstaat in sein Gegenteil: Die Idee des demokratischen Rechtsstaates ist es, gegensätzliche Interessen fair zu regeln. Die einen wollen dies, die anderen jenes – und dann wird nach einer fairen Lösung gesucht, die dann für alle gilt. Im Streitfall überprüft ein unabhängiges Gericht anhand der Gesetze, wie der Konflikt zu lösen ist. Dabei achtet das Gericht nicht allein darauf, wie das Gesetz formuliert ist, sondern wie es gemeint war und verstanden wird. Deswegen spielt bei jedem Urteil auch immer die Rechtsgeschichte eine Rolle. Wie wurde bei früheren Streitfällen entschieden? Wie wurden die Texte da interpretiert? Und hat sich der Konflikt dadurch befrieden lassen?

Putin aber tut genau das Gegenteil. Er benutzt die Verträge und rechtlichen Vereinbarungen nicht als Instrument für einen respektvollen Interessenausgleich. Er benutzt sie, um seine eigenen Interessen gegen die der anderen durchzusetzen. Er benutzt sie – tja – als Waffe. Recht und Gesetz sind ihm kein Leitsatz für sein Handeln, sondern Mittel zum Zweck. Deswegen schaut er auch nicht darauf, wie etwas einvernehmlich gemeint ist, sondern versucht im Gegenteil, die Formulierungen durch Wortklauberei ins Gegenteil zu verdrehen. Ein Krieg ist dann kein Krieg, sondern eine »Spezialoperation«.

Eine unverhohlene Kriegsdrohung

Der ukrainische Präsident durchschaute dieses »Spiel«, lehnte das vergiftete Angebot einer Fristverlängerung ab und wandte ziemlich konsequent das Argument der »marktüblichen Preise« einfach auf ein anderes Abkommen zwischen Russland und der Ukraine an.

1997 hatten die beiden Länder nämlich einen Vertrag für die russische Nutzung des Hafens Sewastopol auf der ukrainischen Krim unterzeichnet, wie man im »Dossier: Der Gasstreit« von Dezember 2005 bei der *Deutschen Welle* nachlesen kann. Demnach musste Moskau jährlich rund 100 Millionen Dollar (gut 84 Millionen Euro) Pacht zahlen. Der marktübliche Preis würde, so erklärte nun die Ukraine, bei bis zu 2 Milliarden Dollar liegen, wäre also zwanzigmal so hoch. Die Idee, das eine mit dem anderen zu verknüpfen, war keineswegs abwegig. Denn tatsächlich wurde der Pachtbetrag mit den russischen Erdgaslieferungen verrechnet. Beides war im selben Abkommen 1997 vereinbart worden.

Allerdings taugte diese angedrohte Preisanpassung nicht als prompte Retourkutsche, denn der Pachtvertrag galt noch bis 2017. Das wusste auch der Präsident. Aber es ging darum, das fadenscheinige »Marktpreis«-Argument zu entlarven und gleichzeitig Moskau zu zeigen, dass es auch nicht ganz so unabhängig war, wie es glaubte zu sein.

Für Russland war das Thema Krim extrem wichtig, denn im Hafen von Sewastopol hatte Russland seine Schwarzmeerflotte stationiert. Die Halbinsel ragt weit ins Schwarze Meer hinein und stellte damit das militärische Sprungbrett zum Mittelmeer und zum Nahen Osten dar. Die Russen wollen dieses Gebiet auf keinen Fall der US-amerikanischen Marine oder dem NATO-Mitglied Türkei überlassen. Deswegen hat der Marinestützpunkt für die russische Regierung höchste strategische Bedeutung.

Putin gefiel es daher gar nicht, dass schon im Juli der Regierungschef der Autonomen Republik Krim und Juschtschenko-Vertraute Anatolij Matwijenko öffentlich beklagt hatte: »Die Flotte zahlt eine lächerliche Pacht – aber verursacht Umweltschäden, die sich auf Hunderte Millionen Dollar belaufen.«

Umweltschutz, Demokratie und Ablösung von Russland – all das war für den Kreml ein rotes Tuch. Der russische Verteidigungsminister Sergej Iwanow reagierte laut *Deutscher Welle* im staatlichen Fernsehen extrem aggressiv auf diese Äußerung und fuhr gleich das große Besteck auf: Die Klauseln seien Teil eines größeren russisch-ukrainischen Abkommens, dessen zweiter Teil Bestimmungen zur »Unverletzlichkeit der Grenzen« beider Länder enthalte. Bei einer Änderung wäre das also auch infrage gestellt. »Deswegen wäre es meiner Ansicht nach fatal, diese Vereinbarungen zu verändern.« Das war eine mehr oder weniger unverhohlene Kriegsdrohung.

Der ukrainische Verteidigungsminister Anatolij Gritsenko habe umgehend versprochen, Kyiv werde die Bedingungen nicht einseitig ändern. Aber die Dimension dieses »Gasstreits« lag offen auf dem Tisch: Es ging nicht um Marktpreise, es ging um die Unabhängigkeit der Ukraine.

Das zeigt sich auch daran, dass der Kreml Gaspolitik nicht nur als Peitsche, sondern auch als Zuckerbrot nutzte, zum Beispiel in der ebenfalls ehemaligen Sowjetrepublik Belarus. Der autokratische Staatschef Alexander Lukaschenko, der sich trotz formaler Unabhängigkeit wie ein Vasall Moskaus verhielt, durfte sich nämlich weiterhin von seinem Volk für russische Billigtarife beim Gas feiern lassen.

Doch plötzlich ging alles ganz schnell. Schon drei Tage später, nämlich am 4. Januar 2006, wurde zwischen Russland und der Ukraine ein Kompromiss gefunden, der bis 2009 Gültigkeit haben sollte. Dann musste die Vertragsverlängerung neu verhandelt werden. Damit stand der nächste Streit also schon zur Wiedervorlage im Kalender.

2006: »DIW warnt vor Energieabhängigkeit von Russland«

Aus deutscher Perspektive sah das für die meisten wie ein weit entfernter regionaler Nachbarschaftsstreit aus, um den man sich nicht weiter zu kümmern brauchte. Wir hatten unterdessen genug Sorgen und Aufregungen im eigenen Land.

Im November 2005 hatte Deutschland mit 11,2 Prozent europaweit die vierthöchste Arbeitslosenquote; nur in Polen, der Slowakei und Kroatien war die Arbeitsmarktlage noch schlechter. Die neuen Hartz-Sozialgesetze waren trotz massenhafter Proteste in Kraft getreten. Nach und nach führten einzelne Bundesländer Studiengebühren ein. Die erhoffte EU-Verfassung wurde sowohl in Frankreich als auch in den Niederlanden abgelehnt. Es gab Terroranschläge in der Londoner U-Bahn mit über 50 Toten. Schröder verlor die Vertrauensfrage, es gab Neuwahlen, und erstmals saß eine Frau im Kanzleramt. Im November knickten aufgrund eines vorzeitigen Wintereinbruchs unter den Schneemassen mehrere Dutzend Hochspannungsleitungen ein; im Münsterland waren zeitweilig 250 000 Menschen ohne Strom.

Es gab so viel Stoff, mit dem sich die deutsche Öffentlichkeit beschäftigte – was interessierte da schon ein Streit um Gaspreise in der Ukraine?

In der Fachwelt der Energie-Ökonomie beobachteten wir derlei natürlich sehr genau. Schließlich konnte man daran nachvollziehen, wie sich die verschiedenen Player in diesem Markt verhalten. Und es überraschte natürlich nicht, dass vorhandene Marktmacht ausgenutzt wurde.

Ich war zu diesem Zeitpunkt seit zwei Jahren Professorin an der Humboldt-Uni zu Berlin und Abteilungsleiterin für den Forschungsbereich Energie, Umwelt und Verkehr am Deutschen Institut für Wirtschaftsforschung. Als öffentlich finanzierte Forschungseinrichtung hatten wir den Satzungsauftrag, Politik und Öffentlichkeit faktenbasiert zu beraten. Wir publizierten also unsere Studienergebnisse nicht nur in den üblichen internationalen Wissenschaftszeitschriften, sondern fassten sie beispielsweise im Wochenbericht des DIW für ein nicht-wissenschaftliches Publikum zusammen. Komplizierte wissenschaftliche Erkenntnisse über wirtschaftliche Entwicklungen, Kosten durch Klimaschäden oder aber Innovationen von Unternehmen werden hier leicht verständlich für die breite Öffentlichkeit aufbereitet.

Viele Redaktionen steuern deswegen gern die DIW-Pressestelle an, weil sie wissen, dass wir dazu angehalten sind, auch zu aktuellen Ereignissen unsere Expertise abzugeben. Dies gilt für alle Forschungsinstitute, insbesondere für die fünf großen Wirtschaftsinstitute, zu den neben dem DIW auch das Leibniz-Institut für Wirtschaftsforschung in München (ifo), das Institut für Weltwirtschaft (IfW) in Kiel, das Leibniz-Institut für Wirtschaftsforschung in Halle (IWH) und das Leibniz-Institut für Wirtschaftsforschung in Essen (RWI) gehören.

Es ist schlichtweg »unser Job«, wissenschaftliche Erkenntnisse in der Öffentlichkeit zu erläutern und Politikberatung vorzunehmen. Freie Wissenschaft ist ein hohes demokratisches Gut, das es nicht nur zu verteidigen gilt, sondern auch zu nutzen. Diktaturen beschneiden nicht zufällig als Erstes immer die Presse und die Medien sowie die Wissenschaft. Und umgekehrt: Wenn Presse oder Wissenschaft attackiert werden, ist die Demokratie in Gefahr. Als Donald Trump in den USA Präsident wurde, hat er zuerst die gesamte Klimaforschung beschnitten. Das war nicht nur ein politisches Statement, es war ein Angriff auf demokratische Grundprinzipien.

Ich persönlich finde es besonders wichtig, dass wissenschaftliche Erkenntnisse nicht nur in der Fachwelt Verbreitung finden, sondern dass auch die breite Öffentlichkeit erfährt und versteht, was die wissenschaftlichen Erkenntnisse sind. Ich verbreite und erkläre gern unsere Erkenntnisse, denn ich bin dankbar und erfreut, wenn sich Menschen für wissenschaftliche Themen interessieren. Meine Forschungsthemen wecken oftmals weniger öffentliches Interesse als andere ökonomische Themen, die stärker im Blickfeld stehen. Deswegen ist in der Regel das journalistische Interesse an meiner Arbeit eher verhalten.

Als gleich zum Jahresauftakt 2006 ein dpa-Redakteur um ein Interview bat, war das also ungewöhnlich. Es war der 3. Januar, und ich hatte eigentlich frei. Deswegen haben wir nur telefoniert, statt uns zu treffen. Ich erinnere mich leider nicht mehr an den Namen des Journalisten, aber an das Gespräch erinnere ich mich gut, weil ich mich über das hohe Niveau seiner Fragen freute. Da beherrschte einer wirklich seinen Job! Vor allem interessierte ihn, welche Schlussfolgerungen die Ereignisse auf die deutsche Energiepolitik haben müssten. Der Beitrag lief noch am selben Tag über den dpa-Ticker. Überschrift: »DIW warnt vor Energieabhängigkeit von Russland« Unterzeile: »DIW-Energieexpertin Claudia Kemfert plädierte in einem dpa-Gespräch dafür, verstärkt Flüssiggas aus anderen Ländern zu importieren.«

Im Text hieß es dann: »Die Ostseepipeline, deren Bau im Dezember begonnen wurde, würde die Abhängigkeit vom russischen Gas noch erhöhen. Ein Monopolist könnte die Preise hochtreiben. ›Und das kann uns in Zukunft genauso treffen‹, sagte Kemfert. Besser wäre es, Terminals in deutschen Häfen einzurichten, um verflüssigtes Gas aus aller Welt importieren zu können. Westeuropäische Partner wie Norwegen oder die Niederlande könnten ihre Lieferungen an Deutschland nur vorübergehend ausweiten. Ihre Leitungskapazitäten seien ebenso begrenzt wie ihre Gasvorräte.«

Der Artikel berichtet auch, was gemäß unserer Forschung die wichtigsten Energiequellen wären: »Schlüsseltechnologien für die Zukunft seien aber erneuerbare Energien wie Biomasse, Wind- oder Solartechnik.«

Das klingt alles topaktuell, nicht wahr? Ist aber 17 Jahre her. Für feste LNG-Terminals ist es jetzt zu spät, aber damals wäre das sehr sinnvoll gewesen. Denn dann hätten wir heute Alternativen zum russischen Gas, müssten nicht kurzfristig auf dem Gasmarkt zu egal welchem Preis einkaufen und hätten weltweit nicht diese horrende Preisexplosion. Und wir hätten deutlich mehr erneuerbare Energien, um die heimische Versorgung sicherstellen zu können.

Obwohl das Interview am dritten Tage des russischen Gasstopps in der Ukraine und wenige Wochen nach Baubeginn der Nord-Stream-Pipeline erschien, drangen diese Erkenntnisse nicht zu den entscheidenden Personen in der Politik durch. Weder wurden LNG-Terminals gebaut noch die Gaslieferungen diversifiziert, vom zügigen Ausbau erneuerbarer Energien ganz zu schweigen.

»Von Putins Gnaden« – Energiekrake Gazprom

Es folgte Gasstreit um Gasstreit. Jahr um Jahr wiederholte sich, was ich schon in dem dpa-Interview gesagt hatte. Unsere wissenschaftlichen Erkenntnisse änderten sich nicht; im Gegenteil: Sie wurden immer wieder aufs Neue bestätigt. Aber die Politik änderte sich auch nicht. Die Abhängigkeit von Russland wuchs immer weiter.

Dabei war ich bei Weitem nicht die Einzige, die sich mahnend äußerte. Auch aus den USA, aus Polen, aus dem Baltikum und aus vielen anderen osteuropäischen Staaten gab es deutlich warnende Stimmen. Es gab Stimmen aus der Wirtschafts-, der Umwelt- und der Außenpolitik sowie aus dem Journalismus.

Da war beispielsweise Hans-Heinrich Sander (FDP), niedersächsischer Umweltminister im Kabinett von Christian Wulff. »Die Energievorräte der Welt geraten zunehmend unter die politische und militärische Kontrolle weniger Staaten«, erklärte er im April 2006 in der *FAZ* seinen Standpunkt. Sich auf russisches Erdgas zu verlassen sei riskant, stellte er fest und forderte, man müsse bei Energie, die großenteils aus krisenanfälligen Regionen importiert würde, Möglichkeiten vorsehen, »um kurzfristig Ersatz schaffen zu können«. Sein Fazit: »Die deutsche Außenpolitik muss Energiepolitik als Teil ihrer Strategie begreifen.«

Da war zum Beispiel der Politologe Christian Hacke, damals an der Uni Bonn Professor mit dem Schwerpunkt internationale Politik, später an der Bundeswehrhochschule in Hamburg. »Verführen die enormen Öl- und Gaseinnahmen Moskau zu altbekannten Weltmachtträumen?«, fragte er im Oktober 2006 in der Zeitschrift *APuZ*. »So, wie in der russischen Innenpolitik oft demokratische Attrappen herhalten müssen, wirkt auch Putins Bekenntnis zur außenpolitischen Kooperation wenig glaubwürdig. Russland sucht vor allem Prestige, Vormacht, eigenen Vorteil und einseitige Abhängigkeiten.« Putins Politik folge einer historischen Logik und werde Europa und die Welt noch lange beunruhigen, prophezeite Hacke.

Da war, drittes Beispiel, auch Klaus Töpfer, CDU-Mitglied und ehemaliger Umweltminister aus Kohls Zeiten. »Russland ist der größte Energieproduzent der Welt, das Land besitzt mehr als ein Drittel der weltweiten Erdgasreserven, circa sechs Prozent der Weltölreserven und die zweitgrößten Kohlereserven«, diagnostizierte er und fügte hinzu: »Das weckt Befürchtungen.«

Das alles waren einzelne Stimmen, die im allgemeinen Medientrubel untergehen konnten. Aber dieses letzte Beispiel war nicht zu übersehen. Am 3. November 2006 erschien ein mehrseitiger Artikel im *Handelsblatt*, der die prägnante Headline »Von Putins Gnaden« trug – und darunter die beängstigende Subline: »Der russische Energiekrake Gazprom streckt seine Tentakel immer weiter nach Westen aus. Nur langsam dämmert den Europäern, mit wem sie es zu tun bekommen.«

Mit wem die Deutschen es jetzt schon zu tun hatten, erklärten der Prager Osteuropa-Korrespondent Christian Schaudwet und sein Düsseldorfer Redaktionskollege Hans Jakob Ginsburg ihrer Leser:innenschaft sehr anschaulich. Der Text beginnt mit der Ermordung von Anna Politkowskaja in einem Moskauer Treppenhaus, einer russischen Journalistin, die intensiv und vor allem kritisch über die Tschetschenien-Politik des Kremls berichtet hatte. Wenige Stunden später versichert ihr Chefredakteur, dass der Tod nichts, aber auch gar nichts mit ihrer Berichterstattung zu tun habe. Dieser Mann war eben ein »Chefredakteur von Gazproms Gnaden«, da der Gaskonzern kurz zuvor die bis dahin noch relativ ausgewogene Tageszeitung *Iswestija* übernommen hatte. Und Gazprom diene Putin, »als sei es sein Eigentum«. Der von Putin eingesetzte Vorstandschef Alexej Miller gebiete über ein Geflecht aus mehr als 150 Tochterfirmen und Beteiligungen rund um den Globus in den unterschiedlichsten Branchen.

»Zentral für die weltweite Gazprom-Strategie ist Westeuropa und dort vor allem Deutschland.« Nachdem der Artikel deutsche Firmennamen aufgelistet hat, die bereits verstrickt seien – Wingas, Wingas Europe, Wintershall, Eon und BASF bei der Ostsee-Pipeline, RAG (Ruhrgas) –, kommt mittendrin dieser Satz: »Und in der Branche wollen Gerüchte nicht verstummen, Gazprom könnte gar nach BASF selbst greifen.«

Gazprom spiele in Putins Masterplan eine zentrale Rolle: Er wolle Russland mithilfe seiner riesigen Rohstoffreserven und einer konsolidierten Kernwirtschaft in Staatshand als Weltmacht wiedererstehen lassen. »Grundzüge dieser Strategie ließ er bereits 1997 – damals war er schon im Kreml beschäftigt – in seiner Dissertation erkennen: ›Strategische Planung der Reproduktion einer Rohstoffbasis unter den Bedingungen einer entstehenden Marktwirtschaft‹ lautete ihr Titel.«

Es folgt eine Vielzahl an Beispielen, an denen diese Strategie Putins deutlich wird, und schließlich noch eine Zusammenfassung seiner Methoden: »Doppelzüngigkeiten und der fliegende Wechsel zwischen Zuckerbrot und Peitsche sind charakteristisch für Putins und Millers Außenpolitik.« Beide gäben sich während ihrer Visiten in EU-Ländern stets diplomatisch, bisweilen sogar charmant, aber würden dann auch auf EU-Territorium nicht vor rabiateren Methoden zurückschrecken. So würde gerade der polnische Ölkonzern PKN Orlen unter Druck gesetzt, den Erwerb der Ölraffinerie Mazeikiu Nafta in Litauen rückgängig zu machen, indem Transneft, der staatliche russische Betreiber der für Mazeikiu lebenswichtigen Pipeline aus Russland, technische Probleme meldet und die Ölzufuhr unterbrach.

Das alles war im November 2006 im *Handelsblatt* zu lesen. Das Blatt ist bis heute Pflichtlektüre im Management großer Unternehmen. Trotzdem schlossen die deutschen Unternehmen unverdrossen mit der »russischen Energiekrake« Gazprom ihre Verträge.

Das Niveau der Diskussion in Deutschland

Symptomatisch für die Diskussion in Deutschland 2006 ist vielleicht diese kleine Begebenheit aus demselben November: Die ehemalige ukrainische Premierministerin, Julija Tymoschenko, war auf Einladung der Deutschen Gesellschaft für Auswärtige Politik zu Gast in Berlin.

»Noch nie war die Ukraine von russischen Energieträgern so abhängig wie heute«, sagte sie bedrückt. Dann schilderte sie ihre eigene Erfahrung, was diese große Abhängigkeit bedeutet: »Wenn wir gewisse Schritte unternehmen, die den nationalen Interessen Russlands zuwiderlaufen, aber den nationalen Interessen der Ukraine entsprechen, dann spüren wir am Hals den Strick, der nach Bedarf enger gezogen wird.«

Doch anstatt die sicherheitspolitische Dimension des Themas Energie zu begreifen, breitete Volker Rühe (CDU), immerhin ehemaliger deutscher Verteidigungsminister, seine wirtschaftspolitische Grundüberzeugung aus: »Nach meiner Einschätzung hätten sich die Schwierigkeiten Anfang des Jahres gar nicht ergeben, wenn die Ukraine unter anderem auch bereit gewesen wäre, die Pipeline zu privatisieren, die durch die Ukraine führt. Warum ist es nicht möglich, diese Pipeline in einen privaten Besitz zu bringen, eine russische Firma, eine ukrainische Firma und eine Firma aus dem Bereich der EU?«

Man kann vielleicht theoretisch über ein solches tri-nationales »privatwirtschaftliches« Konglomerat nachdenken, aber doch nicht, wenn das einzig infrage kommende russische Unternehmen eine »Staatskrake« ist.

Es grenzt an energie-ökonomische und sicherheitspolitische Naivität, wenn man ernsthaft der Regierung Tymoschenko nahelegt, die Initiative zu ergreifen, um in einem Mehr-Jahres-Plan einen graduellen Anstieg der Gaspreise mit Russland auszuhandeln, wie das einem unabhängigen Land entspräche.

»Wenn man nicht mehr Teil der Sowjetunion ist, kann man auch nicht sowjetische Preise für Gas zahlen«, repetierte der deutsche Verteidigungsminister Putins brutale Argumentation.

Tymoschenko wies freundlich darauf hin, dass in der Energiewirtschaft langfristige Verträge üblich seien und dass der günstige Preis im selben Abkommen festgelegt worden sei, in dem auch der Preis für die Stationierung der russischen Schwarzmeerflotte auf der Krim vereinbart worden war. Sie erwähnte nicht explizit, dass Russland mit Krieg gedroht habe, sollte die Ukraine es wagen, dieses Krim-Abkommen infrage zu stellen. Vermutlich nahm sie an, dass sich ihr politisch interessiertes Publikum noch an diese Drohung erinnerte. Sie lag schließlich weniger als ein Jahr zurück.

Doch was der ehemalige Verteidigungsminister nicht mehr wusste, daran erinnerte sich die breite Öffentlichkeit schon lange nicht mehr – wenn sie es überhaupt jemals mitbekommen hatte. Aus den Nachbarländern Deutschlands bekam ich immer wieder die erstaunte Frage zu hören: »Was ist mit euch Deutschen los?«

Alle Argumente prallen an den Deutschen ab

Die Waffe Energie wurde von Putin immer wieder gezückt. Mal ging es um den Lieferpreis für Gas oder Öl, mal um Transitgebühren, mal um die Verteilung der Zolleinnahmen. Scheinbar verhandelte man immer um Geld. Aber wer genauer hinschaute, konnte leicht erkennen, dass die Streitereien zufällig immer genau dann aufkamen, wenn bei ehemaligen Sowjetrepubliken starke Emanzipationsbestrebungen wuchsen oder wenn Gazprom nicht den Marktzugang bekam, den es sich wünschte.

Aus deutscher Sicht waren das alles keine wirklich gefährlichen Attacken. Doch es waren Warnschüsse. Zwar musste man die Ohren spitzen, um sie wahrzunehmen – aber von den politisch und wirtschaftlich

Verantwortlichen sollte man eigentlich erwarten, dass sie die Ohren spitzen.

Deutschland ging jedoch – zur Verwunderung der europäischen Nachbarn – extrem arglos auf immer neue Geschäfte mit Russland ein und brachte sich in immer größere Abhängigkeit. Vor allem Nord Stream war den europäischen Nachbarn ein Dorn im Auge. Die außenpolitischen Sorgen wurden allerdings strikt überhört. Ihnen wurden allein wirtschaftliche Interessen unterstellt.

Als der polnische Verteidigungsminister Radosław Sikorski den deutsch-russischen Vertrag 2006 sogar mit dem Hitler-Stalin-Pakt verglich, hieß es: Die Pipeline konkurriere mit Polens eigener Trasse. Dort sorge man sich vor allem um ein Einbrechen der Transitgebühren; deswegen sei Polen verärgert, dass es übergangen worden sei. Dabei suchte Polen vor allem deswegen den intensiven Kontakt zu den USA und wollte so schnell in die NATO, weil das Land große Sorge hatte, dass Moskau versuchen würde, das »abtrünnige« Land zurück in den Einflussbereich des Kremls zu zwingen.

Wenn Schweden Befürchtungen äußerte, dass russische Spionage von einer der 70 Meter hohen Wartungsplattformen der Pipeline ausgehen könnte, hörte man lediglich, das Land sehe den Tourismus auf der Insel Gotland bedroht. Dabei lehnte Schweden das Angebot, über einen Abzweig ebenfalls »billiges« sibirisches Gas zu beziehen, mit der Begründung ab, es sei unsinnig, die Abhängigkeit vom Öl durch eine neue Abhängigkeit von Gas zu ersetzen. Man setze lieber auf erneuerbare Energien.

Auch Dänemark verzichtete dankend auf einen eigenen Abzweig. Aber weil das Land eine Routenänderungen der Pipeline nahe der Urlaubsinsel Bornholm bewirkte, wurden auch hier allein wirtschaftliche Interessen unterstellt. Dabei gab es auch umweltschädliche Aspekte der Pipeline.

Erhebliche Umweltbedenken gegen den Bau äußerten auch Finnland, die baltischen Anrainerstaaten sowie zahlreiche Verbände. Aber dann fand sich ausgerechnet der EU-Umweltkommissar Stavros Dimas, der das deutsch-russische Projekt auf altbekannte Weise verteidigte: Es diene der Energieversorgung in der EU und sei deshalb »von europäischem

Interesse«. Umweltschutz war sowieso immer das Unwichtigste. Irgendetwas fand sich immer, das wichtiger war, Arbeitsplätze, Standortwettbewerb oder eben Versorgungssicherheit, die – wie wir heute wissen – keine war.

Immer wieder wurde dringlich ob der großen und wachsenden Abhängigkeit Deutschlands gewarnt. Die EU-Kommission warb für den Ausbau erneuerbarer Energien. Damit ließe sich nicht nur die Erderwärmung bekämpfen, sondern auch neue heimische Energiequellen schaffen und so die Abhängigkeit von Energieimporten reduzieren. Für die Gasversorgung sollten mehr Flüssiggasterminals in der EU gebaut werden, um Zugang zu neuen Lieferanten in Übersee zu schaffen.

Doch in Deutschland, der größten Volkswirtschaft Europas, wurde auf wundersame Weise weder das eine noch das andere angepackt, sondern stattdessen fokussierte man sich auf die schnelle Fertigstellung der neuen Ostsee-Pipeline.

Und währenddessen tickte die Uhr.

Zum Jahreswechsel 2008/2009 kam wie erwartet der nächste Warnschuss. Wieder knallte es in der Ukraine – aber diesmal so, dass man den Donner bis nach Berlin hörte und sich die Kanzlerin höchstpersönlich einschaltete.

Bulgarien friert bei klirrender Kälte

Zum Jahreswechsel 2009 lief der bisherige Vertrag aus, und Russland lag wieder im Streit mit der Ukraine um angeblich unbezahlte Gasrechnungen und neue Lieferbedingungen. Nach und nach drosselte Gazprom seine Lieferungen an die Ukraine. Davon waren auch 18 europäische Staaten betroffen. Denn rund 80 Prozent des für Europa bestimmten russischen Erdgases flossen durch die Ukraine. Nach kurzer Zeit erhielten Bulgarien, Kroatien, die Türkei, Griechenland und Mazedonien gar kein Gas mehr. Mitten im Winter konnten Menschen ihre Wohnungen nicht mehr beheizen. Je nachdem, wie lange der Konflikt anhalten würde, wäre auch Deutschland betroffen. Entsprechend drastisch waren die Schlagzeilen auch in deutschen Medien: »Bulgarien: Frieren bei klirrender Kälte« (*DW*) – »Der Balkan fürchtet den Winter« (*FAZ*) – »Russland schwört Deutschland auf langen Gasstreit ein« (*Spiegel*).

Tatsächlich gab es am 6. Januar einen Druckabfall bei Wingas und beim größten Gasimporteur Eon Ruhrgas. Im Laufe des Tages fürchtete Eon einen völligen Ausfall der russischen Lieferungen über die Ukraine-Pipeline. Zum Glück waren die Speicher gut gefüllt, sodass es kein Problem gab, den Ausfall zu überbrücken.

Am 16. Januar, also 10 Tage, nachdem Putin begonnen hatte, die Lieferung zu drosseln, empfing Kanzlerin Angela Merkel den russischen Präsidenten in Berlin. Hinter verschlossenen Türen tauschte man, so hieß es, sehr ernste Worte miteinander aus. Doch auf der anschließenden Pressekonferenz beschuldigte Putin minutenlang die Ukraine der Erpressung. Merkel wies das kühl zurück. Schuld sei in solchen Streitigkeiten nie nur einer der Beteiligten, und unabhängig davon hätten beide Länder ihren Verpflichtungen nachzukommen, erklärte sie streng.

Ihre Belehrung schloss sie mit dem Hinweis ab: »Ich glaube, dass es auch im russischen Interesse ist, wenn in Westeuropa wieder Gas ankommt.«

Der maternalistische Tonfall schien Putin zu amüsieren. Er quittierte Merkels Äußerung mit einem ironisch-knackigen »Jawohl!«.

Das war's. Putin reiste zurück nach Moskau, allerdings überraschend gut gelaunt. Mit zufriedenem Lächeln hatte er abschließend verkündet: »Ich glaube, dass wir jetzt vor interessanten Vereinbarungen stehen, die schon bald eine Lösung bringen können.«

In der Tat einigten sich nach zwei weiteren Tagen der Verhandlung Russland und die Ukraine am 18. Januar 2009 auf ein neues Abkommen, das nunmehr für zehn Jahre, bis 2019, Bestand haben sollte. Die Ukraine zahlte künftig grundsätzlich denselben Preis für das russische Erdgas wie die EU-Länder. Für das laufende Jahr wurde aber ein Abschlag von 20 Prozent gewährt. Ab 2010 sollte sie dann zwar den vollen Preis bezahlen, dürfe aber auch ihre Transitgebühren auf »europäisches Niveau« anheben.

Am 19. Januar 2009 wurden die russischen Gaslieferungen wieder aufgenommen. Sie waren für europäische Abnehmer insgesamt 13 Tage lang unterbrochen gewesen. Am 21. Januar stand das Gas an allen Grenzübergangsstellen wieder uneingeschränkt zur Verfügung.

Dies war nicht nur der sechste Streit zwischen Russland und der Ukraine in drei Jahren, sondern auch der heftigste. Die Auseinandersetzung gefährdete die Gasversorgung von Deutschland und anderen europäischen Ländern massiv. Zum Jahresende war alles wieder in Butter. Erwartungsgemäß war die Ukraine wirtschaftlich nicht in der Lage, die hohen EU-Preise zu zahlen, und musste im Sommer um Hilfe bitten. Die offenen Rechnungen wurden nach Intervention der westlichen Staaten durch drei IWF-Kredite ausgeglichen. Außerdem einigten sich die Ukraine, die Europäische Kommission und internationale Geldgeber Ende Juli auf Finanzhilfen in Höhe von bis zu 1,2 Milliarden Euro. Die Kredite sollten ermöglichen, dass die Ukraine vor dem Winter ihre unterirdischen Gasspeicher füllen und das Pipeline-Netz sanieren kann.

Das heißt, Russland bekam nun auch von der Ukraine die in der EU üblichen Preise, also vergleichsweise hohe Preise, die über einen langen Zeitraum garantiert wurden. Aber vor allem konnte Putin die erfolgreiche öffentliche Demütigung der Ukraine als satten Verhandlungsgewinn verbuchen.

Auch das Nord-Stream-Projekt lief ganz im Sinne Russlands. Vermutlich war das nur ein Nebeneffekt, aber ein sehr willkommener. Denn bei Nord Stream ging es ja vor allem um die Umgehung der Transitroute durch die Ukraine. Die Streitigkeiten Russlands mit der Ukraine drohten permanent wieder aufzuflammen. Und solange die Ukraine daran »schuld« war, dass Russland seine Lieferverträge nicht erfüllen konnte. wuchs der Druck zugunsten einer Ukraine-freien Leitung. Man könnte also mutmaßen, dass Russland absichtlich immer mal wieder kurzzeitig den Gashahn zudrehte, auch um weiteren Druck auf Deutschland auszuüben, das Pipeline-Projekt schneller voranzubringen. Das hatte 2006 funktioniert, und es funktionierte auch im Jahr 2009.

Alles Warnen verhallte im Nebel des »Weiter so!«

Dabei war es eigentlich so einfach zu verstehen: Über 50 Prozent der Einnahmen der russischen Volkswirtschaft kamen damals wie heute aus den Energielieferungen. Deswegen hatte und hat Russland verständlicherweise ein strategisches Interesse daran, den Gasmarkt zu kontrollieren und Einfluss auf die Preise auszuüben. Dafür braucht es noch nicht mal böse geopolitische Absichten. Das ist eine simple Marktlogik. Dass solche Interessen sich früher oder später auf unsere Preise auswirken würden, lag eigentlich auf der Hand. Auf dem Höhepunkt des Gasstreits Anfang Januar 2009 hatte ich in meinem Blog *Tagesklima*, so laut und deutlich ich konnte, darauf hingewiesen. Ich tat es noch einmal im Juni 2010. Und ich mahnte, was ich in den folgenden Jahren unzählige Male wieder tun würde, dass für Deutschland vor allem vier Dinge wichtig seien: Energiesparen, weg von fossilen Energien, Diversifikation der Gaslieferungen und strategische Gasreserven. Heute sage ich es in einer anderen Reihenfolge: (auf andere Lieferländer) ausweichen, speichern, sparen und (erneuerbare Energien) ausbauen. Auf diese Weise kann ich die Anfangsbuchstaben zur »ASSA-Formel« verkürzen, in der Hoffnung, dass die Menschen sich das besser merken können.

Meinen Blogbeitrag damals beendete ich mit dem optimistischen Gedanken, dass die missliche Lage doch ihr Gutes habe: »Nur in Krisenfällen schaffen wir es anscheinend, uns endlich um die wichtigen energiepolitischen Belange zu kümmern.« Es ist seltsam, das heute zu lesen. So recht ich mit allem anderen hatte, so unrecht hatte ich mit dieser Hoffnung.

Im März 2009 stellte Nord Stream seinen Antrag, im Dezember bewilligte die schwarz-gelbe Bundesregierung der Gazprom-Tochter Nord Stream jene Bürgschaft über 2,8 Milliarden Euro zur Finanzierung der Ostsee-Pipeline. Deutschland garantierte also ein Drittel der Gesamtkosten des Projekts von 7,4 Milliarden Euro. Der neue FDP-Außenminister Westerwelle, der 2006, als er noch in der Opposition war, die damalige Bürgschaft hinterfragt hatte (»Warum soll der deutsche Steuerzahler für einen russischen Staatskonzern geradestehen?«), bewilligte nunmehr alles kritiklos.

Am 9. April 2010 wurde mit einem großen Festakt der Bau nun auch auf europäischer Seite begonnen. Angela Merkel schickte eine Videobotschaft: »Unser gemeinsames Ziel ist eine langfristig angelegte, gleichberechtigte Energie-Partnerschaft.«

Die Ereignisse vom Januar 2009 waren vergessen. Und genau das war Teil von Putins Drehbuch.

KAPITEL 5

FALSCHE LEHREN

Deutschland zwischen Ignoranz und Aufbruch

In der Energiepolitik sonnte sich Deutschland in Selbstgefälligkeit, obwohl die Wissenschaft auf vielfache Weise warnte, mahnte und entsprechende Maßnahmen empfahl. Erkenntnisse zu den möglichen Kosten der Klimakatastrophe wurden zwar in politische Programme übersetzt, aber der unmittelbare Zusammenhang zwischen Energieversorgungssicherheit und Energiewende wurde unverständlicherweise missachtet.

Erstaunliche Schlussfolgerungen …

Es war nicht so, dass keine Lehren aus den russischen Warnschüssen gezogen wurden. Aber es waren die falschen. Was ich damit meine, lässt sich am besten an einem einfachen Beispiel verdeutlichen.

Stellen wir uns vor, in der Bäckerei um die Ecke spielen sich auffällige Dinge ab. Ein Mitarbeiter wird brutal verprügelt – weil er den Arbeitsvertrag verletzt habe, sagt der Bäcker. Zwei Mitarbeiterinnen aus dem Obstladen nebenan stehen plötzlich angekettet in der Backstube – sie seien aus der Sklaverei des Obsthändlers befreit worden, sagt der Bäcker. Ein Kunde bekommt für sich und seine Familie kein Brot mehr, wenn er nicht deutlich mehr Geld bezahle – wer nicht zur Familie gehöre, verdiene keine Sonderbehandlung, sagt der Bäcker. Eine andere Kundin wird beschimpft und mit Gewalt bedroht, bis sie endlich ihr Portemonnaie auf dem Tresen ausschüttet – sie sei eine Diebin und müsse bezahlen, was sie gestohlen habe, sagt der Bäcker.

Was tun?, würde ich mich fragen. Ich könnte all die betroffenen Personen befragen, was los ist. Ich könnte irgendwelche Ordnungskräfte zu Hilfe rufen. Eigentlich ist der Bäcker ja immer nett, ich bekomme immer ein wenig Rabatt und Kindern schenkt er Rosinenbrötchen. Ich könnte aber auch einfach nicht mehr hingehen und meine Brötchen woanders kaufen.

Aber ich würde sicher nicht mit dem Bäcker einen Vertrag schließen, in dem er sich verpflichtet, mir jeden Morgen eine Tüte Brötchen zu liefern, und ich mich verpflichte, diese Brötchenlieferung die nächsten 35 Jahre zu bezahlen, ganz gleich, ob ich sie brauche oder nicht. Und erst recht würde ich kein kompliziertes teures Transportsystem bauen, mit dem meine Brötchen für die nächsten 50 Jahre direkt in mein Haus transportiert werden sollen.

Aber ungefähr das geschah mit unserer Energiepolitik gegenüber Russland.

Um die Jahrtausendwende hatten sich mit russischer Beteiligung erschreckende Dinge abgespielt: Die Republik Tschetschenien wurde im Streit, ob sie »abtrünnig« oder »unabhängig« war, von Russland mit einem brutalen Krieg überzogen. Die Regionen Abchasien und Südossetien, eigentlich Teil des unabhängigen Staates Georgien, wurden von Russland

»befreit«, was eine dreiste Beschönigung dafür war, dass die georgischen Regionen faktisch militärisch und wirtschaftlich von Russland annektiert wurden. Die ehemalige Sowjetrepublik Belarus wurde mit Preisdruck zu »Loyalität« gegenüber Russland gezwungen. Und die Ukraine, ebenfalls ehemalige Sowjetrepublik, wurde als Gasdieb diffamiert, nachdem sie sich weder durch Preisdruck noch durch Gewaltandrohung zur Loyalität gegenüber Russland zwingen ließ.

... trotz massiver Warnungen

Das alles kam nicht wirklich überraschend. Bereits in seiner Dissertation von 1997 und in einem Artikel von 1999 hatte Putin zum Ausdruck gebracht, dass er den Energiesektor nicht nur »als Schlüssel für die wirtschaftliche Wiedergeburt«, sondern vor allem als »Instrument des Wiederaufstiegs Russlands zur Supermacht« betrachtete. Das schreibt Frank Umbach, der heutige Forschungsdirektor am European Centre for Energy and Resource Security am King's College London, in einem Aufsatz 2006. In drastischen Worten warnt der Autor darin vor »Europas nächstem Kalten Krieg« und vor »Moskaus neuem ›Energie-Imperialismus‹«.

Umbach hatte in Moskau an der Universität gearbeitet, war wissenschaftlicher Berater des NATO-Generalsekretärs in Brüssel gewesen und zum Erscheinungszeitpunkt des Artikels obendrein Mitglied der Präsidialgruppe Internationale Rohstofffragen beim Bundesverband deutscher Industrie (BDI). Der Aufsatz erschien in der Fachzeitschrift *Internationale Politik – IP*, die von der Deutschen Gesellschaft für Auswärtige Politik (DGAP) herausgegeben wird, einer der zentralen Forschungseinrichtungen der Außenpolitik in Deutschland. Die Referenzliste seiner Expertise zu Sicherheitspolitik und Energiesicherheit ließe sich leicht fortsetzen.

Umbach ging es ganz sicher nicht um Effekthascherei oder etwas, das wir heute »Clickbaiting« nennen würden. Sein IP-Beitrag war in jeder Hinsicht ernst gemeint und sehr ernst zu nehmen. Absatz für Absatz reihten sich unterschiedliche Dimensionen der Warnung aneinander – und in jedem ging es um die Folgen einer zu starken deutschen Energieabhängigkeit von Russland und um die irreführenden Mythen, die kursierten.

»Langfristige Lieferverträge sind keineswegs automatisch mit der Stärkung der Versorgungssicherheit gleichzusetzen«, schrieb er zum Beispiel. »Im Gegenteil: Deutschland wird noch abhängiger von Russland.«

Durch die Ostsee-Pipeline könnte Deutschland theoretisch rund 50 Prozent seines Erdgasverbrauchs und bis zu 36 Prozent des gesamten Energieverbrauchs decken, gab er ein anderes Argument der Nord-Stream-Befürworter wieder. »Doch damit wird Deutschland viel verwundbarer.« Dies gelte nicht nur für den Fall, dass Moskau den Gashahn zudrehe, sondern auch für terroristische Angriffe auf Pipelines, die weltweit zugenommen hätten.

Russland strebe den Aufbau eines Gaskartells an, mit dem zukünftig nicht nur Preise diktiert werden könnten. Es gäbe ein globales Nullsummenspiel um Zugriffsrechte auf Erdöl- und Erdgasfelder und ein »Great Game« um Pipelines, das keineswegs auf Zentralasien beschränkt sei, sondern – wie der russisch-ukrainische Gasstreit zeigt – auch in Europa stattfinde.

Der Vorschlag, eine im Vergleich zur Landleitung »zwei- bis dreimal so teure« Gasleitung durch die Ostsee zu bauen, »ging auf Gazprom und den Kreml zurück und basiert primär auf geopolitischen Erwägungen«.

Im Hinblick auf den russisch-ukrainischen Gasstreit zum vorherigen Jahreswechsel stellt er fest: »Das Abdrehen des russischen Gashahns hat gezeigt, dass Moskau zunehmend gewillt ist, seine energiepolitische Macht auch außenpolitisch zu instrumentalisieren.« Auf diese Art von Konflikt sei aber weder die EU noch Deutschland vorbereitet.

Das ist nur ein Autor und ein Aufsatz von vielen, die sich aus der Wissenschaft an die Verantwortlichen in Politik und Wirtschaft richteten. Es gab viele Texte dieser Art, gerade aus dem Bereich außenpolitischer Expertise. Die Botschaft war immer diese: Es ist ein Irrtum, zu meinen, dass Energieressourcen, egal ob Kohle, Öl oder Gas, einfache wirtschaftliche Güter seien. Sie sind Teil der außen- und sicherheitspolitischen Strategie der mächtigen Lieferländer. Energiesicherheit ist keine Frage von Luxus, es ist eine existenzielle Frage.

Öffentliche Ignoranz

Aber es nützte nichts. Weder die Politik noch die Wirtschaft ließ sich durch solche Warnungen von ihrem Weg abbringen. Dessen ungeachtet schloss Deutschland »Take or Pay«-Verträge mit jahrzehntelanger Laufzeit und trieb mit großem Aufwand den Bau der Ostsee-Pipeline Nord Stream voran. Damit brachten wir uns in eine wachsende Abhängigkeit von einem in vielerlei Hinsicht fragwürdigen Lieferanten – und das, obwohl es Jahr für Jahr kleinere oder größere »Gasstreits« gab, die uns eine Warnung hätten sein müssen, und das, obwohl unsere europäischen Nachbarländer schwere Bedenken hatten, und das, obwohl unser politischer, wirtschaftlicher und militärischer Bündnispartner USA eindringlich warnte.

Immer wieder bekam ich Anrufe und E-Mails von geradezu entsetzten Kolleg:innen aus dem Ausland: Was ist mit euch Deutschen los? Immer wieder diese Frage. Ich konnte es nicht erklären. Ich verstand es selbst nicht.

Umbach beklagte in seinem Aufsatz eine »naive und unkritische Haltung«. Zudem gaben sich die damals populären Expert:innen ziemlich ignorant und überheblich in der Öffentlichkeit. Ein Beispiel möge das veranschaulichen.

Der Journalist und Buchautor Peter Scholl-Latour beschwichtigte am 26. November 2006 via Deutschlandfunk alle Sorgen ob der Energiesicherheit Deutschlands mit National-Plattitüden. Diese direkte Pipeline durch die Ostsee sei durchaus sinnvoll, befand er, denn wir hätten mit Russland »ein vorzügliches Wirtschaftsverhältnis und wir sind komplementär«. Diese Beziehung könne durch die dazwischenliegenden Staaten »einigermaßen gestört werden«, das sei ganz klar, denn die hätten »natürlich die Erinnerung an die russische Vorherrschaft, übrigens auch an die deutsche Vorherrschaft«.

Angst vor Russland müssten wir Deutschen nicht haben. »Wir haben mit den Russen ja nun den Kalten Krieg beendet und haben Gott sei Dank auch diesen Ost-West-Konflikt beendet.« Wir sollten, so riet der gern gesehene Talkshow-Gast, endlich von der Idee Abstand nehmen, dass sich unser Modell von Demokratie und auch unsere Vorstellung von

Menschenrecht ohne Weiteres auf andere Kulturkreise übertragen ließe. »Die russische Regierung ist immer autokratisch geführt worden. Das ist nun mal die Natur des Landes«, erklärte der damals 82-jährige Bestsellerautor uns die Welt.

Würde er noch leben – man ahnt, was er heute sagen würde. Angefangen von der Natur der Russen über, natürlich, die Erinnerungen der Ukrainer bis zur Natur fossiler Energien ist dann der Gedankengang nicht mehr weit, dass auch die demokratische Entwicklung in den ehemaligen Ostblockstaaten und Sowjetrepubliken, egal ob Ungarn, Polen, Serbien, Georgien oder Ukraine, für das autokratische System Moskaus eine Bedrohung darstellt, die von einem Mann, dessen Natur es ist zu herrschen, natürlich bekämpft werden müsse. Aber wer weiß, vielleicht würden auch ihm heute die Augen aufgehen.

Selbstgefällige Überheblichkeit

Selbstgefällige Überheblichkeit lässt sich in dem Abgleich von Deutschlands Stärken mit den Schwächen der Opfer von Russlands Politik entdecken. Die »Selbst schuld«-Analyse lässt sich dann nämlich leicht in eine »Uns kann so was nicht passieren«-Unverletzlichkeit überführen. Auch dafür habe ich ein Beispiel gefunden, das aus heutiger Sicht unfreiwillig komisch wirkt. So erklärte ein Jahr nach dem 2009-Gaskrieg ein Kommentar in der *Süddeutschen Zeitung* gönnerhaft, warum nicht Deutschland, sondern die osteuropäischen Länder als »Gas-Geisel« genommen worden seien.

Sie hätten sich eben abhängig gemacht »vom Kalkül einer Großmacht« und würden nicht mal »hinreichende Vorräte für den Notfall bereithalten«. So seien sie eben »auf Hilfe aus Ungarn und Deutschland angewiesen«. Jetzt räche sich, dass es die postkommunistischen Gesellschaften bisher sträflich versäumt haben, ihre Vorstellungen von Energiepolitik zu modernisieren.

Ihnen fehle ein kritisches Bewusstsein für den Stellenwert der Umwelt und der Energieeffizienz. Umweltbelange hätten »in der Phase des gesellschaftlichen und ökonomischen Umbruchs« als nachrangig gegolten,

»und für die meisten Bürger und Politiker ist es bis heute so geblieben«. Naturschützer würden dort von den »aufs Geldverdienen Versessenen« als Idealisten belächelt.

Im Unterschied dazu habe in den westeuropäischen Gesellschaften die ökologische Bewegung und das Aufkommen grüner Parteien eine wichtige gesellschaftliche Innovation bewirkt. Deswegen sei Deutschlands Industrie auf dem Sektor Umwelttechnologie heute (gemeint ist 2010) führend. Vor allem aber sei die beste Energiepolitik die Einsparung von Energie. Gerade diese Erkenntnis habe im postkommunistischen Kosmos noch nicht hinreichend gegriffen. »Gazproms Macht schrumpft täglich in dem Maße, in dem die abhängigen Länder sich einem gesunden Energie-Mix nähern.«

Aus heutiger Perspektive klingt der Text völlig absurd. Man möchte ihn als Persiflage lesen. Aber er ist und war absolut ernst gemeint. Er erschien auf der Geldseite der *SZ*. Da macht man keine Scherze.

Wohlgemerkt, da erklärt eine deutsche Tageszeitung den »postkommunistischen Gesellschaften«, was sie daraus zu lernen haben, dass sie den letzten Winter gefroren haben. Ich kann mir vorstellen, dass nicht nur die angesprochenen Länder es als anmaßende Täter-Opfer-Umkehr, aber auch als Germansplaining wahrgenommen haben. Und man würde es ihnen nicht verübeln.

Würde im Winter 2022/23 auch nur ein einziger polnischer oder spanischer Journalist wagen, Vergleichbares gegenüber Deutschland zu formulieren, wir wären wenig begeistert. Dabei würde der Text auf Deutschland 2022 sehr gut passen.

Heute sind *wir* diejenigen, die sich »vom Kalkül einer Großmacht« abhängig gemacht haben. *Wir* haben, statt »hinreichende Vorräte für den Notfall« bereitzuhalten, die eigenen Gasspeicher ausgerechnet an jene Großmacht verkauft, die sie dann leerlaufen ließ, bevor sie uns den Hahn abdrehte. *Unsere* Vorstellungen von Energiepolitik haben Modernisierungsbedarf. In puncto Umweltschutz und Energieeffizienz haben *wir* Nachholbedarf, *bei uns* werden Naturschützer als Idealisten belächelt, und eher überwiegend von Personen, die manche als »aufs Geldverdienen Versessene« bezeichnen würden. Heute müssen *wir* zutiefst dankbar dafür sein, dass über die polnischen LNG-Terminals Gas nach Deutschland kommt, dass Spanien und ganz Europa Gas und Energie spart, um *unsere* Not zu mildern.

Dabei hatten wir – im Unterschied zu Bulgarien 2009 – die Wahl und die finanziellen Möglichkeiten, uns »vom Kalkül einer Großmacht« unabhängig zu machen. Und ja, ein gesunder Energie-Mix hätte Gazproms Macht schrumpfen lassen, wenn es denn nicht der Mix aus russischem Erdgas, Öl und Kohle gewesen wäre, sondern ein Mix aus erneuerbaren Energien.

Trotzdem habe ich mir den allerletzten Satz aus dem *SZ*-Artikel gelb markiert: »Es sind jetzt nicht alte Kamellen, sondern neue Ideen gefragt. Dann hat die Krise wenigstens den Vorteil, dass aus ihr etwas gelernt wurde.« Schade, dass diese »alten Kamellen« ausgerechnet in Deutschland heute zum wiederholten Mal aufgetischt werden, wenn wieder vehement für Fracking, Atomenergie oder sonstige »Brückentechnologien« gestritten wird.

Richtige Grundannahmen, falsch verknüpft

Es gab neben vielen ähnlichen Beiträgen auch kluge Kommentare und journalistische Beiträge jenseits der Wissenschaft, die der tatsächlichen Bedrohungslage durch die Abhängigkeit von russischem Gas prinzipiell gerecht wurden. Aber das Gros der Kommentare und Artikel führte trotzdem immer an dasselbe Ziel, und das hieß so:

»Russland ist ein sicherer Energielieferant. Nord Stream wird gebraucht.«

Manchmal tauchten in Diskussionen sogar die richtigen Grundannahmen auf, aber sie wurden falsch verknüpft, wie zum Beispiel in diesem Kommentar in der *Rheinischen Post* zum Gasstreit von 2009: »Was lernen wir aus dem Gas-Streit? Wie wichtig die alte Ökonomen-Regel ist, nie alle Eier in einen Korb zu legen. Deutschland braucht viele Transportwege. Darum ist es richtig, dass die Ostsee-Pipeline kommt.«

Die zitierte alte Ökonomen-Regel gibt es tatsächlich. Sie stammt von niemandem Geringeren als dem Wirtschaftsnobelpreisträger Harry M. Markowitz. Sie bezieht sich auf das Thema Geldanlage.

Markowitz hatte mit diesem sehr anschaulichen Vergleich – auf Basis seiner komplexen Kapitalmarkttheorien – zu einer Vielfalt von Geldanlagen geraten. Die Eier stehen als Metapher für Geld. Der Korb ist ein Format der Geldanlage, also Immobilien, Gold, Unternehmensaktien et cetera. Der bildliche Vergleich soll lediglich verdeutlichen, dass es gefährlich ist, alles Geld in dieselbe Kapitalanlage zu stecken. Denn wenn da etwas schiefgeht, ist alles Geld futsch. Deshalb empfiehlt sich Diversifikation.

Jetzt aber bestand das Risiko in der Abhängigkeit von einem Lieferanten. Es ist also die umgekehrte Perspektive: Ich habe nicht viele Eier, die ich sicher über die Zeit transportieren oder dauerhaft verwahren will; sondern ich habe einen Hühnerstall. Und wenn in dem nur ein einziges Huhn sitzt, das mir zwar bislang sehr zuverlässig jeden Tag ein Ei gelegt hat, manchmal sogar zwei, dann ist das Risiko trotzdem extrem hoch, dass ich irgendwann mal ohne Ei dastehe, obwohl ich gerade eins brauche.

Diversifikation zur Reduzierung von Abhängigkeiten meint nicht viele Lieferketten von immer demselben Lieferanten. Sie meint: unterschiedliche Lieferanten.

Eine Risikoanalyse und das Werkzeugkasten-Problem

Die ökonomische Risikobetrachtung in Bezug auf unsere Versorgungssicherheit hinsichtlich Energie sieht so aus:

1. Es gibt das Risiko, dass Russland seine Verträge nicht einhält. Aber es ist gering. Denn Russland hat ein hohes Eigeninteresse daran, Gas an Europa/Deutschland zu verkaufen. Es ist derzeit eine zentrale Einnahmequelle des Landes, und es gibt nur wenig andere Potenziale. Es ist in hohem Maße in Russland verfügbar. Es gibt auf dem Weltmarkt nur wenige andere Abnehmer, die Deutschland preislich überbieten können. Und es gibt eine stabile Infrastruktur zum Gastransport nach Europa, die in andere infrage kommende Abnehmerländer (wie China) erst aufwendig gebaut werden müsste.

2. Es gibt gewisse Risiken rund um die bereits bestehenden und eigentlich ausreichenden Leitungen. Denn es gibt aus verschiedenen Gründen immer wieder Probleme in den Transitländern, die zu Störungen der Lieferungen nach Deutschland/Europa führen.

3. Es gibt das Risiko einer Abhängigkeit von Russland. Und das ist sehr groß und wächst beständig. Denn zu den vergleichbar großen Lieferländern USA, Iran oder Kanada gibt es keine Gasleitungen oder es gibt politische Hemmnisse aufgrund von Sanktionsvereinbarungen. Zu kleineren nahe liegenden europäischen Gaslieferländern wie Norwegen oder Niederlande gibt es bereits Gasleitungen, aber ihre Gasquellen sind in absehbarer Zeit erschöpft. Solche Abhängigkeiten bergen die große Gefahr von Marktmissbrauch, sei es zur Durchsetzung von hohen Preisen oder zur Durchsetzung anderer Interessen.

Was heißt das für das eigene Handeln? Die Antwort lässt sich übersichtlich so zusammenfassen:

Punkt 1: Sehr geringe Ausfallrisiken ▸ wenig Handlungsbedarf

Punkt 2: Gewisse Störungsrisiken ▸ etwas Handlungsbedarf

Punkt 3: Große und wachsende Abhängigkeitsrisiken ▸ enormer Handlungsbedarf

Derlei könnte man mit entsprechenden Zahlen und Modellrechnungen sehr viel spezifischer und kleinteiliger berechnen. Aber für den Moment reicht dieses grobe Raster, denn wichtig ist nur das Prinzip. Und jetzt?

Problem erkannt, Gefahr gebannt, sagt ein deutsches Sprichwort. Das ist nicht ganz falsch. Denn hat man die Analyse erst mal geschafft, ist schon viel gewonnen. Man hat jedenfalls eine gute Basis, um daraus geeignete Schlüsse zu ziehen.

Allerdings kommen wir nun an einen Punkt der ökonomischen Realität, wo etwas auftritt, das ich das »Werkzeugkasten-Problem« nenne. Das tritt in dem Moment auf, an dem über die richtigen Maßnahmen zu entscheiden ist. Es entsteht gewissermaßen am Übergang von der Theorie zur Praxis, also an der Stelle, wo auf die Risikoanalyse eine Sammlung und Auswahl geeigneter Instrumente zur Risikoreduzierung folgt. Man kennt das Problem, muss nun aber erst mal überlegen, welche Handlungsmöglichkeiten man hat, was jede einzelne Handlung bedeuten würde, und dann entscheiden, welche man in Angriff nimmt. Das ist etwas, das wir tagtäglich mehr oder weniger unbewusst tun, beim morgendlichen Anziehen, beim Einkauf im Supermarkt, am Ticketschalter der U-Bahn, beim Kofferpacken vor einer Reise. Wir müssen die Möglichkeiten sondieren und uns dann für etwas entscheiden. Eine »Ich nehme alles«-Lösung ist meist nicht praktikabel oder extrem teuer.

Das Problematische am Werkzeugkasten-Problem ist, dass in dieser Phase Einflussfaktoren eine Rolle spielen, die mit der eigentlichen Herausforderung nichts zu tun haben. Zur Verdeutlichung möchte ich ein Beispiel bringen, das zugleich erklärt, warum ich dem Werkzeugkasten-Problem diesen Namen gegeben habe.

Man geht in den Keller, um Werkzeug zu holen, weil im Bad der Wasserhahn tropft. Doch statt mit Rohrzange und Dichtung kommt man mit Hammer und Schraubenzieher zurück. Die Zange hat man nicht gefunden, vielleicht ist sie hinters Kellerregal gefallen. Und für eine neue Dichtung hätte man zum Baumarkt fahren müssen, dafür ist gerade keine Zeit. Deswegen hat man Hammer und Schraubenzieher mitgebracht, weil, tja, weil an der Schranktür im Wohnzimmer eine Schraube locker ist, und, einen Hammer kann man ja irgendwie immer gebrauchen. Genau das ist das Werkzeugkasten-Problem.

Kollektives Nachdenken über Energiepolitik

Dieses Werkzeugkasten-Problem taucht in der deutschen Energiepolitik ziemlich massiv auf. Für unsere Versorgungssicherheit gibt es viele vernünftige Instrumente, um die bestehenden Risiken zu reduzieren. Das kollektive Nachdenken aber verheddert sich im Werkzeugkasten-Problem und verläuft deswegen etwa so:

Risiko 1: Unzuverlässigkeit des Hauptlieferanten.
Die Wahrscheinlichkeit, dass Russland den Vertrag bricht, ist gering, das können wir vorerst vernachlässigen. Aber wir sollten es im Blick behalten, man kann nie wissen. Russland war schließlich auch mal unser Feind.

Risiko 2: Störungen im Transit.
Stimmt, die gibt es ja dauernd. Echtes Problem. Fast jedes Jahr haben wir da Ärger. Die Ursachen sind leider komplex. Man müsste mal nachdenken, was man da tun könnte. Es stört durchaus.

Risiko 3: Hohes und wachsendes Abhängigkeitsrisiko.
Das ist wirklich dringlich. Stimmt. Da müsste man was tun. Nur was? Alternativen gibt es ja fast gar nicht. Russland hat einfach die meisten Gasvorkommen der Welt. Darauf sind wir angewiesen.

Idee 1: Der Iran wäre eine Alternative.
Theoretisch richtig. Aber die Sanktionen lassen das nicht zu. Man könnte darauf hoffen, dass das irgendwann ein Ende nimmt. Und natürlich sollte man da außenpolitisch im Gespräch bleiben. Sowieso, nicht nur wegen Gas.

Idee 2: Die USA sind eine Möglichkeit. Die sind immerhin der größte Erdgasproduzent der Welt.
Die USA? Das wäre ja noch schöner. Das hätten die gern, dass wir noch deren teures Gas kaufen! Außerdem machen die da Fracking. Da wird das Gas mit Chemie aus der Erde gepresst. Das ist eine ganz üble Methode. Das macht die Umwelt kaputt und die Leute krank. Nein, dann lieber Gas aus Russland. Das macht die Umwelt auch kaputt, aber anders.

Idee 3: Es gäbe noch mehr Alternativen, zum Beispiel Saudi-Arabien, Kanada, China, Australien, Katar, Algerien …
Aber die sind alle echt weit weg. Gasleitungen bis dorthin, das ist ja so gut wie unmöglich.

Zugegeben, es gäbe auch Liquid Natural Gas, kurz LNG, also verflüssigtes und gleichzeitig verdichtetes fossiles Erdgas, das man dann in großen Mengen per Schiff transportieren kann. Das klingt prinzipiell interessant, ich bin total technologieoffen. Atomkraft wäre super, nur sind wir Deutschen da leider völlig übertrieben ängstlich. Aber mit LNG haben wir noch gar keine Erfahrung. Schiffe voller Gas sind wirklich keine schöne Vorstellung, das sind ja schwimmende Bomben. Sicher, Öltanker schwimmen auch herum, stimmt. Aber wir reden ja jetzt von Gas. Und dafür braucht man spezielle Schiffsanleger, LNG-Terminals und Re-Gasifizierungsmöglichkeiten, die man in Deutschland erst bauen müsste. Ganz schön aufwendig. Das Geld muss man erst mal wieder einspielen. Aber man kann ja mal drüber nachdenken.

Das Ergebnis dieses kollektiven Denk- und Diskussionsprozesses war dann dies: Es wurde eine Ostsee-Pipeline gebaut, obwohl man damit Risiko 3, die Abhängigkeit, vergrößerte. Aber so wurde wenigstens Risiko 2, die unangenehmen Transitstörungen, in Angriff genommen (Schraubenzieher). Außerdem beteiligte man sich an Gasfeldern in Sibirien, verkaufte Beteiligungen an deutschen Speichern und Netzen und gründete deutsch-russische Freundschaftsvereine, um hinsichtlich Risiko 1 die Partnerschaft zu festigen (Hammer).

Die bedrohliche Abhängigkeit, Risiko 3, blieb dagegen unbeachtet und ungelöst. Weder wurden die für Wilhelmshaven geplanten LNG-Terminals gebaut (Zange) noch das in der EU zeitweilig favorisierte Nabucco-Projekt unterstützt, das eine Gas-Pipeline von der Türkei über Bulgarien, Rumänien und Ungarn bis nach Mitteleuropa vorsah (Dichtung).

Energiew… – die Lösung, über die keiner reden will

Ich würde das alles nicht in dieser Gründlichkeit erzählen, wenn solche Debatten Schnee von gestern wären. Aber leider verlaufen heute die Diskussionen ziemlich analog. »Heute« meint: nach dem 24. Februar 2022, dem Tag, als die russischen Truppen die Ukraine überfielen, und nach dem 31. August 2022, dem Tag, als Putin das Gas nach Deutschland abdrehte.

Wieder weigern wir uns, über die wirklichen Lösungen zu diskutieren, weil es zu anstrengend wäre oder weil etwas anderes gerade leichter geht oder weil uns Ideen fehlen, wie es gehen könnte. Wieder fällen wir Entscheidungen, die uns in neue Abhängigkeiten bringen. Wieder favorisieren wir Technologien, die das eigentliche Problem nicht nur nicht lösen, sondern die dafür sorgen, dass das Problem größer und größer wird.

Wir reden über den Bau von festen LNG-Terminals, die verstärkte Nutzung von Kohlekraftwerken, die Inbetriebnahme alter Ölheizungen, die verlängerte Nutzung stillgelegter Atomkraftwerke. Wir reden über Tankrabatte und Gaspreisdeckel. Wir reden ausschließlich über Technologie der Vergangenheit. Es ist zum Wahnsinnigwerden!

Aber was wäre denn die Lösung? Die Lösung heißt Energiew…

»Nein, Frau Kemfert, wir wollen nicht über Energiewende reden«, fiel mir der Talkshow-Moderator Frank Plasberg ins Wort. Es war die Sendung vom 21. März 2022. Die Energiekrise stand vor der Tür. Wir hatten noch sechs bis acht Monate Zeit, um nicht nur die leeren Gasspeicher zu füllen und provisorische LNG-Terminals zu bauen, um über den Winter zu kommen. Parallel dazu mussten wir anfangen, langfristig geeignete Maßnahmen zu ergreifen, um im übernächsten und überübernächsten Winter nicht wieder vor demselben Problem zu stehen – oder vor einem noch größeren Problem. Natürlich musste man da über die Energiewende reden. Aber ich schaffte es nicht einmal, das Wort zu Ende zu sprechen.

Das war kein Einzelfall. Es passiert nicht nur mir dauernd, sondern auch anderen. Egal, wer versucht, zu erklären, was aus wissenschaftlicher Perspektive jetzt zu tun ist, er oder sie wird genervt bis aggressiv abgewürgt – in nahezu allen Talkshows oder anderen öffentlichen Diskussionsformaten.

Dafür sei jetzt keine Zeit, ist die Botschaft. Als wäre die Energiewende Traumtänzerei oder ferne Zukunftsmusik, worüber man reden könne, wenn die Krise überstanden sei. Nein, Energiewende ist die einzig vernünftige Antwort auf die Krise und wäre eine sehr vernünftige Prävention vor der Krise gewesen!

Ich komme mir vor, wie sich eine Ärztin vorkommen muss, vor der ein übergewichtiger, alkoholkranker, kettenrauchender Manager steht, der gerade einen Herzinfarkt überlebt hat. Sobald die Ärztin zu reden beginnt, unterbricht er sie: Er habe keine Zeit, sich ihre Ratschläge zu gesunder Lebensweise anzuhören, er müsse ins Büro und brauche jetzt kurzfristig eine Maßnahme, die ihn wieder fit macht. Schnell die Bypass-OP, danach Zigarette an, Cognacschwenker in die Hand und rasch ins nächste Meeting. Kann man so machen, ist halt bescheuert.

Vor 15 Jahren habe ich solch ein Verhalten noch achselzuckend hingenommen. Heute widerspreche ich vehement. Der Unterschied zwischen heute und damals?

Damals war der Manager, um im Bild zu bleiben, noch 20 Jahre jünger und schlank. Er rauchte und trank zwar damals schon mehr, als gesund war, aber immerhin hatte er sich im Fitnessstudio angemeldet und neue Turnschuhe gekauft, um mindestens dreimal die Woche durch den Wald zu joggen. Damals hatte der Manager keinen Herzinfarkt, sondern nur eine Magenschleimhautentzündung. Deswegen hatte damals die Ärztin nur deutlich gemahnt, dass Rauchen und Trinken gesundheitsschädlich sei und zu Abhängigkeiten führen könne, aber vordringlich gelobt und ermutigt, das Fitnessstudio und die Turnschuhe intensiv zu nutzen. Natürlich hatte sie auch zu gesunder Ernährung, ausreichend Schlaf und irgendeinem schönen Hobby als Ausgleich geraten. Am Ende war der Manager mit einer Schachtel Pillen gegen die verstärkte Bildung von Magensäure aus der Praxis gegangen.

Anders gesagt: Vor 15 Jahren war es tatsächlich noch sinnvoll, auf Gas als »Brückentechnologie« zu setzen, weil es gute Gründe gab, sich erst mal und vordringlich von der Kohlenutzung zu verabschieden. Gas war im Vergleich dazu das deutlich geringere Übel. Insofern war es durchaus richtig, für die nächsten zwanzig Jahre mit einem erhöhten Gasverbrauch zu rechnen und diesen Bedarf durch entsprechende langfristige Verträge abzusichern. Vor 15 Jahren hätte sich der Bau von LNG-Terminals noch gelohnt, weil man damals die jahrzehntelange Nutzungsdauer noch weitestgehend hätte ausschöpfen können. Das ist heute anders. Genauso wäre damals die Verlängerung der Laufzeit von Atomkraftwerken noch sinnvoll gewesen, allerdings nur, wenn man im Gegenzug schneller aus der Kohlekraft ausgestiegen wäre und vor allem – und das ist das Wichtigste! – die erneuerbaren Energien sofort, mit aller Kraft, vordringlich und konsequent ausgebaut hätte.

Aber heute sind solche Maßnahmen absolut nicht sinnvoll – bis auf den Teil mit den erneuerbaren Energien. Das ist heute umso dringlicher, gerade weil ausgerechnet der richtige und »gesunde« Teil der Lösung ausgebremst wurde. Die Turnschuhe wurden weggeworfen, statt sie zu nutzen.

Energieminister Robert Habeck – der sich nicht »Energieminister« nennt, sondern »Bundesminister für Wirtschaft und Klima«, ist in Wahrheit gerade nichts anderes als der Chef eines Energieministeriums – wie ich es seit zwei Jahrzehnten immer wieder gefordert habe. Heutzutage muss er aufgrund unserer extremen Gasabhängigkeit nach Katar oder nach Kanada reisen, um potenzielle Gaslieferanten davon zu überzeugen, mit deutschen Unternehmen Gaslieferverträge abzuschließen. Und leider ist er gezwungen, selbst vor Autokraten den Kotau zu machen, damit diese uns in unserer Not nicht desaströse Bedingungen aufbürden, etwa überteuerte Preise oder endlos lange Vertragslaufzeiten, die unsere Wirtschaft auf andere Weise in die Knie zwingen würden.

Im Grunde laufen wir herum wie ein Junkie, dem seine Droge abhandengekommen ist, weil sein bisheriger Drogenhändler dummerweise Amok läuft und deswegen nicht mehr geschäftsfähig ist. Jetzt gilt es, übergangsweise irgendwo Ersatz zu finden. Aber eigentlich steht der Entzug an. Am besten wäre Methadon, das uns ein wohlgesinnter Arzt spritzt, der uns dabei helfen möchte, wieder »clean« zu werden. Aber leider sind die meisten Gaslieferanten in der Welt fiese Autokraten, die gar kein Interesse daran haben, dass wir unsere fossile Abhängigkeit aufgeben.

Wer jetzt darüber jubelt, dass Energieminister Habeck über seinen Schatten springen muss und »endlich auch mal« fossile Energien kauft, die er doch früher so verteufelt hat, hat wirklich den Schuss nicht gehört: Das fossile Zeitalter ist zu Ende. Nur haben wir leider immer noch nicht die fossilfreie Infrastruktur, die wir eigentlich bräuchten. Dabei ist der Schuss von 2022 so viel lauter als jeder andere zuvor.

Dies ist kein Warnschuss mehr. Dieser Schuss richtet sich nicht nur gegen die Ukraine, sondern gegen den gesamten demokratischen Westen. Er richtet sich auch gegen uns. Er soll *uns* treffen, er soll *uns* verletzen und er zielt auf *unsere* gesamte Existenz.

All das war 2006 noch völlig anders.

Bedrohung Klimakatastrophe – Vorreiter Deutschland

In den Jahren 2006 und 2007 war Deutschland auf dem Weg, eine ökologische Transformation zu durchlaufen und als Technologiepionier anderen Nationen den Weg in eine Zukunft mit erneuerbaren Energien zu ebnen. Jedenfalls sah alles danach aus.

Schon 2004 hatte der damalige Kanzler Gerhard Schröder im erstmals veröffentlichten Fortschrittsbericht der Bundesregierung erklärt, dass der Ausbau erneuerbarer Energien jetzt eine entscheidende Rolle spiele: »In den letzten Jahren wurden hier Beispiel gebende Erfolge erzielt.« Im internationalen Vergleich habe Deutschland eine allgemein anerkannte Vorreiterrolle übernommen. Insbesondere die Novelle des Erneuerbare-Energien-Gesetzes (EEG) solle dafür sorgen, dass sich diese Entwicklung fortsetzte. »Die Bundesregierung setzt dabei neben einer deutlichen Steigerung der Energieeffizienz auf einen verstärkten Ausbau erneuerbarer Energien.«

Vorausgegangen war zwei Jahre zuvor auf Einladung Deutschlands eine Internationale Konferenz für erneuerbare Energien, die »Renewables 2004«, in Bonn. Hier war neben der typischen politischen (Willens-)Erklärung auch ein internationaler »Aktionsplan« verabschiedet worden: Dieser Plan enthielt 200 konkrete Aktionen und Verpflichtungen von Regierungen, internationalen Organisationen, Wirtschaft und Verbänden auf der ganzen Welt. Natürlich waren auch mehrere Aktionen der Bundesregierung darunter. Außerdem wurden Leitlinien für eine gute Energiepolitik beschlossen. Die Konferenz habe, berichtete Schröder stolz, »der Dynamik der weltweiten Entwicklung und dem Ausbau erneuerbarer Energien neue Impulse gegeben«.

Besonderes Augenmerk legte die deutsche Regierung auf die künftige Entwicklung der Industrie und konnte beruhigt feststellen, dass »die deutsche Industrie – und insbesondere die Automobilindustrie und der Anlagenbau – seit Jahren aktiv an der Forschung und Entwicklung alternativer Konzepte für den Verkehr beteiligt« sei und sich »eine weltweit führende Position« erworben habe.

Im Mittelpunkt der Aufmerksamkeit stand ein viertes Risiko, das sehr viel größer war als die anderen drei oben beschriebenen Risiken zusammen. Dieses vierte Risiko zeichnete sich damals nicht länger nur vage am fernen Horizont ab, sondern rollte bereits mit großer und an Sicherheit grenzender Wahrscheinlichkeit auf uns zu.

Es war die drohende Klimakatastrophe.

Seit dem dritten IPCC-Bericht im Jahr 2001 lag offen zutage, wie ernst die Lage war und wie dringend die Menschheit darauf reagieren musste. Die Menschheit, das meinte in diesem Fall vor allem die besonders emissionsstarken Industrienationen. Also stand auch Deutschland in der Verantwortung, die gefährlichen Treibhausgase nicht länger in die Atmosphäre zu emittieren. Die Erderwärmung war bereits fortgeschritten. Jedes weitere Zehntelgrad mehr würde eklatante Auswirkungen haben. Es bestand (und besteht bis heute) größter und akuter Handlungsbedarf!

Diese Erkenntnis warf viele Fragen auf: Was sollte man tun? Wie viel Geld musste man bereitstellen, um sich zu schützen? Welche Schäden würden durch die Erderwärmung entstehen? Wie teuer würden die Folgen des Klimawandels ausfallen? Und was musste man investieren, um diese Kosten abzuwenden?

Zum Glück war damals noch ausreichend Zeit, um in angemessenem Tempo Handlungsmöglichkeiten zu sammeln und abzuwägen, ohne Gefahr zu laufen, dass man sich unter Zeitdruck im Werkzeugkasten-Problem verhedderte.

Die Wissenschaft ist gefragt: Wie teuer wird's?

Im Juli 2005 beauftragte die britische Regierung den Wissenschaftler Sir Nicholas Stern, die volkswirtschaftlichen Auswirkungen des Klimawandels zu berechnen – für Großbritannien und die ganze Welt. Stern war über zwanzig Jahre als Professor der Volkswirtschaftslehre an verschiedenen Universitäten tätig, Mitte der 1990er Jahre Chefökonom der Europäischen Bank für Wiederaufbau und Entwicklung und von 2000 bis 2003 Chefökonom der Weltbank gewesen. Bewusst beauftragten der damalige Premierminister Tony Blair und der Schatzkanzler der britischen Regierung, Gordon Brown, nicht irgendwen, sondern einen ausgewiesenen

Ökonomen. Sie wollten es wirklich wissen, und sie wollten eine Antwort, die niemand mit leichter Hand vom Tisch wischen konnte.

Stern scharte ein Team von gut zwei Dutzend Wissenschaftler:innen um sich, die wiederum Gespräche mit volkswirtschaftlichen Instituten rund um den Globus führten. Stern wollte möglichst aktuelles und möglichst umfassendes Datenmaterial aus der ganzen Welt verarbeiten.

Bereits 1997 an der Stanford University und später im Rahmen verschiedener Forschungsprojekte im Team haben wir Simulationsmodelle entwickelt, welche die Wechselwirkungen von Weltwirtschaft und Klimawirkungen miteinander verzahnten. So konnten nicht nur Wirkungen der Entwicklungen einzelner Volkswirtschaften, sondern vor allem die globalen Handelsbeziehungen einbezogen werden. Deutschland zum Beispiel ist in hohem Maße ein Exportland und damit sehr stark von den Märkten in anderen Ländern abhängig. Entwicklungen anderer Länder in der Welt können dadurch auch die Wirtschaft in Deutschland und Europa beeinflussen. Das Modell simuliert die Volkswirtschaften der ganzen Welt, und zwar über einen Zeitraum von bis zu hundert Jahren – derart lange Zeiträume müssen bei Klimamodellierungen einbezogen werden, um Rückschlüsse auf heutige Entwicklungen ziehen zu können. Auf diese Weise entwickeln wir über die Auswirkungen des Klimawandels jeweils eigene Szenarien für Afrika, Asien, Europa, Japan, Lateinamerika, den Nahen Osten und die USA. Erste Modellversionen, damals an der Universität Oldenburg, entstanden übrigens in einem gemeinsamen Forschungsprojekt, an dem auch Klaus Hasselmann beteiligt war, der im Jahr 2021 den Physik-Nobelpreis verliehen bekam. Ohne seine mathematischen Vereinfachungen der Klimamodellierung wäre eine vergleichsweise leichte Kopplung verschiedenster Modellansätze nicht möglich gewesen.

Im Oktober 2004 hatten wir unsere Studienergebnisse erstmals im *DIW-Wochenbericht* veröffentlicht. Auf diese Weise wurde unsere Arbeit einer größeren Öffentlichkeit bekannt und so wurde auch Lord Stern auf uns aufmerksam. Zusammen mit seinem Team besuchte er uns in Berlin. So wurden wir Teil des globalen Forschungsnetzwerks und auch unsere Forschungserkenntnisse flossen in Sterns Analysen ein.

Am 30. Oktober 2006 veröffentlichte Stern seine Ergebnisse in einem 700 Seiten starken Bericht. Sein Fazit: Der Klimawandel wird global erhebliche volkswirtschaftliche Kosten verursachen, bis zum Jahre 2100 zwischen 5 und 20 Prozent des Bruttosozialprodukts. Das heißt, schlimmstenfalls würde ein Fünftel des Welteinkommens, ein Fünftel dessen, was in der Welt insgesamt verdient wird, in den hundert Jahren gebraucht, um die Folgekosten des Klimawandels zu bezahlen.

Sterns Szenario, das sich bereits wenige Jahre später als zu vorsichtig erwies, bedeutete, dass der Klimawandel die weltweiten Volkswirtschaften in eine heftige Depression führt – und zwar nicht erst in ferner Zukunft. Schon die nächste Generation, die damaligen Kinder und Jugendlichen, würde das alles erleben. Diese Generation ist jetzt gut 15 Jahre älter, und in der Tat erleben wir die Auswirkungen der Klimakatastrophe immer stärker – genau wie die Kosten.

Der britische Premierminister Tony Blair erklärte den 700-Seiten-Bericht zum »Weckruf für jedes Land der Welt«. Es sei die wichtigste Studie, die er in seiner gesamten Amtszeit gelesen habe. Der damalige Bundesumweltminister Sigmar Gabriel forderte in einem Memorandum zur ökologischen Industriepolitik einen »New Deal« von Wirtschaft, Umwelt und Beschäftigung. Auch aus vielen anderen Ländern kamen erschrockene, aber entschlossene Reaktionen.

Besonders überraschend war, dass Nicholas Stern, der bislang in keiner Weise als fundamentaler Kritiker der freien Marktwirtschaft aufgetreten war, sondern eher zu den Stützen der westlichen Finanz- und Wirtschaftswelt zählte, explizit von einem Versagen des Marktes sprach: »Der Klimawandel ist der größte Fall von Marktversagen, den die Welt je gesehen hat, und er steht in Wechselwirkung mit anderen Defiziten des Marktes.«

Er forderte deswegen als wirksame globale Antwort drei politische Interventionen: 1. Treibhausgase müssten durch Emissionszertifikate einen Preis bekommen, mittels Steuern, Handel oder sonstiger Regulierung. 2. Innovation und der Einsatz kohlenstoffarmer Energietechnologien müssten politisch gefördert werden. Und 3. müssten Maßnahmen ergriffen werden, um Energie effizient zu nutzen, und alle Bürger:innen sollten darüber aufgeklärt werden, was sie zur Bewältigung des Klimawandels tun können. Die Interventionen waren nicht als Alternativen gemeint. Sie sollten alle drei gleichzeitig in Angriff genommen werden. Daran ließ der Ökonom keinen Zweifel.

Aber Stern sprach auch von Chancen und Nutzen bei der Bewältigung des Klimawandels. Denn Klimaschutzmaßnahmen, so rechnete er vor, erzeugten nicht nur Kosten, also direkte Ausgaben des Staats, Kosten der Allgemeinheit durch Umlagen auf den Strompreis, Investitionen beim Endverbraucher, sondern Klimaschutz führe auch zu langfristigen Entlastungen, Einnahmen und Gewinnchancen. Ohne klimapolitische Maßnahmen würden beispielsweise die Energiekosten steigen. Das würde man durch Klimaschutz sparen. Man müsste auch weniger Energie importieren, weil erneuerbare Energien heimisch hergestellt würden. Die westliche Wirtschaft hätte Vorteile, je früher sie auf innovative Technologien zur Erzeugung erneuerbarer Energien setzte. Denn die ließe sich dann in andere Länder exportieren.

Sterns Quintessenz: Aus der Differenz zwischen den zu erwartenden Kosten und den zu erwartenden Nutzen ergäben sich die Nettokosten beziehungsweise der Nettonutzen. Im Klartext: Konsequenter Klimaschutz kostet weniger als die Klimakatastrophe, die er verhindert.

3 000 000 000 000 Euro für die Klima-Katastrophe

Ein halbes Jahr nach dem Stern-Bericht veröffentlichten auch wir im *DIW-Wochenbericht* 2007 unsere noch mal aktualisierten und auf Deutschland bezogenen Ergebnisse. Die DIW-Pressestelle erwartete größeres Interesse, deswegen hatte sie am Erscheinungstag zu einer Pressekonferenz eingeladen.

Am 14. März 2007 erlebte ich meine erste Pressekonferenz – und es war der Bär los. Unsere Pressesprecherin hatte einen kleinen Raum im Haus der Bundespressekonferenz gemietet, der für vielleicht 40 Leute ausgelegt war. Das war die maximal zu erwartende Zahl an Journalist:innen, die sich üblicherweise für DIW-Themen interessierten. Aber es kamen viel mehr. Die Leute drängelten sich in den Raum; manche mussten vom Flur aus zuhören. Es gab verschiedene Live-Schalten. Das habe ich so nie wieder erlebt.

So viele Menschen interessieren sich für Klimathemen? Das hatte ich nicht erwartet, die DIW-Pressesprecherin übrigens auch nicht. Es war eine besondere Erfahrung. Ich war überrascht, wie diszipliniert alle waren. Noch während wir in den Raum kamen, sprangen die Fotografen um uns herum, um ihre Bilder zu machen. Aber sobald ich anfing zu reden, war totale Ruhe im Raum, alle hörten konzentriert zu und machten sich Notizen. Es ging auf die Minute pünktlich los und war nach einer knappen Dreiviertelstunde auch schon wieder vorbei. Viele Fragen wurden gestellt, vor allem danach, warum der Klimawandel Kosten verursache, was genau passieren würde und welche Schäden zu erwarten seien. Es gab viele interessierte Fragen. Ich kam aus dem Staunen nicht heraus. Manche hatten sich sogar schon früher auf den Rückweg gemacht, und keine zwei Stunden später waren bereits die ersten Artikel online.

In fast allen Headlines fand sich die Zahl »800 Milliarden«. Das waren die Kosten des Klimawandels, die wir für Deutschland bis zum Jahr 2050 errechnet hatten. Nur der *Spiegel* hatte sich entschieden, eine noch größere Zahl zu wählen und schrieb sie in Ziffern voll aus: »3 000 000 000 000 Euro zahlen Deutsche für die Klima-Katastrophe«. Die Zahl stimmte. Auf drei Billionen Euro summierten sich die Kosten des Klimawandels bis zum Jahr 2100 – falls wir nichts dagegen unternähmen. Der Nachsatz war wichtig. Denn natürlich gingen wir davon aus, dass Deutschland sofort zur Tat schreiten würde, wenn die Zahlen so glasklar auf dem Tisch lägen.

Die letzte Flutkatastrophe, die ganz Mittel- und Osteuropa getroffen hatte, lag damals erst wenige Jahre zurück. Im Jahr 2002 hatten starke Überschwemmungen von Donau und Elbe auch den Osten und Süden Deutschlands betroffen. Dieses »Jahrtausendhochwasser« wusste der damalige Kanzler Schröder geschickt mit Fotos in Gummistiefeln für seinen Wahlkampf auszuschöpfen. Es nutzte seiner Wiederwahl. Dem Klimaschutz nutzte es nichts. Der Preis der Schäden 2002: rund 9,2 Milliarden Euro.

Keine zwanzig Jahre später, im Sommer 2021, haben wir alle erlebt, dass es nicht die letzte Jahrhundertflut war. Die Flutkatastrophe hat Schäden allein an der Infrastruktur von Rheinland-Pfalz von bis zu 6 Milliarden Euro verursacht. In Nordrhein-Westfalen entstand ein Gesamtschaden von geschätzt 13,7 Milliarden Euro. Es wurde ein staatliches Soforthilfepaket von 400 Millionen und darauf ein Hilfsfonds für Reparatur und Wiederaufbau von 30 Milliarden Euro eingerichtet. Die tatsächlichen Kosten werden wir erst in ein paar Jahren beziffern können, sie werden sicherlich deutlich über diesen Beträgen liegen.

Die Waldbrände in Sachsen, im Harz oder in Brandenburg, die Hitzewellen im Sommer lassen uns zunehmend erleben, was wir damals am Computer abstrakt modelliert haben. Dabei waren wir damals in manchen Details viel zu defensiv in unseren Annahmen. So sind wir zum Beispiel von viel geringeren Klimawirkungen ausgegangen, als wir sie heute erleben. Die Klimamodelle werden ohnehin immer präziser – und zeigen immer besorgniserregendere Erkenntnisse.

Wir wissen nicht, wann und wo wir die nächste Überflutung erleben; aber wir wissen, dass wir sie mit sehr großer Wahrscheinlichkeit erleben. Auch die Hitzephasen, die langen Dürren und die daraus folgenden Waldbrände werden zunehmend zur Belastung. 2022 war in ganz Europa ein verheerendes Waldbrandjahr. Bis Mitte September wurden laut EU-Waldbrandinformationssystem EFFIS 758 333 Hektar Wald durch Feuer beschädigt. Das ist dreimal so viel wie der Durchschnitt der letzten 15 Jahre. In Deutschland beläuft sich die Waldbrandfläche auf knapp 4300 Hektar. Ein Brandenburger Kreisbrandmeister sieht in einem rbb-Beitrag nicht nur wachsende Gefahren für den Wald, sondern auch für die anliegenden Wohnsiedlungen: »Die Frage ist nicht ob, sondern wann die ersten Häuser verbrennen.«

Das alles kostet Geld und summiert sich über die Jahre zu den Billionensummen durch die Klimakatastrophe.

Klimaschutz spart 540 000 000 000 Euro

Allerdings, und das ist wichtig, hatten auch wir 2006 nicht nur die Kosten des Klimawandels modelliert, sondern obendrein ausgerechnet, was ein umfassender Klimaschutz, also die Maßnahmen zur Vermeidung des Klimawandels, kosten würde. Es war schließlich klar, dass sich der Klimawandel bremsen ließe, wenn es gelänge, das Energiesystem schnellstmöglich zu »dekarbonisieren«, also umzustellen von emissionsintensiven fossilen Energien auf emissionsarme erneuerbare Energien. Solch ein

Umbau des kompletten Energiesystems wäre natürlich nicht zum Nulltarif zu haben.

Deswegen war die Frage: Würde sich der Umbau lohnen? Oder war es ökonomisch ein Nullsummenspiel? Oder zahlte man vielleicht sogar mehr, als man selbst im schlimmsten Fall verlor? Wie beim Businessplan für ein Start-up-Unternehmen kalkulierten wir quasi den Break-even-Punkt der Energiewende.

Wir simulieren dabei die volkswirtschaftliche Entwicklung, wenn bestimmte Treibhausgasemissionsreduktionen erreicht werden müssen. Das bedeutet, es wird in emissionsarme Technologien wie erneuerbare Energien, ins Energiesparen investiert. Es geht somit um alle Investitionskosten, die für den Ausstieg aus den fossilen Energien und den Umbau der gesamten Infrastruktur auf erneuerbare Energien notwendig sind. Dazu gehörten beispielsweise Investitionen in neue Technologien, Forschung und Entwicklung und neue Infrastrukturen. Auf der anderen Seite wurden auch Produktionsrückgänge von fossilen Energiesektoren berücksichtigt, also der Strukturwandel abgebildet.

Das Ergebnis war kein Pappenstiel: Bis 2050 mussten rund 260 Milliarden Euro ausgegeben werden, also 6 Milliarden Euro pro Jahr. Aber was viel klang, war vergleichsweise wenig. Denn wenn man die Kosten des einen mit den Kosten des anderen verglich, war für Deutschland das Ergebnis eindeutig: »Die Kosten des Klimaschutzes sind deutlich geringer als die Kosten des Klimawandels.«

Diese Erkenntnis war eine wirklich gute Nachricht. Denn sie galt global, aber eben auch für Deutschland allein. Es wäre ebenso vorstellbar gewesen, dass wir hohe Kosten für den Klimaschutz haben, aber vom Klimawandel nicht so betroffen sind. Das dachten ja viele – und denken manche immer noch. Aber inzwischen begreifen immer mehr, dass die Warnungen von damals heute Realität werden.

»Klimaschutz erwirtschaftet 540 000 000 000 Euro für Schule und Kino« wäre also auch eine durchaus zutreffende *Spiegel*-Schlagzeile gewesen. Denn 800 Milliarden minus 260 Milliarden ergaben 540 Milliarden. Eine halbe Billion gespart hieß, eine halbe Billion für anderes ausgeben können – für Gesundheit, für Bildung, für Soziales, für Kultur oder einfach für schöne Dinge.

»Wir benötigen nichts Geringeres als eine Energierevolution«, zitierte mich die Nachrichtenagentur Reuters. Ich dachte dabei nicht an Waffen, Kanonen und Menschen, die mit Gewalt die Parlamente stürmen. Ich dachte an eine umfassende friedliche Transformation unseres Energie- und Wirtschaftssystems. Und ich war genau wie alle Kolleg:innen aus dem Stern-Forschungsteam in der ganzen Welt sicher, dass diese Revolution jetzt überall in Gang kommen würde. Denn die Zeichen deuteten in der gesamten westlichen Welt auf eine große Entschlossenheit.

Ein Triumphzug der Wissenschaft, oder?

Im März 2007 wurde ich in die zuvor bereits erwähnte High Level Group der EU-Kommission unter José Manuel Barroso berufen. Die Kommission wollte mit diesem Team von elf europäischen Spitzenforschern den Wettbewerb im Energiemarkt verbessern, indem die Netze von der Produktion getrennt werden. Der Ausbau erneuerbarer Energien in Europa sollte stark erhöht werden; die Energieimporte sollten reduziert, die Anbieterländer diversifiziert und die Ausgestaltung des europäischen Emissionshandels verbessert werden.

Tatsächlich präsentierte Barroso dann später, im Jahr 2009, ein Strategiepapier, in dem er seine Prioritäten für den Fall einer zweiten fünfjährigen Amtszeit darlegt. Energie stand ganz oben auf seiner Agenda: »Wir müssen jetzt damit beginnen, einen radikalen Weg einzuschlagen, um bis 2020 ein weitaus nachhaltigeres Europa zu erreichen.« Die nächste Kommission müsse die Dynamik in Richtung einer emissionsarmen Wirtschaft aufrechterhalten und insbesondere unsere Stromversorgung und den Verkehrssektor dekarbonisieren – den gesamten Verkehr, einschließlich des Seeverkehrs und der Luftfahrt, sowie die Entwicklung sauberer und elektrischer Autos, hieß es in dem Dokument.

Am Ende wurde er nicht nur von den 27 Staats- und Regierungschefs der EU, sondern auch vom europäischen Parlament, die alle stets einen grüneren Ansatz verfolgt hatten, im Amt bestätigt. Das war wirklich eine gute Nachricht, denn Barroso hatte ganz offensichtlich auch die Zusammenhänge von Klimaschutz und Außen- sowie Wirtschaftspolitik verstanden: Die Senkung der Kohlenstoffemissionen, erklärte er in seinem Programm, hätte den zusätzlichen Vorteil, die Abhängigkeit von teuren Öl- und Gasimporten zu verringern, und könnte Arbeitsplätze schaffen, wenn europäische Unternehmen ihren Vorsprung nutzen würden.

Da hatte jemand offensichtlich der Wissenschaft zugehört.

Schon zuvor, im August 2007, war Angela Merkel, die als »Klimakanzlerin« gefeiert wurde, zusammen mit ihrem Umweltminister nach Grönland gereist. »Hier wird der Klimawandel sichtbar, ja fassbar«, begründete Merkel ihre Reise. »Wir müssen vorangehen, um aufzuhalten, was die Menschheit zur Erderwärmung beiträgt.«

Im roten Anorak der Seenot-Rettungsgesellschaft ließen sich die CDU-Chefin und der SPD-Politiker vor dem schmelzenden Grönlandeis fotografieren. Merkel trug eine grüne Mappe bei sich, in der das Potsdam-Institut für Klimafolgenforschung ihr die jüngsten wissenschaftlichen Daten zusammengestellt hatte. Die politische Missionsfahrt begleitet von wissenschaftlichen Fakten – es klang wie ein Traum.

Auch die Bundesregierung verkündete im September 2007 eine vielversprechende Botschaft nach ihrer Kabinettssitzung in Merseburg: »Deutschland will Vorreiter beim Klimaschutz werden.« Ein anspruchsvoller Klimaschutz sei wirtschaftlich tragbar. Das jährliche weltweite Wirtschaftswachstum verringere sich dadurch um lediglich 0,1 Prozent. »Die Kosten für einen frühzeitigen Klimaschutz fallen deutlich geringer aus als die durch einen ungebremsten Klimawandel verursachten Schäden.«

Es war wie ein Triumphzug der Wissenschaft.

Und noch jemand hatte die Botschaft der Wissenschaft vernommen, dass der Abschied von fossilen Energien nicht nur ein Umwelt- und Klimathema sowie ein außen- und ein wirtschaftspolitisches Thema war, sondern auch ein Projekt für globalen Frieden. Das Norwegische Nobelkomitee verlieh den Friedensnobelpreis 2007 an das Wissenschaftsteam des IPCC zusammen mit dem US-amerikanischen Politiker Al Gore, der sich ebenfalls für das Thema Klimawandel engagierte.

Es gab wirklich sehr viel Anlass zu Optimismus. Die Bedeutung des Wortes »Klimawandel« kam in den Köpfen der Menschen an. Und die

Erkenntnisse der Wissenschaft fanden Gehör in der Politik – auf allerhöchster Ebene.

Was für ein Fest!

Doch bald darauf folgte die Ernüchterung. Die Party dauerte nicht lang. Irgendjemand hatte die Musik abgedreht.

KAPITEL 6

KLIMAKANZLERIN MERKEL UND DIE SPD

Kein Interesse am fossilen Ausstieg?

Obwohl Angela Merkel großes Interesse an Wissenschaft hatte und sich als Klimakanzlerin präsentierte, hat sie die sicherheitsrelevanten Energiegeschäfte der deutschen Industrie als »privatwirtschaftliche Projekte« verharmlost und unterstützt, ebenso wie die SPD. Die Motive dieser folgenschweren Fehlentscheidungen bedürfen einer Aufklärung.

Merkels Wissenschafts-Ader

Angela Merkel bin ich nur wenige Male in meinem Leben persönlich begegnet. Das erste Mal ist lange her. Sie war damals CDU-Partei- und Unions-Fraktionsvorsitzende. Niemand ahnte, dass sie kurz darauf zur Kanzlerin gewählt und dieses Amt 16 Jahre innehaben würde.

Ich war im April 2004 gleichzeitig an die Humboldt-Universität zu Berlin und ans DIW berufen worden. Das weckte ungewöhnlich großes Interesse in der Öffentlichkeit. »Rücke vor auf C4«, überschrieb der *Spiegel* ein Porträt über mich.

C4 war damals die höchste Stufe in der Bundesbesoldungsordnung für wissenschaftliche Beamte an deutschen Hochschulen, also auch für eine »ordentliche Professorin«. Finanziell war das weniger aufregend, als es klingt. Je nach Bundesland lag das Gehalt deutlich unter dem, was in der freien Wirtschaft manchen Hochschulabsolventen als Einstiegsgehalt gezahlt wurde. Die Sensation an meiner Berufung war also nicht, dass ich jetzt furchtbar viel Geld verdiente.

Die Sensation lag darin, dass ich als »junge Frau« auf den Posten einer ordentlichen Professorin vorrückte, und zwar ermöglicht durch eine neue Hochschulordnung, die von der rot-grünen Regierung erst wenige Jahre zuvor geschaffen worden war. Ende der 1990er Jahre hatte man nämlich festgestellt, dass der Nachwuchs für deutsche Lehrstühle deutlich älter ist als in vergleichbaren Nationen – und dass der Anteil der Professorinnen verschwindend gering ist. Als Ursache dafür, dass das Erstberufungsalter bei 42 Jahren lag, wurde die langwierige Habilitationsprozedur ausgemacht, die in der Regel sechs Jahre beanspruchte und im Ausland völlig unüblich war. Also entwickelte das Bundesforschungsministerium eine zeitlich straffere Regelung, genannt »Juniorprofessur«. Man muss sich das vorstellen wie die Verkürzung der Schulzeit bis zum Abitur von 13 auf 12 Jahre. Es wird nicht leichter, aber komprimierter.

Dass nun als Deutschlands allererste und jüngste Juniorprofessorin eine 35-jährige Wissenschaftlerin »auf C4« vorrückte, bestätigte alle Hoffnungen von Bundesbildungsministerin Edelgard Bulmahn für ihre Reform. Ich hätte die Chance genutzt, zu zeigen, was in mir stecke, und wurde gefeiert als »relativ junge Professorin mit guten Chancen auf dem hart umkämpften internationalen ›Markt der klugen Köpfe‹«. Ein Ziel der Reform war es nämlich, auch zu verhindern, dass hochkarätige Wissenschaftler:innen ins Ausland abwanderten.

Aber nicht alle freuten sich über diesen Erfolg. Prinzipiell werden Frauen, die in männliche Domänen vordringen, selten mit Kusshand oder Konfetti begrüßt. Aber in diesem Fall ging es nicht um mich als Frau, sondern um die neue Hochschulregelung an sich. Drei unionsregierte Bundesländer hatten gegen das SPD-Gesetz Klage eingereicht; es handele sich um einen verfassungswidrigen Eingriff in die Länderhoheit.

Vor dem Hintergrund solcher auch innerhalb der Union teilweise erbittert geführten Debatten organisierte die CDU-Bundestagsfraktion eine Informationsveranstaltung, zu der ich eingeladen wurde. Ich sollte aus der Perspektive der Wissenschaft schildern, welche Vorteile, aber auch Nachteile Juniorprofessuren an den Universitäten haben. Bei dieser Gelegenheit lernte ich Angela Merkel kennen. Sie war extrem aufgeschlossen gegenüber allen wissenschaftlichen Themen– sowohl was die Inhalte meiner Arbeit als auch die allgemeinen Arbeitsbedingungen in der Forschung angeht. Ich war damals zum ersten Mal im Bundestag und hätte gern mehr über diese mir damals noch völlig fremde Welt erfahren. Aber an jenem Tag wurde ich von den vielen interessierten Bundestagsabgeordneten mit Fragen zum Wissenschaftsbetrieb gelöchert.

Das ist mir sehr positiv in Erinnerung geblieben, vor allem Merkels »Wissenschafts-Ader«. Als Kanzlerin hat sie immer wieder gezeigt, dass sie sich im Innersten dem wissenschaftlichen Wertekodex verbunden fühlt und auch komplizierten Themen gern auf den Grund geht. In ihrer Fernsehansprache zu Beginn der Corona-Pandemie haben wir alle erlebt, wie sie, statt eine pathetische »Halten Sie durch«-Rede zu schwingen, der Bevölkerung lieber sachlich erklärte, was ein exponentielles Wachstum ist und warum wir bitte eine Weile unsere Kontakte reduzieren sollten. Sie stellte sich ganz nüchtern in den Dienst der Aufklärung und verlangte auch von uns Einsicht bei wissenschaftlichen Fakten: »Es ist ernst. Nehmen Sie es ernst.« Als ihr engster Vertrauter galt Helge Braun, der am Ende ihr Kanzleramtschef war. Braun ist Mediziner, was die *FAZ* veranlasste, zu schreiben: »Wie Merkel wird auch ihm das Denken auf wissenschaftlicher Grundlage attestiert.«

Sie hatte zugehört und verstanden

Umso mehr fragte ich mich all die Jahre, warum in Merkels Regierungszeit so viele energiepolitische Entscheidungen gefällt wurden, die fern jeglicher wissenschaftlichen Erkenntnisse waren. Erst recht, da sie doch zu Beginn ihrer ersten Amtszeit als Klimakanzlerin deutlich signalisiert hatte, dass sie zugehört und verstanden hatte. Zweifelsfrei wusste sie, dass mit der Klimakatastrophe eine gigantische Bedrohung auf uns zurollte, wenn wir nicht rechtzeitig entsprechende Maßnahmen ergriffen.

Schon 1997 hatte sie als Umweltministerin selbst ein Buch geschrieben, in dem sie mehr Klimaschutz als Frage des Überlebens anmahnte. Schon der Titel *Der Preis des Überlebens* bewies, dass sie sich der Dramatik, aber auch der ökonomischen Dimension des Themas frühzeitig bewusst war.

In dem Buch findet sich auch ein Gespräch mit Hubert Markl, dem damaligen Präsidenten der Max-Planck-Gesellschaft, über die Bepreisung des klimaschädlichen CO_2. Schweden hatte bereits 1991 eine CO_2-Steuer eingeführt. Was hinderte sie, schnell einen wirkungsvollen Emissionspreis einzuführen? Und warum wurde er dann so wenig zielgerichtet eingeführt, dass er zunächst lange gar keine Wirkung entfalten konnte?

Wenn man beim Klimaschutz zu lange abwarte, schrieb sie in ihrem Buch, »kann es eines Tages unter Umständen zu spät sein«. Wo blieb die Förderung des öffentlichen Nahverkehrs? Wo der entschlossene Ausbau der erneuerbaren Energien? Wo der Ausbau von Naturschutzflächen als Mittel, um CO_2 zu kompensieren? All das war Thema in ihrem Buch gewesen, aber nicht in ihrer Politik.

Vergessen hatte sie das alles jedenfalls nicht. Noch im Mai 2019 zitierte sie beim Petersberger Klimadialog die inzwischen 13 Jahre alte Erkenntnis aus dem Jahre 2006: »Die Frage heißt nicht, was kostet uns der Klimawandel, sondern wie viel mehr kostet es, wenn wir nichts tun.«

Sicher, sie hatte all die Jahre eine Menge anderer Herausforderungen zu bewältigen. Aus der Klimakanzlerin wurde die Krisenkanzlerin: Finanzkrise, Eurokrise, Fukushima-Krise, Dieselkrise, Syrienkrise, Brexit-Krise, Trump-Krise, Corona-Krise et cetera. War da die Klimakrise vielleicht einfach in den Hintergrund gerückt?

Andererseits hat sie sich auf der internationalen Bühne immer für Klimaschutz stark gemacht. Beim G8-Gipfel in Heiligendamm 2007 rang sie dem US-Präsidenten George Bush Zugeständnisse in der Klimapolitik ab. Bei ihrer letzten Weltklimakonferenz in Glasgow im November 2021 hatte sie noch mal intensiv darauf gedrungen: »Wir müssen – und ich sage auch: wir können – das Pariser Abkommen umsetzen.«

Möglicherweise schienen ihr globale Abkommen wichtiger als ein deutscher Alleingang. Aber warum sorgte sie nicht dafür, dass wir wenigstens mit anderen europäischen Ländern wie Dänemark oder Norwegen Schritt hielten? Es gibt so viele Fragen zu Merkels Klima- und Energiepolitik.

Wollte oder konnte sie nicht anders?

Vielleicht lag es auch an Merkels Politik der kleinen Schritte. Ihren ersten politischen Triumph hatte sie 1995 im wiedervereinigten Berlin erlebt, als Gastgeberin der ersten »Conference of the Parties«, kurz COP 1, der Vorläuferin aller Klimakonferenzen. Im Ergebnis gab es ein knappes dreiseitiges »Berliner Mandat«. Es war der erste kleine Schritt auf dem Weg zum ersten großen Klimavertrag, dem Kyoto-Protokoll 1997. Es dauerte bis zum 12. Dezember 2015, als endlich in Paris ein global verpflichtendes Klimaschutzabkommen verabschiedet wurde.

Und das war nur eines von vielen großen Themen in der Außenpolitik der Kanzlerin. Legendär wurde Merkels Verhandlungsmarathon im Februar 2015. Erst verhandelte Merkel 17 Stunden lang in Minsk die Waffenruhe zwischen Russland und der Ukraine. Dann reiste sie weiter nach Brüssel und handelte in einem weiteren 17-stündigen Verhandlungsmarathon auf Ebene der EU-Staats- und Regierungschefs ein Spar- und Reformpaket für Griechenland aus, um das Krisenland im Euro zu halten. 36 Stunden, ohne zu schlafen, war Merkel in Krisengesprächen unterwegs – und erfolgreich.

Manchmal konnte man meinen, Bundeskanzlerin war sie nur im Nebenjob. Vor ihrer Zeit war das Außenministerium mal ein Amt, in dem man sich ordentlich Meriten verdienen konnte. Konrad Adenauer, Helmut

Schmidt und Willy Brandt waren übers Auswärtige Amt ins Kanzleramt eingezogen. Hans-Dietrich Genscher wurde als »Genschman« zum Liebling der Nation. Auch Joschka Fischer mauserte sich vom »Turnschuhminister« zum respektierten außenpolitischen Berater. Doch neben Merkel verblassten sämtliche Außenminister, wie Steinmeier, Westerwelle, Gabriel und Maas. Auf der internationalen Bühne stand und focht stets nur eine, und die hieß Angela Merkel.

Gerade deswegen stellte sich sehr schnell nach Kriegsbeginn im Februar 2022 die Frage, was wohl jetzt im Kopf der Altkanzlerin vor sich ging: Haderte sie mit den vielen Entscheidungen ihrer Regierungszeit, die jene fatale Gasabhängigkeit von Russland erst geschaffen und befördert hatten? War es ihr peinlich, dass sie in jenem schlaflosen Jahr 2015 dem Bau der zweiten Nord-Stream-Pipeline zugestimmt hatte – ein Jahr nach der völkerrechtswidrigen Krim-Annexion durch Russland und inmitten der damals schon offenkundig gescheiterten Waffenruhe des Minsk-Abkommens? Ärgerte sie sich, dass sie im selben Jahr den Verkauf der deutschen Gasspeicher an Gazprom zugelassen hatte? Schämte sie sich, bis zuletzt an Nord Stream 2 festgehalten zu haben – trotz aller Mahnungen aus Deutschland, Europa und den USA und wissend, dass diese Pipeline keinem anderen Zweck diente, als die Ukraine zu umgehen?

»Öl und Gas, Klimaveränderungen, Trinkwasser. All das sind Ursachen von Konflikten mit sehr hohem Gewaltpotenzial.« Das hatte sie 2006 anlässlich einer sicherheitspolitischen Tagung selbst klar und deutlich gesagt.

Sie hatte 12 Jahre lang einen versierten außen- und sicherheitspolitischen Berater, Christoph Heusgen, den heutigen Chef der Münchner Sicherheitskonferenz. Er galt stets als ein Gegner des Nord-Stream-Projekts. Sie muss gewusst haben, welche enormen Risiken die Energiegeschäfte bedeuteten. Wollte sie nicht anders? Oder konnte sie nicht?

Jetzt jedenfalls war das Worst-Case-Szenario eingetreten. Ich konnte mir nicht vorstellen, dass sie angesichts der aktuellen Ereignisse in der Uckermark Kuchen backte. Früher oder später würde sie sich auf irgendeine Weise äußern.

Und tatsächlich: Im Juni 2022, gut drei Monate nach Kriegsbeginn, gab es drei wohlchoreografierte Auftritte. Zuerst, am 2. Juni, hielt sie eine Laudatio zum Abschied des DGB-Chefs Reiner Hoffmann. Mit Bedacht ausgewählt trat sie nicht in Konkurrenz zum neuen Kanzler Scholz. Der hatte den DGB-Chef nämlich schon kurz vorher beim offiziellen Amtswechsel gewürdigt.

In ihrer Rede konzentrierte sich Merkel auf die Vergangenheit und ihre gute Zusammenarbeit mit den Gewerkschaften, um dann gezielt durch zwei, drei wohlgesetzte Formulierungen zu den aktuellen Vorkommnissen Stellung zu beziehen. Es war ja klar, dass jedes Komma in der Rede interpretiert werden würde.

An diesem Tag ging sie nicht über eine allgemeine Verurteilung des russischen Angriffs auf die Ukraine hinaus. Sie bezeichnete ihn als »tiefgreifende Zäsur« und bestätigte damit die »Zeitenwende«-Rhetorik ihres Nachfolgers mit eigenen Worten. Sie nannte den eklatanten Bruch des Völkerrechts und die Menschenrechtsverletzungen gegenüber der ukrainischen Bevölkerung beim Namen und mahnte zur Geschlossenheit der EU. »Niemals sollten wir Frieden und Freiheit selbstverständlich nehmen.«

Sie betonte, dass sie als Bundeskanzlerin außer Dienst keine Einschätzungen von der Seitenlinie abgeben wolle. Damit war eigentlich alles gesagt. So räumte sie jeden Zweifel aus, dass mit ihr als Kanzlerin irgendetwas anders laufen würde, als es Scholz gerade anging. Ganz offenkundig wollte sie vermeiden, dass in einer Situation, wo so vieles zu diskutieren war, auch noch darüber diskutiert würde, was sie in der Vergangenheit falsch oder richtig gemacht hatte.

Aber die Frage, ob sie nicht zumindest eine Mitschuld daran trug, dass die Ukraine jetzt von Russland überfallen wurde, stand noch unbeantwortet im Raum. Das wusste sie natürlich auch.

Die Gelegenheit, sich umfassend zu erklären

Eine Woche später gab es noch einen zweiten Auftritt: In einem Live-Gespräch mit Schriftsteller Alexander Osang im Berliner Ensemble sollte ihr neues, im Aufbau-Verlag erschienenes Buch vorgestellt werden. Merkel, Aufbau, Osang und »BE«, wie die Eingeweihten sagen – vier Ost-Qualitätsmarken auf einen Streich. Das allein war schon eine Botschaft für sich.

Und das Buch? Es war ein kleines Büchlein mit dem Titel *Was also ist mein Land?*. Der Werbetext des Verlags versprach: »Drei Reden von Angela Merkel über die Themen ihrer Zeit als Kanzlerin: die spezifisch deutsche Verantwortung, die Erfahrung der Wiedervereinigung und den Umgang mit Migration.«

Vor allem die spezifisch deutsche Verantwortung interessierte an dem Abend, an dem Merkel über alles Mögliche redete, aber nicht über dieses Buch. Vermutlich, weil sie einfach nur eine Gelegenheit gesucht hatte, ausführlich Stellung zu beziehen, ohne auf die symbolisch überladenen alten Bühnen zu treten, etwa die Bundespressekonferenz oder die *Anne Will*-Talkshow. Das Berliner Ensemble kannte sie aus jungen Jahren. Sie hatte während ihres Studiums um die Ecke in der Marienstraße gewohnt. Das war medial unbelastet.

Sie wollte der in den Medien massiv vorgetragenen Aufforderung, sich zu erklären, nachkommen. Besonders provokativ hatte ein *Spiegel*-Kommentar diese Bitte vorgetragen: »Die Altkanzlerin schuldet dem Land mehr als vornehmes Schweigen. Auf ihre Art ist sie ein Ausfall wie Gerhard Schröder.« Das konnte sie nicht auf sich sitzen lassen.

Der *Spiegel*-Kommentar hatte ihr die Themen ins Hausaufgabenheft geschrieben: Merkel solle die beste Gelegenheit nutzen, »sich umfassend zu erklären. Oder wenigstens ehrlich zu berichten, wie sie Putin erlebt hat von der ersten Begegnung mit seinem Hund Koni bis zu den siebzehn Stunden Verhandlungen über das Minsker Abkommen für die Ukraine. Es passiert nicht oft, dass künftiger Memoirenstoff in der Gegenwart realen Nutzwert hat.«

Und nun war also diese Gelegenheit.

Trotzdem schien sie durch die erste (eigentlich erwartbare) Frage von Alexander Osang überrascht. Er fragte nach möglichen Versäumnissen in ihrer Amtszeit: Ob sie – im Hinblick auf den aktuellen russischen Angriffskrieg – irgendetwas hätte anders machen müssen?

»Was man hätte machen können, das müssen ja nicht immer Versäumnisse sein. Wir sind immer so schnell dabei!«, verhaspelte sie sich bei ihrer Antwort. Vielleicht war sie überrascht, dass Osang mit der schwierigsten Frage so schnell dabei war. Denn wenig später hatte sie ihre alte Souveränität zurück und gestand zu: »Natürlich hat vieles eine

Vorgeschichte, und ich bin für vieles noch mitverantwortlich, das ist ganz klar.«

Konkrete Fehler nannte sie den ganzen Abend über trotzdem nicht. Merkel schien vollkommen mit sich im Reinen. Sie plauderte über ihre Reise nach Florenz, fünf Wochen Einsamkeit an der Ostsee und die Entdeckung des Podcast-Genres und, ja, irgendwann auch über Putins Hund – unterhaltsame Facetten eines Auftritts, den die *FAZ* anderntags sarkastisch als »Wohlfühltermin mit der Altkanzlerin« abtat.

Doch unweigerlich kam das Gespräch auf den Krieg in der Ukraine und die Nord-Stream-Pipeline. »Das ist ein brutaler, das Völkerrecht missachtender Überfall, für den es keine Entschuldigung gibt«, stellte die Altkanzlerin klar. Der Angriff sei von Russlands Seite ein großer Fehler. Nach dem Ende der Sowjetunion sei es den europäischen Ländern in ihrem Verhältnis mit Russland nicht gelungen, »diesen Kalten Krieg zu beenden«. Es sei auch nicht gelungen, eine Sicherheitsarchitektur zu schaffen, die den Krieg verhindert hätte.

Sie gestand aber doch ein, dass sie sich Gedanken macht: »Was ich mich natürlich gefragt habe, ist: Was hat man vielleicht versäumt? Hätte man noch mehr tun können, um eine solche Tragik – ich halte diese Situation jetzt schon für eine große Tragik – hätte man das verhindern können? Und deshalb stellt man sich, stelle ich mir natürlich immer wieder diese Fragen.«

Und?

Für ihre politischen Entscheidungen müsse sie sich nicht entschuldigen: »Diplomatie ist ja nicht, wenn sie nicht gelingt, deshalb falsch gewesen.« Sie sähe nicht, dass sie sagen müsste, das sei falsch gewesen, und werde sich deshalb auch nicht entschuldigen.

Und Nord Stream?

Kein Wort der Selbstkritik. Im Gegenteil: Geradezu stolz berichtete sie von ihrem Verhandlungserfolg mit Biden zum Ende ihrer Kanzlerschaft. Das war mehr als erstaunlich.

Wohlfühltermin mit der Kanzlerin

Um Nord Stream 1 und 2 hatte es all die Jahre international heftige politische Diskussionen gegeben. Deutschland war schon für den Bau der ersten Pipeline, der 2005 startete und 2011 abgeschlossen war, massiv kritisiert worden. Die Kanzlerin jedoch hatte es sich nicht nehmen lassen, die Pipeline höchstpersönlich zu eröffnen. Es gibt ein berühmtes Foto davon, das damals in allen Zeitungen und Zeitschriften veröffentlicht wurde und das heute wohl keiner der Abgebildeten mehr gern sieht.

Der Bau der zweiten Pipeline ab 2015 war zwar insbesondere vom SPD-Politiker Sigmar Gabriel, dem damaligen Vizekanzler und Bundesminister für Wirtschaft und Energie, vorangetrieben worden. Er hatte sogar extra das Energieressort aus dem Umweltministerium ins Wirtschaftsministerium transferiert, weil er Energie (zu Recht) für die deutsche Wirtschaft als bedeutend einschätzte. Aber es war eben auch Angela Merkel, die sich über ihre gesamte Amtszeit für die 1200 Kilometer lange Ostsee-Pipeline stark machte. Gegen alle Einwände der osteuropäischen Staaten, gegen die Kritik der EU-Kommission, gegen Bush, Obama, Trump und schließlich auch gegen Biden hat sie stets auf der Pipeline bestanden.

Auf der Münchner Sicherheitskonferenz 2019 fiel ihr oft zitierter Satz, mit dem sie die Bedenken zu Nord Stream herunterspielte: »Ein russisches Gasmolekül bleibt ein russisches Gasmolekül – egal, durch welche Pipeline es fließt.«

Die deutsche Öffentlichkeit ließ sich davon beeindrucken. Am Ende wurde es sogar als »Merkels Triumph« gefeiert, dass es ihr auf den letzten Metern ihrer Kanzlerschaft im Herbst 2021 nach langem Ringen endlich gelang, die USA zu überzeugen, ihren Widerstand gegen das Projekt aufzugeben. »Im Gegenzug für einen Verzicht Washingtons auf weitere Sanktionen gegen das Projekt erklärt sich Deutschland zu einer Reihe von Maßnahmen bereit«, berichtete Christiane Hoffmann, zu jener Zeit noch *Spiegel*-Redakteurin, heute Pressesprecherin von Kanzler Scholz, in ihrer lesenswerten Analyse vom 21. Juli 2021. Diese Maßnahmen sollten die Folgen für die Ukraine abmildern und verhindern, »dass Russland seine Gaslieferungen als Waffe gegen das Land einsetzt«.

Genau darauf bezog sich Merkel auch im Berliner Ensemble, als sie immer noch zufrieden erzählte, dass Biden und sie am Ende den jahrelangen Dissens mit einer gemeinsamen Erklärung beendet hätten. Es sei klar gewesen, dass er ein Gegner der Pipeline blieb und dass Deutschland »aus verschiedenen Gründen noch dafür« gewesen sei. In der Erklärung habe dann aber sehr klar gestanden, dass »wenn Politik oder Erdgas als Waffe eingesetzt wird – siehe jetzt, was mit der Ukraine passiert –, dass dann Nord Stream 2 zur Disposition gestellt wird. Und diese Vereinbarung war für mich wichtig.«

Welche »verschiedenen Gründe« ihrer Ansicht nach dafür sprachen, erklärte Merkel auf der Bühne des Berliner Ensembles nicht. Aber dass man Nord Stream 2 zur Disposition stellen würde, wenn Erdgas von Putin als Waffe eingesetzt wird, stand ganz sicher nicht im Vertrag. Denn das tat er ja am laufenden Band. Dann hätte Nord Stream 2 von Anfang an zur Disposition stehen müssen. So ganz treffsicher war die Formulierung also nicht.

Doch sie wollte auf etwas anderes hinaus. Zielsicher steuerte Merkel diesen Satz an: »Putin hat die Ukraine angegriffen, obwohl Nord Stream 2 noch gar nicht in Betrieb war.«

Alexander Osang hakte leider nicht nach. Aber natürlich hätte man an dieser Stelle einwenden können, dass Nord Stream 2 nur deswegen noch gar nicht in Betrieb war, weil Außenministerin Annalena Baerbock, eine jahrelange entschiedene Kritikerin des Projekts, mit verschiedenen juristischen Kniffen die ausstehende Betriebserlaubnis verzögert hatte. Währenddessen hatte Putin bereits seit November Hunderttausende von Soldaten rund um die Ukraine zu angeblichen Manövern aufmarschieren lassen. Erst zwei Tage vor dem Einmarsch russischer Truppen hatte Kanzler Scholz das Projekt tatsächlich gestoppt, weil Putin zu diesem Zeitpunkt durch seine Anerkennung der Unabhängigkeit der Separatistenregionen Donetsk und Luhansk in der Ostukraine massiv gegen das Völkerrecht verstieß.

Um ein Haar wäre Nord Stream 2 also doch in Betrieb gegangen, *bevor* Putin die Ukraine angriff. Was hätte Merkel dann gesagt?

»In diesem Sinne war Gas keine Waffe«

Es gab noch einen dritten Auftritt der Altkanzlerin in jenem Juni, den wir allerdings nicht wie den Theaterabend live im Fernsehen verfolgen konnten. Es war ein Interview, das wir erst zeitversetzt – in der gedruckten und sicher gekürzten und autorisierten Version – in den Medien des Redaktionsnetzwerks Deutschland (RND) lesen konnten.

Auch hier ging es irgendwann um Nord Stream 2. Auch hier wies Merkel darauf hin, dass Russland die Ukraine angegriffen habe, als durch Nord Stream 2 noch kein Gas geleitet wurde. Und sie fügte den Satz hinzu: »In diesem Sinne war Gas keine Waffe.«

Gas war keine Waffe? Und was war das, was Deutschland gerade erlebte?

Zu jenem Zeitpunkt, knapp vier Monate nach Beginn des Krieges, keimte in Deutschland die schwerste Energiekrise auf, die das Land je erlebt hat. Robert Habeck, der deutsche Wirtschafts- und Klimaminister, der auch für Energie zuständig ist, war wochenlang durch die Welt gereist, nach Katar, in die Vereinigten Emirate, nach Norwegen und Polen; er verhandelte mit den Niederlanden und mit Belgien. Alles nur, um alternative Gaslieferanten zu werben. Die Bundesregierung hatte eine Taskforce eingerichtet, die rund um die Uhr nichts anderes machte, als auf den Weltmärkten fossiles Erdgas zu kaufen. Denn es galt – mit Milliarden aus KfW-Krediten –, um jeden Preis die leeren deutschen Speicher aufzufüllen. Andernfalls drohten den Winter über vielleicht Versorgungsengpässe.

Das Bundeswirtschaftsministerium hatte – wenige Tage vor Merkels Interview – eine flächendeckende Energiespar-Kampagne gestartet. »Liebe Duschfans, ein Energiespar-Duschkopf spart 30 Prozent Energie für Warmwasser«, hieß es in einer der Anzeigen. Der *Spiegel* spottete daraufhin: »Der Duschkopf als Waffe gegen Putin? Wie niedlich!«

Am 16. Juni 2022, also einen Tag, bevor Merkels Zeitungsinterview erschien, trat ein, was viele befürchtet hatten: Der russische Energiekonzern Gazprom drosselte seine Erdgaslieferungen auch nach Deutschland. Inzwischen erhielten Polen, Bulgarien, Finnland, Dänemark, die Niederlande, Frankreich, Italien, die Slowakei und jetzt eben auch Deutschland weniger oder gar kein Gas mehr aus Russland. Die Gründe dafür – Wartungsarbeiten an der Pipeline und nicht in Rubel gezahlte Rechnungen – waren offensichtlich vorgeschoben; das Wort »Gaskrieg« machte die Runde.

»Wir reden darüber, dass der Angriff mit Energie als Waffe gegen uns geführt wird«, erklärte Minister Habeck an jenem Tag der deutschen Presse. Die Gasmenge werde reduziert, um die Preise hochzutreiben. Putin wolle damit in Europa und in Deutschland Angst schüren, etwa vor materiellen Verlusten – um am Ende eine Debatte auszulösen, ob man ihn in der Ukraine nicht gewähren lassen solle. Diese Strategie dürfe nicht erfolgreich sein, forderte Habeck.

Tag für Tag waren wir damit konfrontiert, dass Putin jederzeit am Gashahn drehen konnte – und es je nach Belieben auch tat. Die Strategie Putins war, die fossilen Energiepreise hochzutreiben. Das geschah auch. Infolgedessen war ganz Europa von steigenden Energiepreisen betroffen. Die deutsche Bundesregierung hatte deswegen im April in Windeseile beschlossen, dass alle einkommensteuerpflichtigen Arbeitnehmenden eine einmalige Sonderzahlung von 300 Euro erhielten. Seit Anfang Juni wurde zudem bundesweit ein dreimonatiger »Tankrabatt« gezahlt und die Menschen konnten mit dem »9-Euro-Ticket« vergünstigt Bus und Bahn fahren. Das waren alles Maßnahmen, um den russischen Gaskrieg gegen Europa für die Menschen in Deutschland abzufedern.

Dass Putin in einem Konfliktfall Gas als Waffe einsetzt, ist seit Langem klar. Putin hat de facto bereits des Öfteren Gas als Waffe eingesetzt. Viele haben immer und immer wieder davor gewarnt. Dazu gehörten in Deutschland vor allem die Grünen.

Fünf Jahre zuvor, nämlich nach dem Gasstreit 2009, hatte der *Spiegel* unter der Überschrift »Die Waffe Gas« nüchtern diagnostiziert: »Der Gasstreit zwischen Russen und Ukrainern ist inzwischen eine ebenso feste Kalendergröße wie das Weihnachtsfest. Und schon lange ist klar, dass Gazprom des Kremls wichtigste geopolitische Waffe ist.«

Seit Februar 2022 wurde auf allen Social-Media-Kanälen, an jedem Stammtisch und in jedem Friseursalon von nichts anderem gesprochen, als von »Energie als Waffe« oder sogar von »Gaskrieg«.

Aber die ehemalige deutsche Bundeskanzlerin wollte davon nichts wissen? »In diesem Sinne war Gas keine Waffe.«

Merkels Sinn fürs Kleingedruckte

Merkel sprach in Rätseln. Aber da sie Zeit gehabt hatte, ihre Formulierungen aus dem Interview vor Erscheinen noch mal zu überdenken, musste sie sich etwas bei dem Satz gedacht haben. Sie hatte das nicht einfach so dahingesagt. Hier war jedes Wort wichtig. Das anfängliche Füllsel »in diesem Sinne« war eine Einschränkung, vielleicht sogar ein Zugeständnis an die Wirklichkeit. Aber in welchem Sinne sollte Gas denn keine Waffe sein?

Es ging um den Kontext: An dem Tag, als Putin die Ukraine überfiel, sei noch gar kein Gas durch die durch Nord-Stream-2-Pipeline geleitet worden. »In diesem Sinne war Gas keine Waffe!«

Spontan würde man einwenden, dass gerade die Tatsache, dass *kein* russisches Gas durch irgendeine Pipeline nach Europa fließt, das Gas erst zu Putins Waffe macht – und dass es deshalb egal ist, durch welche Pipeline das Gas *nicht* fließt. Aber Merkels Logik war eine andere. Das erschloss sich mir bei genauerem Hinsehen. Immerhin hatte sie ja schon im Berliner Ensemble diesen auffälligen Satz gesagt: »Putin hat die Ukraine angegriffen, obwohl Nord Stream 2 noch gar nicht in Betrieb war.«

Der Zeitpunkt war der Schlüssel.

Mit ihrem »Gas ist keine Waffe«-Statement ging es ihr weniger um eine realistische Bewertung von Putins machtvollem Instrumentarium während seines Angriffskrieges auf die Ukraine. Merkel wollte einfach nur Fragen nach Versäumnissen in ihrer politischen Arbeit abwehren. Sie wollte nicht schuld sein. Sie wollte »ihr« Abkommen, das sie erst wenige Monate vor Kriegsbeginn über die Ziellinie gebracht hatte, ihren finalen Triumph, nicht infrage gestellt sehen. Es ging ihr um das Kleingedruckte der deutsch-amerikanischen Vereinbarung. Was hatten Biden und sie dort vereinbart?

»Im Gegenzug für einen Verzicht Washingtons auf weitere Sanktionen gegen das Projekt erklärt sich Deutschland zu einer Reihe von Maßnahmen bereit«, hatte Christiane Hoffmann in ihrem *Spiegel*-Artikel berichtet. Diese Maßnahmen sollten die Folgen für die Ukraine abmildern und verhindern, dass – und jetzt kommt's! – »Russland seine Gaslieferungen als Waffe gegen das Land einsetzt«.

Richtig. In diesem Sinne hatte Russland seine Gaslieferungen nicht als Waffe gegen die Ukraine eingesetzt, weil ja noch gar kein Gas durch die Leitung geflossen war.

Das war in etwa die Verteidigung, die eine Autofahrerin bringt, wenn sie mit Tempo 50 durch eine Tempo-30-Zone gefahren war: »Die Geschwindigkeitsbegrenzung gilt erst ab 9 Uhr, und ich bin um 8.59 Uhr dort entlanggefahren.«

Merkels »In diesem Sinne«-Statement war nichts als kleinlaute Wortklauberei. Mit diesem Satz erweckt die einst mächtigste Frau der Welt den Eindruck eines trotzigen Kindes, welches keine Fehler eingestehen will. Ich habe die wissenschaftsnahe Politikerin immer als rational und reflektiert wahrgenommen, als eine Frau, die weiß, was wie sagt, und vor allem, warum. Es muss wirklich in ihr nagen.

Ungehörte Kassandra-Rufe

Schon »damals«, vor dem Krieg, Ende Oktober 2021, ahnten Energiewissenschaftler:innen, dass sich etwas zusammenbraut. Entgegen den sonst üblichen Gepflogenheiten hatte Russland die Gasspeicher in Deutschland und Österreich ungewöhnlich leerlaufen lassen. Daten von Gas Infrastructure Europe (GIE) belegten, dass andere Gasspeicher in Europa, die nicht unter russischer Kontrolle waren, auf einem für diese Jahreszeit nahezu normalen Niveau gefüllt waren. Das war Anlass zu großer Sorge. Man vermutete, dass Russland Druck auf die Fertigstellung von Nord Stream 2 ausüben wollte. Dass die Gasspeicher seitens Russlands aber gar nicht gefüllt wurden, ließ Schlimmeres erahnen. Dafür waren wir überhaupt nicht gewappnet.

Als Merkel ihre Vereinbarung mit Biden traf, war zudem klar, dass es sich bei den vereinbarten Maßnahmen eher um vage Zusagen und im Wesentlichen um Absichtsbekundungen handelte. Im Falle einer russischen Aggression gegen die Ukraine war beispielsweise kein Sanktionsautomatismus gegen Moskau vorgesehen. »In Kyiv und anderen osteuropäischen Hauptstädten wird das als nicht gerade beruhigend empfunden«, hieß es im *Handelsblatt*.

Das war sehr zurückhaltend formuliert. Die Außenminister Polens und der Ukraine hatten in einer gemeinsamen Erklärung ihre Skepsis mit deutlich mehr Klartext zum Ausdruck gebracht: »Eine politische, militärische und energiepolitische Bedrohung für die Ukraine und Mitteleuropa« habe die nun quasi besiegelte Fertigstellung der Pipeline geschaffen, und »gleichzeitig das Potenzial Russlands erhöht, die Sicherheitslage in Europa zu destabilisieren und die Spaltung der Mitgliedsstaaten, der Nato und der Europäischen Union zu vertiefen.«

Das waren wahre Kassandra-Rufe, jedenfalls aus heutiger Perspektive.

Die Ukraine wird konkret und brutal militärisch angegriffen. Aber auch Polen, Moldawien und andere Staaten Mitteleuropas fühlen sich zu Recht bedroht. Die Sicherheitslage in Europa ist destabilisiert. Die Mitgliedsstaaten der NATO und der Europäischen Union müssen allergrößte Anstrengungen unternehmen, um sich nicht spalten zu lassen. Und niemand wird bestreiten, dass die deutsche Energiepolitik daran zumindest eine Mitverantwortung trägt – mit oder ohne Nord-Stream-2-Betrieb. Denn die extreme Abhängigkeit Deutschlands von russischen Gaslieferungen ist nicht nur ein Klotz am Bein, wenn es seitens Deutschlands um spürbare Sanktionen gegen Russland geht. Sie hat uns schon lange im Umgang mit Russland derart geschwächt, dass Putin sich eventuell deswegen auf der sicheren Seite glaubte, einen Überfall auf die Ukraine überhaupt zu wagen.

Auf solch eine Debatte wollte sich die Altkanzlerin im Showdown des Nord-Stream-Dramas im Juni 2022 nicht einlassen. Sie war mit dieser Art des Nicht-sehen-Wollens nicht allein.

Der Elefant im Raum, den niemand sehen will

Eine Woche nach Merkels Interview trat der SPD-Vorsitzende Lars Klingbeil bei der Tiergarten-Konferenz der SPD-nahen Friedrich-Ebert-Stiftung in Berlin auf die Bühne. »Wir sind nicht schuld an Putins Krieg«, sagte er in seiner Grundsatzrede, »aber wir müssen uns selbstkritisch fragen, was wir vor dem 24. Februar hätten anders machen können.« Der

Start war vielversprechend, aber den angebotenen »Raum für Diskussionen, Streit und Reflektion« nutzte der Spitzenpolitiker dann doch nur begrenzt. Zwar gab Klingbeil sogar einen Fehler zu, allerdings bestand der nicht darin, wider besseren Wissens eine hochriskante, verantwortungslose Energiepolitik betrieben zu haben, sondern darin, dass »der Westen« sich »zu sicher gefühlt« habe: »Ein Krieg zwischen Staaten in Europa schien unvorstellbar.«

Ernsthaft?

Kurze Nachhilfe in Geschichte: In den 1990er Jahren kam es zu den grausamsten Kriegshandlungen Europas seit Ende des Zweiten Weltkriegs, den sogenannten »Jugoslawienkriegen«. Es waren unabhängige Staaten, die hier auf dem Balkan gegeneinander kämpften. Es kam zu blutigen Massakern und Kriegsverbrechen mit über 200 000 Toten und Millionen Flüchtlingen und Vertriebenen. 1999 ging die NATO deswegen mit Luftangriffen dazwischen. Auch Deutschland war daran beteiligt. Es war der erste Kampfeinsatz deutscher Soldaten nach 1945. Bis heute schwelen Konflikte. Immer noch gibt es keinen stabilen Frieden.

Zu Beginn der 1990er Jahre spaltete sich Armenien von Aserbaidschan ab. Es kam zum Krieg, mit rund 30 000 Toten. Armenien blieb unabhängig. 2020 gab es erneut militärische Auseinandersetzungen im Konflikt um Bergkarabach. Aserbaidschan eroberte große Teile. Seither herrschte ein Waffenstillstandsabkommen. Kein Frieden.

Im August 2008 gab es fünf Tage lang Krieg zwischen Russland und Georgien. Es kam zur bis dahin schwersten Krise zwischen Ost und West seit dem Ende des Kalten Krieges. Am Ende erklärten die Provinzen Südossetien und Abchasien ihre Unabhängigkeit von Georgien. Russland anerkannte ihre staatliche Souveränität. Die EU und die USA sahen die Gebiete aber weiter als Teil Georgiens an. Kein Frieden.

2014 annektierte Russland völkerrechtswidrig die ukrainische Halbinsel Krim. Seitdem unterstützte Moskau militärisch kämpfende Separatisten im Osten der Ukraine. Kyiv verteidigte die Gebiete. Bei den Kämpfen kamen bis 2022 mehr als 14 000 Menschen ums Leben. Kein Frieden.

Ein Krieg zwischen Staaten in Europa schien nicht nur vorstellbar. Er fand statt. Und als SPD-Verteidigungsexperte und Sohn eines Bundeswehrsoldaten weiß Lars Klingbeil das. Schließlich war er mit dem Direktmandat seiner Heimatstadt Munster schon 2014 Bundestagsabgeordneter und äußerte sich damals auch zu Fragen der völkerrechtswidrigen Krim-Annexion. 2011 begleitete er eine fünftägige Russland-Reise mehrerer Bundestagsabgeordneter und Unternehmer. Organisiert hatte die Reise Wiese Consult, eine Beratungsfirma des russischen Stahlkonzerns Severstal. Dessen Inhaber Heiko Wiese sitzt unter anderem im Kuratorium des Deutsch-Russischen Forums, einer Organisation, die inzwischen verstärkt ins Blickfeld investigativer Journalist:innen gerückt ist. Denn sie ist in mehr als fragwürdige Aktivitäten der Nord Stream AG involviert.

Der SPD-Parteivorsitzende musste also auch dies besser wissen: Schon die Annexion der Krim 2014 war ein militärischer und völkerrechtlich inakzeptabler Angriff Russlands auf einen souveränen Staat gewesen, weswegen es damals in Minsk zu »Friedensverhandlungen« kam – übrigens unter zentraler deutscher Beteiligung. In der 76. Sitzung des Bundestags am 18. Dezember 2014 sagte Kanzlerin Merkel bezüglich der Minsker Friedensgespräche: »Das Ziel unseres Handelns ist und bleibt die Durchsetzung der Stärke des Rechts gegen das vermeintliche Recht eines Stärkeren. Das Ziel ist und bleibt: europäische Sicherheit gemeinsam mit Russland, nicht gegen Russland. [...] Beide Seiten müssen die Vereinbarung von Minsk zügig umsetzen. Das gilt nicht nur, aber ganz besonders für die russische Seite.« Unvorstellbar war im Hinblick auf Russland seither gar nichts mehr.

Bekannt war auch, dass das Minsker Friedensabkommen keine paar Monate gehalten hat, sondern permanent von russischer Seite unterlaufen wurde. Denn auch der »Krieg zwischen zwei Staaten«, wie Klingbeil ihn nannte, der seit dem 24. Februar 2022 – in gar nicht unvorstellbarer Weise – in Europa stattfand, war in Wahrheit ein sehr einseitiger Angriffskrieg Russlands auf die Ukraine.

Deswegen ist es wenig nachvollziehbar, wenn der SPD-Vorsitzende in seiner Rede erklärt, dass noch »Mitte Februar« auf der Münchner Sicherheitskonferenz »nur die wenigsten« der mehr als 2000 Sicherheitsexpert:innen davon ausgegangen seien, dass Putin die Ukraine angreife. »Mich beschäftigt bis heute, dass wir das alle nicht gesehen haben.«

Ach, wirklich?

Besonders erstaunlich an der Rede des SPD-Vorsitzenden ist aber, dass sie weder das Wort »Gas« noch die Bezeichnung »Nord Stream« enthält. Angesichts der schon seit März 2022 schwelenden Gaskrise in Deutschland ist nicht zu übersehen, dass da ein Elefant im Raum steht – und die SPD nicht darüber spricht.

»Dialog mit Moskau«, egal, was passiert

Dabei nahm dieser Elefant im Juni 2022 in der medialen Aufarbeitung vor allem im SPD-Kontext vollends Gestalt an: Das Thema Nord Stream lief auf allen Kanälen.

Schon Ende Januar des Jahres hatten Recherchen von T-Online fragwürdige Treffen und Kooperationen zwischen Manuela Schwesig und Gerhard Schröder aufgedeckt – also zwischen der Ministerpräsidentin von Mecklenburg-Vorpommern, jenem Bundesland also, in dem die international stark umstrittene Nord-Stream-Pipeline in Deutschland landete, und dem ehemaliger SPD-Vorsitzenden, Altkanzler und seit vielen Jahren Lobbyisten für russische Energiekonzerne, unter anderem als Verwaltungsratspräsident von Nord Stream 2.

Anfang Februar deckte T-Online noch seltsamere Hintergründe einer harmlos daherkommenden Wirtschaftsinitiative aus Mecklenburg-Vorpommern namens »Wasserstoff-Hanse« auf, bei der es sich in Wahrheit wohl aber um »ein Lobbyinstrument für die deutsch-russische Gaspipeline Nord Stream 2« gehandelt habe – ähnlich wie eine »dubiose Landesstiftung, die US-Sanktionen gegen den Bau der Pipeline unterlaufen« sollte. Gemeint war die sogenannte »Klima-Stiftung«. Beide waren erst 2021 gegründet worden und verfolgten als offiziellen Hauptzweck Klima- beziehungsweise Umweltschutz. »Zeitweiliger Nebenzweck« war allerdings – über einen sogenannten Geschäftsbetrieb – die Fertigstellung der Pipeline.

Nach dem russischen Angriff auf die Ukraine wurde im späten Frühjahr auf allen Kanälen kritisch darüber berichtet, dass nicht nur Schwesig, sondern auch Scholz noch im Dezember mit voller Inbrunst für eine

Fortsetzung des Pipeline-Projekts zwischen Russland und Deutschland gekämpft hatten, während sich zeitgleich die Lage in der Ostukraine zuspitzte und alle anderen westlichen Staaten ansonsten einhellig die Meinung vertraten, dass die Pipeline keinesfalls ans Netz gehen dürfe. Verstärkt wurde gefragt, ob vielleicht nicht nur der ehemalige SPD-Kanzler Schröder, sondern auch die aktuelle SPD-Spitze zur russischen Fossil-Industrie allzu intensive Verbindungen hätte.

Wie genau diese Verbindungen aussahen und welche Schlüsselrolle dabei das oben erwähnte Deutsch-Russische Forum spielte, fand das Recherchenetzwerk Correctiv Anfang September 2022 heraus. Die Klima-Stiftung und die Wasserstoff-Hanse jedenfalls verschwanden im Frühjahr 2022 sang- und klanglos in der Versenkung. Stattdessen trat in Mecklenburg-Vorpommern ein Untersuchungsausschuss zusammen, der die Vorgänge seither unter die Lupe nimmt. Das wird eine Weile dauern, denn die Landesregierung muss Akten, ohne die eine Aufklärung und eine Zeugenbefragung nicht möglich sind, erst bis zum Jahresende 2022 vorlegen. Es wird also vermutlich noch nicht mal bei Erscheinen dieses Buches ein Ergebnis geben.

Zwar wurden im Spätsommer 2022 (vor allem nicht-parlamentarische) Stimmen lauter, die einen Untersuchungsausschuss auch auf Bundesebene forderten. Allerdings muss der von der Opposition einberufen werden. Seit in Berlin die Ampel regiert, sitzen die Union, die Linkspartei und die AfD in der Opposition. Alle drei haben offenbar kein Interesse an einer fundierten Aufklärung der Ereignisse rund um Nord Stream 2. Laut gefordert hat das jedenfalls bislang nur ein einzelner Abgeordneter: Norbert Röttgen, CDU. Der hatte die Pipeline schon immer kritisiert – ein einsamer Prophet in der Wüste.

Die SPD hat sich offenbar im Hinblick auf das Nord-Stream-Desaster auf einen Kurs des Schweigens eingeschworen, vielleicht auch, um den Kanzler nicht durch weitere Vergangenheitsbewältigung von seinen Kernaufgaben in Kriegszeiten abzulenken. Denn während in der Ukraine gekämpft wurde, ermittelte die Staatsanwaltschaft Nordrhein-Westfalen zu den möglichen Verstrickungen der Hamburger Politik in die Jahre zurückliegenden CumEx-Betrugsstraftaten zahlreicher Banken. Einer der Betroffenen: der einstige Hamburger Bürgermeister Olaf Scholz.

Dort ging es um Erinnerungslücken. In Bezug auf Nord Stream 2 wählte man die »Damals konnte das ja keiner ahnen«-Variante. Entsprechend gestand Ministerpräsidentin Schwesig zwar »mit dem Wissen von heute« Fehler ein, aber legte somit gleichzeitig nahe, dass *mit dem Wissen von damals* alles einwandfrei gewesen sei.

Wer wusste was zu welchem Zeitpunkt? Und was hätte man wissen können oder gar wissen müssen? Diese Fragen will offenbar niemand beantworten. Schließlich hatte »man« Nord Stream 1 und 2 vor den Augen der großen Öffentlichkeit geplant und genehmigt. Da solle mal jemand kommen, der oder die es wagte, den ersten Stein zu werfen.

Selbst die Grünen, denen es leichtfallen würde, Belege dafür zu finden, dass sie das Pipeline-Projekt stets kritisiert hatten, hielten sich bisher auffällig zurück. Offenbar übte man sich als Regierungspartei in Loyalität dem größeren Partner gegenüber, zumal die SPD in der Vergangenheit ja auch nur kleinere Koalitionspartnerin in der »Großen Koalition« gewesen war.

Der herausragende Energiepartner ... will die EU zerstören

Wer genau wie involviert war, ist bislang also unerforscht. Dafür bildete sich über die Motive der SPD-Nord-Stream-Euphorie in der journalistischen Kommentierung sehr viel schneller eine einhellige Beurteilung. Die SPD habe traditionell ein besonderes Russland-Verhältnis – quasi in ihrer Partei-DNA. Seit Willi Brandts Ostpolitik gehöre es zu den Grundsätzen sozialdemokratischer Außenpolitik, auch in schwierigen Zeiten auf Entspannung zum Kreml zu setzen. »Dialog mit Moskau« heiße daher die wiederkehrende SPD-Devise, egal, was passierte.

Dies scheint nicht falsch zu sein. Zwar war es Helmut Kohl in seiner Regentschaft gelungen, einen engen persönlichen Kontakt erst zu Gorbatschow und dann geschickt auch zu dessen Nachfolger, Boris Jelzin, zu knüpfen. Doch kurz nach Schröders Einzug ins Kanzleramt übernahm der junge Vladimir Putin die Führung im Kreml, und somit ergab sich die Chance, mit neuen Köpfen die alte SPD-Moskau-Verbindung wiederaufleben zu lassen. Das gelang bekanntlich mehr als gut; Schröder und Putin feierten ihre Männerfreundschaft in aller Öffentlichkeit.

Blindes Grundvertrauen, eine hohe Fehlertoleranz und bedingungslose Dialogbereitschaft mögen die Essenz der SPD-Haltung gegenüber Russland gewesen sein. Aber ab 2005 regierte 16 Jahre lang die CDU; erst in der großen, dann in einer schwarz-gelben Koalition und dann erneut zwei Wahlperioden in einer großen Koalition.

Sicher, auch Merkel war dialogbereit, spricht sogar fließend Russisch und traf sich regelmäßig mit Putin. Aber auf eine Kumpanei mit ihm, wie Schröder sie nach seiner Amtszeit nicht nur fortführte, sondern sogar intensivierte, ließ sie sich nie ein. Im Gegenteil, wir alle kennen die berühmte Geschichte vom ersten Treffen Merkels mit Putin in Sotschi am Schwarzen Meer im Jahr 2007, als Putin seine Labrador-Hündin Koni zu sich rief, obwohl er wusste, dass Merkel Angst vor Hunden hat. Und wir erinnern uns wohl ebenfalls alle an Merkels genervtes Augenrollen im Gespräch mit Putin auf dem G20-Gipfel in Hamburg 2017.

Bei ihrem Berliner-Ensemble-Auftritt betonte die Ex-Kanzlerin jedenfalls ihre große Distanz zum russischen Präsidenten: »Putins Hass, Putins, ja, man muss sagen, Feindschaft geht gegen das westliche demokratische Modell. Und da war ich ja auch nicht blauäugig. Ich weiß nicht, wie oft ich Leuten gesagt habe: Ihr wisst, dass er Europa zerstören will; er will die EU zerstören, weil er sie als Vorstufe der Nato sieht.«

Trotz ihrer Skepsis setzte die Kanzlerin, was die Ostsee-Pipeline betraf, den Kurs ihres Vorgängers unverändert fort. Es war Merkel, die am 8. November 2011 die Fertigstellung und Eröffnung der ersten Pipeline als »das größte Energieinfrastrukturprojekt unserer Zeit« und als »beispielhaft für die Kooperation zwischen Russland und der EU« feierte. Russland sei der herausragende Partner bei der Energieversorgung; diese Energiepartnerschaft biete große Chancen. Trotz aller Bemühungen zur Diversifizierung der Energiequellen, so beteuerte sie, würden beide Seiten »auf Jahrzehnte miteinander verbunden« bleiben. Und es war auch Merkel, die 2014 sogar den Bau einer zweiten Pipeline genehmigte, eben jener Nord-Stream-2-Pipeline, um die bis heute so heftig gestritten wird.

Niemand wird in seine Wohnung viel Geld investieren, wenn man weiß, dass das Haus in einem Jahr abgerissen wird. Die Nord-Stream-Pipeline, so verriet es der damalige Aufsichtsratsvorsitzende der Nord Stream AG, Gerhard Schröder, auf seiner Webseite, könnte »für mindestens 50 Jahre« Millionen Kilowattstunden Erdgas nach Deutschland liefern. Die Klimakanzlerin bejubelte also ein mindestens bis zum Jahr 2061 arbeitendes Transportsystem für klimaschädliche fossile Energie, während sie gleichzeitig in Deutschland ein Energiekonzept präsentierte, gemäß dem Deutschland bis 2050 die Treibhausgase um bis zu 95 Prozent reduzieren soll. Das passt nicht zusammen.

Man hat der Bundeskanzlerin oft mangelnden Mut vorgeworfen, aber im Hinblick auf Nord Stream war ihr offenbar kein Risiko zu groß.

Die Jahrzehnte der Energiepartnerschaft (Plural) endeten nach nicht mal einem Jahrzehnt (Singular). Und die 2014 von Merkel genehmigte Erweiterung Nord Stream 2 wurde beerdigt, noch bevor sie in Betrieb ging. Das Projekt war eigentlich schon bei Vertragsabschluss eine Investitionsruine. Der Mann, von dem Merkel wusste, »dass er Europa zerstören will«, schickte im Jahr 2022 Zehntausende Soldaten und Zivilist:innen in den Tod, vernichtete ganze Landstriche in der Ukraine und führte einen hybriden Krieg gegen ganz Europa.

Merkel, die von Putin schon persönlich belogen wurde, hätte das besser wissen können und müssen, schrieb die *Süddeutsche Zeitung* vier Wochen vor Kriegsbeginn. Als sie dem Bau der deutsch-russischen Ostsee-Pipeline Nord Stream 2 ihren Segen gab, habe sie ihn zu einem rein privatwirtschaftlichen Projekt erklärt. »Dabei ging es Merkel in erster Linie darum, das Vorhaben in seinen außenpolitischen Folgen für kalkulierbar zu erklären. Auch vor sich selbst.« Sie habe sich gewissermaßen selbst übers Ohr gehauen. »Dieser Selbstbetrug rächt sich nun.«

Falls ich Merkel noch mal persönlich begegnen sollte, dann hätte ich eine Menge Fragen – und diesmal würde ich sie alle stellen.

KAPITEL 7

DIE VERHINDERER

Wer wie warum die Energiewende blockiert hat

In den letzten 15 Jahren hat die Bundesregierung nicht nur die fatale Gasabhängigkeit der deutschen Wirtschaft geduldet und gefördert, sondern zugleich die Energiewende und damit die mögliche Unabhängigkeit von fossilen Energien massiv behindert. Dabei wurde die Öffentlichkeit bewusst in die Irre geführt. Die Methoden der Desinformation kamen aus der Wirtschaft und waren Angriffe auf Grundpfeiler der Demokratie.

Eine Knaller-Zahl macht Schlagzeilen

»Die Energiewende kann eine Billion Euro kosten!« Diese Nachricht verkündete Umweltminister Peter Altmaier am Mittwoch, 20. Februar 2013, in der *Welt*. Die Zahl »eine Billion« war ihm nicht versehentlich rausgerutscht. Es war auch keine »gefühlte« Zahl im Sinne von »es wird richtig teuer«. Nein, er präsentierte diese Zahl als Ergebnis solider Berechnungen, ganz offiziell, auf der großen Bühne der Bundespressekonferenz. Natürlich war eine solch horrende Prognose erschreckend. Zum Glück hatte Altmaier sogleich die passende Lösung parat, die er sogleich präsentierte: die »Strompreisbremse«!

Damit diese Botschaft medial auch richtig durchschlägt, hatte er am Vortag der *FAZ* vorab exklusiv ein Interview gegeben, das schon um 18 Uhr online und am Tag der Verkündung im gedruckten Blatt stand. Schwarz auf weiß konnten die Deutschen nachlesen, was der Minister am Mittwochmorgen vor Kameras und Mikrofonen mantra-mäßig wiederholte: *Die Energiewende kostet eine Billion Euro. Wir brauchen eine Strompreisbremse.*

Wortwörtlich hat Altmaier das so nicht gesagt. Er sprach in komplizierten Sätzen, von »ungelösten Problemen«, die wir seit zehn Jahren mit uns herumschleppen, von strukturellen Voraussetzungen, von Einspeisevergütung für Neuanlagen, von Börsenpreisen und EEG-Strom. Lauter Vokabeln, die einem Laien nichts sagen, die aber nach großer Kompetenz klingen, wenn ein Minister sie benutzt. Auch seine Schlussfolgerung formuliert er überraschend langatmig: »Das alles kann dazu führen, dass sich die Kosten der Energiewende und des Umbaus unserer Energieversorgung bis Ende der dreißiger Jahre dieses Jahrhunderts auf rund eine Billion Euro summieren könnten.«

Altmaier ist Profi. Er weiß, was die Medien aus diesem Satz machen. So titelte die *Welt*: »Peter Altmaiers 1 000 000 000 000-Euro-Schock«. Und das Ganze illustriert mit einem handschriftlichen Zettel, »wie der Umweltminister die Billion berechnet«. Der Kostenüberschlag war damit transparent nachzurechnen: 67 + 250 + 360 + 300, alles in »Mrd.«, und unterm Strich ergibt das etwa 980 Mrd. Also knapp eine Billion. Stimmt. Bravo!

Es gab wenige, die Kompetenz und Willen mitbrachten, die Botschaft des Ministers zu hinterfragen. *Zeit*-Redakteurin Marlies Uken tat es. Sie wunderte sich über die Rechnung und hörte sich in Fachkreisen um. Ihr Fazit spiegelt sich in der Überschrift: »Altmaiers merkwürdige Billion – Nun rätseln selbst seine eigenen Fachleute, wie der Mann auf diese Zahl kommt.«

Wir alle rätselten. Auch ich.

Natürlich war es Altmaiers Kalkül, die Legende um den angeblichen Kosten-Tsunami zu verbreiten. Denn genau um diese Art Berichterstattung dürfte es Altmaier in seiner Strategie gegangen sein. In der modernen Medienwelt geht es immer um Tempo. Seine Knaller-Zahl würde binnen Minuten durchschlagen. Sie soll sich in den Köpfen festsetzen.

Das wusste Altmaier. Nicht lange vorher hatte er mich um ein Gespräch gebeten. Er hatte kurzfristig das Amt des Umweltministers übernommen, nachdem sein Vorgänger Norbert Röttgen im Streit mit Merkel das Amt niederlegen musste.

»Bloß nicht den Röttgen machen«

Den damaligen Umweltminister und CDU-Politiker Norbert Röttgen habe ich als jemanden kennengelernt, der sehr interessiert an Wissenschaft war, er hörte zu, verstand und wollte die wirtschaftlichen Chancen des Klimaschutzes tatsächlich ergreifen. Erstmals begegnete ich ihm bei einer Tagung der Stiftung Marktwirtschaft im April 2010. Ich war zu einer Podiumsdiskussion eingeladen. Sie fand in einem Saal des Bundestags statt, im Hintergrund der freie Blick auf die Reichstagskuppel. Es war eine sehr beeindruckende Kulisse.

Da ich mich seit vielen Jahren wissenschaftlich mit den wirtschaftlichen Folgewirkungen von Klimaschutz und Klimawandel beschäftigte, war ich eingeladen. Leider traf ich dort – wie damals leider viel zu oft – auf »Klimaskeptiker«, die den üblichen Unsinn verbreiteten: Es gäbe gar keinen Klimawandel, jedenfalls habe nicht der Mensch damit zu tun, sondern die Sonnenaktivität. Die Polkappen würden nicht schmelzen.

Die Stärke der Hurrikane sei in den letzten 50 Jahren gesunken. Es würde auch wieder kälter werden, und niemand habe etwas zu befürchten. Ich hatte mich intensiv mit den kruden Thesen, die wissenschaftlich nicht haltbar waren, in meinem ersten Buch *Die andere Klimazukunft* beschäftigt. Somit wusste ich, was mich erwartete. Ich wunderte mich bloß, warum man derartigen Fake-News-Verbreitern eine Bühne gab. Erst später durchschaute ich, dass derlei System hatte.

Doch Röttgen, zu jener Zeit Bundesminister für Umwelt, Naturschutz und Reaktorsicherheit, ließ sich davon in keiner Weise beindrucken. »Nicht De-Industrialisierung ist mein Vorschlag zum Klimaschutz, sondern wirtschaftliches Wachstum durch Klimaschutz.« Man müsse den »Gegenwartsegoismus« verwerfen und die Verantwortungspflicht gegenüber den Kindern und Enkelkindern anerkennen. Nur indem man langfristige energiepolitische Strukturen für die nächsten 40 Jahre schaffe, könne die Versorgungssicherheit gewährleistet werden.

Wohlfeile Worte, die immer mal wieder in allen politischen Sonntagsreden auftauchten. Aber Röttgen meinte es ernst. Er betonte die notwendige Rolle der Ordnungspolitik. Diese Wachstumsvorstellungen zu realisieren, sagte er, brauche eine den Rahmen setzende Ordnungspolitik. »Der Markt allein wird nicht rechtzeitig die Technologien generieren, die entwickelt werden müssen, um die Energieversorgung langfristig, sicher und wettbewerbsfähig zu organisieren.«

Die Entscheidungen für die künftige Energiepolitik seien zwingend in der Gegenwart zu treffen: »Wer sich heute entscheidet, ein Kohle- oder Kernkraftwerk zu bauen oder auch in den Netzausbau für regenerative Energien zu investieren, der entscheidet sich für Milliardeninvestitionen, die einen Zeitraum von Jahrzehnten benötigen, bis sie amortisiert sind.«

Alles nachzulesen ist das im Tagungsbericht auf der Webseite der Stiftung Markwirtschaft. Er vertrat zukunftsweisende Positionen, wie ich es mir von einem verantwortungsbewussten Politiker wünschte. Und nicht nur das: Als die Diskussion beendet war, sagte er die anschließenden Termine ab und blieb, um Details meiner Forschungsarbeit zu erfahren und weiterzudiskutieren.

Als er mich zwei Jahre später fragte, ob ich als Energieexpertin in sein Schattenkabinett kommen wollte, sagte ich zu. Denn – wie er mich zu

Recht erinnerte – bei jener Konferenz hatte ich für die Einführung eines eigenständigen Energieministeriums plädiert. Das Energiethema ist komplex und kompliziert und sollte nicht durch Einzelinteressen verschiedenster Ministeriumsbereiche zerfasert werden. Denn neben den damals brennenden Themen – Ausbau erneuerbarer Energien und Zukunft der Kernenergie – ging es ja ebenso um die Versorgung mit Gas, Kohle, Öl und die Frage der Netze und Speicher. Für diese *gesamte* Energiepolitik bräuchten wir einen verantwortlichen Ansprechpartner.

Also sagte ich zu. Nordrhein-Westfalen war ein spannendes Bundesland, in dem viel passierte. Hier fand ein gewaltiger Strukturwandel statt. Einerseits gab es hier das Ruhrgebiet mit ganz viel Kohle und energieintensiven Unternehmen, andererseits Städte und Gemeinden wie Saerbeck, Höxter, Münster oder Paderborn als Vorreiter für die Energie- und Verkehrswende. Das fand ich fachlich interessant, und ich war auch neugierig auf die konkrete politische Umsetzung.

Bekanntlich wurde nichts draus. Die CDU verlor die Wahl und Röttgen wurde von Merkel aus dem Amt des Umweltministers entlassen. Deswegen saß ich also bald darauf seinem Nachfolger Peter Altmaier in der Kantine des Bundestags gegenüber. Ich weiß noch, dass ich sehr gespannt auf das Gespräch war. Er galt als enger Vertrauter von Merkel, »die Allzweckwaffe der Kanzlerin«, und bei ihrer Erklärung zu Röttgens Entlassung hatte die Kanzlerin herausgestellt, die Umsetzung der Energiewende sei ein »zentrales Vorhaben dieser Legislaturperiode«. Der Bundesverband der Deutschen Industrie (BDI) hatte Altmaier in einer Stellungnahme kurz nach seiner Ernennung den Rat mit auf den Weg gegeben, er solle »bloß nicht den Röttgen machen«.

Ich fragte mich, wie denn wohl die Alternative »den Altmaier machen« aussehen könnte, und ahnte, dass es etwas mit der seltsamen Energiepolitik der Merkel-Regierung zu tun haben könnte.

Nachdem im Jahr 2000 von der damaligen rot-grünen Regierung der Ausstieg aus der Atomkraft beschlossen und einvernehmlich mit den AKW-Betreibern geregelt worden war, hatte die schwarz-gelbe Regierung 2010 den »Ausstieg vom Ausstieg« verkündet, was selbst die Energiekonzerne durcheinanderbrachte. Doch schon ein halbes Jahr später – nach dem Unfall in Fukushima – machte die Merkel-Regierung auch diese

Kehrtwende wieder rückgängig. Jetzt allerdings hopplahopp, was wiederum zu teuren Schadenersatzzahlungen führte. Nun schickte Merkel genauso hopplahopp, 18 Monate, nachdem das Parlament ein Konzept für die Energiewende beschlossen hatte, den dafür verantwortlichen Minister in die Wüste und präsentierte einen neuen Minister, um die Energiewende zu »reparieren«.

Irgendwann Mitte/Ende 2012 saßen wir also in der Kantine des Bundestags einander gegenüber. Leider erwies sich Altmaier nicht als sonderlich aufgeschlossen für die Erkenntnisse der Energieökonomie. Stattdessen gab er gängige Weisheiten wider, wie ich sie sonst nur aus Unternehmen hörte, die sich gegen die Energiewende sträubten. Meine Reaktion darauf muss für Altmaiers Verhältnisse aufgeregt geklungen haben. Jedenfalls lehnte er sich in aller Seelenruhe zurück und sagte sanft lächelnd sinngemäß so etwas wie: »Regen Sie sich nicht auf. Sie werden länger damit zu tun haben als ich. Ich mache diesen Job nur vorübergehend.«

Energiewende-Erfolge gegen eine Mauer politischer Ignoranz

In einem Punkt behielt er recht: Ende 2013 war er wieder weg, tauchte 2018 noch mal als Wirtschaftsminister im Themenfeld Energie auf und verschwand 2021 endgültig. Und ich bin heute noch da. Aber in dem anderen Punkt hatte er unrecht: Ich rege mich nicht auf, sondern bin schockiert.

Wie konnte es sein, dass die wissenschaftlichen Erkenntnisse so lange an einer Mauer politischer Ignoranz abprallten? Wieso muss es erst zum Krieg kommen? Und wieso habe ich selbst jetzt nicht den Eindruck, dass allen Verantwortlichen in der Regierung der Ernst der Lage wirklich klar ist? Ich komme mir vor wie Bill Murray in dem Film *Und täglich grüßt das Murmeltier*.

Ich bin in den letzten 15 Jahren durch die ganze Republik gereist und habe mit unterschiedlichsten Menschen gesprochen. Alle verstanden problemlos den simplen Dreischritt, warum wir eine Energiewende brauchten: Erstens, fossile Ressourcen wie Öl, Gas und Kohle sind knapp und werden den weltweit steigenden Energiebedarf bald nicht mehr decken. Aufgrund der Knappheiten kommt es zu geopolitischen Konflikten. Zweitens, das Verbrennen fossiler Ressourcen verursacht Treibhausgase, die uns in die Klimakatastrophe führen. Drittens, erneuerbare Energien sind unendlich vorhanden und sie belasten so gut wie gar nicht das Klima.

Ich mache es noch einfacher, noch griffiger: Fossile Energien sind knapp. Fossile Energien sind klimaschädlich. Erneuerbare Energien sind unendlich vorhanden und gut fürs Klima.

Frage: Welche Energien wollen wir nutzen? Na?

Die einzig vernünftige Schlussfolgerung heißt: Wir müssen so schnell wie möglich von fossilen auf erneuerbare Energien umsteigen. Wir brauchen eine Energiewende. Mehr gibt es nicht zu verstehen. Überall in Deutschland treffe ich seit zwanzig Jahren Menschen, die das nicht nur verstehen, sondern auch schon umsetzen.

2008 zum Beispiel entstand eine Initiative von »Energie-Kommunen«, die versuchten, positive Geschichten der Energiewende zu erzählen, um anderen Mut zu machen, den Weg ebenfalls zu gehen. Auf deren Webseite gibt es sogar eine Landkarte mit wirklich tollen Kommunen und Geschichten. Der Kreis Paderborn beispielsweise deckt seinen Strombedarf schon seit dem Jahr 2018 zu 100 Prozent mit Ökostrom. Feldheim ist das erste energieautarke Dorf in Deutschland, es produziert eigenen Strom und eigene Wärme. Dabei beansprucht das Dorf Wildpoldsried im Allgäu für sich, das allererste Dorf gewesen zu sein, welches zu 100 Prozent auf Ökoenergien setzt.

Von allem nie gehört? Damit sind Sie nicht allein.

Als im Sommer 2022 ein Filmteam von ZDF-*Frontal* recherchierte, wie man den explodierenden Gaspreisen entkommen könnte, fuhren sie bis nach Dänemark, um Menschen zu treffen, die sagten: »Der Gaspreis interessiert uns nicht. Wir brauchen kein Gas. Wir sind energieautark.«

Es gibt viele gute Beispiele auch in Deutschland. Aber immer, wenn ich wieder ins politische Berlin zurückkehrte, hatte ich den Eindruck, dass niemand davon jemals gehört hatte oder wirklich daran interessiert war.

Auch auf meinen vielen Reisen durch die Republik traf ich natürlich immer wieder Beschäftigte aus mittelständischen Unternehmen, politisch interessierte Leute, die behaupteten, die Energiewende ruiniere die Wirtschaft. Das überraschte mich insofern besonders, als die Energiewende ja gerade den unternehmerischen Mittelstand stärkt.

Nur ein Beispiel: Wesentlicher Teil der Energiewende- und Klimaschutzmaßnahmen ist das Energiesparen. Allein davon könnte auch die mittelständische Wirtschaft enorm profitieren. Durch Energieeffizienzmaßnahmen werden innovative Lösungen vorangetrieben, die nicht nur Geld sparen, sondern dauerhaft wettbewerbsfähig bleiben. Zudem gibt es auch im Mittelstand jede Menge Möglichkeiten, erneuerbare Energien einzusetzen, wie beispielsweise Photovoltaik- oder nachhaltige Biomasse-Anlagen oder aber hochindustrielle Wärmepumpen.

Ein anderer Bereich ist das Heizen in Gebäuden. Über 75 Prozent des Energieverbrauchs von Häusern gehen in der Regel auf das Heizen zurück, gefolgt von der Warmwasserbereitung mit etwa 15 Prozent und Elektro- und Kommunikationsgeräten mit etwa 5 Prozent, für die Beleuchtung werden weniger als zwei Prozent benötigt. »Der klimabewusste Hausbesitzer, der stolz auf seine Energiesparlampen deutet, sollte also vielleicht auch mal auf die Heizungsanlage im Keller schauen«, so hatte ich 2008 in meinem Buch *Die andere Klimazukunft* vorsichtig angemahnt. Kurz: Der Austausch ineffizienter Heizsysteme, schlecht isolierter Fenster und Türen sowie Wärmedämmung – das waren enorme Marktpotenziale für Betriebe der Baubranche, ob Heizungsbauer, Tischler, Glaser oder Baubetriebe.

All das leuchtete den Menschen schnell ein, wenn ich es in Ruhe erklären durfte.

Manchmal meldete sich dann jemand und nannte irgendeinen Betrieb, der durch die hohen Energiepreise in den Bankrott getrieben worden sei. Einmal wurde auf einen Stahlhersteller verwiesen, der schließen musste. Dem hatte sein Energieversorger gesagt, schuld sei allein die Energiewende. Ich ging der Sache auf den Grund, und es stellte sich heraus, dass beim Energieversorger des Stahlherstellers in den Jahren zuvor fast ausschließlich die Kohlepreise gestiegen waren. Für die weniger relevanten Steigerungen bei den Strompreisen war vor allem der fehlende Wettbewerb zwischen den wenigen Großkonzernen verantwortlich.

Aber klar: Es war einfacher, einen Sündenbock zu haben und den Kunden dreist zur Kasse zu bitten. Und wenn der pleitegeht, war natürlich die Energiewende schuld. Denn es war leicht, den »Ökostrom« zum Sündenbock zu machen. Er hatte keine starke Lobby.

Es gab viele kleine Ökostrom-Unternehmen, die teilweise aus lokalen Bürgerinitiativen entstanden waren oder durch einzelne Personen vorangetrieben wurden. Weder gab es ein bekanntes Vorzeigeunternehmen noch medienerfahrene Leute in diesem Bereich. Und professionelle Agenturen mit der Kommunikation zu beauftragen, konnte sich niemand leisten. Dafür fehlte ein starkes Netzwerk. Die Branche war erst im Aufbau, und alle Beteiligten waren sicher, dass der Erfolg ihnen recht geben würde. Das tat er auch, aber niemand bekam es mit. Und wenn, dann nur negativ.

Ökostrom hatte schon damals in Wahrheit preissenkende Wirkung. Nur wurde das entweder nicht an die Kunden weitergegeben oder aber man machte politisch gewollte komplizierte Umlageverfahren, die diesen Umstand verschleiern beziehungsweise ins Gegenteil verdrehen sollten. Sprich: Es sollte immer der Eindruck entstehen, Ökostrom sei teuer und ein Preistreiber.

Tricksen, tarnen, täuschen

Die Verschleierungstaktik hat Methode – nicht ohne Grund. Denn hätte es mehr Transparenz gegeben, wäre offen zutage getreten, dass die großen Energiekonzerne sich mit langfristigen Verträgen an die Nutzung von fossilen Energien gebunden hatten – und zwar auf Jahrzehnte. Gemeint sind eben jene Take-or-Pay-Verträge, mit denen wir uns heute herumschlagen. Aber das sollte besser niemand erfahren.

Den Energiekonzernen war natürlich bewusst, dass sie enorme Risiken mit sich herumschleppten. Aber die betrafen nicht die Strompreise, sondern vor allem die fossilen Ausgangsstoffe Kohle, Gas und Öl. Alle drei wurden auch in anderen Bereichen eingesetzt, die leider in der breiten Öffentlichkeit nur wenig diskutiert wurden: im Gebäudesektor (Heizungen) und im Verkehrssektor (Verbrennungsmotoren).

Doch das Einzige, was leidenschaftlich diskutiert wurde, waren die Strompreise. Den Konzernen war das recht. Solange sich die öffentliche Klimaschutz-Debatte auf den (Atom-)Strom beschränkte, hatte man bei den anderen Aspekten der fossilen Energiewirtschaft seine Ruhe.

Kohle und Gas waren für die Chemie- und Metall-Industrie ein wesentlicher Baustein in der Wertschöpfungskette, der nur schwer zu ersetzen war. Insofern waren alle diese Unternehmen – Klimaschutz hin oder her – sehr daran interessiert, an den langfristig billigen Lieferverträgen – vor allem mit Russland – festzuhalten. Und die komplette deutsche Automobilindustrie setzte nach wie vor auf Verbrennungsmotoren und war ebenfalls nicht daran interessiert, das bislang so lukrative Geschäftsmodell zu ändern. Ein Ausbau des Öffentlichen Nahverkehrs bedeutete billigere Konkurrenz fürs eigene Geschäft. Und der Umstieg auf Elektroautos hätte aus damaliger Sicht den gesamten Baustein Instandhaltung und Reparatur aus der Wertschöpfungskette entfernen können, weil es an Elektromotoren weniger »zu schrauben« gab.

Selbst im Gebäudesektor, in dem zwar mittelständische Unternehmen von der Energiewende enorm profitieren würden, gab es mächtige Bau- oder Immobilienkonzerne, die allesamt kein Interesse an einer Energiewende hatten: Bilfinger & Berger baute Kohle- und Gaskraftwerke in aller Welt. HeidelbergCement produzierte Beton und damit den stärksten CO_2-Emittenten überhaupt. Den Immobilien-Giganten wie Vonovia oder Deutsche Wohnen hätten die Investitionen in die Sanierung alter Wohnungen selbst langfristig keine Gewinne gebracht, weil dadurch nur die Nebenkosten der Wohnungen sanken, die ja ohnehin von den Mieter:innen getragen wurden. Für all diese Unternehmen war klar: Die Energiewende war geschäftsschädigend und musste so lange wie möglich blockiert werden.

Den Energiekonzernen drohte das Stromgeschäft abhanden zu kommen. Zentralistische Konzernstrukturen mit Großkraftwerken und einigen wenigen starken Leitungen passten nicht zu einer dezentralen und digitalen Erneuerbare-Energien-Welt.

Clevere Manöver der Energiekonzerne

Bemerkenswerterweise hat genau darauf immer das SPD-Urgestein Hermann Scheer in seinen zahlreichen Büchern und Vorträgen hingewiesen. Hermann Scheer war nicht nur ein besonders engagierter Bundestagsabgeordneter, sondern auch Präsident der Europäischen Vereinigung für Erneuerbare Energien EUROSOLAR e. V. und Vorsitzender des Weltrats für Erneuerbare Energien (WCRE). »Knapp sind nicht die Erneuerbaren Energien, knapp ist die Zeit«, hat er immer gesagt. Damit hat er nicht nur den simplen Wechsel von Energien gemeint, sondern den gesamtgesellschaftlichen Wandel zu Partizipation und Bürgerbeteiligung als Ganzes. Der Träger des Alternativen Nobelpreises ist leider viel zu früh 2010 im Alter von 66 Jahren gestorben.

Ich habe viel und oft mit ihm gesprochen, und meist waren wir uns sehr einig. In einem Punkt allerdings nicht: Das Wüstenstromprojekt Desertec, welches in der nordafrikanischen Wüste Solaranlagen für die europäische Stromversorgung installieren wollte, lehnte er ab, weil er darin eine Verstärkung des Monopols der Energiekonzerne sah. Auch das war vorausschauend. Ich hatte das Projekt damals begrüßt. Aber ich muss zugeben: Er hatte wie immer recht.

Bei einem Abendessen, es muss so im Jahre 2005 gewesen sein, erzählte mir Hermann Scheer, dass die fossilen Energie-Unternehmen mit »harten Methoden« um ihre Pfründe kämpfen würden. Dabei berichtete er auch davon, dass fossile Energieunternehmen ihm finanziell höchst attraktive Angebote gemacht hätten. Er habe es abgelehnt, weil ihm die dezentrale Energiewende viel wichtiger sei als jedes Geld. Vor allem wollte er sich nicht den Mund verbieten lassen. Das aber habe dazu geführt, so erzählte er, dass er seither massiv attackiert und zunehmend bedroht worden sei. Ich erinnere mich, dass ich das damals als »Räubergeschichte« abtat. Heute verstehe ich besser, was er meinte.

Die Energiegiganten versuchten, die Energiewende zu verzögern, wo es nur ging. Man versuchte, schlicht Zeit zu gewinnen. Um im Stromsektor überleben zu können, musste man langfristig auf erneuerbare Energien setzen, das war klar. Das Onshore-Windgeschäft in Deutschland war allerdings viel zu kleinteilig für die grobschlächtigen Strukturen der

Konzerne. Es war finanziell zu unbedeutend, als dass sich hier größere Investments lohnen würden. So investierten die Konzerne vor allem im Ausland in große Offshore-Windparks oder komplexe Solarparks. Hier waren wenigstens noch Renditen zu erwarten, die halbwegs den Ansprüchen der Investoren genügten.

Die Frage war aber, wie lange das fossile Geschäft noch laufen würde. Den Kohlekraftwerken drohte der schnelle Garaus, weil sie definitiv die stärksten Emittenten von Treibhausgasen waren. Bei Ölkraftwerken war es ähnlich, aber der Anteil war ohnehin gering. In Deutschland war zudem der Atomausstieg beschlossen. Blieben nur noch die Gaskraftwerke. Sie mussten die Verluste der anderen kompensieren. Sie versuchte man über das Narrativ »Brückentechnologie« und »Partner der Energiewende« noch möglichst lange am Leben zu erhalten. Doch die Emissionszertifikate (unbedingt verhindern!) und das schwindende Angebot (dank Erderwärmung gäbe es hoffentlich bald Zugang zu neuen Feldern in Sibirien!) würden auch die Gaspreise in naher Zukunft exorbitant steigen lassen. Spätestens dann würden alle fossilen Geschäftsbereiche in die roten Zahlen stürzen. Es gab keine fossilen Chancen mehr, es gab nur noch fossile Risiken.

Die Top-Manager der Top-Konzerne fanden eine Top-Lösung: Sie lagerten ihre fossilen Geschäfte einfach an Tochterunternehmen aus. Solange die Gewinne einfuhren, konnte man daran partizipieren. Sobald sie aber in Bedrängnis gerieten, würde man sie in die Pleite laufen lassen oder darauf setzen, dass sie vom Staat gerettet würden.

Dieses Verfahren hatte man in der Finanzkrise 2009 gelernt: Um das »systemrelevante« deutsche Finanzwesen und die Spareinlagen der deutschen Bevölkerung zu retten, hatte man notgedrungen die Banken, die sich mit höchstriskanten Immobiliengeschäften in den USA verzockt hatten, verstaatlichen müssen. Das geschah tatsächlich bei der Immobilienbank HypoRealEstate (HRE). Alle anderen Banken – und es hatten nur sehr wenige Finanzinstitute, vornehmlich die Genossenschaftsbanken, nicht mitgezockt – bekamen die Möglichkeit, ihre hochspekulativen und nun nicht mehr rentablen Finanzpakete in diese staatlich getragene »Bad Bank« abzuschieben.

So konnten die anderen weiterhin privaten Banken rentabel weiterarbeiten, während der Staat versuchte, die nun bei ihm abgelagerten Pleiteprodukte irgendwie zu verhökern, um den Schaden wenigstens ein bisschen zu verkleinern. Die HRE-Altlasten hatten einen nominalen Wert von 175 Milliarden Euro. Der »Wert« stand natürlich nur auf dem Papier. Denn für den »Schrott« würde, jenseits des Retters Staat, niemand so viel bezahlen. Die Zahl bezifferte eigentlich nichts anderes als den Maximal-Schaden, der sich bestenfalls reduzieren ließ. Zehn Jahre nach der Verstaatlichung hatte man durch den Verkauf »nur« 15 Milliarden Euro verloren, aber da war erst ein Bruchteil verscherbelt worden. Die langlebigsten dieser Papiere haben Laufzeiten bis zum Jahr 2078. Spätestens dann werden wir erfahren, wie teuer die Zockerei uns wirklich zu stehen kommt. Die Manager, die mit dem Zeug Millionen verdient haben, sind dann längst tot.

Vorausschauend fädelten die Manager der Energiekonzerne ab 2014 Vergleichbares also schon mal selbst ein. Mit aufwendigen Umstrukturierungen und Tauschgeschäften, die sich über zwei Jahre hinzogen, wurden die fossilen Risiken quasi durchgekaut und am Ende gebündelt als ein neues Unternehmen ausgespuckt. So entstand eine Art fossile Bad Bank namens Uniper, die wir heute alle kennen, weil sie vom Staat gerettet werden musste und uns vermutlich mehr als 30 Milliarden Euro kosten wird.

Die Eon-Tochter, die auch noch sämtliche fossilen Geschäfte der RWE übernahm, war das erste Unternehmen, das 2022 verstaatlicht werden musste, um die Bürger:innen vor dem Desaster eines kalten Winters ohne Heizung zu bewahren. Der Schadensfall trat vermutlich früher ein als erwartet, aber er traf nicht die Mutterkonzerne, die der Tochter die Risiken rechtzeitig vererbt hatten. Den Schaden zahlt jetzt mal wieder die Gemeinschaft, wenngleich nicht über eine für alle sichtbare Gasumlage, sondern erneut heimlich: Wir hinterlassen die Schulden – oder die Rückzahlung des 200-Milliarden-»Sondervermögens« – neben den Kosten der Klimakatastrophe mal wieder den nächsten Generationen. Diesen raffinierten Bad-Bank-Kniff hatte das damalige Management allerdings mit großem Klimaschutz-Tamtam verschleiert.

»Eine Branche muss sich neu erfinden«

Zugegeben: auch ich habe die Hütchenspieler-Tricks nicht sofort durchschaut, als damals der große fossil-erneuerbare Umbau angekündigt wurde. Vorausschauender waren da einzelne Stimmen, die vor einer »Bad Bank«-Konstruktion warnten, »die anstehende Kosten auf die Gemeinschaft abwälzen will«. Ich sah damals eher den Umbau des Mutterkonzerns Eon als bemerkenswerten Schritt an, und hoffte, dass nun endlich das erneuerbare Zeitalter konsequent überall beginnen würde. So schrieb ich in einem Gastbeitrag im November 2014: »Der Düsseldorfer Konzern betritt kein Neuland, aber ist – und das ist bemerkenswert – der erste große Energiekonzern weltweit, der sich den neuen Herausforderungen konsequent stellt. Ein Dinosaurier stemmt sich nicht nur simpel gegen sein Aussterben, sondern baut sich komplett und radikal für das neue Zeitalter um.«

Im März 2015 hatte der damalige Vorstandsvorsitzende Johannes Teyssen die Reorganisation des Konzerns auf der Hauptversammlung verkündet und daraufhin bereits erfolgversprechende Geschäftsmodelle für die zukünftige Energiewende in Angriff genommen.

Zwei Monate später traf ich ihn bei einem Live-Talk der *Rheinischen Post*. Teyssen sollte Rede und Antwort stehen zu den Stichworten Energiewende, Klimaschutz, Strompreise. Das Motto lautete: »Eine Branche muss sich neu erfinden.« Er sagte lauter vernünftige, zukunftsweisende Dinge. Es machte Spaß, ihm zuzuhören, was ich auch zum Ausdruck brachte. »Nett, dass Sie mich mal loben«, sagte er erstaunt zu mir. Und ich erwiderte genauso erstaunt: »Wenn Sie was Gutes machen, lobe ich Sie gern.«

Dem *Manager Magazin* erzählte Teyssen wenige Monate später, er habe »auf dem Weg zum Ökostromverkäufer« bereits 30 Kilo Gewicht verloren. Er jogge jetzt viermal pro Woche. Neulich sei er sogar mit seiner Familie in einem Baum herumgeklettert. Das klang eigentlich ziemlich sympathisch. Aber er war eben durch und durch ein Manager, der weniger Sympathisches im Schilde führte – oder führen musste.

Meine Freude über die positive Wende seines Unternehmens war mir ziemlich vergällt, als im März 2018 bei Eon der Ausstieg vom Ausstieg aus der fossilen Energie verkündet und stattdessen ein komplexes Fusions- und Tauschgeschäft mit RWE verabredet wurde. Es war eine der größten Transaktionen der deutschen Wirtschaftsgeschichte. Eon und RWE zerschlugen die damalige RWE-Tochter Innogy und tauschten die Geschäftsaktivitäten so untereinander, dass die beiden Konzerne seither nicht mehr im Wettbewerb zueinander stehen. RWE kümmerte sich um die Energieerzeugung, Eon um die Endkunden und den Netzbetrieb. RWE wurde damit in der Stromerzeugung und im Stromgroßhandel zum marktbeherrschenden Akteur und Eon im Netzbetrieb und der Kundenbelieferung. Die marktbeherrschende Stellung von RWE im sogenannten Stromerstabsatzmarkt wurde später vom Bundeskartellamt offiziell bestätigt.

Doch für die angestrebten Klimaziele und die damit verbundene Energiewende braucht der Energiemarkt genau das Gegenteil, nämlich Wettbewerb und Vielfalt. Beides wird durch global agierende Großkonzerne behindert, die ihr Geschäftsmodell auf zentrale Großstrukturen ausrichten. Das ist schlicht das Gegenteil von Dezentralität, Bürgernähe und Akteursvielfalt. Verärgert schrieb ich in einem Gastkommentar: Die bisher erfolgversprechenden Geschäftsmodelle für die zukünftige Energiewende aufzugeben zeige, »dass man weder bei RWE noch bei Eon versteht, was die Stunde geschlagen hat.«

Gegen diesen Deal zogen bald darauf, nämlich im Mai 2020 und im Januar 2021, elf deutsche Energieversorger vor das EU-Gericht. Sie bezweifelten die Rechtmäßigkeit der Freigaben durch das Bundeskartellamt und die EU-Kommission. Die hatten 2019 den Deal entgegen massiven Bedenken anderer Marktteilnehmer unter nur geringen Auflagen freigegeben.

Unter dem Hashtag »#wirspielennichtmit« beteiligte sich auch ein breites Bündnis aus Wirtschaft, Wissenschaft und Zivilgesellschaft, darunter auch Volker Quaschnig und ich. Gemeinsam kritisierten wir den Trend zur Oligopolisierung der Energiemärkte, der im Widerspruch zu den Klimaschutzzielen steht.

Das Gericht der Europäischen Union nahm die Klage an und setzte im Sommer 2022 für das erste Verfahren volle drei Verhandlungstage sowie die Besetzung mit dem Maximum von fünf Richter:innen an. Das war ein Zeichen, dass sie die Lage durchaus ernst nehmen. Bis zur Drucklegung dieses Buches lag das Urteil noch nicht vor. Es bleibt zu hoffen, dass sie die Entscheidung korrigieren und die Markthegemonie der Konzerne auflösen. Denn in einem wirklich freien Markt und im fairen Wettbewerb sind erneuerbare Energien längst die billigere Variante – selbst von den Kosten des Klimawandels abgesehen.

Eon-Chef Johannes Teyssen muss sich mit den Folgen seiner Entscheidungen nicht mehr auseinandersetzen. Im März 2021 endete seine Tätigkeit bei Eon. Seither ist er Verwaltungsratspräsident des Schweizer Energiekonzerns Alpiq. Leider bin ich ihm seit dem RWE-Eon-Deal nicht mehr begegnet. Wenn ich ihn träfe, würde ich ihn fragen, was ihn dazu bewogen hat. Ob alles ein Hütchenspieler-Trick war oder er von anderen Mächten oder Zwängen getrieben wurde.

Eine im Nachhinein beängstigende Begegnung hatte ich mal mit dem Total-CEO beim *SZ*-Wirtschaftsgipfel im Hotel Adlon in Berlin. Der Gazprom-Vizechef und Putin-Vertraute Alexander Medwedew war leider nicht wie geplant zur Diskussion erschienen. Mit ihm hätte ich mich gern über zu hohe Gaspreise und die Ölpreisbindung gestritten. So saß ich nur RWE-Vorstandschef Peter Terium und dem Total-CEO Christophe de Margerie gegenüber. Es gab den erwartbaren Disput über Fracking und fossile Energien. Der Total-CEO zeigte sich aber sehr offen für meine Argumentation. Seit Längerem gab er bereits die Existenz eines »Peak-Oil« (Ölfördermaximums) zu, was in der Ölbranche stets geleugnet worden war. Jetzt aber erklärte er auf offener Bühne, dass wir diesen Kipppunkt des fossilen Zeitalters bereits hinter uns hätten.

Ich klatschte begeistert in die Hände: »Unfassbar!«, rief ich. »Dass Sie das endlich zugeben!« Sofort hakte ich nach. Schließlich sei es dann doch dringend geboten, endlich von den fossilen Energien wegzukommen und auf erneuerbare Energien umzusteigen. Daraufhin nickte er nur still, und der Moderator wechselte leider viel zu schnell das Thema.

Das war im November 2013. Knapp ein Jahr später kam Christophe de Margerie bei einem seltsamen Verkehrsunfall auf dem Moskauer Flughafen ums Leben. Er hatte den russischen Ministerpräsidenten Dmitri Medwedew in dessen Residenz außerhalb von Moskau getroffen, »um über weitere Investitionen in Russland zu beraten«. Der kleine Businessflieger, in dem er als einziger Passagier nach Paris unterwegs war, kollidierte beim nächtlichen Start im Nebel mit einem Schneepflug auf der Startbahn. De Margerie sowie die drei Besatzungsmitglieder starben.

Der 60-jährige Fahrer des Schneepflugs sei betrunken gewesen, hieß es zunächst. Der Fahrer selbst bestritt das und erklärte, er habe die Orientierung verloren, weil die Startbahn-Beleuchtung ausgeschaltet gewesen sei. In Moskau kursierten wilde Verschwörungstheorien. Der Total-Chef sei einem Mordkomplott des Westens zum Opfer gefallen, weil er sich für Russlands Positionen stark gemacht habe. Eine Woche später gaben die russischen Ermittler der Flughafenleitung die Schuld. Sie behaupteten, dass der Unfall nicht »durch eine tragische Verkettung von Umständen, sondern durch kriminelle Fahrlässigkeit von Beamten« verursacht worden sei. Die Rede war von Mitgliedern des Managements, die versucht hätten, die Ermittlungen zu behindern, und suspendiert worden seien.

De Margerie hinterließ eine Frau und drei Kinder. Noch im September hatte er in London eine »strategische Neuausrichtung« des Konzerns Total angekündigt und wollte die Investitionen »noch stärker als ursprünglich beabsichtigt« reduzieren. Diese Vorhaben konnte er nicht mehr in Angriff nehmen. Am 1. November 2014 verlieh ihm der russische Präsident Wladimir Putin posthum den Orden der Ehre.

Auffällig ist auch, dass in den Monaten seit Kriegsbeginn 2022 gleich mehrere Energie-Manager auf mysteriöse Weise ums Leben kamen: Der ehemalige Gazprom-Manager Leonid Schulman wurde erschossen im Badezimmer seines Hauses gefunden. Den stellvertretenden Generaldirektor von Gazprom, Alexander Tjuljakow, fand man erhängt in seiner Villa. Auch der Öl- und Gasmagnat Mikhail Watford hatte sich angeblich in der Garage seines Herrenhauses im britischen Surrey erhängt. Der Vorsitzende des russischen Ölkonzerns Lukoil, Rawil Maganow, stürzte aus dem Fenster eines Moskauer Krankenhauses. Der ehemalige Vizechef der Gazprom-Bank, Wladislaw Awajew, soll zunächst seine Frau und Kinder und anschließend sich selbst getötet haben; ebenso Sergej Protosenja, der ehemalige Manager von Novatek, des größten privaten Gasförderers Russlands. Andrej Krukowski, der Manager eines von Gazprom betriebenen Skiressorts im Kaukasus, stürzte bei einer Wanderung von einer Klippe in den Tod.

Vielleicht erklärt das, warum Johannes Teyssen Mitte April 2022 ein Gasembargo gegen Putin für »höchst gefährlich« und »unverantwortlich« hielt.

Der Schwarze Peter Energiewende

Warum auch immer Politik und Unternehmen all die Fehlentscheidungen getroffen haben, den Preis dafür zahlen die Verbraucher:innen spätestens heute. Aber eigentlich tun sie es schon sehr lange, denn die fossilen Energien wurden schon seit den 1990er Jahren schleichend immer teurer. Wir haben nur nie richtig hingeschaut.

Heute sehen wir, dass all die Jahre die wahren Kosten der konventionellen Energien verschleiert worden sind. Den hohen Preis der riskanten Technologien zahlt jetzt die Gemeinschaft – und das belastet vor allem die Ärmeren. Den Preis der ach so erstrebenswerten »fossilen Freiheit« müssen nun ausgerechnet diejenigen bezahlen, die am wenigsten zum tiefen fossilen Fußabdruck beigetragen haben.

Denn Fakt ist schon lange: Die Vorräte fossiler Energien gehen zur Neige. Sie verursachen geopolitische Konflikte. Öl und Gas müssen durch immer teurere (und umweltschädlichere) Verfahren aus den letzten Winkeln des Planeten gepresst und transportiert werden. Gleichzeitig steigt die Nachfrage, weil die schnell wachsenden Industrien in den Schwellenländern einen steigenden Energiebedarf haben. Das alles lässt die Preise explodieren. Die Explosion begann vor zwanzig Jahren, nur hören wir jetzt erst den Knall. Und die Druckwelle der Explosion steht uns erst noch bevor.

Auch für die hohen Strompreise 2013 hießen die wahren Gründe: Ein viel zu großer Teil des Stroms wurde mit Kohle und Gas produziert, es gab wenig Wettbewerb, die Konzerne schöpften weiterhin hohe Gewinne ab und es gab eine falsche Abgabenregelung. Die angeblich rettende »Strompreisbremse« war allerdings alles andere als das.

Statt den Wettbewerb vor allem durch den Ausbau erneuerbarer Energien zu stärken, wurde der Ausbau beschränkt. Vor allem änderte man die Berechnungsformel der Ökostromumlage, sodass der Eindruck entstand, die erneuerbaren Energien seien Strompreistreiber.

Die »Strompreisbremse« war in Wahrheit vor allem eine »Ökostrom-Ausbau-Bremse« und bewirkte eine gezielte Deckelung des Zubaus erneuerbarer Energien. Dadurch war angeblich der Kostenfaktor Ökostrom beseitigt. Allerdings sorgte ausgerechnet die geänderte Berechnungsgrundlage für die Ökostrom-Umlage dafür, dass die Strompreise weiter stiegen – und das, obwohl der Ausbau erneuerbarer Energien nun sank. Das kann man wirklich nur als Glanzstück verfehlter Energiepolitik bezeichnen – oder als Absicht.

Denn anders als beispielsweise bei der Finanzierung der Kosten von Atomenergie werden erneuerbare Energien nicht heimlich über den Staatshaushalt, sondern über den Strompreis finanziert. Bei Atomstrom merkten es die Haushalte also nie, was sie in Wahrheit dafür bezahlten – wenn sie es würden, wäre der Strompreis schon immer richtig hoch. Bei erneuerbaren Energien hingegen wird der wahre Preis von Energie sichtbar, aber eben nur der für Ökostrom. Die Milliarden-Subventionen für Atom, Kohle oder Gas waren und blieben unsichtbar. Weder die Politik noch die Energiekonzerne hatten ein Interesse daran, diese Kosten transparent zu machen.

Der Schock, dem weite Teile der Bevölkerung zu Beginn des 21. Jahrhunderts ausgesetzt waren, entsprach etwa dem Moment, wo ein Teenager von zu Hause auszieht und sein WG-Zimmer nun selbst bezahlt. Ups, Miete, Internet, Wasser, Strom – das kostet ja alles Geld! Lehrgeld, BAföG oder das erste selbst verdiente Geld ist also nicht bloß »Taschengeld« für Kino und Handy. Der Unterschied ist, dass die Eltern in der Regel nicht sagen: »Deine WG ist schuld! Komm wieder zu uns, da ist das alles billiger.« Denn die meisten Eltern freuen sich, wenn die Kinder erwachsen und selbstständig werden.

Die Energiekonzerne freuen sich aber nicht, wenn die Verbraucher:innen autonom und unabhängig werden. Im Gegenteil, sie wollen ihre Kundschaft gern behalten. Denn sie brauchen ja jemanden, der all die fossile Energie bezahlt, die sie auf Jahrzehnte in Russland bestellt hatten. Eine Energiewende würde für sie bedeuten, dass die Investitionen der Vergangenheit sich nicht rentierten; sie wären sogenannte »Stranded

Investments«. Der Job des Managements aber war es, derlei auf jeden Fall zu vermeiden. Sie steckten im Dilemma: Klima retten oder Unternehmen retten? Heute wissen wir, wie sich die meisten in den letzten Jahren entschieden haben – und wie sie weiterhin entscheiden.

Auch die Politik begriff, dass sie in einem Dilemma steckte. Denn die Energiewende würde Investitionen erfordern, die sich zwar langfristig rechneten, aber kurzfristig die Preise erhöhen würden. Das Volk aber ist vergesslich, heißt es in der Politik. Dazu wurde immer die Geschichte erzählt, dass auch die Arbeitsmarktreformen der Agenda 2010 nicht der rot-grünen Regierung angerechnet werden, die sie beschlossen hatte. Im Gegenteil: Gerhard Schröder habe deswegen 2005 die Wahl verloren. Der Wirtschaftsaufschwung der folgenden Jahre sei dagegen immer als Leistung der großen Koalition unter Merkels Führung gefeiert worden. Wissenschaftlich gilt diese Lesart übrigens als zu vereinfacht: In Wahrheit profitierte Deutschland wohl vor allem von makro-ökonomischen Entwicklungen. Die Agenda 2010 hatte wahrscheinlich weniger Effekte auf die Konjunktur als auf die Arbeitsmarktstatistiken und die innerdeutsche Verteilung der Sozialkosten. Aber das ist eine andere Geschichte.

Jedenfalls ging man in der Politik davon aus, dass wahrscheinlich selbst 2050 niemandem dafür gedankt würde, wenn er oder sie 2010 eine richtungweisende, aber unpopuläre Entscheidung getroffen hätte. Denn mit unpopulären Entscheidungen verlor man ziemlich schnell das politische Mandat und konnte dann gar keine Entscheidung mehr treffen. Es war also schlauer, zu kaschieren, dass schon seit Jahrzehnten keine vorausschauende und vor allem zukunftsfähige Energiepolitik betrieben worden war, und lieber Entscheidungen zu treffen, die das Wahlvolk heute schon feierte. Allerdings wurde der notwendige Umbau langsam dringlich – und man musste Wege finden, wie er stattfand, ohne dass man selbst Schaden nahm.

Das Thema Energiewende war gewissermaßen der Schwarze Peter, der schnell weitergereicht wurde, damit man ihn bloß nicht in der Hand hielt, wenn die Karten aufgedeckt wurden. Leider bewahrheitet sich dieses zynische Politikverständnis heute.

Seit Februar 2022 macht Putins Angriffskrieg unsere Abhängigkeit von russischem Öl und Gas gnadenlos sichtbar. Der Schwarze Peter liegt zufällig bei Wirtschaftsminister Habeck, und prompt ist angeblich seine

Partei schuld an der ganzen Energiekrise. Das ist völlig verrückt, denn es waren gerade die Grünen, die neben einigen kleineren Parteien jahrzehntelang auf die Gefahren der bisherigen Energiepolitik aufmerksam gemacht hatten. Doch weil sie jetzt in der Regierung sind, versuchen sie die Suppe auszulöffeln, die ihnen die Vorgängerregierungen eingebrockt haben. Die eigentlich verantwortlichen Parteien und Unternehmen ducken sich weg. Manche sind sogar so dreist, mit ausgestrecktem Finger auf die aktuelle Regierung zu zeigen und sich schadenfroh bis besserwisserisch hinzustellen: Mit ihnen würde das alles nicht passieren.

Die traurige Wahrheit ist: Wir alle, auch mittelständische Unternehmen und Privathaushalte, zahlen heute die Zeche für die Politik- und Managementfehler der Vergangenheit. Und ärmere Haushalte zahlen am meisten. Man will es einfach nicht wahrhaben, sondern verschleiert, dass gerade die Energiewende zu sozialer Gerechtigkeit, Kostenwahrheit und Teilhabe führt. Ökoenergie und Energiewende werden weiterhin zum Sündenbock gemacht, um das Versagen zu verschleiern. Es ist die x-te Wiederaufführung desselben Theaterstücks. Ein Déjà-vu, auf allen Ebenen.

Wissenschaftlich jedenfalls galt nicht nur die auf uns zurollende Klimakatastrophe längst als bewiesen, auch wenn das konkrete Ausmaß der Erderhitzung und das detaillierte Wie und Wo der möglichen Folgen noch diskutiert wurden. Auch über die Kosten-Nutzen-Analyse von Klimakrise und Klimaschutz gab es in der Energieökonomie keinen Streit mehr. Diskutiert wurde allein darüber, wie man präventiv vorgehen könnte, um das Allerschlimmste zu verhindern: mehr oder weniger Markteingriffe, Wettbewerbsregulierung, Emissionspreise oder CO_2-Steuer, und wenn eins davon, dann wie genau.

Wohlkalkulierter Billionen-Euro-Hokuspokus

Für all diese Themen und Hintergründe interessierte sich der damalige Umweltminister Altmaier nicht. Statt politische Entscheidungen zu fällen, die der Sachlage angemessen gewesen wären, spielte er politisches Theater, das er aus welchen Gründen auch immer für angemessen hielt. Die

Strompreisbremse wurde zuvor mit FDP-Wirtschaftsminister Philip Rösler ausgekungelt. Ich wurde und werde nicht müde, sie zu erläutern und zu kritisieren – in zahlreichen Artikeln, Interviews und Vorträgen. Am Ende gewinnt in der Aufmerksamkeitsökonomie der modernen Gesellschaft doch meist das falsche, aber knackige Narrativ. Das galt es, auf die Bühne zu bringen, und den großen Auftritt dafür hatte Altmaier bei jener Pressekonferenz am 20. Februar 2013.

Wahrscheinlich war es reiner Zufall, dass der Altmaier'sche Presseauftritt nur wenige Tage, bevor ich mein neues Buch in Berlin vorstellte, stattfand. Aber man hätte es nicht besser terminieren können. Mein Buch trägt den Titel *Kampf um Strom. Mythen, Macht und Monopole.*

Der Verlag hatte einen Raum im Haus der Bundespressekonferenz gemietet und das Buch mit den Worten angekündigt: »Claudia Kemfert räumt auf mit den Öko-Mythen und Energieirrtümern. Höchste Zeit!« Und er versprach, ich würde in dem Buch die Energiewende erklären: »Was dahintersteckt, wie lange sie dauert, den Unterschied zum Atomausstieg, was sie kostet und vor allem, was es mehr kostet, wenn sie nicht kommt.«

Als ich 2006 eine Studie zu den Kosten des Klimawandels der Öffentlichkeit präsentierte, hatten die Medien uns die Bude eingerannt. Jetzt, sieben Jahre später, ging es um die Kosten der Energiewende, aber auch um die Kosten, wenn sie nicht stattfand. Damals hatte die Zahl »800 Milliarden Euro« Schlagzeilen gemacht. Und dieses Mal?

Falls Altmaier sich solche Gedanken gemacht haben sollte, war er garantiert enttäuscht. Denn mit seiner Eine-Billion-Euro-Wette hatte er haushoch gewonnen. Er hätte auch 10 Euro sagen können. Der Sieg wäre ebenfalls seiner gewesen. Ich habe nämlich gar keine Zahl genannt, sondern nur das Prinzip erklärt, warum die Energiewende ein Gewinn ist – also auf lange Sicht gar nichts kostet, sondern stattdessen Geld einspielt. Ich habe erklärt, wieso die Energiewende billiger ist als die Nicht-Energiewende. Dabei habe ich den Unterschied zwischen Kosten und Investitionen erklärt.

Kosten heißt: Ich kaufe ein Stück Kuchen, esse das, und das Geld ist weg. Investitionen heißt: Ich kaufe die Zutaten, backe den Kuchen selbst, esse ein Stück selbst und verkaufe den Rest des Kuchens Stück für Stück an andere. Dann ist das Geld vorübergehend weg, aber am Ende habe ich deutlich mehr Geld in der Tasche als am Anfang – jedenfalls, wenn ich mich nicht allzu blöd anstelle. Altmaier tat das Gegenteil. Um im Bild zu bleiben: Er addierte die Ausgaben für alle Backzutaten der nächsten zwanzig Jahre plus die Energiekosten für den Backofen plus Wasser und Spülmittel für die Reinigung plus allem, was einem sonst noch einfallen könnte – um am Ende zu sagen: Kuchenbacken ist irre teuer, und einen Backofen zu kaufen lohnt sich nicht.

Diesen Billionen-Euro-Hokuspokus hatte er nicht nur der *FAZ* angedreht, sondern auch den zahlreichen Journalist:innen, die zu seiner Pressekonferenz strömten. Der Trick funktionierte: Er malte den Teufel an die Wand (1 Billion Euro Kosten) und zog dann ein buntes Kasperle aus der Tasche (Strompreisbremse) – und die Medien hatten eine tolle Geschichte. Wie genau die Strompreisbremse eigentlich funktionieren sollte, wollte keiner so genau wissen. Und selbst wenn: Das Kasperle ist in Wahrheit auch nur eine Puppe aus Holz und Textil – und trotzdem ungeheuer überzeugend.

Ich dagegen saß wenige Tage später im kleinen Nebenraum der Bundespressekonferenz. Präsentiert wurde mein Buch vom einstigen CDU-Umweltminister Klaus Töpfer. Anwesend war eine Handvoll Journalist:innen. So zufällig die zeitliche Nähe von Ort, Zeit und Inhalten der beiden Pressekonferenzen entstanden war, so hatte es doch den symbolischen Charakter einer Machtdemonstration, bei der Altmaier triumphierte.

Die Billion bestimmte die Schlagzeilen. Mein Zwischenruf: »Lest bitte Kapitel 5 in meinem Buch!«, blieb dagegen nahezu ungehört. In jenem Kapitel 5 erklärte ich, wie der Strompreis zustande kommt, warum die öffentliche Hand immer daran beteiligt ist und wie dabei heimliche Subventionen in die Taschen der Konzerne fließen. Kapitel 6 des Buchs dreht sich übrigens um den Mythos »Es droht ein Kosten-Tsunami« (!) – also um die Entlarvung und die wissenschaftliche Einordnung von exakt dem, was Altmaier hier gerade vollzog. Aber auch die übrigen Kapitel 1 bis 10, in denen ich die Taschenspieler- und Zaubertricks der Energiewende-Gegner zu entlarven versuchte, fanden leider nicht ausreichend Beachtung. Die fossilen Copperfields konnten fröhlich weiterwirken.

Die Strompreisbremse entwickelte ihre Kraft als Erneuerbare-Energien-Bremse, und ich redete mir weiterhin den Mund fusselig.

Der Verlag war zwar mit den Verkaufszahlen des Buches zufrieden. Es hat sich besser verkauft als jedes andere meiner Bücher; es gab eben ein paar Zehntausend Menschen, die wirklich wissen wollten, was die Wissenschaft zu sagen hatte. Aber in den meisten Köpfen fraß sich das Narrativ der teuren Energiewende fest. Auch das stand zutreffend in meinem Buch: »Wer zehnmal lügt, dem glaubt man dann.« Leider.

Besonders bemerkenswert ist aber: Etwa fünf Jahre später, nämlich im Dezember 2017, antwortete die Bundesregierung (immer noch große Koalition, immer noch Merkel als Bundeskanzlerin, Allzweckwaffe Altmaier gerade geschäftsführender Finanzminister) auf eine Kleine Anfrage der AfD zu den Kosten der Energiewende ganz offiziell:

> »Die Energiewende transformiert und modernisiert die deutsche Energieversorgung grundlegend. Hierfür fließen Investitionen vor allem in den Ausbau der erneuerbaren Energien, die Steigerung der Energieeffizienz und den Ausbau der Stromnetze. Allerdings wären auch ohne die Energiewende Investitionen in erheblichem Umfang erforderlich gewesen, z. B. für die Ertüchtigung von Netzen oder für den Neubau von Kraftwerken. Die Kosten der Energiewende lassen sich folglich nicht dadurch ermitteln, indem einzelne Kostenpositionen des heutigen Stromsystems bzw. des Strompreises (EEG-Umlage, Netzentgelte etc.) summiert werden. Ein solcher Summationsansatz wird auch in der Wissenschaft kritisch gesehen« (vgl. unabhängige Expertenkommission zum Monitoring der Energiewende) (Drucksache 19/285).

Sieh an, sieh an!

»Merchants of Doubts«

Altmaier hatte sich die Billionen-Euro-Legende keineswegs allein ausgedacht. Er war auch nicht der Einzige, der sie erzählte. Er tat es nur besonders erfolgreich. Er war eben ein echter Profi.

Die Mythen und Erzählungen rund um die Energiewende kursierten schon sehr viel länger. »Wissenschaftsleugnung« und »Fake News« sagen wir heute dazu. Manche meinen, das sei eine Erfindung von Donald Trump. Ist es aber nicht. Auch der nutzt nur eine über Jahrzehnte entwickelte und erprobte Technik, um die öffentliche Wahrnehmung zu manipulieren. Erstmals nachweisen lässt sich der bewusste Einsatz von gezielten Fake News bereits in den 1950er Jahren.

In der Wissenschaft reden wir von organisierter Wissenschaftsleugnung, also von gezieltem Zweifelsäen in der Öffentlichkeit von interessierter Seite. *Merchants of Doubts* heißt ein Buch der US-amerikanischen Wissenschaftshistorikerin Naomi Oreskes, Professorin an der Universität von Kalifornien in San Diego, welches sie zusammen mit ihrem Kollegen Eric M. Conway verfasst hat. Bekannt geworden war sie schon 2005 durch die Studie »Beyond the Ivory Tower«, die im Magazin *Science* publiziert wurde. Darin hatte sie die Methoden beschrieben, mit denen die Klimaerwärmung systematisch verleugnet wurde. Nicht zuletzt Al Gore zitierte sie in seinem berühmten Buch und Film *An Inconvenient Truth*, deutsch: *Eine unbequeme Wahrheit* – infolgedessen er 2007 zusammen mit dem Weltklimarat IPCC den Friedensnobelpreis erhalten hatte.

Der komplette Titel des Buches von Naomi Oreskes und Eric M. Conway heißt *Merchants of Doubts. How a Handful of Scientists Obscured the Truth on Issues from Tobacco Smoke to Global Warming*. Korrekt übersetzt: »Händler des Zweifels. Wie eine Handvoll Wissenschaftler die Wahrheit über Themen vom Tabakrauchen bis zur globalen Erwärmung verdunkelte«. Auf Deutsch trägt das Buch leider den nichtssagenden Titel *Die Machiavellis der Wissenschaft*. Auch der Untertitel verrät nicht ganz, worum es geht: *Das Netzwerk des Leugnens*.

Naomi Oreskes entlarvt in ihrem Buch, wie ein und dieselbe Kommunikationsstrategie auf unterschiedlichste Themen angewandt wurde. Zielscheibe ist immer die Wissenschaft. In ihrem Buch enthüllt sie, wie sich im Dezember 1953 die Präsidenten der vier größten amerikanischen Tabakfirmen American Tobacco, Benson & Hedges, Philip Morris und US Tobacco in New York mit einem der erfolgreichsten Werbe-Profis der USA trafen, John Hill von Hill & Knowlton.

Ihr Anliegen: Es gab gesicherte wissenschaftliche Studien, die belegten, dass Rauchen Krebs erregt. Das war schlecht für ihr Geschäftsmodell. Also suchten sie eine Idee, wie man den Menschen jegliche Sorgen und Bedenken ausreden könnte. Hill & Knowlton hatte eine raffinierte Idee: die Strategie des Zweifels.

Zweifel ist eine Kerntugend der Wissenschaft. Denn in der Wissenschaft gibt es per definitionem nie 100-prozentige Gewissheit. Es gibt wissenschaftliche Theorien und Hypothesen. Eine Theorie ist dabei nicht einfach nur eine spontane Idee, wie etwas sein könnte. Eine Theorie ist ein sehr ausgereiftes und sehr fundiertes Modell von Gesetzmäßigkeiten, die einen wissenschaftlichen Untersuchungsgegenstand erklären können. So war es beispielsweise 1954 eine evidente Theorie, dass es einen eindeutigen Zusammenhang zwischen Rauchen und Krebserkrankung gab. Aber niemand hätte behauptet, dass in diesem Zusammenhang *alle* Fragen beantwortet seien. Natürlich waren noch viele Fragen offen.

So geht Wissenschaft. Wenn eine Frage beantwortet ist, formuliert man sofort die nächste. Man weiß also nie alles – und sagt das in der Wissenschaft auch offen. Genau diese wissenschaftliche Redlichkeit benutzte die Tabakindustrie als Angriffspunkt. In der Allgemeinheit ist eine Theorie nichts Besonderes und jegliche Unsicherheit gilt als Schwäche.

Mit Mafia-Methoden gegen die Wissenschaft

Die Werbeagentur sammelte also eine Masse an wissenschaftlichen Fragen zu den Gefahren des Tabaks. Die Fragen konnte man durchaus berechtigt stellen, aber sie wurden berechnend gestellt. Denn die Antworten waren bereits bekannt – und sie waren kompliziert. Genau darauf basierte die Strategie.

Ein Beispiel: Wenn Rauchen krank macht, warum schwankt die Krebsrate zwischen verschiedenen Städten stark, obwohl der Anteil der Raucher gleich ist? Antwort: Die Krebsrate schwankt zwischen Städten, weil Rauchen nicht die einzige Krebsursache ist.

Und schon kommt die nächste Frage. Warum erkranken immer mehr Männer an Lungenkrebs, obwohl Frauen immer häufiger zur Zigarette greifen? Auch das lässt sich erklären.

Sofort kommt die nächste Frage: Warum gibt es in Großbritannien eine viermal höhere Krebsrate als in den USA?

Und kaum ist dies erklärt, wartet bereits die nächste Frage: Beeinflusst das Klima Krebs? Und so weiter.

Im Kopf entsteht bei jeder Frage ein leiser Zweifel: Aha, die scheinbar einfache Regel hat eine Ausnahme. Und je mehr solcher Fragen kommen, desto größer wird der Zweifel: Sooo klar scheint es ja doch nicht zu sein, dass Rauchen Krebs erregt.

Indem man eine Vielzahl solcher Fragen gebündelt vorträgt, gerät die Wissenschaft unvermittelt in eine Rechtfertigungsrolle. Eigentlich ist der Zweifel als essenzieller Bestandteil der Wissenschaft eine Stärke. Durch die subtile Fragetechnik wird der Zweifel in der öffentlichen Wahrnehmung zur Schwäche. Der wissenschaftliche *Konsens* verwandelt sich vor den Augen eines laienhaften Publikums in eine wissenschaftliche *Debatte*.

Solcher Zweifel fällt in einer Mediengesellschaft auf fruchtbaren Bo den. Denn journalistische Redaktionen, die sich ihrem Neutralitätsanspruch verpflichtet fühlen, wollen nun ausgewogen berichten – erst recht, wenn die Wissenschaft die Aussagen von mächtigen Konzernen oder Politiker:innen infrage stellt. Man will keineswegs unkritisch sein, aber eben niemanden angreifen, wenn die Kritik nicht wirklich auf sicheren Füßen steht.

Ein echter Coup wird die Methode, wenn die Fragen nicht von *irgendwem* gestellt werden, sondern von einem *echten* Wissenschaftler. Auch das wurde zur Methode der »Merchants of Doubts«: Die Wissenschaft wird mit Wissenschaft bekämpft. Auch das funktionierte ganz einfach, wenn man die Kultur der Wissenschaft kannte und für die eigenen Interessen ausnutzte. Man musste nur Wissenschaftler:innen finden, die eine großzügige Förderung ihrer Forschung durch die Industrie nicht ablehnten – einfach aus dem Gedanken heraus, dass egal ist, wer zahlt, solange sie Wissenschaft betreiben könnten.

Das ist nicht ganz so abwegig, wie es klingt: Man stelle sich vor, jemand legt einem horrend viel Forschungsgeld auf den Tisch und bittet darum, herauszufinden, ob es nicht vielleicht doch möglich sein kann, dass die Erde eine Scheibe ist. Selbst wenn man nicht den geringsten Zweifel daran hat, dass die Erde *keine* Scheibe ist, könnte es Spaß machen, darüber nachzudenken, wann eine Kugel aufhört, eine Kugel zu sein, und wann sie anfängt, eine Scheibe zu werden. Je mehr Geld man dafür bekommt, desto spannender wird die Frage.

Nun gibt es innerhalb moderner Wissenschaftsthemen durchaus eine Menge Spielwiesen mit nicht ganz so absurden Fragen, sondern mit offenen Fragen, die vielleicht nicht wirklich relevant sind, aber bei denen es eine beglückende intellektuelle Herausforderung sein könnte, sie zu erforschen.

Genau dieses Angriffsfeld erkannten die Kreativen von Hill & Knowlton – und somit stieg die Tabakbranche in die Wissenschaftsförderung ein. Die amerikanische Krebsgesellschaft und die amerikanische Lungenvereinigung gaben 1981 knapp 300 000 Dollar für Forschung aus – im gleichen Jahr zahlte die Tabakbranche 6,3 Millionen Dollar an wissenschaftliche Institute. Bis Mitte der 1980er Jahre stieg die Summe ihrer Forschungsausgaben auf mehr als 100 Millionen Dollar.

Die Investition lohnte sich: Es fanden sich Wissenschaftler:innen, die bereitwillig Studien anfertigten, die den Zweifel nährten. Viele Jahre konnte die Tabakindustrie ihre Kundschaft glauben machen, dass die Gesundheitsgefahren durch Rauchen ungeklärt seien.

Diese Methode fand bald auch in anderen Industriezweigen Anwendung. Plötzlich waren die Gefahren von Asbest, von saurem Regen, des Ozonlochs und irgendwann auch des Klimawandels keine wissenschaftlichen Fakten mehr, sondern nur ein möglicher Standpunkt. Bingo! Das war genau das, was die Industrie brauchte. Sobald ein Thema als »umstritten« galt, war das Ziel erreicht.

Wieder nutzten die Werbestrategen eine typisch menschliche Schwäche aus: Sobald etwas unklar ist, glauben wir ziemlich sicher das, was für uns angenehmer und bequemer ist. Genau deswegen hat Al Gore sein

Klima-Buch *Die unbequeme Wahrheit* genannt. Er wollte, dass wir uns vor *dieser* Wahrheit bitte ausnahmsweise nicht drücken. Indem er bewusst machte, dass sie unbequem ist, wollte er den unbewussten Fluchtweg der Bequemlichkeit blockieren.

Aufgrund von Oreskes' Enthüllungen verklagte die US-Regierung die beteiligten Tabakkonzerne. Ihr Vorwurf: Jahrzehntelange Verschwörung zum Betrug. Dabei berief sie sich auf ein Bundesgesetz gegen organisierte Kriminalität, ein »Anti-Mafia-Gesetz«. Die Firmen hätten die Öffentlichkeit seit den 1950er Jahren über die Risiken des Rauchens getäuscht. Die Gewinne seien damit auf illegale Weise erworben worden und müssten zurückgezahlt werden. Nach sechs Jahren juristischer Verfahren entschied jedoch der Supreme Court final, dass das Anti-Mafia-Gesetz nicht auf die Tabakindustrie übertragen werden dürfe. Ein juristischer Sieg für die Tabakindustrie. Allerdings hatten sich in früheren Verfahren die Tabakkonzerne mit 46 der 50 US-Bundesstaaten bereits außergerichtlich geeinigt und eine Rekordentschädigung von 206 Milliarden Dollar gezahlt. Daran lässt sich ablesen, um wie viel Geld es hier tatsächlich ging.

Beim Klimawandel geht es um noch viel mehr. Die Wirtschaftskraft sämtlicher Industrienationen basiert auf fossilen Energien. Wenn die Wissenschaft nun feststellt, dass ausgerechnet fossile Energien in besorgniserregender Weise klimaschädlich sind (oder sein könnten), dann ist das quasi ein Großangriff auf den nationalen Wohlstand – jedenfalls auf den, der sich aus fossilen Energien speist. Entsprechend groß ist der Widerstand.

Fossile gegen erneuerbare Energien – die Schlacht ums Weiße Haus

Das Wahlsystem in den USA ermöglicht eine starke Einflussnahme durch die Wirtschaft. Der Wahlkampf ist langwierig und wahnsinnig teuer. Er muss zudem privat finanziert werden. Die Hauptaufgabe potenzieller Präsidentschaftskandidat:innen besteht also darin, das Geld für den eigenen Wahlkampf zu sammeln. Leider gilt: Ein erfolgreiches Gespräch mit einem Öl-Tycoon bringt in der Regel mehr Geld ein als Hunderte Auftritte vor mühsam zusammengesuchten Grüppchen von Wahlberechtigten.

Die fossilen Großkonzerne finanzierten also nicht nur die Klimaleugnungsforschung, sie schossen auch Geld in den US-Wahlkampf – und zwar unabhängig von parteipolitischer Ausrichtung. Denn am Ende ging es darum, dem Sieger (es waren stets Männer) sagen zu können: Ohne unser Geld wärst du jetzt nicht US-Präsident. Wir erwarten zumindest ein kleines Dankeschön!

Der gesamte US-Wahlkampf für den Amtswechsel 2008 kostete etwa 1 Milliarde Dollar, zitierte der *Spiegel* eine Schätzung des *Wall Street Journals*. Selbst Barack Obama, von dessen Wahl sich die Bevölkerung eine große Veränderung erhoffte, hatte Millionen von der Ölindustrie bekommen, wenngleich nur halb so viel wie der konkurrierende Republikaner John McCain. Dafür bekam er mehr Geld von der liberaleren Tech-Industrie im Silicon Valley und den großen Anwaltskanzleien an der Ostküste. Der Großteil seines Wahlkampfes wurde jedoch über Millionen von Kleinspenden finanziert. Genau das wurde zum wesentlichen Faktor seines Erfolgs.

Als Präsident hatte Obama allerdings weniger Macht, als viele gehofft hatten und man gemeinhin denkt, obwohl er versucht hatte, sich von den Lobby-Interessen der fossilen Großkonzerne unabhängig zu machen.

Doch je mehr er die Wende weg vom Öl hin zu erneuerbaren Energien versuchte oder auf die Einführung eines staatlichen Gesundheitswesens drängte, desto stärker wurde der Gegendruck derer, die an solchen Veränderungen kein Interesse hatten. Die starken privaten Medien in den USA, die nicht nur aufgrund von Spenden, sondern größtenteils unmittelbar von mächtigen konservativen Großindustriellen aus fossilen Branchen abhingen, taten ein Übriges.

Im Wahlkampf 2012 steckten die fossilen Konzerne diesmal sehr viel mehr Geld in den republikanischen Kandidaten, um Obamas Wiederwahl zu verhindern. Allein 400 Millionen Dollar wollten laut dem Magazin *Politico* Charles und David Koch für Mitt Romney auftreiben. Die Brüder hatten von ihrem Vater einen Konzern geerbt und zum zweitgrößte Privatunternehmen der USA gemacht. Ihre wichtigsten Geschäftsfelder: Erdöl, Chemie und Energie. Als sich immer mehr abzeichnete, dass

Obama die Wahl gewinnen würde, drohten sie sogar ihren Beschäftigten: Wenn Obama die Wahl gewinne, würden sie »unter den Konsequenzen leiden«.

Obama wurde trotzdem wiedergewählt. In seiner zweiten Amtszeit wagte er nunmehr den echten Kurswechsel: 2015 unterzeichnete er das Klimaabkommen von Paris und demonstrierte damit der Welt, dass die US-Demokratie frei und unabhängig war. Die Freude darüber währte nicht lange, denn die fossile Industrie steckte nunmehr all ihre Kraft und finanzielle Unterstützung in einen Kandidaten, der ganz sicher einer der ihren war: Donald Trump.

Interessanterweise mischte sich in diesen Wahlkampf 2016 nach Ansicht US-amerikanischer Geheimdienste ein anderer mächtiger fossiler Player ein, der bislang nicht als Wahlkampfhelfer in Erscheinung getreten war und es auch diesmal offiziell nicht getan haben will: Wladimir Putin.

Möglicherweise kam es hier – trotz aller Ost-West-Kalter-Krieg-Erzählungen – zu einer Allianz mächtiger Kräfte, denen die politischen Verhältnisse, ob Demokratie oder Diktatur, herzlich egal waren, solange sie ihre lukrativen Geschäfte ungestört weiterbetreiben konnten. Dank ihrer immensen finanziellen Möglichkeiten fühlten sich die Oligarchen in Ost und West eh nur begrenzt an nationale Gesetze gebunden. Selbst wenn sie nicht unmittelbar als Autokraten die Regeln ihres Landes bestimmten, hatten sie genug Einflussmöglichkeiten, um bei gesetzlichen Regelungen Ausnahmen für sich selbst durchzusetzen. Mittels komplizierter Unternehmenskonstrukte ließen sich die wahren Besitzverhältnisse verschleiern, dank globaler Oasen so gut wie alle Steuerzahlungen umgehen und dank globaler Reisefreiheit die schönen Seiten eines Milliardärslebens auch fernab der umweltzerstörten Heimat genießen.

So fassungslos die demokratische Welt darüber war, Trump gewann die Wahl. Als eine seiner letzten Amtshandlungen veröffentliche Barack Obama einen Artikel im angesehenen wissenschaftlichen Wochenmagazin *Science*. Darin wendete er sich explizit an Trump und seine Regierung, erläuterte Punkt für Punkt die globale Erwärmung und ihre Folgen, erinnerte an die Notwendigkeit von globalem Klimaschutz und unterstrich die wirtschaftlichen Chancen der erneuerbaren Energien. So etwas passiert nicht ohne Not.

Wie sehr es bei der Wahlentscheidung ums Weiße Haus um den Kampf zwischen Klimaschutz und Klimakatastrophe, um die Schlacht zwischen fossiler und erneuerbarer Energie ging, stellte Trump dann auch sofort unverhohlen zur Schau: Am ersten Tag seiner Amtszeit verschwanden alle klimabezogenen Materialien von der Website des Weißen Hauses. Zum Stichwort »climate change« fand sich kein einziger Treffer mehr. Wenige Tage später meldete die internationale Presse, dass Trump die Klima-Webseiten der US-Umweltbehörde EPA ganz oder in Teilen schließen lassen wolle und vorerst keine Fördermittel für die EPA-Klimaforscher mehr bewillige.

Damals bekam ich Hilferufe von US-amerikanischen Kollegen, weil sie fürchteten, dass alle Daten, die sie in den letzten Jahrzehnten gesammelt hatten, gelöscht würden. Sie suchten einen sicheren Ort, um dieses wertvolle Forschungsmaterial zu verwahren und von dort aus der globalen Wissenschaftswelt zur Verfügung zu stellen.

In atemberaubendem Tempo ließ Trump sämtliche früheren klima- und energiepolitischen Regulierungen wieder rückabwickeln. Rund 100 Klima- und Umweltregeln wurden abgeschafft, stattdessen Ölbohrungen in der Arktis freigegeben, teilweise in einigen der größten Naturschutzgebiete der Welt. Ein halbes Jahr nach seinem Wahlsieg leitete er den Rückzug der USA vom klimapolitischen Übereinkommen von Paris in die Wege. Es war ein Albtraum.

Nobelpreisträger schrieben offene Briefe und warben für die Unabhängigkeit der Wissenschaft. Am 22. April 2017 gingen unter dem Motto »Science, not Silence« (Wissenschaft, nicht Schweigen) weltweit in mehr als 600 Städten Hunderttausende Wissenschaftler:innen auf die Straße. Allein in Washington und Chicago waren es jeweils rund 40 000 Menschen, aber auch in Australien und in mehreren europäischen Hauptstädten wie London, Paris und Wien gab es große Demonstrationen gegen die – nicht nur in den USA – wachsenden Einschränkungen der Wissenschaftsfreiheit. In Deutschland demonstrierten insgesamt 37 000 Menschen, rechnet ein Wikipedia-Beitrag die Teilnehmerzahlen aus 22 Städten zusammen.

Auch ich ging an diesem Tag zusammen mit vielen anderen Kolleg:innen in Berlin auf die Straße, nach langer Zeit mal wieder. Es begann die

Zeit der stärkeren Verantwortung von Wissenschaft in der öffentlichen Wahrnehmung. 11 000 weitere Wissenschaftler:innen haben an diesem Tag in Berlin für die Freiheit von Wissenschaft demonstriert.

Trotz aller Bekenntnisse zugunsten der Wissenschaft, genutzt hat es nicht viel. *Die Klimaschmutzlobby*, wie ein lesenswertes Buch der beiden Wissenschaftsjournalistinnen Susanne Götze und Annika Joeres heißt, entwickelte ihre Methoden der Unterwanderung des öffentlichen Diskurses immer weiter. Die Methoden der »Merchants of Doubts« wurden perfektioniert und durch die Möglichkeiten der digitalen Medienwelt erweitert. Nicht nur in den USA, wohin wir Deutschen voller Verachtung für den offensichtlichen Verfall der Demokratie blickten. Nein, auch in Deutschland.

PLURV – Impfung gegen Desinformations-Kampagnen

Die »Piratenpartei«, 2006 angetreten als Partei der »Informationsgesellschaft«, ein Sammelsurium digitaler Nerds mit einem hohen basisdemokratischen Anspruch, ist inzwischen in Vergessenheit geraten. Die wohl erfolgreichste Internetpartei ist heute die AfD, deren demokratische Haltung mehr als zweifelhaft ist und die sich als populistische Partei von Klimaleugnern, Europagegnern und autoritären Nationalisten vor allem über soziale Medien Gehör und leider auch Wählerstimmen verschafft. Destruktive Pöbeleien lassen sich leichter per Hashtag und SharePic verbreiten als faktenbasierte Argumente und komplexe Wissenschaft.

Erst recht, wenn sich über automatisierte Fake-Accounts ein großes Echo vortäuschen lässt, das nur schwer als Fake zu entlarven ist. Einen virtuellen Shitstorm zu produzieren dauert mit den entsprechenden technischen Hilfsmitteln nur wenige Minuten. Ihn rückwärts zu entschlüsseln, um der Orchestrierung auf die Schliche zu kommen, dauert Stunden, wenn nicht Tage.

Jetzt wird nicht mehr nur Wissenschaft gegen Wissenschaft in Stellung gebracht – fragwürdige industriefinanzierte Wissenschaft gegen fundierte freie Wissenschaft. Jetzt werden auch Medien gegen Medien mobilisiert –

click-hungrige, von privaten Geldgebern abhängige Medien gegen öffentlich-rechtlich getragene, unabhängige Medien.

Ziel blieb nach wie vor die Wissenschaft. Aber auch die Demokratie als Ganzes rückte zunehmend ins Visier der fossilen Kampf-Maschinerie. Wer immer sich für vielfältige, selbstbestimmte Lebensformen einsetzte, wer immer auf Transparenz, faire Marktbedingungen und die Freiheit von Presse, Medien und Religion pochte, wurde in die virtuelle Mangel genommen.

Ich könnte Dutzende Beispiele erzählen, in denen ich selbst von irgendwelchen Hass-Attacken betroffen war. Fast täglich tauchen im Netz, ob auf Twitter, Facebook oder Instagram, irgendwelche wüsten Beschimpfungen gegen mich auf. Hier wird nicht zehnmal gelogen, bis es jemand glaubt; hier wird tausendfach in unzähligen Varianten wiederholt und wiederholt, dass ich angeblich von nichts eine Ahnung habe. Und das wäre eine freundliche Formulierung.

Es sind immer wieder neue krude Accounts. Habe ich anfangs noch gedacht, ich müsse das Gespräch suchen, erklären und vermitteln, weiß ich heute, dass das nichts als eine elende Zeitverschwendung ist. Ich blockiere, ich schalte stumm, aber selbst das kostet viel zu viel Zeit. Meist ignoriere ich einfach. Denn ich weiß: Genau das ist das Kalkül der Hass- und Troll-Aktionen gegen Stimmen aus der Wissenschaft. Solche Kampagnen sollen mir Zeit stehlen, mich mürbe machen, abschrecken, verstummen lassen.

Blöd nur für die Hass-Initiatoren ist, dass es mich nicht beeindruckt. Und noch blöder ist, dass immer mehr Menschen verstehen, dass dieses zerstörerische, gehässige Getöse nichts anderes ist als das Grundbrummen einer Großstadt – nervig, aber unwichtig.

In der Wissenschaft gibt es immer mehr Menschen, die sich für verständliche Wissenschaftskommunikation stark machen. So fand sich ein Team von SkepticalScience.com, welches die Methoden der »Merchants of Doubts« analysierte und in eine griffige Formel brachte. Zusammen mit dem Team von Klimafakten.de wurde die Formel auch ins Deutsche übertragen. Auf deren Webseite gibt es auch eine schön illustrierte grafische Darstellung davon zum Download, als »Impfung gegen Desinformations-Kampagnen«.

Die Formel, mit der man sich die immer wiederkehrenden fünf Tricks und Kniffe gut merken kann, die bei Desinformationskampagnen angewandt werden, lautet »PLURV«. Die Buchstaben stehen steht für: **P**seudo-Experten, **L**ogikfehler, **U**nerfüllbare Erwartungen, **R**osinenpickerei sowie **V**erschwörungsmythen.

Immer mehr Redaktionen haben verstanden, wie sie hier manipuliert werden. Sie hinterfragen ihre eigenen Reflexe, befragen nicht einfach irgendwelche »Expert:innen«, sondern hinterfragen deren wissenschaftliche Qualifikation. Spätestens in der Corona-Pandemie haben wir gelernt, dass aus einem hochspezialisierten Wissenschaftler wie Christian Drosten ein guter Wissenschaftskommunikator werden kann, wenn man ihm Zeit und Raum gibt, die Zusammenhänge zu erklären. Immer mehr Journalist:innen schließen sich zusammen, um die Wehrhaftigkeit der freien Presse zu stärken. Insofern können wir die Strategien der »Merchants of Doubts« hoffentlich durchbrechen, bevor es zu spät ist.

Und die Politik? Zeitweilig machte sie mit – halb zog es sie, halb sank sie hin. Es war auch zu verlockend. Die rechtspopulistischen Parteien in ganz Europa gewannen mit ihren plumpen Parolen zunehmend Wählerstimmen. Deswegen meinten viele bürgerliche Parteien, sie müssten sich auf dieselbe Tonart einlassen. Doch inzwischen hat sich herumgesprochen, dass man mit populistischen Argumenten nicht gewinnt, sondern nur den rechten Mob gesellschaftsfähig macht. Seither grenzen sich immer mehr Politiker:innen von solchen Methoden ab, so verlockend der Populismus scheinen mag. Er zerstört das Vertrauen in die Ernsthaftigkeit demokratischer Politik. Wer wirklich Demokratie will, kann mit den Waffen verzerrenden Zweifels nur verlieren. PLURV ist keine Siegertechnik, sondern eine antidemokratische Zeitbombe.

Der Februar 2022 könnte auch hier ein Wendepunkt sein. Zwar haben inzwischen rechtspopulistische beziehungsweise postfaschistische Parteien in demokratischen Wahlen in Schweden und Italien so viel Macht gewonnen, dass sie jetzt die Regierung stellen. Aber gerade das macht deutlich, wie verletzlich unsere Demokratie ist. Sie wird nicht nur von den tapferen Menschen in der Ukraine verteidigt, die sich ihre demokratische Grundordnung über so lange Zeit mühsam erkämpfen mussten und jetzt lieber sterben, als sie wieder herzugeben.

Die Demokratie muss auch hierzulande verteidigt werden, inklusive einer freien Wissenschaft, einer freien Presse und fairer Wahlverfahren mit transparenten Methoden – auch gegen die Mafia-Methoden egal ob fossiler Großkonzerne oder eines autokratischen KGB-Kapitalismus mit Großmachtanspruch.

KAPITEL 8

NORD STREAM 2

Deutschland gegen Europa

2014 war ein Schicksalsjahr der deutsch-russischen Energiepolitik. Trotz der völkerrechtswidrigen Krim-Annexion, Warnungen aus der Wissenschaft und Konflikten mit der EU-Kommission und europäischen Nachbarländern hielt Deutschland am Bau der Ostsee-Pipeline Nord Stream 2 fest. Das Projekt war außenpolitisch brisant, klimapolitisch desaströs, für die Energieversorgung überflüssig – und volkswirtschaftlich enorm riskant.

Zwillingsdebatte um Zwillingspipeline

»Mein Festhalten an Nord Stream 2, das war eindeutig ein Fehler«, gestand der einstige Außenminister und heutige Bundespräsident Frank-Walter Steinmeier am 3. April 2022 ein. Im Hinblick auf den imperialen Wahn Putins habe er sich, »wie andere auch, geirrt«.

Zwei Wochen später gab der ehemalige Wirtschaftsminister Sigmar Gabriel gegenüber der *Welt* ebenfalls freimütig zu: »Es war ein Fehler, bei den Einwänden gegenüber Nord Stream 2 nicht auf die Osteuropäer zu hören. Das war auch mein Fehler.«

Solche Sätze bedeuten für mich bislang leider ein Wechselbad der Gefühle. Im ersten Moment freue ich mich über echte Einsicht und tatsächliches Verständnis. Schließlich habe ich in den letzten Jahren gefühlt tausendmal vor der Abhängigkeit von Russland gewarnt. Und mindestens genauso oft musste ich mir anhören, ich verharrte im Denken des Kalten Krieges oder unsere Studien seien abwegige Außenseiter-Positionen. Oft war das weniger freundlich formuliert. Deswegen horchte ich natürlich auf, wenn jemand nunmehr aus der jahrelangen Verzauberung erwachte und reumütig Fehler eingestand. Erst das wäre in meinen Augen eine echte Zeitenwende.

Doch auf den zweiten Blick entpuppte sich in meinen Augen bislang jedes Fehlereingeständnis als Enttäuschung: Es wurden Fehler zugegeben, aber nicht die richtigen. Es wurden Lehren gezogen, aber die falschen – jedenfalls aus wissenschaftlicher Perspektive.

Bei allen Diskussionen um Fehler und Versäumnisse taucht meistens irgendwann das Schlüsselwort »Nord Stream 2« auf.

Um die Gründung der Nord Stream AG im Jahre 2005, die Rolle von Altkanzler Gerhard Schröder, aber vor allem die Rolle des russischen Staatskonzerns Gazprom ging es bereits in Kapitel 3. Es gab 2005 und noch mal 2009 diese bemerkenswerten Kreditbürgschaften der Bundesregierung, aber ansonsten verliefen die Geschäfte bis 2014 weitestgehend unbemerkt von der Öffentlichkeit. Die massive Kritik der osteuropäischen Nachbarländer von 2006 – Stichwort: neuer »Hitler-Stalin-Pakt« – war vergessen, genau wie die vielen Warnungen von 2009, dass die Pipeline die deutsche Abhängigkeit von russischem Gas erhöhen würde. Ungehört blieben auch meine wiederholten Empfehlungen, dass man besser die Gaslieferanten diversifizieren, dafür LNG-Terminals bauen und am besten sowieso auf Energiesparen und den Ausbau erneuerbarer Energien setzen sollte.

Das war alles Schnee von gestern. Die Pipeline wurde gebaut, LNG-Terminals nicht. Von der Energiewende wurde gesprochen, wirklich vorangetrieben wurde sie nicht. Und seit der feierlichen Eröffnung 2011 mit Kanzlerin Merkel floss stetig Gas durch die Nord-Stream-Pipeline, ohne dass es weiter zur Kenntnis genommen wurde. So nahm die Katastrophe ihren Lauf.

Bis zum Jahr 2022. Da wurde im Februar die Pipeline-Erweiterung Nord Stream 2 im Rahmen der Sanktionen gegen Russland »endgültig« gestoppt, obwohl sie eigentlich schon seit Monaten startklar und bereits randvoll mit Gas gefüllt war. Ende August drehte Putin auch den Hahn der bis dahin noch laufenden ersten Nord-Stream-Pipeline ab, angeblich wegen technischer Probleme. Im September gab es auf einmal die alarmierenden Luftaufnahmen, die eine seltsame Blasenbildung auf einer Fläche von 30 Metern Durchmesser in der Ostsee zeigten. Es sah so aus, als löse sich eine riesige Brausetablette auf – tagelang. Durch mysteriöse Sabotageakte waren die Unterwasserrohre so massiv beschädigt worden, dass das in ihnen lagernde höchst klimaschädliche Gas in enormem Tempo an die Meeresoberfläche sprudelte. Seither ist klar: Die »umstrittenste Baustelle der Welt« wird wohl auf ewig als teuerste, umwelt- und klimaschädlichste Bauruine der Welt ungenutzt am Meeresboden verrotten.

Wobei: *Eine* der insgesamt vier Leitungen ist noch funktionsfähig. Wer immer da auf spektakuläre Weise die Verbindung trennen wollte – es gibt immer noch die Möglichkeit, auch ohne teure Reparaturen wieder Gas aus Russland nach Deutschland zu liefern. Ein Schelm, wer Böses dabei denkt.

Genau dieses kleine Detail spricht für eine russische Urheberschaft des Anschlags. In den sozialen Medien hatten unmittelbar nach dem Anschlag die wildesten Verschwörungstheorien kursiert, wer dahinterstecken könnte. Auffällig oft wurde unterstellt, es seien die USA, die aus Profitgier »bombensicher« Tabula rasa gemacht hätten, damit Russland niemals wieder irgendwelche Gasgeschäfte damit machen könnte. Von anonymen Accounts im Internet wurden ebenso die Ukrainer, die Polen, Fridays for Future oder andere Gegner:innen der Pipeline des Anschlags bezichtigt.

Aber zum einen hätte Russland die Möglichkeiten für eine solche Sabotage. Es ist nämlich nicht einfach, Sprengstoff an einer Unterwasser-Pipeline zu befestigen und zu zünden. Dazu sind Spezialschiffe und Tauchroboter nötig. Solche technischen Fertigkeiten haben nur wenige. Und Russland hätte sogar die Sprengsätze schon beim Bau der Pipeline befestigen können, etwa in den letzten Monaten der Fertigstellung Ende 2021. Der Konflikt um die Pipeline schwelte ohnehin schon lange, und auch die militärische Eskalation in der Ukraine wurde von langer Hand vorbereitet.

Zum anderen hat Russland ein starkes finanzielles Motiv: Die existierenden Gaslieferverträge ermöglichen Gazprom, Geld zu verlangen, auch wenn aufgrund »höherer Gewalt« keine Gaslieferungen mehr möglich sind. So würde Putins Gaslieferstopp die Verträge nicht brechen; die westlichen Unternehmen müssten doppelt bluten: Sie müssten das Ersatz-Gas teuer andernorts kaufen und das nicht gelieferte russische Gas trotzdem bezahlen. Der Druck auf die deutsche Wirtschaft ist also immens.

Dass die eine noch funktionierende Röhre ausgerechnet zu Nord Stream 2 gehört, macht die Sache besonders pikant: Würde Deutschland unter dem enormen wirtschaftlichen Druck einknicken, müsste zuerst die bislang verweigerte Betriebsgenehmigung für den zweiten Strang erteilt werden. Würde Deutschland sich dazu bewegen lassen, wäre der innereuropäische Bruch vorprogrammiert. Tatsächlich gibt es in Deutschland angesichts der hohen Energiepreise weiterhin öffentliche Diskussionen, ob man nicht doch wieder russisches Gas beziehen sollte. Wären alle vier Röhren defekt, hätten sich solche Diskussionen erledigt.

In jedem Fall stiftete die anonyme Sabotage-Aktion Verwirrung und setzte das bedrohliche Signal, dass Pipelines ein leichtes Ziel für geheimdienstliche Attacken sind. Dafür mussten nicht *alle* Stränge der Pipeline zerstört werden, und aus russischer Sicht war es durchaus von Vorteil, sich ein Hintertürchen für spätere Geschäfte oder erpresserische Angebote offenzuhalten.

Aber warum überhaupt sollte es Nord Stream 2 geben? Was sprach dafür? Aus unserer wissenschaftlichen Sicht: nichts. Aus Sicht der westlichen Energiewirtschaft offenbar einiges.

Es fanden sich neben Gazprom als Initiator zwei alte Bekannte unter den Investoren des Pipeline-Projekts, nämlich die BASF und Eon. Aber diesmal beteiligten sich auch der französische Energiekonzern ENGIE, der österreichische Konzern OMV und der britisch-niederländische Konzern Shell, wobei die Anteilsmehrheit und damit die Macht erneut bei Gazprom lag. Den Vertrag zur Gründung der Nord Stream 2 AG unterschrieben sie am 4. September 2015 in Wladiwostok, als sie sich über die Milliardenfinanzierung der Baukosten und die Verteilung künftiger Gewinne geeinigt hatten. Später stieß noch das finnische Unternehmen Fortum dazu, als es die Mehrheit an der Eon-Tochter Uniper übernahm. Ausrüstung und Technologie wurden unter anderem von Siemens geliefert.

Nach der Fertigstellung der Pipeline sollten ebenso wie beim ersten Nord-Stream-Strang rund 55 Milliarden Kubikmeter Gas pro Jahr durch die beiden neuen Röhren geleitet werden. Die Gaslieferkapazität sollte also verdoppelt werden. Ab 2018, so der Plan, würden demnach 110 Milliarden Kubikmeter Gas pro Jahr von Sibirien nach Deutschland gepumpt – und zwar für mindestens 30 bis 50 Jahre. Zur Veranschaulichung: Der Jahresverbrauch von Deutschland liegt bei 90 Milliarden Kubikmetern. Deutschland hätte also, selbst wenn ein Teil der Gaslieferung an andere EU-Länder gegangen wäre, immer noch den eigenen Gasbedarf zu 100 Prozent durch die Lieferungen aus Russland decken können. Mehr Abhängigkeit geht nicht! Genau das haben wir in unserer DIW-Studie 2018 errechnet und massiv vor dem Bau gewarnt.

Wie lange schon über all das im Hintergrund verhandelt worden war, ist unklar. Ich vermute, es wird im Sommer 2012 begonnen haben. Denn zu diesem Zeitpunkt entstand ein eindrucksvoller Imagefilm, der die Vorzüge der ersten Pipeline mit schönen Bildern und imposanter Musik darstellte. Wozu sollte man einen solchen Aufwand betreiben, wenn nicht, um Geldgeber für ein vergleichbares Projekt zu finden?

Versprochen wurde eine direkte Verbindung zwischen den riesigen Gasreserven in Russland und den Energiemärkten in der Europäischen Union, höchste internationale Umweltstandards sowie die Erfüllung nationaler und internationaler maritimer und rechtlicher Anforderungen während des Baus, der Prüfung und des Betriebs der Pipeline. Nicht versprochen wurden dagegen der Schutz vor Erpressung oder terroristischen Anschlägen.

Die öffentlichen Argumente für Nord Stream 2 waren dieselben wie die für Nord Stream 1: »Versorgungssicherheit ... sicheres und zuverlässiges Infrastrukturprojekt ... zuverlässige Erdgasversorgung von Deutschland und der EU langfristig sichern ... neue Gasinfrastruktur, die für eine Diversifizierung und mehr Versorgungssicherheit auf dem europäischen Markt sorgt ... höchste Transportsicherheit für die Konsumenten ... wichtiger Bestandteil des Energiemixes in Europa«. All diese Beteuerungen stehen in den O-Tönen der beteiligten CEOs in der gemeinsamen Pressemitteilung vom Tag der Vertragsunterzeichnung. Sogar die sonst so verhasste Energiewende tauchte darin auf: »Gas bleibt eine zentrale Ressource im Rahmen der Energiewende in Europa«.

Das Ganze lässt sich einkochen auf die Essenz *Versorgungssicherheit*, *Diversifizierung* und *Europa* sowie eine kleine Prise *Energiewende*. Leider stimmte nichts davon.

Von *Versorgungssicherheit* konnte und kann nicht die Rede sein. Wie unsicher und unzuverlässig die Energieversorgung durch die Nord-Stream-Pipeline ist, sehen wir jetzt – auch wenn es kein technischer Fehler (wie damals wohl gedacht), sondern ein menschliches beziehungsweise politisches Versagen war, das zum Ende der Energieströme aus Russland führte. Ver-sagen im Sinne von Nein-sagen.

Diversifizierung fand entgegen jeglicher Behauptung eben gerade nicht statt. Die alte Leitung zu verdoppeln ist keine Diversifizierung. Verflüssigtes Erdgas wäre eine Alternative zu russischem Pipeline-Gas gewesen. Aber weil die deutschen Energieunternehmen und ihre Geschäftsfreunde wahnsinnig gern eine Ostsee-Pipeline bauen wollten, verzichteten sie darauf, LNG-Terminals zu bauen – denn das hätte die guten Beziehungen zu Gazprom und dessen billigen Gaslieferungen riskiert. So lässt sich erklären, warum die Konzerne sich selbst durch die großzügigen Terminal-Subventionen der Bundesregierung nicht locken ließen, wie Angela Merkel bei ihrem Berliner-Ensemble-Auftritt 2022 so sehr bedauerte.

Das dritte Nutzenargument *Europa* ist ein dermaßen krasses Falschversprechen, dass es eine deutlich ausführlichere Erklärung verdient. Und um die Ressource im Rahmen der *Energiewende* kümmere ich mich im nächsten Kapitel.

Europas energiepolitische Bedenken

Obwohl von den Nord-Stream-Unternehmen immer wieder als Nutznießerin adressiert, war »Europa« entschieden gegen die Verdopplung der Ostsee-Pipeline, jedenfalls sehr viele europäische Länder und die zuständigen Gremien der Europäischen Union.

Beim Gipfeltreffen der EU-Staats- und Regierungschefs im Dezember 2015 beispielsweise ging es hoch her. Polen, Ungarn, Estland, Lettland, Litauen, Rumänien, Bulgarien und die Tschechische Republik waren strikt gegen das Pipeline-Projekt. Sie warfen Deutschland vor, die wirtschaftlichen Interessen Deutschlands über das gemeinsam erklärte europäische Ziel zu stellen, die Energiesicherheit der EU zu erhöhen, indem man unabhängiger vom russischen Gas werde. Genau wie die USA trugen sie auch massive geopolitische Einwände vor, denn durch die Pläne werde die Ukraine geschwächt.

Im Grunde wiederholte sich also der Streit von 2009. Denn auch das Beharren der Nord-Stream-2-Befürworter glich sich aufs Haar: Die Kritik sei unberechtigt, sie käme allein aus ökonomischen Erwägungen, weil die Transitländer Einnahmeausfälle befürchteten. Und vor allem die USA wollten nur ihr umweltschädliches Fracking-Gas verkaufen.

Es war wie die Neuinszenierung eines alten Theaterstücks. Doch es gab Unterschiede.

Der erste Unterschied: Diesmal hatte das Europäische Parlament eine Studie in Auftrag gegeben. Vier Fragen sollte unser DIW-Team im Jahr 2014 beantworten: Wie sicher war aktuell die europäische Energieversorgung? Welche Folgen hätte ein Lieferausfall durch die Ukraine? Welche Folgen hätte ein russischer Lieferausfall? Und wie groß ist der Anteil Gazproms an der europäischen Gasversorgung beziehungsweise kann eine möglicherweise marktbeherrschende Stellung von Gazprom auf dem europäischen Markt die Versorgungssicherheit gefährden?

Unser Ergebnis: Grundsätzlich bescheinigten wir der EU eine Verbesserung der Versorgungssicherheit seit der letzten Erdgaskrise 2009. Grund dafür war, dass die EU-Länder mittlerweile aus mehr Ländern Erdgas bezogen und (alle Meeresanrainer außer Deutschland) Flüssiggasterminals, Speicher und neue Pipelines zu anderen Lieferländern gebaut hatten. Allerdings wiesen wir darauf hin, dass es nötig sei dranzubleiben, also: »den Kreis der Erdgaslieferanten weiter vergrößern, die bestehende Infrastruktur besser nutzen, für eine steigende Energieeffizienz sorgen und den Ausbau erneuerbarer Energien konsequent vorantreiben«.

Was die Lieferungen in und über die Ukraine anginge, attestierten wir der Europäischen Union weitestgehend Sicherheit. Sollte es hier zu Unterbrechungen kommen, könnten die Mitgliedsländer dies weitgehend kompensieren – eben durch die vorhandenen Speicher, andere Pipelines oder über LNG-Terminals.

Aber in der dritten Frage äußerten wir erhebliche Bedenken: Sollte es nämlich seitens Russland zu einem kompletten Stopp kommen, also über sämtliche Lieferwege, dann könnte es zu massiven Problemen kommen. Davon wären insbesondere die osteuropäischen EU-Staaten stark betroffen. Denn es fehlte an Leitungssystemen, um diese Länder von Westen her ausreichend mit nicht-russischem Gas zu versorgen. Verschärft wurde dies durch den Umstand, dass Gazprom neben den Leitungen immer mehr Gasspeicher gekauft hatte. Auch Deutschland hatte seine wertvollen Gasspeicher an Russland verkauft– ein potenzielles Sicherheitsrisiko, wie sich heute eindrücklich zeigt.

Die Verdopplung der Nord-Stream-Kapazitäten war also überhaupt nicht sinnvoll. Die Umgehung des angeblich problematischen Transitlandes Ukraine war gar nicht nötig. Selbst der Totalausfall der ukrainischen Pipeline ließ sich kompensieren. Die Versorgungssicherheit erhöhte sich durch Nord Stream 2 also nicht, sondern im Gegenteil: Sie erhöhte die Abhängigkeit von Russland und gefährdete damit die Energieversorgung der osteuropäischen Länder – und zwar ganz unabhängig davon, ob sie an Transitgebühren verdienten oder nicht.

Spielte diese wissenschaftliche Einordnung für die Nord-Stream-Akteure irgendeine Rolle? Leider nein. Sie wurde genauso missachtet wie die Stimmen der osteuropäischen Länder, der EU-Kommission und der Obama-Regierung in den USA. Alle waren gegen Nord Stream 2. Doch Kanzlerin Merkel, Außenminister Steinmeier und vor allem Wirtschaftsminister Gabriel legten sich mit all ihrem politischen Gewicht ins Zeug, um das Pipeline-Projekt durchzusetzen.

Ihre wesentliche Taktik bestand in dem Mantra »rein privatwirtschaftliches Projekt«, also die Behauptung, der Bau und Betrieb der Nord-Stream-2-Pipeline sei etwas, auf das die Politik gar keinen Einfluss habe, sondern das allein eine unternehmerische Entscheidung der beteiligten deutschen und russischen Firmen sei. So wird das Kanzleramt im *Spiegel* zitiert: »Wir pushen die Sache nicht, und wir bekämpfen sie nicht.« Chef des Kanzleramtes war zu dieser Zeit übrigens Peter Altmaier.

Aus heutiger Sicht ist diese »Rein privatwirtschaftlich«-Argumentation der Bundesregierung geradezu infam. Natürlich wussten nach den vielen Energiekrisen der Vergangenheit auch damals schon alle Beteiligten, dass Energiewirtschaft eine politische Dimension hatte. Spätestens seit der Ukraine-Krise habe man erkannt, dass Energiepolitik Teil der europäischen Sicherheitspolitik sei, sagte beispielsweise der Vorsitzende des Auswärtigen Ausschusses Norbert Röttgen: »Wir wollen die Abhängigkeit von Russland in der Energiefrage reduzieren. Nord Stream 2 widerspricht diesem Ziel und konterkariert so die Ziele europäischer Sicherheitspolitik.«

So machtlos, wie die Bundesregierung sich darstellte, war sie keineswegs. Natürlich hätte sie jederzeit die Möglichkeit gehabt, zum Schutz der deutschen Bevölkerung und ihrer Versorgungssicherheit in den Markt einzugreifen. Dazu hätte sie ausreichend ordnungspolitische Rechte und Möglichkeiten.

Wir forderten damals beispielsweise eine verpflichtende Gasreserve, wie es sie auch für Öl gab, sodass man auch ohne jede Lieferung einen Zeitraum von 90 Tagen überbrücken könnte. Zudem warnten wir deutlich vor dem Verkauf der Gasspeicher an Russland. Auch den Bau von LNG-Terminals hätte man zur verpflichtenden Auflage machen können, etwa im Zusammenhang mit dem Netzbetrieb oder dem Gashandel in Deutschland. Und natürlich kann die Regierung im Extremfall sogar eine Verstaatlichung einzelner Energie-Unternehmen vornehmen, so wie es im Jahr 2022 geschah. Aber da brannte schon die Hütte. 2014 wurde erst das Brennholz gestapelt – allerdings sehr nah an einem zentralen Brennpunkt europäischer Politik. Denn unweit von Brüssel, Paris, London und Berlin zündelte Moskau mal wieder in der Ukraine, und diesmal sehr schwerwiegend. Und das war der zweite Unterschied zu 2009.

Europas außenpolitische Bedenken

In den Jahren 2014 und 2015 war in der europäischen Welt im Hinblick auf Russland ziemlich viel los. Diesmal ging es nicht mehr, wie in den Jahren zuvor, nur darum, dass Putin Gas als Waffe einsetzte, sondern auch, um höhere Preise zu erpressen. Diesmal wurden echte Waffen eingesetzt. Es wurde geschossen und gebombt. Es wurde verletzt und getötet. Es wurde Völkerrecht gebrochen und es wurden Menschenrechte verletzt. Das waren nicht mehr nur verbale Drohungen und zynische Erpressungen, an deren Ende Menschen in kalten Wohnungen saßen oder die Industrie Angst hatte, ihre Fabriken stilllegen zu müssen. Das war blutiger Ernst.

Ereignis 1: In den Morgenstunden des 27. Februar 2014 wurden strategisch wichtige Punkte auf der Halbinsel Krim von »bewaffneten Kräften« besetzt, nämlich von Soldaten ohne Rang- und Hoheitszeichen auf den Uniformen, die also offiziell keinem Staat zuzuordnen waren. Putins Behauptung, er habe damit nichts zu tun, war derart fadenscheinig, dass man in der Ukraine spottete, es handele sich wohl um »grüne Männchen«. Putins Masche hatte trotzdem Erfolg. Im März kam es zu einer inszenierten »Volksabstimmung«, bei der die Bevölkerung angeblich dafür stimmte, sie wolle Teil Russlands werden. Seitdem reden wir von der »völkerrechtswidrigen Annexion der Krim«.

Ereignis 2: Seit dem Frühjahr 2014 kämpften (angeblich russischstämmige ukrainische) Separatisten um die »Unabhängigkeit« der Regionen Donezk und Luhansk. Auch hier waren »grüne Männchen« beteiligt. Allerdings gelang es der ukrainischen Armee, die Rebellen so weit in Schach zu halten, dass die beiden Regionen nicht ebenfalls in die Russische Föderation »eingegliedert« wurden. Leider konnten die Aggressoren aber auch nicht besiegt werden. Denn als die ukrainische Armee im Spätsommer 2014 kurz vor einem militärischen Triumph im Donbass stand, griff Russland mit regulären Einheiten in die Kämpfe ein. Damit war die nächste Eskalation vollzogen. Der unerklärte Krieg zwischen den beiden Nachbarstaaten wurde nun trotz regelmäßiger Dementis aus Moskau mit Truppen der russischen Armee geführt.

Ereignis 3: Am 17. Juli 2014 wurde über der Ostukraine ein Passagierflugzeug, Flug MH17, auf dem Weg von Amsterdam nach Kuala Lumpur durch eine russische Luftabwehrrakete abgeschossen. Alle 298 Insassen, darunter 80 Kinder und 15 Besatzungsmitglieder, kamen ums Leben.

Was genau geschah, ist bis heute strittig. Drei Gerichtsverfahren – eines vor einem Strafgericht in Amsterdam, ein weiteres vor dem Europäischen Gerichtshof für Menschenrechte (EGMR) und ein drittes vor der Internationalen Zivilluftfahrtorganisation (ICAO) – wurden eröffnet. Nur in einem wurde bisher ein Urteil verkündet.

Es hat bisherige Vermutungen bestätigt, dass Soldaten der 53. russischen Luftverteidigungsbrigade aus Kursk, die sich ohne Hoheitszeichen auf ukrainischem Gebiet befand, die BUK-Rakete, die das Passagierflugzeug zum Absturz brachte, in Stellung gebracht hatten, um russische Panzerverbände zu schützen. Das niederländische Strafgericht hat im November 2022 drei ehemals hochrangige pro-russische Separatisten wegen des Abschusses des Passagierflugs schuldig gesprochen. Russland bestreitet allerdings bis heute jedwede Schuld an dem Vorfall und zieht dabei alle Register der Zweifels-Maschinerie. Und die Klage vor dem beim Europäischen Gerichtshof für Menschenrechte (EGMR) wegen zahlreicher Fälle von Folter, Misshandlungen und willkürlichen Inhaftierungen ukrainischer Zivilist:innen beantwortete Moskau, indem das Verfassungsgericht der Russischen Föderation im Dezember 2015 verkündete, dass Russland nicht an die Urteile des EGMR gebunden sei.

All diese schrecklichen Nachrichten erschütterten Europa binnen weniger Monate: Die völkerrechtswidrige Annexion der Krim, der Abschuss eines harmlosen Passagierflugzeugs mit Hunderten völlig unbeteiligten Frauen, Männern und Kindern, militärische Interventionen im Nachbarland, die Ignoranz gegenüber internationalen Gesetzen – die demokratische Welt war entsetzt.

»Riskiert Putin einen großen Krieg in Europa?«, fragte die *Bild-Zeitung* am 3. März 2014. Das war ausnahmsweise mal nicht nur reißerisch, sondern damals wie heute eine ernsthafte Frage. Auch das Thema Energie wurde wieder auf allen Kanälen debattiert.

Erneut war die Wissenschaft nicht überrascht von den Ereignissen. Denn die außen- und sicherheitspolitischen Expert:innen hatten im Blick, dass es zuvor bereits einen innerrussischen Tschetschenien-Krieg gegeben hatte, russische Kriege mit Georgien in den Bezirken Abchasien und Südossetien, russische Kriege mit Moldau in der Region Transnistrien, und Russland hatte mitgemischt bei einem regionalen Konflikt in Bergkarabach zwischen Armenien und Aserbaidschan. Die »grünen Männchen« in der Ukraine waren also beileibe kein neues Phänomen. Auch Putins Aggressivität gegenüber den postsowjetischen Nachbarländern sowie grundsätzlich gegen westliche Demokratien war über die Jahre zunehmend sichtbar geworden.

»2014 zeigte sich, dass Putin bereit war, den Bruch mit dem Westen tatsächlich zu riskieren«, schreibt Jan Claas Behrends, Historiker am Zentrum für Zeitgeschichtliche Forschung in Potsdam, 2015 in einem Beitrag in der Fachzeitschrift *Osteuropa*. Putins Russland habe sich zu einer revisionistischen Macht erklärt. Die Ergebnisse des Umbruchs von 1989/1991 akzeptiere der Kreml nicht mehr als Grundlage der europäischen Ordnung. »Geopolitisch setzt das Putin-Regime auf Kontrolle und Expansion. Kulturell definiert es sich als Anti-Europa: illiberal, autoritär und souverän.«

Schon wenige Ausgaben zuvor schrieben Heidi Reisinger, Expertin für Sicherheitspolitik, und der russische Militärexperte Aleksandr Gol'c in einem *Osteuropa*-Beitrag: »Der hybride Krieg, mit dem Russland antwortete, ist nichts Neues. Es handelt sich um eine effektive Mischung aus militärischen und nicht-militärischen, konventionellen und irregulären Methoden, die auch Cyberangriffe und Propaganda umfasst.«

Die Bedrohung Europas durch die Doktrin Putins, der die militärische Aggression zum Mittel seiner Außenpolitik erklärt habe, sei auf absehbare Zeit ein Faktor, mit dem Brüssel und Berlin rechnen müssten, erklärte Jan Claas Behrends. Bisher seien Warschau oder die baltischen Staaten wegen ihrer Kritik an der deutschen Ostpolitik häufig als »Kalte Krieger« belächelt worden. Doch: »Die Ukraine zu stabilisieren ist der wirksamste Weg, Moskaus Einfluss einzudämmen.« Denn es sei weiterhin davon auszugehen, dass der Kreml gezielt versuchen werde, die EU zu spalten und zu schwächen.

Solche Warnungen aus der sicherheitspolitischen Wissenschaft will der damalige Außenminister Frank-Walter Steinmeier nicht mitbekommen haben? Und er will wirklich erst im April 2022 begriffen haben, dass Putin imperialistische Ziele verfolge und dass das Festhalten an

Nord Stream 2 eindeutig ein Fehler gewesen sei? Gab es denn unter den rund 12 000 Beschäftigten im Auswärtigen Amt niemanden, der wissenschaftliche Zeitschriften las? Wobei der *Tagesspiegel* gereicht hätte.

Dort erschien nämlich im Dezember 2014 ein offener Brief von mehr als 100 Osteuropa-Expert:innen aus Wissenschaft, Politik und Medien. Gemeinsam versuchten sie, die deutsche Regierung davon abzubringen, weiterhin auf »Besonnenheit« und »Dialog mit Russland« zu setzen. Russland führe »einen bereits Tausende Todesopfer, Verstümmelte, Traumatisierte und Vertriebene fordernden ›hybriden Krieg‹ im Donezbecken«, hieß es in dem Aufruf. Deutsche Osteuropapolitik sollte auf Erfahrungswerten und Faktenwissen basieren, forderten die Unterzeichner:innen, nicht auf Pathos und Geschichtsvergessenheit. Niemand sei »auf militärische Konfrontation mit Russland aus oder möchte den Dialog mit dem Kreml abbrechen«. Die territoriale Integrität der Ukraine, Georgiens und Moldaus könne jedoch nicht der angeblichen »Besonnenheit« deutscher Russlandpolitik geopfert werden.

Der kundigen Wissenschaft und großen Teilen der Außen- und Sicherheitspolitik in Europa war 2014/2015 also bewusst, welche Gefahr Putin darstellte – aber nicht dem deutschen Außenminister? Seltsam.

Vorgetäuschte Souveränität

»Wir haben an Brücken festgehalten, an die Russland nicht mehr geglaubt hat und vor denen unsere Partner uns gewarnt haben«, erklärt Steinmeier im Nachhinein seinen damaligen Irrtum. Was für Brücken?

»Die Brücken nach Russland nicht abreißen« war im März 2014 die Headline eines *Handelsblatt*-Artikels. Es ist ein Zitat des damaligen Wintershall-Chefs Rainer Seele, der auch Präsident der Deutsch-Russischen Außenhandelskammer war: »Mit wirtschaftlichen Sanktionen ist keinem geholfen«, appellierte er. »Daher heißt es jetzt für uns: Brücken bauen, nicht Brücken abreißen. In Partnerschaften denken und nicht in Konflikten.«

Wir erinnern uns: Wintershall ist BASF-Tochter und unterhält seit Jahrzehnten wie kein zweites westliches Unternehmen intensive Beziehungen zum russischen Gazprom-Konzern. Es ist allererster Mitgründer der Nord Stream AG. Wintershall ist beteiligt an der Gasproduktion in Sibirien. Und 2015 kam es – trotz Krimannexion, Ostukrainekrieg und abgeschossenem Passagierflugzeug – zu jenem Asset-Tausch, bei dem Gazprom den größten deutschen Gasspeicher in Rehden übernimmt und die 100-prozentige Kontrolle über die gemeinsame Handelsgesellschaft Wingas erhält.

Trotz aller Entwicklungen und Sanktionen macht Wintershall bis heute lukrative Geschäfte mit Russland. Im November 2022 räumte der Konzern nach Enthüllungen von *Spiegel* und ZDF-Magazin *Frontal* ein, an einem Joint Venture mit einer Gazprom-Tochter beteiligt zu sein, das Flugzeugbenzin mit Gaskondensat herstellt. Auf diese Produktion habe man allerdings keinen Einfluss. Man könne sich lediglich komplett aus dem Joint Venture zurückziehen, würde dabei aber eine Menge Geld verlieren und die milliardenteuren Förderlizenzen in Sibirien würden ohne Gegenleistung an den russischen Staat fallen.

In einem *Handelsblatt*-Interview erklärte der Wintershall-CEO Mario Mehren zwei Wochen nach den Enthüllungen, der Konzern habe »die Gefahren von Putins Russland stark unterschätzt«. Solch eine erheblich falsche Risikoeinschätzung ist erstaunlich für ein Unternehmen, das all die Jahre so vehement die Rede von der angeblich so großen Versorgungs-»Sicherheit« Deutschlands verteidigte.

Weniger erstaunlich ist, dass der Konzern die Geschäfte mit Russland zum Schutz der Aktionäre nicht aufgibt: »Wir haben eine treuhänderische Pflicht für das Vermögen unserer Aktionäre. Wir können unsere russischen Aktivitäten nicht einfach wegwerfen.« Insofern überrascht es umso mehr, dass Mehren bestreitet, seine russischen Risiken auf die deutsche Gemeinschaft abwälzen zu wollen. Das *Handelsblatt* hatte es in seiner Frage so formuliert: »Am besten wäre es für Wintershall Dea, wenn der russische Staat Sie enteignet. Dann bekommen Sie den Ausfall über die Bundesgarantien vom Bund bezahlt, oder? Dann sind Sie den schlechten Ruf los und werden sogar noch finanziell entschädigt.« Mehrens Antwort: »Ich würde und werde so eine Strategie nie verfolgen.« Seltsam. Der Wert des Joint Ventures mit einem ursprünglichen Buchwert von 2,5 Milliarden Euro ist nach eigenen Angaben bereits auf null gesetzt. Putin könnte sich die sibirischen Wintershall-Assets jederzeit unter den Nagel reißen. Aber trotzdem will man das Geschäft mit Rücksicht auf die Aktionäre nicht aufgeben? Klingt schon wieder nach einer wenig überzeugenden »Brücken«-Strategie.

Noch am 6. Februar 2021 hatte Steinmeier in einem Interview in der *FAZ* Nord Stream 2 verteidigt, die Energiebeziehungen seien »fast die letzte Brücke zwischen Russland und Europa«. Damit suggerierte der deutsche Bundespräsident offensichtlich, dass diese (rein privatwirtschaftlichen) Brücken notwendig seien, weil die diplomatischen Brücken nicht mehr trügen. Demnach hätte sich die deutsche Politik ganz bewusst und aus freien Stücken dafür entschieden, Nord Stream 2 zu unterstützen, um unabhängig von den Minsk-Verhandlungen mit Russland im Dialog zu bleiben. Von wegen: »Wir pushen nicht ...« Der Gas-Deal wäre demnach ein proaktives Angebot und Teil deutscher Außenpolitik gewesen. Das klingt oberflächlich betrachtet sogar ziemlich souverän. Aber es fällt mir schwer, Deutschlands damaliges Verhalten wirklich als souverän zu erklären.

Man hatte die Wahl zwischen zwei Handlungsmöglichkeiten: Man konnte die verschiedenen Arten von Rechtsbruch, die Putin vollzog, sein fadenscheiniges Verschleierungs- und Verwirrspiel, aber vor allem die Brutalität seiner Aggression klar verurteilen und Maßnahmen ergreifen, die dazu führen, dass er mit den Aggressionen aufhört, dass die Annexion rückgängig gemacht, der völkerrechtlich korrekte Zustand wiederhergestellt und der entstandene Schaden von Moskau bezahlt wird.

Oder man konnte den Dialog suchen.

Steinmeier betonte stets, dass es wichtig sei, mit Moskau im Gespräch zu bleiben. Er traf in der Zeit als Außenminister seinen Amtskollegen, den russischen Außenminister Sergej Lawrow, und sprach ihn mit »lieber Sergej« an. Er vermied öffentliche Schuldzuweisungen und betonte, man habe bei diesem Treffen nach vorn schauen wollen. Er wollte herausfinden, »ob es möglich sei, in den letzten Monaten gewachsenes Misstrauen und Fehlverständnisse abzubauen«.

Sicher, Reden hilft, sagt man. Aber doch bitte schön nicht mit einem offenkundigen Verbrecher, während er sein Opfer an der Gurgel packt. Wenn mein Nachbar gerade seine Frau und seine Kinder misshandelt, dann plaudere ich doch nicht mit ihm währenddessen über Misstrauen und Fehlverständnisse und vereinbare dann noch mit ihm, dass er zum nächsten Straßenfest Fleischspieße für den Grill mitbringt. Nein. Ich rufe die Polizei und sage denen, sie sollen ein paar starke Leute schicken, die wissen, wie man einen Gewaltverbrecher außer Gefecht setzt. *Das* fände ich halbwegs souverän, wenn ich schon nicht in der Lage bin, den Aggressor eigenhändig zu überwältigen. Anschließend würde ich mich unbedingt darum kümmern, dass die Frau und die Kinder schnellstmöglich gestärkt werden, mit ihnen die Gemüsespieße organisieren und dafür sorgen, dass sie beim nächsten Straßenfest fröhlich mittanzen können.

Aber das Opfer in dem, was fälschlicherweise »Ukrainekonflikt« genannt wurde, obwohl es ein »Russlandkrieg« war, die Ukraine nämlich, schien unseren Außenminister von Anfang an wenig zu interessieren. In einem Interview mit der *Welt am Sonntag* am 23. März 2014, also fünf Tage nach der Annexion, sagte er unverblümt: »Sollte Russland über die Krim hinausgreifen, werden wir in Europa einschneidende Maßnahmen beschließen, selbst wenn wir hierfür wirtschaftliche Nachteile in Kauf nehmen müssen.«

Über die Krim *hinaus*greifen? Damit nahm er die völkerrechtswidrige Annexion der Krim zu diesem frühen Zeitpunkt offenbar bereits hin. Er formuliert nicht mal den Gedanken, Russland aus der Krim wieder zu verdrängen. Erst wenn es noch schlimmer wird, wollte er Maßnahmen ergreifen, selbst wenn Deutschland wirtschaftliche Nachteile in Kauf nehmen müsste. Übersetzt: Lieber Nachbar, erst wenn du deine Frau und deine Kinder ermordest, dann darfst du keine Fleischspieße zum Straßenfest liefern, obwohl ich die eigentlich sehr gern esse. So etwa?

Putins verdammt gutes Geschäft

Tatsächlich machten am Ende die – von Deutschland und Frankreich vermittelten – Friedensabkommen Minsk I und Minsk II die Annexion nicht mehr rückgängig. Und die europäischen Sanktionen, an deren Ausgestaltung Deutschland wesentlich beteiligt war, erwiesen sich als harmlos. Offenkundig waren wirtschaftliche Interessen wichtiger als das Völkerrecht.

Putin zahlte also einen sehr kleinen Preis dafür, dass er fortan unbeschränkten Zugang zum Schwarzen Meer hatte. Wir erinnern uns: Vorher hatte er an die Ukraine Pachtgebühren für die Nutzung des Hafens zahlen müssen. Jetzt durfte dort nicht nur die geliebte Schwarzmeerflotte kostenlos ankern, sondern er hatte nun auch eine sehr viel bessere Ausgangsposition für den Zugriff auf einen wertvollen Rohstoff. Nein, nicht Krimsekt, sondern Öl und Gas.

Im Schwarzen Meer gibt es gewaltige unterirdische Erdöl- und Erdgasvorkommen. Die genauen Gasmengen, die sich insgesamt tief unter dem Schwarzen Meer befinden, sind noch nicht bekannt. Aber die bisherigen geologischen Untersuchungen zeigten, dass es in allen Territorien noch vielversprechende Gas- und Öl-Felder gibt.

Vor der Krimannexion hatte sich deswegen bereits eine Gruppe um Exxon Mobil, Royal Dutch Shell, OMV Rumänien und das ukrainische Energieunternehmen NAK die Rechte gesichert, zwei Bohrbrunnen etwa 80 Kilometer vor der ukrainischen Küste zu errichten. Insgesamt sollten rund 735 Millionen Dollar investiert werden. Außerdem hatte sich 2013 auch Eni, der größte Öl- und Gasproduzent Italiens, zusammen mit Electricité de France sowie zwei staatlichen ukrainischen Unternehmen Förderrechte im Schwarzen Meer gesichert. Auch die Türkei, Rumänien, Bulgarien und Georgien hofften auf enorme Öl- und Gasressourcen im Schwarzen Meer, mit denen sie ihre energieintensiven Industrien wiederbeleben könnten. Rumänien und die Ukraine setzten als wichtige Agrarproduzenten zudem auf die gasgetriebene Düngemittelindustrie – ein global umkämpftes Geschäftsfeld, in dem übrigens auch BASF aktiv ist.

Nach der Annexion der Krim wurden all diese Pläne auf Eis gelegt.

Ging es 2014 also vielleicht gar nicht wirklich um »imperialen Wahn«, sondern ganz kühl kalkuliert darum, im fossilen Energiekrieg Wettbewerber auszuschalten und sich selbst den Zugriff auf wertvolle Ressourcen zu verschaffen? Die Antwort ist leider ein Geschäftsgeheimnis der rein privatwirtschaftlich Beteiligten.

Die Ukraine jedenfalls, militärisch ohnehin schwach und durch die von Russland provozierten innenpolitischen Konflikte zusätzlich geschwächt, hatte bei den Verhandlungen keine Chance und stand nach den beiden Minsk-Abkommen als Verliererin da. Keine Krim mehr, keine Entschädigung für die Verluste und kein Zugriff mehr auf die Schwarzmeer-Gasreserven, die nicht nur komplett den eigenen Bedarf gedeckt, sondern möglicherweise auch den zugehörigen Export beflügelt hätten.

Obendrein musste sich die ukrainische Regierung von Steinmeier zweimal ermahnen lassen, dass sie sich von extremistischen Kräften distanzieren, die Rechte aller Bevölkerungsgruppen sichern und die Milizen entwaffnen sollte. Nachzulesen in der *FAZ* vom 22. März und einen Tag später in besagtem *Welt*-Interview. Auch wurde sie von Steinmeier kritisiert, dass sie angeblich versucht hätten, die russische Sprache zurückzudrängen. Damit übernahm er komplett die russische Propaganda und vermittelte den (von Putin erwünschten) Eindruck, dass die Ukraine selbst schuld daran sei, dass Russland quasi gezwungen war, gewaltsam ordnend einzugreifen – mal wieder ein prägnantes Beispiel für die von Putin so häufig benutzte Täter-Opfer-Umkehr.

Erfolgreich schloss Deutschland Wirtschaftssanktionen gegen Russland im Gas- und Öl-Sektor aus. Deutsche Unternehmen schlossen – rein privatwirtschaftlich – Gas- und Pipeline-Verträge mit Putins Gazprom. Und die deutsche Bevölkerung durfte sich bei ihren Straßenfesten über leckere Fleischspieße freuen. Sie ahnte ja nicht, wer daran verdiente – und wer dafür bezahlte. Genau das war der Kern von Putins verdammt gutem Geschäft.

Souverän wirkt die deutsche Politik dabei auf mich nicht, sondern eher seltsam. Eigentlich ist das alles nicht zu erklären: Waren wir wirklich bereit, für billiges Gas jeglichen Preis zu bezahlen? Oder besser gesagt: Waren wir wirklich bereit, für Gas, das *für uns* vermeintlich billig war, *andere* jeglichen Preis bezahlen zu lassen?

Und noch eine Frage: Wenn Steinmeier den imperialen Wahn Putins nicht erkannt haben will, wie erklärte er sich dann Putins Besitzanspruch auf die Krim? Teilte er etwa dessen krudes Geschichtsbild?

Kluge Verhandlungstaktik?

2014 war neben Merkel und Steinmeier auch der damalige Wirtschaftsminister Sigmar Gabriel aktiv bei den russisch-ukrainischen Verhandlungen. Er reiste sogar mehrfach persönlich nach Moskau und suchte nicht nur wie Steinmeier den Dialog, sondern ließ sich am 18. Oktober 2015 von Präsident Putin sogar ein Autogramm geben – nicht für sich, sondern für die in Sibirien geborene Zahnarzthelferin in der Praxis seiner Ehefrau in Goslar. Diese Anekdote findet sich in einer 2016 erschienenen Gabriel-Biografie, geschrieben von zwei Berliner Journalisten – und von Gabriel nie dementiert. Vielleicht ist das ein weiterer Fehler, den er bereut, so wie den Nord-Stream-2-Deal, für den er sich so sehr ins Zeug gelegt hat. Letzterer allerdings hatte deutlich schlimmere Folgen als ein angekratztes Image und den Spott der Hauptstadtmedien. Wohl deswegen gab sich Gabriel große Mühe, seine Reue ob des Nord-Stream-Fehlers in der Öffentlichkeit zu verbreiten.

Das *Welt*-Interview im April 2022 war nur der Anfang. Bereits hier gab Gabriel nicht nur den Fehler an sich zu, sondern versuchte auch zu erklären, wie sein Fehler zustande gekommen war: »Ein Stopp von Nord Stream 2 hätte die Verhandlungen um einen Waffenstillstand 2014 sehr erschwert.«

Drei Wochen danach führt er diesen Gedanken etwas länger aus, nämlich in einem Interview mit Martin Klingst, dem Leiter der Abteilung Strategische Kommunikation und Reden im Bundespräsidialamt, also einem der wichtigsten PR-Mitarbeiter Steinmeiers. Das Interview wurde auf der Webseite des außen- und wirtschaftspolitischen Lobby-Vereins Atlantik-Brücke veröffentlicht, dessen Vorsitzender Sigmar Gabriel ist. Volle Kontrolle also auf allen Ebenen. Kritische Nachfragen ausgeschlossen.

In diesem PR-Interview also sagt Gabriel sinngemäß das Gleiche wie gegenüber der *Welt*, nur etwas feiner ausformuliert: Es wäre »keine besonders kluge Verhandlungstaktik« gewesen, Putins »ehrgeizigstes Energieprojekt, die Pipeline Nord Stream 2« zu kippen, wenn man »den Krieg im Donbass beenden« wollte.

Ich verstehe das so: Über die Krim wurde bei den Minsk-Verhandlungen gar nicht mehr geredet. Und Putin hat mehr oder weniger explizit gedroht, den Krieg im Donbass fortzusetzen, wenn Nord Stream 2 gestoppt wird. Deutschland hätte sich demnach erpressen lassen.

Eine angemessene und vielleicht kluge Verhandlungstaktik für mich wäre gewesen, zu sagen: Hör mal genau zu, mein Lieber. Mit einem Verbrecher machen wir gar keine Geschäfte. Entweder kehrst du zurück auf den Boden des Völkerrechts, oder wir kaufen gar nichts mehr bei dir. Nord Stream 1 und 2 sind dann Geschichte.

Stattdessen versucht Gabriel uns zu erklären, Nord Stream 2 sei Teil einer klugen Verhandlungstaktik gewesen, nach der Devise: Hey, Putin, wenn du aufhörst, die kleine Ukraine zu schlagen, dann ist alles wieder gut! Quasi die Fortsetzung der maternalistischen »Pacta sunt servanda«-Lehrstunde, die Merkel Putin nach seiner Gasblockade 2009 gehalten und die der russische Präsident süffisant mit »Jawohl!« quittiert hatte.

Auch das ist eine absurde Logik. Jedes Kind würde aus einer solchen Verhandlungserfahrung lernen: Ich muss nur die Ukraine hauen, dann kriege ich, was ich will. Auch Putin dürfte sich gemerkt haben: 2009 war die Belohnung höhere Preise, 2014 die Pipeline-Verdopplung.

Gabriel sagt also bis heute *nicht*, dass es ein Fehler war, Nord Stream überhaupt auf den Weg gebracht oder sich 2014 noch stärker in die Energieabhängigkeit eines offensichtlich nicht vertrauenswürdigen Staates begeben zu haben. Nein, laut Gabriel bestand der Fehler darin, einen Verhandlungsfehler gemacht und Putins Motivlage falsch eingeschätzt zu haben: »Heute wissen wir: Nord Stream 2 war ein Fehler. Denn die Pipeline war Wladimir Putin letztlich egal.« Als Beleg verweist Gabriel ausgerechnet auf Putins aktuelle Aggression: »Ich bin sicher, dass er einkalkuliert hat, dass mit dem Krieg gegen die Ukraine dieses Projekt endgültig im Aus landen würde.«

Wie? Auch das ist wenig plausibel: Wenn Putin die Pipeline egal war, warum hat er sich dann damals *deswegen* von der Eroberung des Donbass abbringen lassen? Warum hat er acht Jahre gewartet – eine Zeit, die die Ukraine genutzt hat, sich militärisch deutlich professioneller aufzustellen –, um dann nach wochenlangem Opfer-Theater über die wilde These, die NATO würde Russland umzingeln und so weiter, einen brutalen Angriffskrieg vom Zaun zu brechen? Das hätte er alles 2014 viel einfacher haben können.

Schnöde Erpressung?

Fragen wir weiter: Warum hat Putin seine massive militärische Attacke am 24. Februar gestartet, also keine 24 Stunden, nachdem Scholz, nach langem Zögern, das endgültige Aus der Nord-Stream-Pipeline verkündet hatte? Wenn ihm das letztlich völlig egal war, wieso spielte Nord Stream 2 auch danach immer noch und immer wieder so eine große Rolle? Wieso forderte Putin, nachdem er die Leitung Nord Stream 1 unter Vorwänden abgeschaltet hatte, Deutschland auf, Nord Stream 2 in Betrieb zu nehmen? Einen gewissen Ehrgeiz schien Putin da ja doch zu haben.

Vielleicht, weil es nicht allein Putins ehrgeizigstes Energieprojekt war, sondern auch das der Deutschen? Vielleicht, weil man bislang gemeinsam ehrgeizige Ziele verfolgt hatte, zum Beispiel, im Wettbewerb der Oligopolisten zu den Gewinnern statt zu den Verlierern zu gehören? Oder das Ziel, im Fossile-Energien-Darwinismus schlicht zu überleben, statt gefressen zu werden? Vielleicht, weil Putin die Erfahrung gemacht hatte, dass Deutschland ökonomische Werte wichtiger waren als demokratische oder völkerrechtliche? Und weil der Preis, den die Deutschen zu zahlen hatten, sich in den letzten acht Jahren genauso verdoppelt hatte wie die Nord-Stream-Pipeline?

Bereits 2014 stand ja für die deutschen Unternehmen einiges auf dem Spiel. Nicht allein Nord Stream 2 (das stand ja erst auf dem Papier), sondern vor allem Nord Stream 1. Hier waren bereits Milliarden investiert. Die Pipeline erwirtschaftete erst seit drei Jahren Einnahmen. Die Investitionen hatten sich bei Weitem noch nicht amortisiert. Außerdem gab es – wie wir heute wissen – diese Take-or-Pay-Verträge; man würde also über Jahrzehnte weiterbezahlen müssen, auch ohne dass man Gas bekam.

Wenn Putin damals möglicherweise nicht nur angedroht hat, den Krieg gegen die Ukraine weiterzuführen, sondern auch (aus technischen Gründen, versteht sich), den Gashahn der Ostsee-Pipeline abzudrehen, dann wären die Milliarden-Investitionen komplett futsch gewesen. Übrigens auch die Milliarden-Bürgschaften der Bundesregierung.

Obendrein wären in Deutschland sehr wahrscheinlich Millionen empörte Bürger:innen auf die Straße gegangen, weil ihnen klar geworden wäre, dass die versprochene Versorgungssicherheit keineswegs sicher war.

Keine schöne Vorstellung. Zumal 2015 dazukam, dass Russland im Syrienkrieg mitmischte und infolge der überaus brutalen Luftangriffe auf die Zivilbevölkerung Millionen Menschen aus dem Land flüchteten – und wohin? Nicht nach Moskau, sondern nach Westeuropa.

Insofern war es 2014 eine gewissermaßen rationale und taktisch kluge Entscheidung, nachdem man nun schon mal Geschäfte mit einem »Ganoven« angefangen hatte, damit einfach weiterzumachen – nur eben mit der tröstlichen Aussicht auf noch größere Gewinne, wie man sie sich vom Asset-Tausch und Nord Stream 2 versprach.

Okay, die Ukraine lieferte man dafür ans Messer. Das schlechte Gewissen beruhigte man mit detaillierten Regelungen im Kleingedruckten, die sicherstellen sollten, dass die Ukraine auch nach der Inbetriebnahme von Nord Stream 2 weiterhin zuverlässig Gas aus Russland bekam. Ein Detail, das Gabriel im Atlantik-Brücke-Interview begeistert ausbuchstabierte, erneut, ohne zu merken, dass diese Regelung derzeit ebenso Makulatur ist wie all die anderen so »klug« ausgehandelten Friedensabkommendetails.

Mit dem Glaubenssatz »Wandel durch Annäherung« konnte man sich in die sozial-demokratische Tasche lügen, dass das alles einem höheren Zweck dienlich sei. Schließlich seien »viele und nicht nur die Deutschen«, wie Gabriel seine ehrenwerte Grundhaltung im Nachhinein beteuert, davon ausgegangen, »mit engen Handels- und vor allem Rohstoff-Beziehungen Russland in eine stabile europäische Ordnung einbinden zu können«. Notfalls konnte man sich und anderen vorgaukeln, dass die Ukrainer in gewisser Weise selbst schuld waren – siehe oben.

Es kostet eben einige Mühen, eine schnöde Erpressbarkeit schönzureden, und gelingt trotzdem nicht.

»Bei der Energieversorgung sind wir Geiseln Moskaus«, kommentierte schon am 1. November 2015 der Osteuropa-Korrespondent Gerhard Gnaucks in der *Welt*. Es gäbe immer häufiger Anlass, schrieb er, über die Frage nachzudenken, ob die deutsche Ostpolitik zur Geisel einer Handvoll Energiekonzerne und ihrer Interessen werde.

Oder doch grenzenlose Naivität?

Gerhard Gnaucks Artikel erschien zwei Wochen nach dem Treffen zwischen Sigmar Gabriel und Vladimir Putin in Moskau, jenem oben erwähnten »Autogramm-Treffen«. Der aufmerksame Historiker und Politikwissenschaftler hatte damals auf der Internetseite des russischen Präsidialamts einen Auszug des mitgeschnittenen Gesprächs vom 18.10.2015 entdeckt. So wusste er, dass der deutsche Wirtschaftsminister gesagt hatte: »Das Wichtigste ist, dass die Regulierungskompetenz in den Händen der deutschen Organe liegt. Dann begrenzen wir die Möglichkeit für politische Einmischung in dieses Projekt.« Man arbeite nach Kräften daran, dass »Einmischung von außen« vermieden werde.

»Mit den finsteren Kräften ›von außen‹«, so erklärte Gnaucks in seinem Artikel empört, »meinte der Vizekanzler keine Geringere als die Europäische Union, die das Projekt kritisch sieht.«

Bekanntlich wollte die EU-Kommission die wachsende Abhängigkeit Europas von Russland und vor allem den wachsenden Einfluss Putins auf Europa stoppen und prüfte damals ihre Möglichkeiten, europäisches Recht gegen Nord Stream anzuwenden. Mithilfe der 2009 in Kraft getretenen Entflechtungsvorschriften für Gasnetzbetreiber hatte die EU bereits das russische Pipeline-Projekt South Stream, das als ähnlich bedrohlich galt wie Nord Stream, gebremst und 2014 zu Fall gebracht.

Solche »Einmischung von außen« versprach Gabriel also zu verhindern, und zwar gut acht Monate *nach* Abschluss des Minsk-II-Abkommens. Es war also keine kluge Verhandlungstaktik mehr nötig. Es war willentliches und bewusstes Umwerben eines Deals, der einen Monat zuvor bereits von den beteiligten Unternehmen unterschrieben worden war. Jetzt galt es, die politischen Rahmenbedingungen in Europa für die Wirtschaft störungsfrei zu gestalten.

»Die Interessen einer Handvoll Energiekonzerne sollen höher stehen als die EU-Normen, europäische Solidarität und Sicherheit«, fasst Gnaucks die Botschaft des Gabriel-Putin-Gesprächs zusammen.

Nicht nur mich schockieren solche Gesprächsprotokolle. Auch Gerhard Gnaucks fragt sich entsetzt: »Ist Gabriel so naiv, zu glauben, für einen russischen Staatskonzern stünden deutsche Vorschriften über den Befehlen aus dem Kreml?«

Ich schließe mich seinem Urteil an: »Wer die energiewirtschaftliche Verflechtung jetzt immer noch vorantreibt, der handelt grob fahrlässig. Er setzt deutsche und europäische Interessen aufs Spiel. Und er ermuntert das Putin-System zu weiterer Radikalisierung und verlängert seine Lebensdauer. Ein Bärendienst auch am russischen Volk.«

Es ist zudem ein Bärendienst am ukrainischen, am deutschen und am europäischen Volk, die jetzt alle, wenn sie nicht auf dem Schlachtfeld sterben, zumindest in die leere Gasröhre schauen.

Unterm Strich macht es keinen Unterschied, ob die politische Unterstützung der privatwirtschaftlichen Energiegeschäfte unter dem Druck einer schnöden Erpressung oder aus grenzenloser Naivität passierte.

Wirklich besorgniserregend daran ist, dass bis heute niemand den Mumm hat, offen darüber zu sprechen, was damals wirklich los war. Stattdessen werden Pseudo-Schuldbekenntnisse abgegeben, die im Grunde nichts erklären. Stattdessen simulieren sie bloß eine Aufklärung, die aber in Wirklichkeit nicht stattfindet.

Die »Fehleranalyse« des Bundespräsidenten hatte Georg Ismar im *Tagesspiegel* zuversichtlich kommentiert: »Die Aufarbeitung der Fehler, aber auch die Lehren daraus, sie werden Steinmeiers zweite Amtszeit prägen.«

Schön wär's! Die zweite Amtszeit dauert ja noch eine Weile. Ich würde es begrüßen, wenn jemand den Mut fasste, Versäumnisse und Irrtümer wirklich einzugestehen, um daraus gemeinsam zu lernen. So aber bleibt die Aufklärung und Aufarbeitung wohl doch eher unbeteiligten Dritten überlassen. Zusammen mit der Wissenschaft machen hier vor allem investigative Journalist:innen einen wirklich beeindruckenden Job!

»Putins People« und ihr fossiler Krieg

Zahlreiche Wissenschaftler:innen für Ost- und Südosteuropaforschung, Gelehrte aus der Sozial-, Politik- und Kulturwissenschaft und viele andere, die mit der Geschichte und Gegenwart Russlands und der Ukraine vertraut sind, hatten nicht nur im Dezember 2014 jenen unbeachteten offenen Brief geschrieben. Sie hatten sich davor und danach immer wieder ausführlich und warnend geäußert, welche akute Gefahr von Putins Russland ausging.

Über Nacht plötzlich verrückt geworden ist Präsident Putin jedenfalls nicht. Das gehört ins Reich der Legenden. Ebenso die Idee, er habe sich erst jetzt in einen Aggressor verwandelt, weil »wir«, der Westen, ihn nicht respektvoll genug behandelt oder ihn gar bedroht hätten. Derlei kann nur behaupten, wer sich nicht wirklich mit Putins Ideen und Handeln beschäftigt hat. Alle anderen müssen gewusst haben, mit wem sie Geschäfte machten.

Das 2012 erschienene Buch *The Man Without a Face. The Unlikely Rise of Vladimir Putin* der russischen Journalistin Masha Gessens konnte man vielleicht noch als journalistisch überzeichnetes Porträt eines skrupellosen Machthabers abtun. Aber 2014 veröffentlichte die US-amerikanische Politikwissenschaftlerin Karen Dawisha ihr aufsehenerregendes Buch *Putin's Kleptocracy: Who Owns Russia?*. Darin beschreibt und belegt sie, wie Putin und eine Gruppe von revanchistischen KGB-Agenten zusammen mit dem organisierten Verbrechen und mithilfe eines internationalen Offshore-Bankensystems skrupellos den russischen Staat erst systematisch plünderten und währenddessen sukzessive die komplette Staatsmacht übernahmen. Allerspätestens nach der Veröffentlichung der »Panama Papers« 2016 und der Enthüllung von Putins tiefer Verstrickung in der Offshore-Welt aus Briefkastenfirmen und Steueroasen musste dem allerletzten Träumer klar sein, dass Putin weder ein »lupenreiner Demokrat«, noch ein seriöser, zuverlässiger Geschäftspartner war.

Nein, wir dürfen uns nicht einen freundlichen, demokratisch gesinnten Ehrenmann vorstellen, dessen liberal-partnerschaftliche Bestrebungen hin zu einer marktwirtschaftlichen Demokratie im gemeinsamen Haus Europas überraschend und unvermittelt aus der Bahn geraten sind. Die Brutalität des Krieges kann auch nicht als »imperialer Wahn« erklärt werden, dem über Nacht der eigentlich vernünftige Mann anheimgefallen ist.

Putins Energiegeschäfte und der Krieg gegen die Ukraine sind kein Gegensatz. Sie gehören von Anfang an zum System.

Wir befinden uns schon seit Jahrzehnten in einem fossilen Krieg, in dem »Putins People« mit geheimdienstlichen und kriminellen Methoden in einer autoritären Kleptokratie um globale Marktmacht kämpfen. Ideologie wird von den zynischen, korrupten ehemaligen KGB-Offizieren ausschließlich taktisch und zum Zwecke der Propaganda benutzt. Deswegen ist es egal, ob sie sich gegen Feminismus, Homosexuellenrechte und den Schutz vor häuslicher Gewalt stellen und eine weiße Identitätspolitik unterstützen, ob sie sich als die weltweit größten Verfechter »christlicher Werte« inszenieren oder eine Glorifizierung sowjetischer Militärerfolge im Zweiten Weltkrieg und eine Überhöhung des einstigen russisch-nationalen Zarenimperiums betreiben.

Die britische Finanzjournalistin Catherine Belton von der *Financial Times* hat sieben Jahre lang das bekannte Wissen zusammengetragen und durch persönliche Gespräche mit unterschiedlichsten Akteuren im Umfeld Putins ergänzt. Herausgekommen sind rund 600 Seiten plus ein Anmerkungsapparat mit über 1700 Fußnoten. 2020 wurde ihr Buch *Putins People* im Original publiziert. Die deutsche Übersetzung *Putin Netz. Wie sich der KGB Russland zurückholte und dann den Westen ins Auge fasste* erschien zwei Jahre später, zufällig punktgenau am 23. Februar 2022. Belton hat ein treffendes Wort gefunden für das, was Putins Leute sind: »KGB-Kapitalisten«.

Wir müssen uns eine kriminelle Organisation, eine Straßen-Gang, eine Rockerbande, eine Mafia-Familie vorstellen, die vordergründig mit Frisiersalons, Blumenläden und Tanzlokalen ein scheinbar ordnungsgemäßes unternehmerisches Dasein fristet, während im Hintergrund skrupellos Drogengeschäfte und Menschenhandel inklusive Raub, Erpressung, Steuerhinterziehung und Geldwäsche in großem Stil praktiziert werden. Mord und Totschlag sind nicht ausgenommen. Es zählt das Recht des Stärkeren. Alles andere ist egal und kann beliebig ausgewechselt werden.

Catherine Belton beschreibt detailliert ein mafiöses System, »in dem Geschäfte wie bei kriminellen Banden, basierend auf informellen ›Übereinkünften‹, abgeschlossen wurden.« Es basiere auf Korruption, auf Bestechung und dem Zugang zur Macht.

Was anfangs für den Westen »wie banale Vetternwirtschaft und Kleptokratie« gewirkt habe, erklärt Belton, sei in Wahrheit ein »gewaltiges

Schwarzgeldsystem« gewesen, »viel größer und verwickelter als alle Netzwerke, die er (der KGB) für verdeckte Operationen und Einflussnahmen im Großmachtstreben der Sowjetunion genutzt hatte«.

Das wahre Ende des Gasstreits von 2005/2006

Belton bringt in ihrem Buch verschiedene Beispiele, wie dieses Schwarzgeldsystem funktionierte. An einer Stelle stellten sich mir jedoch die Nackenhaare besonders auf. Es ging um den Gasstreit im Winter 2005/2006 – oder besser: um den Kompromiss, den Russland und die Ukraine überraschend schnell gefunden hatten, wie die Nachrichtenagentur Associated Press (AP) am 4. Januar 2006 berichtet hatte: »›Die Gespräche sind für Gazprom erfolgreich abgeschlossen worden‹, sagte Gazprom-Vorstandschef Alexej Miller. Der Leiter des ukrainischen Gasversorgers Naftogas, Oleksij Iwtschenko, sprach von einem ›umfassenden Abkommen zu beiderseitig akzeptablen Bedingungen‹.« Der Kompromiss ermögliche es beiden Seiten, ihr Gesicht zu wahren.

Der damalige deutsche Wirtschaftsminister Michael Glos hatte den Erfolg gleich für sich verbucht: »Nicht zuletzt die intensiven Bemühungen Deutschlands und seiner EU-Partnerländer dürften hierzu beigetragen haben«, wurde der CSU-Politiker von AP zitiert. Na bravo!

Nur: Wie kam der Kompromiss zustande? Und wieso ging das damals plötzlich so schnell, nachdem man vorher monatelang keine Lösung gefunden hatte? Darüber hatte ich all die Jahre nie etwas gehört, bis ich im Sommer 2021 auf Catherine Beltons Buch aufmerksam wurde.

Noch mal zur Erinnerung: Die Ukraine hatte 50 Dollar für 1000 Kubikmeter russisches Erdgas gezahlt. Der Vertrag endete am 31. Dezember 2005. Russland verlangte nun einen Preis von 230 Dollar. Noch kurz vor Jahreswechsel und Ablauf der Frist wurde erbittert gestritten. Mit allen Mitteln. Russland verhängte sogar ein Einfuhrverbot für ukrainisches Fleisch – angeblich wegen Verstößen gegen tierärztliche Vorschriften. Noch am selben Tag kam heraus, dass Gazprom ein Exklusiv-Abkommen mit Turkmenistan geschlossen hatte, wodurch sich die Verhandlungsposition der Ukraine noch mal verschlechterte. Und in der Neujahrsnacht hatte Russland dann tatsächlich das Gas abgestellt. Mehr Eskalation ging kaum. Das wäre dann Krieg.

Doch auf einmal, drei Tage später, ist auf wundersame Weise alles geklärt. Friede, Freude, Eierkuchen. Wieso?

Weil der deutsche Außenminister am Telefon erklärt hat, wie so ein Streit zu lösen ist? Wie im Kindergarten: Bobbi und Timmi zanken um einen Schokoriegel. Dann kommt Onkel Michael, bricht den Schokoriegel kurzerhand durch, und jedes Kind ist glücklich, weil es was zu schlickern hat. Geht so Weltpolitik? Beendet man auf diese Weise einen Konflikt, in dem sogar mit Krieg gedroht worden war?

Schauen wir also mal genauer hin. Der Kompromiss sah laut AP so aus:

»Russland verkauft 1 000 Kubikmeter Gas für 230 Dollar an die Handelsgesellschaft *Rosukrenergo*. Diese gibt es anschließend für lediglich 95 Dollar an Kyiv weiter. *Rosukrenergo* kann mit dem Preis heruntergehen, da die Handelsgesellschaft auch extrem billiges Gas aus Zentralasien dazukauft. [...] Das Abkommen sieht nach Angaben Iwtschenkos auch eine Erhöhung der Transitgebühr vor, die die Ukraine für den Pipeline-Transport der Gazprom-Lieferungen in andere europäische Staaten erhält. Diese steigt um 47 Prozent auf 1,60 Dollar je tausend Kubikmeter Erdgas und eine Pipeline-Strecke von 100 Kilometern.«

Wow, das war ja nicht nur »gesichtswahrend« für Russland, das war ein voller Erfolg für die Ukraine! Die zahlten statt fünfmal so viel noch nicht mal das Doppelte und bekamen obendrauf eine deutlich höhere Transitgebühr. Das dürfte in den kommenden ukrainischen Wahlkampfwochen sicher eine tolle Nachricht gewesen sein.

Und Gazprom? Die Russen geben sich plötzlich mit deutlich weniger als der Hälfte dessen zufrieden, was sie vorher unbedingt haben wollten. Und schalten dafür einen Zwischenhändler ein, nur damit sie sagen können: Wir verlangen die marktüblichen Preise! Ist das genug, weil gesichtswahrend?

Einmal kurz gerechnet: Wenn der Zwischenhändler an Russland 230 Dollar zahlt und nur 95 Dollar von der Ukraine bekommt, dann spielt er nur 41 Prozent des Einkaufwertes wieder ein. Er muss also mindestens

60 Prozent »extrem billiges Gas aus Zentralasien« dazukaufen, also ganz schön viel »Wasser« in den »Wein« panschen, damit er keinen Verlust macht. Der Zwischenhändler muss also den Russlandanteil entsprechend reduzieren, damit für ihn auch etwas herausspringt. Am Ende liefert er also keine Weinschorle, sondern Wasser mit einem Spritzer Wein.

Dass die Ukraine sich auf so was einlässt, ist klar: Die Not ist groß. Aber warum verkauft Turkmenistan nicht einfach wie bislang Gas an die Ukraine – und zwar zum gewohnten Preis von 60 Dollar? Es bräuchte Russland doch gar nicht. Der turkmenische Diktator hätte doch einfach 100 Prozent des Gasbedarfs direkt an die Ukraine liefern können. Es ist doch fürs Gas ohnehin völlig egal, woher es kommt. Er verkauft einfach das Billiggas aus Zentralasien zum höchstmöglichen Preis. Dann hätte er die 96 Dollar allein einstecken können, statt jetzt für diesen kleinen Anteil von russischem Edelgas überteuerte Preise zu bezahlen.

Turkmenistan verzichtet auf ein fettes Geschäft, damit Russland so tun kann, als würde es der Ukraine Westpreise abverlangen? Das ist selbst unter Diktatoren ein ziemlich verdächtiger Deal. Anders gesagt: Das parfümierte Billiggas stinkt zum Himmel!

Eine mögliche und ziemlich plausible Auflösung für unser kleines Gas-Deal-Rätsel findet sich ab Seite 401 in Catherine Beltons Buch *Putins People*.

Oleh Rybatschuk, der Unterhändler der ukrainischen Regierung im Gasstreit mit Russland, reiste im November 2005 nach Moskau. Im Kreml traf er auf Putin, der unmissverständlich klarmachte: Russland wolle die Preise anheben und die Ukraine müsse »bestimmte Bedingungen« akzeptieren, andernfalls würde sie von der Gasversorgung abgeschnitten. So hat es Oleh Rybatschuk der Autorin im Oktober 2018 erzählt.

Dimitiri Medwedew, damaliger Aufsichtsratschef von Gazprom, habe dann ein Schlupfloch für einen Kompromiss eröffnet, referiert Belton die Erzählung Rybatschuks im Buch: »Wenn die Ukraine sich bereiterklärte, mehr Gas statt von Gazprom von einem bestimmten Händler zu beziehen, den der Kreml für geeignet hielt, dann würde der Preis insgesamt niedrig bleiben. Medwedew sagte, er könne weiter ins Detail gehen, sobald Rybatschuk Juschtschenkos volles Einverständnis hätte, aber als Vorgeschmack versprach er, mit einem solchen Deal würde jede Seite 500 Millionen Dollar Gewinn im Quartal machen – also 2 Milliarden Dollar im Jahr –, während zugleich eine günstige Gasversorgung gewährleistet wäre. ›Er sagte, das sei unser Anteil, also der Anteil der ukrainischen Regierung‹, erzählte Rybatschuk.«

Belton erklärt: »Statt das Gas mit einem transparenten Preissystem direkt über Gazprom zu verkaufen, würde es durch einen zwielichtigen Zwischenhändler gehandelt, was die Möglichkeit eröffnete, Dollargewinne in Milliardenhöhe abzuschöpfen – und potenziell als Schmiergelder zu verteilen.«

Rybatschuk erzählte der Journalistin Belton später, für ihn sei damals klar gewesen, dass Juschtschenko dieses Angebot ablehnen würde. Schließlich war er angetreten, um die Ukraine auf einen neuen Kurs zu bringen. Der Winter war kalt, und am 1. Januar übernahm Russland den Vorsitz der G8, der Gemeinschaft der führenden Industrienationen. Deswegen habe er nicht damit gerechnet, dass Russland tatsächlich das Gas abdrehen würde. Aber er hatte sich getäuscht. Auch hinsichtlich des Westens, erzählt Rybatschuk, habe er sich getäuscht. Die ihm versprochene Hilfe habe es nicht gegeben. Er wusste, sagte Rybatschuk, dass Russland den Gastransport nicht länger als drei Tage unterbrechen konnte, ohne seine eigene Pipeline zu beschädigen. Aber um 15 Uhr am nächsten Tag strömte das Gas wieder. Ohne Rybatschuks Wissen hatte Juschtschenko dem von Medwedew angedeuteten Deal zugestimmt.

Auch der im AP-Bericht genannte Zwischenhändler, die »Handelsgesellschaft Rosukrenergo«, taucht in Beltons Buch auf. Sie nennt ihn einen »Bestechungsfonds, der als Werkzeug für politischen Einfluss verwendet werden konnte: um Beamte zu korrumpieren und zu kaufen und auf diese Weise die Demokratie in Russlands Nachbarstaaten zu untergraben«.

Rosukrenergo war nämlich die vermeintlich seriöse, aber vermutlich nur besser getarnte Nachfolgefirma für eine extrem durchsichtige Scheinfirma. Bereits vier Jahre zuvor hatte Gazprom schon der ungarischen Firma »Eural TG« die Rechte übertragen, Gas aus Turkmenistan durch russische Leitungen in die Ukraine zu transportieren. Dummerweise lautete das Vertragsdatum auf einen Tag, bevor das Unternehmen überhaupt gegründet worden war. Dieses Detail fiel einem kritischen US-amerikanischen Investor bei der Prüfung der Gazprom-Geschäftsberichte auf. Er forschte weiter und fand heraus: Die Firma hatte windige, fachlich völlig unkundige rumänische Inhaber und diente allein zur Abschöpfung von Milliardengewinnen vor Steuern. Es kam zum Skandal, mit überraschenden Folgen.

Der Investor erhielt ein Einreiseverbot, wurde in Abwesenheit wegen angeblicher Steuerhinterziehung zu neun Jahren Haft verurteilt und hat Russland nie wieder betreten. Die aufgeflogene Scheinfirma wurde nun durch eine andere ersetzt, nämlich durch Rosukrenergo. Das 2004 gegründete Unternehmen hatte seinen Sitz in Zug in der Schweiz, zwei ehemalige KGB-Beamte saßen in der Geschäftsführung und die Firma gehörte zu 50 Prozent Gazprom selbst. Das allein ist schon bemerkenswert.

Aber die anderen 50 Prozent werden zwar von der Raiffeisen Invest AG in Wien verwaltet, gehörten aber nicht der »Schweizer Tochtergesellschaft der Raiffeisen-Bank in Österreich«, wie es offenbar nach außen behauptet und von AP wiedergegeben wurde. Nein, 45 Prozent gehörten Dmytro Firtasch, einem berüchtigten ukrainischen Oligarchen, der sein Vermögen mit Gas-, Chemie-, Medien- und Finanzgeschäften gemacht hatte und sich wiederholt in die ukrainische Politik einmischte, indem er pro-russische Kandidaten förderte und finanzierte. Ihm wird eine mögliche Verbindung zur russischen Mafia nachgesagt. Zudem bewegte sich Dmytro Firtasch – um Beltons detaillierte Beschreibung der vielfältigen Knotenpunkte eines komplizierten Netzwerkes in wenigen Worten zusammenzufassen – an der Schnittstelle von organisierter Kriminalität und alten KGB- und Stasigeflechten. Die restlichen 5 Prozent gehören einem weiteren Oligarchen namens Iwan Fursin.

Der ganze Gasstreit diente demnach gar nicht dem Ziel, einen »üblichen Marktpreis« durchzusetzen oder einem abtrünnigen »Bruderstaat« eine Lektion zu erteilen. Der ganze Gasstreit war bloß eine Inszenierung, um irgendwann als Kompromiss einen Zwischenhändler zu installieren, der wiederum keinen anderen Zweck hatte, als schwarze Kassen zu füllen. Der Kompromiss diente in Wahrheit nicht der Gesichtswahrung, sondern der Verschleierung.

Erst durch die Weigerung der ukrainischen Regierung, bei dieser korrupten Praxis mitzuwirken, entwickelte sich eine Dynamik, die tatsächlich zum Lieferstopp führte. Dadurch wurde das westliche Europa involviert. Aber leider solidarisierten sich die europäischen Staaten nicht mit der Regierung in Kyiv, wie vermutlich von Juschtschenko erhofft. Stattdessen ließen sie sich von Putins aggressiven Beschuldigungen beeindrucken, dass die Ukraine das Gas der Europäer gestohlen habe. Gegenüber dem Westen spielte der russische Präsident den seriösen Geschäftsmann, der lediglich faire Bedingungen möchte; gegenüber der Ukraine zog er plumpe Mafia-Methoden auf. Und Deutschland rühmte sich einer Vermittlung, die in Wahrheit nur der Deckmantel eines Verrats ethischer Geschäftsführung war.

Gier schlägt Völkerrecht – Putins Drehbuch

Die russischen Fossil-Mafiosi machten, weil das meiste Geld im reichen Westen zu holen war, also Geschäfte mit dem reichen Westen, wo es nur ging. Und wo ging das besser als in einem Markt, der mit riesigen Kartellen von einigen wenigen Großmächten beherrscht wurde, dem Energiemarkt? Russlands fossiler Reichtum war das Startkapitel für Putins KGB-Kapitalismus und zugleich das Einfallstor für eine leicht zu unterwandernde Infrastruktur des demokratischen Westens.

Belton bringt es auf den Punkt: Fossile Energie, Öl und Gas, machte für den Kreml den Weg frei, »immer größere Geldströme zu kontrollieren, die es ihm eines Tages ermöglichen würden, den Westen herauszufordern«.

»Das Ganze war ein Mechanismus für autoritäre Kontrolle in der Heimat und zur Untergrabung von Institutionen im Westen«, schreibt Belton. In der Abwehr des Westens habe Putin eine wichtige Schwachstelle ausgemacht: »Am Ende überwogen dessen finanzielle Interessen die Bedenken über den Missbrauch von Recht und Demokratie durch sein Regime.«

Gier schlägt Völkerrecht. Das wäre wohl der passende Titel des Theaterstücks, das Deutschland 2014/2015 in Moskau aufführte.

Die Krim-Annexion sei für Putin der Moment gewesen, so Belton, »um triumphierend eine neue Weltordnung zu erklären, der Moment, in dem Russland trotzig begann, den Spieß umzudrehen«, und sich weigerte, sich der westlichen Dominanz zu beugen. Das Vorgehen des Kremls in der Ukraine habe wie eine Passage aus einem alten KGB-Handbuch gewirkt. Putins Männer holten die alten Taktiken aus der Versenkung, »Täuschungsmanöver, Stellvertreter, Einflussagenten und Tarneinrichtungen, Propaganda und offensichtliche Lügen, um den Gegner aus dem Gleichgewicht zu bringen und von innen heraus zu schwächen«.

Das ist das, was ich »Putins Drehbuch« nenne. Es ist eine Mischung aus aggressiver Ausnutzung von starker Marktmacht und den Techniken der »Merchants of Doubts«: Getarnt als seriöser Kaufmann und im schönen Schein der Stabilität baut er zur vermögenden potenziellen Kundschaft Vertrauen und langfristige Verpflichtungen auf. Nach und nach steigert er deren Abhängigkeit, um früher oder später daraus Kapital zu schlagen. Parallel nutzt Putin die Freiheiten und Rechte der Demokratie aus und spielt die vielfältigen Kräfte der offenen Gesellschaft perfide durch Propaganda und Fake News gegeneinander aus. Wenn zwei sich streiten, freut sich der Dritte; wenn alle sich streiten, freut sich Putin. So schwächt er zusätzlich die Abwehrkraft der westlichen Wirtschaft, deren Erfolg und Innovationskraft nicht zuletzt auf demokratischen Prinzipien basiert.

Im September 2015 erzählte der Russlandberater von US-Vizepräsident Joe Biden, Michael Carpenter, der *Financial Times*-Korrespondentin Catherine Belton: »Russland unterstützt den Front National in Frankreich, die Jobbik in Ungarn, die Lega Nord sowie die Fünf-Sterne-Bewegung in Italien.« Sie seien hinter all den Anti-Establishment-Parteien her, links wie rechts, und nutzten dafür die Schwarzgeldkonten. Sie zielten auf die europäischen Länder ab, um die EU zu schwächen und den Konsens hinsichtlich der Sanktionen zu zerstören.

Aber solche Befürchtungen, sagte er bedauernd, gingen angesichts anderer Bedrohungen unter, die auf politische Akteure, die sich weniger mit Russland auskannten, konkreter und greifbarer wirkten. »Uns wurde gesagt, wir seien voreingenommen«, so Carpenter, »Sie sagten zu mir: ›Ihr Spezialgebiet ist Russland, natürlich halten Sie Russland für eine Gefahr.‹«

Die Salami-Taktik der KGB-Kapitalisten

Erst wird der innere kulturelle Zusammenhalt eines Staates durch gezielte Kampagnen attackiert. Der Streit wird dann stetig geschürt und – im Zweifel mit freundlicher Unterstützung grüner Männchen – irgendwann zur Eskalation gebracht. Dann greift der große russische Bruder »helfend« ein, beruhigt, stabilisiert und ordnet die Verhältnisse neu. Dann kommt es entweder zum »Regime Change«, bei dem ein kremltreuer Präsident installiert wird, oder es kommt zu einer inszenierten Volksabstimmung, bei der das Volk dann unbedingt Teil der großen russischen Community werden will.

Erst die Krim, dann Luhansk und Donezk, irgendwann die ganze Ukraine. Salami-Taktik: Scheibchen für Scheibchen schneidet er sich immer größere Teile der umliegenden Länder ab. Dasselbe läuft in Georgien: erst Abchasien, dann Südossetien, irgendwann das ganze Land. In Moldau betrifft es die Region Transnistrien.

Immer sind es kleine Teilregionen, in denen es »plötzlich« pro-russische Unabhängigkeitsbewegungen gibt, die sich mit der Zeit zu aggressiven Aufständen und schließlich zu provisorischen Ablösungen entwickeln. »Hybrider Krieg« nennt das die Wissenschaft. Denn es handelt sich weder um echte »Unabhängigkeitskriege« oder »Bürgerkriege« noch um russisch-amerikanische »Stellvertreterkriege«, wie wir sie aus der Zeit des Kalten Kriegs kennen. Es ist eine neue Form von Krieg, für die es wissenschaftlich noch keine einhellige Definition gibt. Eines der zentralen Kriterien ist allerdings, dass dabei eine schleichende Eskalation angestrebt wird – aus feindseligen Motiven.

Dasselbe geschieht im Energiemarkt: Erst kurze Gas-Stopps hier, dann welche dort. Kleine Gaskriege hier, dann welche dort. Mal werden Wintershall und Eon gegeneinander ausgespielt, mal die Ukraine und die Türkei. Salami-Taktik. Erst geht es um eine kleine Beteiligung an einem unbedeutenden Leitungsnetz, dann um einen größeren Speicher, irgendwann um einen Schlüsselbetrieb wie Gazprom Germania, Rosneft Deutschland oder eben Nord Stream.

Zuckerbrot und Peitsche. Menschen in Schlüsselpositionen in Wirtschaft und Politik werden bestochen oder bedroht. Wissenschaft wird mit hoch dotierten Forschungsaufträgen geködert oder mit medialen Kampagnen diskreditiert. Unabhängige Medien werden umschmeichelt und belogen; private Medien nach und nach gekauft. Kritiker:innen werden schikaniert und verunsichert. Widersacher:innen werden beschimpft und isoliert. Gegner:innen verhaftet oder vergiftet.

Wenn wir also über Fehler reden, dann bitte über den, vor dieser Wirklichkeit die Augen verschlossen zu haben. Es wird Zeit hinzusehen, bevor es zu spät ist. Und wir müssen endlich darüber reden, welche Ressourcen im Rahmen der Energiewende wirklich nötig sind. Fossiles Erdgas, Öl oder Uran sind es ganz sicher nicht.

KAPITEL 9

MYTHOS DEINDUSTRIALISIERUNG

Warum wir keine Brückentechnologien mehr brauchen

Während die Bevölkerung echte Klimaschutzmaßnahmen immer deutlicher einfordert, verweigert Deutschlands Politik weiterhin die Arbeit: Statt die Energiewende endlich entschlossen anzugehen, wird mit absurden Diskussionen über angebliche »Brückentechnologien« Zeit vergeudet. Diese Brücken führen ins Nichts.

Die Sendung mit der Haselmaus

Brücken sind etwas Tolles. Sie überwinden Abgründe und Hindernisse, sie verbinden Menschen, Städte und Länder. Auf jedem Euro-Geldschein ist eine Brücke abgebildet, um die Verbundenheit der europäischen Länder untereinander und mit dem Rest der Welt zu illustrieren. Der Papst ist der oberste Brückenbauer, lateinisch »Pontifex Maximus«. Brücken sind ein Kulturgut, es gibt Gemälde, Lieder und Filme über sie.

Die längste Brücke der Welt ist in China, auf ihr fährt die Eisenbahn knapp 165 Kilometer von Peking nach Shanghai. Sie kostete 8,5 Milliarden US-Dollar. Die längste Brücke Europas ist die Öresund-Brücke, die Kopenhagen mit Malmö verbindet – knapp 8 Kilometer lang, Baukosten 1 Milliarde Euro.

Das mit den Kosten ist wichtig. Denn beim Bau einer jeden Brücke muss man sich fragen: Lohnt sich das? Sonst gibt es große Empörung.

Wie zum Beispiel bei der Haselmausbrücke in Vilshofen bei Passau. Sie war ein echter Skandal. Denn sie wurde 2018 für fast 100 000 Euro gebaut, damit das gefährdete Nagetier unbeschadet eine neu gebaute Schnellstraße überqueren kann. Doch nach der Fertigstellung zeigte sich: Eichhörnchen, Amseln, Rotspechte, Mönchsgrasmücke und Zaunkönig nutzen die Brücke, aber keine einzige Haselmaus.

Eine massive Verschwendung von Steuergeldern sei das, prangerte der Bund der Steuerzahler in seinem Schwarzbuch 2019 an. Für die Medien sind solch kuriose Geschichten ein Zuckerschlecken, bei denen man nicht weiß, ob man lachen oder weinen soll. Hohe Emotionalität bringt hohe Klickzahlen und damit hohe Werbeeinnahmen. Um dieser Medienwirkung willen findet der besagte Lobbyverein immer wieder solche Verschwendungsbeispiele, die sich volkswirtschaftlich um relativ kleine Beträge drehen, die sich aber kurz und knackig erzählen lassen – bevorzugt Krötentunnel, Kunstprojekte oder irgendeine Toilette, deren Kosten nach exorbitantem Luxus klingen. Unsinn, Mist und teuer – perfekte Zutaten für Stimmungsmache.

Doch bei genauerem Hinsehen sind die Skandale oft gar keine. So seien die »Milliardensummen, die angeblich verschleudert werden«, lediglich »hochgerechnete Zahlen und nur zu einem sehr geringen Teil belegt«, kritisierte der Bundesrechnungshof schon vor Jahren. Mein Kollege, der DIW-Steuerexperte Stefan Bach, bezeichnete die Berechnungen des Vereins als »vulgärökonomischen Populismus«.

Um substanzlose Effekthascherei handelte es sich auch beim Haselmausbrücken-Skandal. Spontan schien klar: Wegen einer kleinen Maus wurde eine völlig überteuerte Brücke gebaut, die dann von der Maus nicht mal genutzt wurde. Die spinnen, die Tierschützer!

Der daraufhin bundesweit verspottete »Bund Naturschutz in Bayern« war jedoch in Wahrheit ein Kritiker der Brücke und verhinderte auch den Bau der geplanten zweiten Haselmausbrücke. Denn das Biotop, in dem einst die Haselmaus genistet hatte, gab es gar nicht mehr. Trotzdem war die Brücke entstanden, angeblich, um mit der »ersten Haselmausbrücke Bayerns« einen langjährigen Naturschutz-Streit scheinbar zu befrieden, vermutlich aber, um dem umstrittenen und extrem teuren Straßenbauprojekt einen grünen Anstrich zu geben.

Von daher ist das schon irgendwie Verschwendung, aber nur die Spitze eines viel größeren Verschwendungsberges. Dabei geht es gar nicht um die fast 100 000 Euro, sondern um mindestens 40 Millionen, also um mehr als das 400-Fache.

Die Rede ist von der zweitteuersten Straßenbaumaßnahme in Bayern: 40 000 000 Euro kostet die 3 300 Meter lange Umgehungsstraße bei Vilshofen, die bis 2023 fertiggestellt sein soll. Auf die Baukosten obendrauf kommen noch erhebliche Umwelt- und Klimaschäden. Schließlich wird für die Straße das Donauufer umgestaltet und wertvolle ökologische Fläche zerstört und versiegelt. Schon die Pläne für diese Umgehungsstraße hatte der Bund Naturschutz kritisiert.

»Statt immer neue Straßen brauchen wir eine Wende in der Verkehrspolitik mit Priorität für den Erhalt des bestehenden Straßennetzes sowie den Ausbau und die Verbesserung des öffentlichen Verkehrssystems«, fordert der älteste und größte Umweltschutzverband Bayerns seit vielen Jahren. Und damit ist er nicht allein.

Die wahre Verschwendung findet nämlich nicht beim Bau von Krötentunneln, Fischtreppen oder Haselmausbrücken statt, sondern bei immer neuen Verkehrsbauten, die wir gar nicht brauchen – und die enorme Folgekosten nach sich ziehen.

Der Verkehrssektor verbraucht rund 30 Prozent der Endenergie in Deutschland, wobei der Straßenverkehr mit über 80 Prozent den weitaus größten Anteil hat. Im Vergleich zu 1990 müssen wir die Emissionen im Verkehr bis 2030 um die Hälfte reduzieren, um die Klimaziele zu erreichen. Damals lag der Wert bei 164 Millionen Tonnen CO_2 pro Jahr, 85 Millionen sind das Ziel. 2021 waren wir bei 148 Millionen. Nach mehr als Dreiviertel der Zeit haben wir also gerade mal ein Zehntel geschafft. Es bleiben noch acht Jahre für den Rest. Das Letzte, was wir dabei brauchen, sind neue Straßen!

Doch diese Art Verschwendung interessiert den Bund der Steuerzahler so wenig wie die Laufwege der Haselmaus. Der Lobbyverband vertritt eben bevorzugt die Interessen der Besserverdienenden. Nagetiere gehören nicht dazu. Deswegen wird die mit Abstand krasseste Verschwendung der letzten zwanzig Jahre auch im nächsten Schwarzbuch nicht auftauchen: die verschleppte Energiewende.

Der Preis der verschleppten Energiewende

Ich wette, dass die meisten Menschen ihren Kindern lieber etwas anderes vererben möchten als eine Klimakatastrophe und fossile Schulden. Gerade die Älteren machen sich oft Gedanken darum, was sie hinterlassen. Eine Lehrerin aus Oldenburg erzählte mir vor Kurzem, ihr Vater habe letztes Jahr, bevor er ins Altenheim umzog, noch eine neue Heizung in das Haus einbauen lassen. Stolz habe er die nigelnagelneue Gasheizung seiner Tochter und ihrer Familie präsentiert: »Ihr sollt es doch warm haben!« Er hatte geglaubt, etwas Gutes zu tun.

Seit Jahren erzählt die fossile Propaganda, wie günstig Erdgas ist und dass sie ein zentraler Baustein für die Energiewende ist. Und es wird auch erzählt, wie schlecht es uns ginge, wenn wir auf erneuerbare Energien umsteigen würden. Aber beides stimmt einfach nicht.

Es geht uns jetzt schlecht, weil wir *nicht* auf erneuerbare Energien umgestiegen sind – und weil fossile Energien eben nie billig waren. Die Rechnung kommt nur zeitlich verzögert. Es ist wie bei den Handys, die einem fast geschenkt werden, wenn man einen Zweijahresvertrag abschließt. Am Ende zahlt man oft das Doppelte, erst recht, wenn man versäumt, den Vertrag rechtzeitig zu kündigen. Bei den fossilen Energien wurden leider Verträge über Jahrzehnte abgeschlossen, und das zu superteuren Konditionen. Denn was so billig scheint, entpuppt sich als Zwangsjacke de luxe. Wer rauswill, muss wahnsinnig viel bezahlen oder geht vor die Hunde oder beides.

Allein in den ersten hundert Tagen nach Kriegsbeginn haben wir für den Import fossiler Energien 12 Milliarden Euro bezahlt – nur an Russland! Und in den letzten *zehn* Jahren haben wir für fossile Importe pro Jahr fast 100 Milliarden Euro bezahlt, vor allem an Russland oder Kasachstan, auch an Norwegen und die Niederlande. Aber in Summe 100 Milliarden Euro, jedes Jahr. Zehn mal 100 Milliarden macht 1 Billion Euro – nicht für die Energiewende, sondern für »die Nicht-Energiewende«. Hier ist die Quittung, Herr Altmaier!

Mittlerweile ist der Preis der verschleppten Energiewende in Bereichen angekommen, wo Dagobert Duck von »Fantastillionen« schwärmen würde. Nehmen wir nur die »Rettungspakete« der Bundesregierung aus dem Jahr 2022: 100 Milliarden Euro kosteten die ersten beiden Pakete im Sommer, dann gab es noch mal 200 Milliarden für das dritte Paket im Herbst. Der Begriff »Doppelwumms« passt zum Comic-Niveau von Dagobert Duck, ist aber in keiner Weise leicht oder lustig. Er ist bitterer Ernst. Denn dieses Geld fließt nicht als Investition in eine Zukunft, sondern verpufft wie ein Wumms. Das Geld wird buchstäblich verbrannt, indem es fossile Energien finanziert, die wir abfackeln und deren giftige Reste wir durch den Auspuff oder den Schornstein jagen. Und die Schulden, die wir heute dafür machen, zahlen die nächsten Generationen – zusätzlich zu den Schäden, die wir ihnen mit der immer weiter angefeuerten Erderwärmung hinterlassen.

300 Milliarden Euro an Entlastungspaketen in *einem* Jahr. Und wir sind erst am Anfang der Krise. Die fossilen Preise werden wahrscheinlich nicht dauerhaft die Höhen vom Winter 2022/2023 haben. Aber sie werden auch nicht wieder so niedrig sein wie vor Beginn des Russlandkriegs. Wobei sie da schon gar nicht mehr so niedrig waren. Zufällig waren rund um die Bundestagswahlen im Herbst die Gaspreise gestiegen, weil – ganz

sicher nicht zufällig – Gazprom über den Sommer nicht wie sonst die Speicher in Deutschland aufgefüllt hatte. Wer nicht langfristige Verträge mit Gaslieferanten abgeschlossen hatte, musste nunmehr hohe Preise am sogenannten Spotmarkt zahlen. Die Nervosität in Europa stieg.

Im Oktober gab die EU-Kommission nationalen Regierungen die Empfehlung, sie könnten einkommensschwachen Haushalten Gutscheine ausstellen oder gezielt Steuern senken. Putin wies unbeteiligt darauf hin, dass Nord Stream 2 jederzeit gestartet werden könne, dass sich dann das Gasangebot vergrößern und die Preise entsprechend sinken würden. Schon damals war offensichtlich, wie brutal er seine Marktmacht ausspielte, ohne Rücksicht auf die Not der Bevölkerung. Schon damals war deutlich, wie sehr der russische Geheimdienst versucht, Einfluss auf die öffentliche Stimmung auszuüben. In Ungarn und Polen entstand in sozialen Netzwerken das Gerücht, der europäische Emissionshandel sei an den Preissteigerungen schuld. Wieder mal musste der Klimaschutz als Sündenbock herhalten, obwohl in Wahrheit trickreich das Angebot verringert worden war.

Aber es wirkte: Beim EU-Gipfel Ende Dezember 2021 stritten die 27 Staats- und Regierungschefs erbittert und stundenlang über die explodierenden Energiepreise. Sie steckten in der Klemme. Sie konnten kein Gas herzaubern und dadurch das Angebot vergrößern. Also mussten sie auf andere Weise versuchen, die Kosten zu reduzieren. Die einen wollten die Regeln des EU-Energiemarkts ändern, andere das CO_2-Emissionshandelssystem der EU abschaffen. Bis zum Ende des Gipfels sollten Fachleute hinter den Kulissen einen Kompromiss finden – was gründlich misslang. Man einigte sich darauf, dass keine Einigung möglich war.

Damals war der Preis »bloß« um 50 Prozent gestiegen. Ein Jahr später sind wir bei Preissteigerungen um bis zu 400 Prozent. Selbst wenn sich der Markt neu ausgerichtet hat, werden die fossilen Preise hoch bleiben. Nicht ganz so hoch wie jetzt, aber mindestens so hoch wie 2021. Und das ist nur der Einkaufspreis.

Und wie immer belastet dies vor allem die die Ärmeren. Hätten wir die Energiewende konsequent umgesetzt, müsste heute die arme Rentnerin nicht so viel Geld für fossile Energie ausgeben. Sie würde in einem gedämmten Gebäude wohnen und könnte billigen Strom aus erneuerbaren

Energien genießen. Stattdessen wird sie aufgrund der nicht umgesetzten Energiewende und der damit explodierenden fossilen Energiepreise endgültig in die Armut getrieben. Welch ein Wahnsinn.

Aber so langsam wird deutlich, wie teuer die Schäden werden, die wir durch fossile Energien verursachen. Zunehmend sind sie nicht mehr eine abstrakte Zahl, die in wissenschaftlichen Studien vorhergesagt wurden. Zunehmend müssen wir sie konkret zahlen – etwa die Folgeschäden von immer häufigeren Extremwettern wie Sturm, Hagel, Trockenheit oder Flutkatastrophen. Deswegen wird von wissenschaftlicher Seite schon seit den 1960er Jahren ein CO_2-Preis diskutiert.

Scheinbar billige Übergangslösungen

Der CO_2-Preis ist, vereinfacht gesagt, quasi die Spar-Umlage für die späteren Reparaturkosten. Als erstes Land führte Finnland 1990 eine CO_2-Steuer ein. 2005 wurde dann auch der EU-Emissionshandel eingeführt, seitdem müssen zwei Sektoren einen CO_2-Preis bezahlen, nämlich die Energiewirtschaft und die Industrie. Das will man jetzt, also anderthalb Jahrzehnte später, auf weitere Sektoren wie Gebäude und Verkehr erweitern. In Deutschland wurde ein solches CO_2-Preissystem erst 2021 eingeführt. Leider wurde der Preis aus politischen Gründen viel zu niedrig angesetzt. Die deutsche Regierung hatte Angst, der Bevölkerung und vor allem den Unternehmen mehr als 25 Euro pro Tonne CO_2 zuzumuten. Dieser Preis wird also steigen. Er muss steigen, wenn er jemals seinen Zweck erfüllen soll. Eigentlich müsste der Preis bei mindestens 70 Euro liegen; nach wissenschaftlichen Berechnungen sogar bei 180 Euro – denn das ist laut Umweltbundesamt der reale Preis der Klimaschäden. Ein niedrigerer CO_2-Preis sorgt für nichts anders als ein weiteres Defizit, das auf dem Schuldschein landet, um in ferner (und irgendwann naher) Zukunft abgezahlt zu werden – von den zukünftigen Generationen.

Es ist, als wenn ich in der Stammkneipe immer nur jedes siebte Bier bezahle und alle anderen »anschreiben« lasse. Am Jahresende wird es dann richtig teuer. Das kann man machen, es tut aber irgendwann richtig weh. Und man sollte sich dann nicht beschweren, wie teuer das Bier plötzlich geworden ist.

Das Hauptproblem an unserer aktuellen Energiekrise ist, dass den meisten Menschen nie erzählt wurde, welche Kosten auf dem Schuldschein landen. Im Gegenteil: In der Kneipe »Zum fröhlichen Fossil« wurden sie laufend animiert, die nächste Lokalrunde zu bestellen, und die Kosten wurden verschleiert. Vermeintlich gute Kumpels, denen wir blind vertrauten, stupsten uns an – »Einer geht doch noch!« – und schlossen in unserem Namen langfristige Verträge ab. Auf diese Weise haben wir die Rechnung ohne den Wirt gemacht. Jetzt ist Zahltag, und zwar nur für die erste Rate.

Die wahren Kosten kennen wir noch gar nicht; wir ahnen das Schlimmste. Schließlich haben wir die letzten Jahre ordentlich was weggesoffen. Und plötzlich kommen noch die Arztkosten dazu, denn die Leber und die Bauchspeicheldrüse sind nicht mehr ganz auf dem Posten. Die guten Kumpels von gestern haben sich verkrümelt. Der eine oder andere meldet sich gelegentlich per Telefon, ihm ginge es auch gerade nicht so gut oder man könne ja mal wieder einen trinken gehen, sobald »die Sache« überstanden sei. Und einzelne kommen mit der Idee, es gäbe da um die Ecke eine andere Kneipe, die hätte zwar nur Flaschenbier, aber wäre auch sehr gemütlich. Dumm nur, dass die Ärztin sehr dringend geraten hat, lieber keinen Alkohol mehr zu trinken; es gäbe doch viele leckere Teesorten …

Tja, ein Batzen Schulden, die Kumpels weg, gesundheitliche Probleme und noch nicht mal ein Trost-Bier.

Trotzdem: Wir leben noch. Wir müssen nur jetzt endlich in Angriff nehmen, was schon seit Jahren darauf wartet, in Angriff genommen zu werden. So schmerzhaft es ist, wir kommen nicht drum herum: Die hohen Preise müssen wir zahlen, es sind die Kosten der fossilen Vergangenheit.

Doch jetzt müssen wir aufpassen, dass wir nicht aus dem einen Knebelvertrag in den nächsten wechseln. Das wäre so ziemlich das Dümmste, was wir machen könnten. Fossiles Erdgas aus Russland durch fossiles Erdgas aus Katar, Aserbaidschan, den USA oder Kanada zu ersetzen, das kann kurzzeitig eine Übergangslösung sein, aber eben nicht mehr. Eine kurzzeitige Brücke, ein Provisorium, mehr nicht. Allerdings laufen in der Welt eine Menge Scharlatane herum, die uns scheinbar billige »Brückentechnologien« verkaufen wollen, die in Wahrheit völlig überteuert sind.

Vor 15 Jahren mag es noch plausibel gewesen sein, die Kosten der fossilen Gaslieferungen über eine Strecke von 20, 30 Jahren auf relativ niedrigem Niveau stabil zu halten und das in entsprechenden Verträgen abzusichern. Damals wäre es auch klug gewesen, fossile Infrastrukturen wie LNG-Terminals zu bauen, die unsere Abhängigkeit von Russland reduziert hätten.

Aber jetzt stehen wir an einem anderen Punkt. Bis zum Jahr 2045 sind es keine 30, 40 Jahre mehr, sondern nur noch etwas über 20. Dann wollen und müssen wir vollständig dekarbonisiert sein, wenn wir nicht eine Klimakatastrophe dramatischer Dimension riskieren wollen. Vollständig dekarbonisiert ist gleichbedeutend mit (netto) *null* Emissionen, das bedeutet *null* fossile Energien. Es bedeutet auch eine Umstellung auf kohlenstoffarme Energieträger und damit 100 Prozent erneuerbare Energien.

Wenn wir aber jetzt wieder langfristige Verträge machen, um die Raten kleinzuhalten, stecken wir erneut in der Falle. Fossile Pfadabhängigkeiten nennen wir das in der Wissenschaft. Das heißt, wenn wir jetzt zum Beispiel ein LNG-Terminal bauen, dann müssen wir darüber mindestens die nächsten 20 Jahre Flüssiggas beziehen, damit sich diese »Brücke« lohnt – oder wir versenken das nächste Vermögen. In der Ökonomie spricht man dann von »Stranded Investments«, in den Sand gesetzte Investitionen.

Aber das Zeitfenster von 20 Jahren passe doch prima, rufen jetzt die fossilen Scharlatane: Genau so lange brauche Deutschland doch noch Gas, nämlich als »Brückentechnologie« für die Energiewende; und bis dahin hätten sich die LNG-Terminals amortisiert.

Vorsicht, Falle!

Fossiles Erdgas ist kein Partner der Energiewende

Hat man früher über die naiven Leute gespottet, die meinten, der Strom käme aus der Steckdose; so gibt es heute immer noch viele Menschen, die gar nicht wissen, woher ihre Raumwärme kommt, also jenseits der Heizkörper. Mit welcher Energie werden eigentlich unsere Wohnungen und

Häuser beheizt? Wer das nicht weiß, muss sich nicht schämen. Denn allzu oft wird es gar nicht transparent erklärt.

Etwa 37 Prozent der deutschen Haushalte wurden 2020 mit fossilem Erdgas beheizt. Etwa 21 Prozent mit fossilem Öl. Rund 14 Prozent mit erneuerbaren Energien. Mit Strom, fast ausschließlich mit der effizienten Wärmepumpe und kaum noch mit ineffizienten Nachtspeicherheizungen, heizen etwa 19 Prozent, und 7 Prozent nutzen Fernwärme, wobei die überwiegend auch durch fossile Energien hergestellt wird. Es gibt noch einen letzten Rest Kohleöfen, in weniger als 1 Prozent der Haushalte.

In den letzten zwanzig Jahren wurden Kohle- und Ölheizungen meistens durch Gasheizungen ersetzt, und auch bei Neubauten setzte man vorwiegend auf fossiles Erdgas – und zwar fast immer mit dem Versprechen, etwas »Umweltfreundliches« zu tun. Erdgas galt lange Zeit als weniger schädlich als Öl oder Kohle, weswegen es erst als »Brückentechnologie« und später als »Partner« der Energiewende gefeiert wurde.

Manche Versorger verkaufen bis heute ihr Gas als »klimafreundlich« und verlangen dafür einen erheblichen Aufpreis. Doch das gelieferte Gas ist dasselbe und genauso klimaschädlich wie jedes andere fossile Erdgas; die Anbieter lassen sich nur den CO_2-Preis und das gute Gefühl von den Verbraucher:innen bezahlen. »Klimaneutral« ist eben nicht emissionsfrei.

Eine Zeit lang dachte man, die Verbrennung von fossilem Erdgas sei tatsächlich weniger schädlich als die Verbrennung von Kohle. Das führte zu dem durchaus plausiblen Gedanken, dass es sich lohnen könnte, alte, wenig effiziente Kohlekraftwerke durch moderne, effizientere Gaskraftwerke zu ersetzen. Selbst die Nord Stream 2 AG beteuerte in ihrer Pressemitteilung 2015: »Gas bleibt eine zentrale Ressource im Rahmen der Energiewende in Europa.« Doch inzwischen wissen wir: Das war eine Fehlinformation.

Nicht erst beim Verbrennen von fossilem Erdgas entsteht klimaschädliches Kohlendioxid, sondern schon beim Abbau, Transport und der Lagerung gehen weitere sehr klimaschädliche Gase wie Methan in die Atmosphäre, wo sie massiv zum Klimawandel beitragen. Methan ist in seiner Klimawirksamkeit 87-mal (im Hinblick auf 20 Jahre) beziehungsweise 36-mal (gerechnet auf 100 Jahre) stärker als CO_2. Werden die gesamten Lebenszyklus-Emissionen berücksichtigt, kann die Klimawirkung unter Umständen so stark wie bei Kohle sein. Heute weiß man: Klimawirksamkeit und Lebenszyklus-Emissionen wurden lange unterschätzt. Heute ist man schlauer.

Deswegen war die Klimawirkung der »Brausetablette« in der Ostsee, als nach der Sabotage der Nord-Stream-Pipeline das Erdgas ungebremst heraussprudelte, so fatal. Denn hier entwich nicht einfach nur CO_2, wie es bei der Gasverbrennung entstanden wäre, sondern das ungenutzte Methan. Was hier binnen weniger Tage also in die Atmosphäre gelangte, entsprach laut Umweltbundesamt Emissionen von etwa 7,5 Millionen Tonnen CO_2-Äquivalenten. Zum Vergleich: Das entspricht etwa den Emissionen des innerdeutschen Flugverkehrs in dreieinhalb Jahren, ausgehend vom Jahr 2018. Rechnet man mit dem kürzeren 20-Jahre-Zeitraum, könnten die Emissionen gar um ein Vielfaches höher sein: 25 Millionen Tonnen CO_2-Äquivalent.

Egal, wie man rechnet, eins ist klar: Auf Erdgas zu setzen, um wegfallende Kohlekraftwerke zu kompensieren, ist energie- und klimapolitisch kurzsichtig und ökonomisch hochriskant. In einem dekarbonisierten Energiesystem hat Erdgas keine Zukunft. Nach dem Kohleausstieg müssen wir dringend einen Gasausstieg beschließen.

Das war unser Fazit, als wir 2021 in einem Team von acht Wissenschaftler:innen ein Forschungspapier erstellten, in dem wir die jahrelange Forschung zu Erdgas in Deutschland hinsichtlich Klimawirkung, Bedarf und Infrastruktur zusammengetragen hatten.

Die Gasnetzbetreiber planten 2021 trotzdem noch Investitionen in Höhe von knapp 8 Milliarden Euro in Erdgasleitungen. Sie beriefen sich dabei auf Zahlen der Bundesnetzagentur, die mit einem deutlichen Zubau an Gaskraftwerken rechnete. Diese Berechnung basiert darauf, dass die Bundesregierung – leider immer noch – Kraft-Wärme-Kopplungsanlagen deutlich stärker als erneuerbare Wärme fördert. Kraft-Wärme-Kopplungsanlagen produzieren gleichzeitig Strom und Wärme, wobei dafür vor allem fossile Energie, hauptsächlich fossiles Erdgas, genutzt wird. Aber warum wird das gefördert?

Weil man immer noch an der inzwischen widerlegten Idee festhält, dass fossiles Erdgas ein Partner der Energiewende sei. Da schließt sich der Kreis. Wenn ich glaube, die Erde sei eine Scheibe, habe ich Angst, mit dem

Schiff nach Westen zu segeln. Erst wenn ich überzeugt davon bin, dass die Erde eine Kugel ist, habe ich den Mut, den Seeweg nach Indien zu suchen. Bislang baut die Politik ihr Förderregime leider auf einem Irrtum auf.

Schlimmer noch: 2022 wurden fünf dauerhafte LNG-Terminals an der deutschen Nordseeküste geplant. Wir wissen, warum: Deutschland will sich – auch ohne europäische Nachbarschaftshilfe in Anspruch nehmen zu müssen – von russischen Gaslieferungen unabhängig machen. Der Bau ist allein geopolitisch motiviert. Energiewirtschaftlich sind dauerhafte Terminals aber überflüssig und klimapolitisch kontraproduktiv. Und ganz im Ernst: Lieber ein paar Jahre auf nachbarschaftliche Hilfe bauen, als sich in neue fossile Abhängigkeiten zu stürzen. Wir sollten doch aus dem Fiasko um Nord Stream 1 und 2 endlich unsere Lehren gezogen haben. Wir hätten beides vermeiden können – und müssen. Insbesondere die Wirtschaftlichkeit der zweiten Pipeline war nie gegeben. Und auch für die geplanten fünf LNG-Terminals ist – trotz der massiven öffentlichen Subventionierung – ihre Wirtschaftlichkeit äußerst fraglich.

Der deutsche Gasbedarf wird nämlich – leider immer noch – kolossal überschätzt. Tatsächlich brauchen wir viel weniger, als die fossile Welt behauptet und uns allzu gern verkauft. Dafür präsentieren die in verwirrenden oder betörenden PR-Kampagnen geübten Gasunternehmen ausgerechnet wissenschaftliche Studien. Ihr Trick: Die Studien sind in sich durchaus korrekt, aber sie basieren auf völlig falschen Grundannahmen.

Der deutsche Gasbedarf und die Pariser Klimaziele

Anfang Februar 2021 hatte ich eine denkwürdige Begegnung mit Manuela Schwesig, der Ministerpräsidentin von Mecklenburg-Vorpommern, und ihrem Innenminister Christian Pegel. Beide befürworteten stark die umstrittene Nord-Stream-Pipeline und investierten viel Zeit und Kraft, um deren Inbetriebnahme zu ermöglichen. Pegel war – so wird es zumindest vermutet – wohl sogar derjenige, der sich dieses berüchtigte, von Gazprom finanzierte Stiftungskonstrukt ausgedacht hatte, mit dem die hinderlichen US-Sanktionen umgangen werden sollten.

Manuela Schwesig hatte zu einem Gespräch mit Fridays for Future eingeladen, welche die Pipeline aus guten Gründen ablehnten. Eine der stärksten öffentlichen Stimmen gegen die Pipeline ist Theresia Crone, Fridays-for-Future-Aktivistin aus Schwerin, die zeitweilig Vorsitzende des mecklenburgischen Klima- und Nachhaltigkeitsrats war. Von diesem Mandat war sie zurückgetreten und hatte stattdessen sehr erfolgreich eine Kampagne gegen die fossile Gas-Pipeline gestartet. Um den Politik-Profis Schwesig samt Minister nicht allein entgegentreten zu müssen, hatte sie auch Mitaktivistin Luisa Neubauer dazugebeten.

Um das Gespräch faktenbasiert führen zu können, hatten die Aktivistinnen bei den Scientists for Future angefragt, ob jemand aus der Wissenschaft sie begleiten könne. Deswegen wurde ich entsandt, da wir zusammen mit anderen Scientists-for-Future-Kolleg:innen kurz zuvor eine Forschungsstudie zum Thema erstellt hatten und die schon zuvor erwähnten Studien insbesondere zum Thema Nord Stream 2 aus dem Jahre 2018.

Zu der virtuellen Konferenz war eine ziemlich große Runde zusammengekommen, die aus insgesamt zehn oder mehr Personen bestand. Es gab keine offizielle Einladung, kein Protokoll. Es war ein informelles Hintergrundgespräch, über das Vertraulichkeit vereinbart wurde. Deswegen werde ich auch hier nichts daraus erzählen, was nicht schon anderweitig öffentlich bekannt geworden ist.

Aus meiner Perspektive ging es im Wesentlichen um zwei Studien, die eigentlich beide prinzipiell öffentlich zugänglich sein sollten. Leider gilt das nur für die DIW-Studie. Die andere ist seit Frühjahr 2022 von der Webseite des publizierenden Instituts verschwunden und wohl nur noch auf Nachfrage erhältlich.

Eine Zeit lang saß ich vor dem Bildschirm und hörte dem Gespräch einfach nur zu. Doch irgendwann zog Minister Pegel eine Studie heraus, die den angeblich wachsenden Gasbedarf auf dem Weg in die klimagerechte Zukunft belegen sollte. Ich kannte die Studie gut.

Sie war 2014 vom Energiewirtschaftlichen Institut (EWI) erstellt worden – und zwar im Auftrag der Nord Stream AG. Das EWI wurde über lange Zeit im Wesentlichen durch eine Fördergesellschaft und Drittmittel finanziert und war zumindest bis 2018 laut Lobbypedia personell und finanziell eng mit der Energiewirtschaft verflochten. So gab es beispielsweise einen Rahmenvertrag von 2010 bis 2013, in dem RWE und Eon dem Institut jeweils 4 Millionen Euro an Fördergeldern zusicherten. Außerdem hatten die beiden Energiekonzerne das Recht, je einen stimmberechtigten Vertreter in die Berufungskommission für neue Professuren zu entsenden.

Der Institutschef Marc Oliver Bettzüge, der 2010 die Bundesregierung bei der Erstellung ihres Energiekonzepts beriet, hatte von 2007 bis 2012 an der Uni Köln eine Stiftungsprofessur inne, die laut *Spiegel* von den Energiekonzernen Eon, RWE, RAG und einer Vattenfall-Tochter finanziert wurde. Er war beteiligt am Energiekonzept der Bundesregierung 2010, in dem die verlängerte Laufzeit der Atomkraft beschlossen wurde. Und er ist auch heute Mitglied im Expertenrat für Klimafragen der Bundesregierung.

Interessanterweise kam die EWI-Studie von 2014 zu einem völlig anderen Ergebnis als alle unsere DIW-Studien. Wir hatten ja bereits 2014 aus energiewirtschaftlichen Gründen von Nord Stream 2 extrem abgeraten. Aber 2018 konnten wir in einer Studie sogar nachweisen, dass der Bau eines zweiten Gasstrangs schlicht überflüssig wäre. Unsere Berechnungen zeigten: Wir brauchen das Gas gar nicht!

Die EWI-Studie behauptetet das Gegenteil: Der Gasbedarf würde eklatant steigen. Aus Gründen der Versorgungssicherheit sei der zweite Gasstrang also unentbehrlich.

Wie lässt sich der Widerspruch erklären? Ganz einfach: Die beiden Institute haben unterschiedliche Fragen beantwortet.

Das EWI hat im Auftrag der Nord Stream 2 AG untersucht, wie der Gasbedarf aussehen muss, damit sich die Pipeline rechnet. Wenn die Nord Stream AG also wissen will, welchen Gasbedarf sie in Zukunft erwarten können, dann lässt sich die Frage wissenschaftlich korrekt beantworten, ohne dass man dafür die politischen Umstände komplett berücksichtigen muss.

Die DIW-Studie zu Nord Stream 2 ist aus der Grundlagenforschung entstanden. Unsere Studie 2018 entstand somit ohne jeden Auftrag. Wir haben uns gefragt: Wie groß wird der Gasbedarf in Deutschland sein unter der Prämisse der klimapolitischen Ziele, die Deutschland verfolgt und zu denen es sich gemäß dem Pariser Klimaabkommen verpflichtet hat?

Der Unterschied lässt sich an einem simplen Beispiel verdeutlichen: Der Arzt rät Opa, er solle schnellstmöglich mit dem Rauchen aufhören. Es schade seiner eigenen Gesundheit und das Passivrauchen schade auch der Gesundheit seiner Enkel. Opa antwortet, das falle ihm nicht leicht, er habe immer sehr gern geraucht, aber er verspricht, mit dem Rauchen aufzuhören. Er werde ab sofort jeden Tag das Nikotin reduzieren und zum Jahresende sei es ganz damit vorbei. Der Arzt begrüßt diesen Vorsatz.

Aber als Tabakhändlerin höre ich das nicht so gern. Natürlich will ich Opa als langjährigen guten Kunden behalten. Ich schlage ihm also vor, dass wir seine bisherige filterlose Marke gegen eine leichtere Menthol-Zigarette tauschen. Dann nähme er weniger Nikotin zu sich, selbst wenn er doppelt so viele Zigaretten rauche. Opa ist begeistert. Ich verkaufe ihm doppelt so viele Zigaretten wie bisher.

Nach einer gewissen Zeit merken die Enkel, dass Opa jetzt zwar keine gelben Finger mehr hat, aber mehr Zigaretten raucht denn je. Der Arzt verdreht die Augen, als er von den vermeintlich gesünderen Menthol-Zigaretten hört. Die seien keinen Deut besser, vielleicht sogar schlimmer, schimpft er. Opa beteuert: »Zum Jahresende höre ich eh auf; bis dahin reduziere ich schrittweise die Zahl der Zigaretten.«

Jetzt gibt es zwei mögliche Bedarfsberechnungen. Die eine orientiert sich an dem, was Opa versprochen hat. Er hört auf. Dann hat er keinen wachsenden Bedarf, sondern einen stetig sinkenden und ab Jahresende gar keinen mehr. Das ist die DIW-Studie. Die andere orientiert sich an seinem realen Verhalten. Da hat Opa seinen Zigarettenbedarf zuletzt sogar gesteigert. Die Wahrscheinlichkeit ist groß, dass er bis zum Jahresende wie gehabt weiterraucht und mit gewisser Wahrscheinlichkeit vielleicht auch danach weiterhin ein guter Kunde in meinem Tabakladen bleibt. Sein Zigarettenbedarf bleibt konstant, wenn er nicht sogar steigt. Das ist die von der Nord Stream AG beauftragte EWI-Studie.

Opa und Deutschland haben viel gemein. Das Fazit unserer Studie 2018 war demnach auch, dass der – infolge des Pariser Klimaabkommens und der von der Bundesregierung formulierten Klimaziele – eigentlich zu erwartende Gasbedarf im Widerspruch zu den Planungen und Investitionen in Gasinfrastruktur steht. Anders gesagt: Wir fragten, wieso sich die Bundesregierung anders verhält, als sie behauptet, sich verhalten zu wollen.

Ich versuchte, den Anwesenden den Unterschied zwischen den beiden Studien zu erklären, was mir zwar bei den anwesenden Fridays-for-Future-Aktivist:innen gelang, aber nicht bei den Vertreter:innen der Landespolitik. Sie behaupteten fälschlicherweise, dass die DIW-Studie längst widerlegt sei, und beharrten einfach darauf, dass es hier einen großen wissenschaftlichen Dissens gäbe.

Meine Studien kämen aus einer bestimmten Ecke, bekam ich zu hören. Auf meine Nachfrage, was das denn für eine Ecke sein solle, hieß es: Naja, Scientists for Future eben. Ich wies darauf hin, dass Scientists for Future ein Zusammenschluss von Tausenden von Wissenschaftler:innen sei, die alle dem Wissenschaftsethos verpflichtet seien, und dass wir die Erkenntnisse von unzähligen Wissenschaftler:innen aus aller Welt zusammentragen würden. Die Antwort war: Mag sein, aber wir vertrauen eben mehr dieser Studie.

Da tat ich etwas, was ich in meinem Leben noch nie gemacht hatte: Ich brach das Gespräch ab und verließ die Konferenz, bevor sie offiziell beendet war. Ich hatte einfach keine Lust mehr, mir solche wissenschaftsfeindlichen Äußerungen und das offenkundige Ignorieren der Pariser Klimaziele anzuhören. Auch Theresia Crone und Luisa Neubauer beendeten enttäuscht kurz danach das Gespräch. Sie hatten das Gefühl, dass die Interessen ihrer Generation überhaupt keine Rolle spielten. Vermutlich ist das ohnehin die beste Erklärung für dieses seltsame Gespräch: Die politisch Verantwortlichen haben mehr Angst vor Opas schlechter Laune als Sorge um die Gesundheit der Enkel.

Es war nachgerade absurd: Genau wegen dieses Ungleichgewichts in der öffentlichen Wahrnehmung – die dumme Jugend versus die »Profis« – war 2019 die Organisation Scientists for Future gegründet worden. »Die Jugend hat recht.« Das war der Kernsatz, um den sich eine Vielzahl von Wissenschaftskolleg:innen unterschiedlichster Fachrichtungen gruppierte. Angesichts der historisch beispiellosen Klima-, Biodiversitäts- und Nachhaltigkeitskrise sei ein entschlossenes und unverzügliches Handeln auf der politischen, wirtschaftlichen und technischen, sozialen und kulturellen, wissenschaftlichen sowie der privaten Ebene erforderlich, heißt es in der Gründungscharta. »Die Zeit drängt. Als Wissenschaftler:innen sehen wir uns deshalb in der Pflicht, öffentlich und proaktiv die Stimme zu erheben.«

Inzwischen sind mehr als 26 000 Wissenschaftler:innen aus der Schweiz, Österreich und Deutschland in dem Verein versammelt. Wir haben uns in Regionalgruppen und mehreren thematischen Fachgruppen organisiert, um – ohne Auftrag, ohne Einfluss von egal wem – einfach nur als Teil einer freien und eigenverantwortlichen Wissenschaft Antworten auf drängende Fragen zu geben. Unsere Veröffentlichungen sind keine Einzelmeinungen, sondern das Ergebnis der Zusammenarbeit von Wissenschaftler:innen aus verschiedenen Institutionen und Fachrichtungen. Unsere Podcasts, Videos und Vortragsreihen berichten direkt aus den jeweiligen Arbeitsgebieten – von Klima- und Biodiversitätsforschung bis zu Ökonomie und Sozialwissenschaften.

Freier, demokratischer und mit größerer wissenschaftlicher Akribie kann man nicht arbeiten!

Wenn sich nicht nur Manuela Schwesig im virtuellen Hinterzimmer abfällig über wissenschaftliche Arbeit äußert, sondern beispielsweise auch der SPD-Generalsekretär Kevin Kühnert in aller Öffentlichkeit bei *Anne Will* (26.6.2022) wissenschaftlich fundierte Alternativvorschläge zum Gas als »leichtfüßig« abtut, dann verrät das mehr über die eigene Ignoranz als über Wissenschaft. Gerade weil wir *nicht* leichtfüßig unterwegs sind, sondern unsere Verantwortung im öffentlichen Diskurs sehr ernst nehmen, sind wir in dieser Weise an die Öffentlichkeit getreten. Und wir werden es weiterhin und immer deutlicher tun.

Wir lassen nicht zu, dass die Gasbranche der Öffentlichkeit vorgaukelt, Gas sei eine vermeintlich saubere und notwendige Brückentechnologie. Quasi die Menthol-Zigarette der Energiebranche. Eine Übergangslösung eben, die dann stillschweigend zur Dauerlösung wird. Die Nord-Stream-Pipeline war genauso überflüssig wie die Haselmausbrücke, die nur dazu diente, eine umweltschädliche und überflüssige Umgehungsstraße mit einem einzigartigen Tierschutz-Projekt zu kaschieren.

Wir werden uns weder von organisierten Hass-Kampagnen noch von finanziell gepolsterten Charme-Offensiven aus der Wirtschaft davon abbringen lassen, unsere Erkenntnisse laut und deutlich vorzutragen.

Die Jugend hört zu. Immer mehr Menschen hören zu. Es ist auch nicht allzu schwer zu verstehen. Die Botschaft lautet: Wir müssen aufhören, fossile Energieträger zu verbrennen, und zwar so schnell wie möglich.

Deswegen gilt grundsätzlich: Vorsicht beim Wort »Brückentechnologie«. Wir brauchen keine Brückentechnologien mehr. Das Wort »Brückentechnologie« ist in Wahrheit nur ein »Frag morgen«-Blendwerk. Fragt man morgen, heißt es: Heute ist doch *heute, morgen* sollst du fragen! Das lässt sich endlos viele Tage durchhalten. Leider zahlen wir jetzt den Preis, weil wir uns mit solchen Luftschlössern haben abspeisen lassen. Die Brückentechnologien waren Brücken ins Nichts.

Eine Zeit lang waren sogar Kohlekraftwerke eine Brückentechnologie. Denn in Einzelfällen schien es durchaus besser, eine alte CO_2-Schleuder übergangsweise durch ein moderneres Kraftwerk zu ersetzen. Aber eben nur übergangsweise, bis wir bessere Lösungen gefunden haben.

Fakt ist: Wir haben bessere Lösungen gefunden. Weitaus bessere Lösungen. Inzwischen wird in Deutschland zum Glück nicht mehr davon geredet, dass neue Kohlekraftwerke eine Brücke sein könnten. Den Kohleausstieg in Deutschland haben sich die Konzerne dank perfekter Lobby- und Propagandaarbeit teuer genug bezahlen lassen. Jetzt wird das Märchen von der Brückentechnologie erzählt, wenn deutsche Unternehmen in anderen Ländern Kohlekraftwerke bauen – und diese riskanten fossilen Geschäfte sogar noch mit KfW-Krediten absichern.

Die Fossiles-Erdgas-Brücke hielt länger und war deutlich teurer. Denn sie wurde von PR-Kampagnen begleitet, die dazu führten, dass man der Brücke mehr vertraute als dem vermeintlichen Ziel, einer Vollversorgung mit erneuerbaren Energien.

Dabei hatten wir Ende der Nuller-Jahre alle guten Zutaten bei uns im Land. Der Ausbau der erneuerbaren Energien florierte, wir hatten viele Unternehmen im Bereich der erneuerbaren Energien und Zulieferer im Land. Doch anstelle die Erfolgsgeschichte fortzuschreiben, wurde die Energiewende in den Jahren 2012 bis 2021 systematisch ausgebremst.

Wieso passierte das? Und wie lief das ab?

Brücken brauchen Lücken: Altmaier-Knick und Sigmar-Senke

Das Wort »Brückentechnologie« war äußerst raffiniert ausgedacht. Mit Brücken assoziieren wir nämlich immer etwas Positives. Sie verbinden, aber vor allem führen sie über schlimmste Hindernisse hinweg. Indem man von Brücken spricht, rückt man sofort breite Lücken, tiefe Abgründe oder gefährliche Flüsse vor das innere Auge.

Das Wort »Brückentechnologie« suggeriert, dass für die Energiewende immer noch irgendetwas fehlt: Die erneuerbaren Energien seien halt noch nicht so weit – sie könnten das nicht. Es fehle an Speichern. Wir bräuchten Grundlast. Erneuerbare Energien seien volatil. Dann kommen solche einprägsamen Begriffe wie »Zappelstrom«, »Geisterstrom« oder »Dunkelflaute« und so weiter. Es gibt da einen ganzen Katalog an Schlagworten und Mythen, die beliebig oft aneinandergereiht und wiederholt werden, bis es sich im Unterbewusstsein festgefressen hat: breite Lücken, tiefe Abgründe oder gefährliche Flüsse. Wir brauchen eine sichere Brücke. Doch diese Brücken sollen einfach nur Zeit kaufen und behindern die Energiewende. Am Ende führen sie alle ins Nichts, im besten Fall (für die Konzerne) in teure Entschädigungszahlungen, dann nämlich, wenn man die eigentlich ausgedienten Altkraftwerke als »Notreserve« in Stellung gebracht hat – und sie dann nicht gebraucht werden. Leichter lässt sich Geld nicht verdienen.

2015 hatte Wirtschaftsminister Gabriel noch vollmundig verkündet, »Hartz IV« für Kraftwerke werde es mit ihm nicht geben. Das sollte heißen: Geld bekommt nur, wer auch arbeitet, für die Nichtproduktion von Strom gebe es auch nichts. Doch ein Jahr später erhielten die Energiekonzerne 1,6 Milliarden Euro – deutlich mehr als nichts und für nichts. Offiziell wurden die Kraftwerke in eine Sicherheitsbereitschaft überführt. Bei Engpässen sollten sie als Notreserve zur Verfügung stehen. Doch als der Fall jetzt aufgrund des Russlandkriegs tatsächlich eintrat, hätte die Überraschung kaum größer sein können: Echt jetzt? Noch mal anschmeißen, die alten Emissionsschleudern?

Doch viel wichtiger als die Brückentechnologien und ihre Sicherheitsversprechen sind die diskreditierenden Märchen über die erneuerbaren

Energien. Solange der Zweifel genährt wird, dass sie nur eine Illusion verträumter Öko-Idealist:innen, in Wahrheit für eine Industrienation aber vollkommen untauglich sind, solange laufen die fossilen Geschäfte weiter wie gehabt. Denn dann ist klar: Jeder Cent, der in die Energiewende, in Ökostrom oder auch nur in Forschung und Entwicklung dazu fließt, ist pure Verschwendung.

Also muss gekürzt werden. Also braucht es eine Öko-Strompreisbremse. Also braucht es einen Solardeckel und Windabstandsregeln. Und genau so geschah es.

Die Große Koalition hebelte die deutsche Produktion von Ökostromanlagen mit juristisch-bürokratischen Kniffen zugunsten der traditionellen Energieversorger aus. Statt den Ausbau der Solarenergie weiter zu fördern und damit den Umstieg weg von fossilen Energien zu beschleunigen, reduzierte der damalige Umweltminister Peter Altmaier 2012 die Fördersätze und begrenzte die Förderung des Solarzellen-Zubaus auf eine maximale Leistung von 2,5 bis 3,5 Gigawatt. Das klappte prima. Fortan wurde deutlich weniger Photovoltaik installiert. »Altmaier-Knick« nennt so mancher den nachweisbaren Einbruch der boomenden Solarzellenproduktion in Deutschland nach dieser Gesetzesnovelle.

2014 kam die sogenannte »Sigmar-Senke« dazu. Es war jenes Jahr, in dem sich ganz Europa über Nord Stream 2 stritt, für das sich Sigmar Gabriel so stark machte. In jenem Jahr präsentierte der Minister, der zuständig für wichtige Bereiche der Energiewende war, eine Ökostromreform. Die Begeisterung war deutlich verhalten. Die EU-Kommission hatte Einwände. Die Opposition kritisierte zunächst, sie sei von der Koalition mit Änderungen in letzter Minute überrumpelt worden. Mit dem »Klamauk«, konterte der Wirtschaftsminister, wollten die Grünen und die Linke nur verdecken, dass sie Reformziele der Koalition eigentlich ganz gut fänden. Das fanden die aber gar nicht.

Das sei keine Preisbremse für die Verbraucher, sondern nur eine für die Industrie, sagte die Linkspartei. Sigmar Gabriel sei »die Abrissbirne«, die die erneuerbaren Energien in diesem Land kaputtmache, sagten die Grünen. Gabriel verteidigte sich. Es sei Verleumdung, von einem Ausbremsen der erneuerbaren Energien zu sprechen. Die Reform des EEG sei »ein wichtiger Schritt für den Neustart der Energiewende«.

Seltsam, der Neustart würgte den Motor ab. Ab 2014 kam der Photovoltaik-Markt in Deutschland nahezu zum Stillstand. Schon ein Jahr drauf kamen deutliche Worte aus der Wissenschaft.

Eine vierköpfige, von der Regierung selbst berufene Expertenkommission unter dem Vorsitz des Ökonomen Andreas Löschel attestierte der Bundesregierung in ihrer Bilanz zahlreiche Defizite und »umfassende Handlungsnotwendigkeiten«. Das zentrale Ziel, die Treibhausgasemissionen bis 2020 um 40 Prozent gegenüber 1990 zu reduzieren, sei »erheblich gefährdet«. Das Ziel könne nur noch erreicht werden, wenn das Tempo der Emissionsminderung in den wenigen Jahren bis 2020 »mindestens verdreifacht werde«. Das war gewissermaßen ein Blauer Brief ans Kanzleramt: Versetzung gefährdet! »Peinlich, peinlich«, lästerte die *Zeit*, »Deutschland verbaselt seine Energiewende«.

2016 interessierte sich Deutschland vor allem für die Fußball-EM, und währenddessen wurden weitere Fakten zugunsten fossiler Energien geschaffen: Trotz grundsätzlichen Fracking-Verbots sind mit Zustimmung der Landesregierungen noch vereinzelte Probebohrungen in Deutschland möglich, und die nächste Gesetzesnovelle zur Verschärfung des Erneuerbare-Energien-Gesetzes wurde durchgebracht. So wurde ein Ausschreibungsverfahren für Solarstrom- und Windenergieprojekte eingeführt, das kleineren Unternehmen, etwa Bürgerinitiativen und Genossenschaften, aufgrund des bürokratischen Aufwands und des wirtschaftlichen Risikos die Teilnahme deutlich erschwerte. Zudem wurde erstmals der Ausbau erneuerbarer Energien nach oben gedeckelt. Genau: Gedeckelt meint begrenzt!

Die darauf folgende Flaute in der Wind- und Solarproduktion nennen manche spöttisch »Sigmar-Senke«.

Nach dem Rekordjahr 2017 ging der Windenergieausbau an Land in Deutschland im Jahr 2018 um mehr als die Hälfte zurück. Grund dafür war ein neues Ausschreibungsverfahren, das den Neubau auf 2,8 Gigawatt pro Jahr deckelte. Dazu kamen schleppende Genehmigungsverfahren und eine fehlende Rechtssicherheit von Genehmigungen. Auch erhielten in der ersten Ausschreibung viele Windenergieanlagen einen Zuschlag, für die noch gar keine Immissionsschutz-Genehmigung vorlag. Sprich: bürokratischer Wirrwarr, der politisch gewollt war.

Wurden in den Jahren 2014 bis 2017 zwischen 1400 und 1800 neue Windkraftanlagen installiert, kamen 2018 weniger als 743 dazu, 2019 nur noch 479, und 2021 war mit 460 neuen Windkraftanlagen der Tiefpunkt des Jahrtausends erreicht.

Das war der sogenannte »Altmaier-Abbruch«.

Der Weltmarkt boomte, aber die heimische Flaute brachte die deutschen Hersteller in Schwierigkeiten. Firmen wie Senvion und Nordex, Enercon oder Siemens Gamesa kämpften mit sinkenden Umsätzen und mussten Mitarbeitende entlassen. Branchenpioniere wanderten aus oder meldeten Insolvenz an. Zwischen 2016 und 2020 gingen in der Windkraftbranche circa 60 000 Jobs verloren, 26 000 davon allein 2017.

Für die Solarenergie sah es nicht viel besser aus. Da lag der Ausbaudeckel bei jährlich maximal 2,5 Gigawatt. Zudem gab es eine maximale Ausbaubremse von 52 Gigawatt. Zuvor definierte man einen sogenannten »atmenden Deckel« in Höhe von 1,7 und 1,9 Gigawatt. Bei einem höheren Ausbau sinkt die Vergütung. Auch in dieser Branche gingen durch das massive Ausbremsen viele Jobs verloren. Im Solarsektor ist heute nur noch ein Drittel der einst rund 157 000 Stellen übrig.

Dabei hatten wir im Jahr 2021 im Rahmen einer bundesweit übergreifenden Forschungsstudie herausgefunden, dass in Deutschland mindestens eine Verdopplung des Ausbautempos von Wind und Solar nötig gewesen wäre, um die Energiewende- und Klimaziele zu erreichen.

Dieses Trauerspiel der als »Strompreisbremse« getarnten Energiewende-Bremse lässt sich übrigens sehr amüsant in einer Folge der ZDF-Satire-Sendung *Die Anstalt* vom 1. Oktober 2019 nachvollziehen. Leider ist sie nicht mehr in der Mediathek, aber noch auf YouTube zu finden.

Bedauerlicherweise findet sich dort auch nicht die Antwort auf die mehr als berechtigte Frage: Warum zum Teufel hat die deutsche Regierung, die in aller Welt als Klimaschutz-Vorreiterin gefeiert wurde, all die Jahre verhindert, dass Deutschland wirklich schnell und erfolgreich vorwegreitet? Auch ich habe keine Antwort. Aber möglicherweise hat es mit Deutschlands wachsendem Fachkräftemangel zu tun.

Große Personalnot im Wirtschaftsministerium?

Nach dem letzten Regierungswechsel im Dezember 2021 stellte sich heraus, dass die Erneuerbare-Energien-Abteilung im Wirtschaftsministerium personell desolat ausgestattet war: »Für den Bereich Solar gab es gerade 1,5 Stellen, für die Windenergie an Land 2.« Gesetzesänderungen wie die Entbürokratisierung der Photovoltaik hätten deshalb auf den Sommer verschoben werden müssen, erzählten Insider dem *Spiegel*.

Die Personalnot muss so groß gewesen sein, dass, wie die *taz* berichtete, eine Schlüsselfigur der Anti-Windkraft-Bewegung in Deutschland, nämlich der Erste Vorsitzende des bundesweiten Anti-Windenergie-Netzwerks Vernunftkraft Nikolai Ziegler zeitweilig den für »Energiepolitik – Strom und Netze« und damit Windenergie zuständigen Staatssekretär Thomas Bareiß vertreten habe.

Zieglers Engagement gegen Windenergie hat natürlich nichts mit seinen beruflichen Aufgaben zu tun. Das war und ist sein berechtigtes Freizeitvergnügen. Das gilt auch für Thomas Bareiß. Dem hätte es ganz sicher mehr Freude gemacht, sich für den von Kanzlerin Merkel protegierten Ausbau der erneuerbaren Energien einzusetzen, wenn er nicht als Privatperson einige Zeit Mitglied im Berliner Kreis gewesen wäre, einer CDU-Splittergruppe, die den menschengemachten Klimawandel verharmlost und den Weltklimarat als »Weltrettungszirkus« bezeichnet hat. Es müsse erlaubt sein, bei so einem wichtigen Thema mitzudiskutieren, erklärte Bareiß später dazu auf seiner Webseite. Und er sei stolz darauf, »in enger Zusammenarbeit mit dem damaligen Wirtschafts- und Energieminister Sigmar Gabriel« die Energie- und Klimapolitik maßgeblich mit vorangetrieben zu haben.

Recht hat er: Das alles ist erlaubt.

Nur schade, dass er sich so wenig für die Erfüllung der Pariser Klimaziele und die dafür erforderlichen Schritte einer echten Energiewende erwärmen konnte. Dazu gehörte auch die Einführung einer CO_2-Bepreisung beziehungsweise einer CO_2-Steuer. Denn erst seit der (sehr verzögerten) Einführung des (immer noch sehr niedrigen) CO_2-Preises von 25 Euro pro Tonne CO_2 wird Strom aus Kohlekraftwerken weniger attraktiv. Eine frühere Einführung eines CO_2-Preises wäre hilfreich gewesen. Ohne die Verzögerung hätte sich der Staatshaushalt den mühsamen Kohle-Ausstiegsprozess und die teuren Abfindungen sparen können. Dann hätte einfach das Geschäftsmodell der Kohlekraftwerke nicht mehr funktioniert.

Aber aufgrund des dramatischen Fachkräftemangels sollten wir sicher froh und dankbar sein, dass sich überhaupt Menschen fanden, die als Beamte im Wirtschaftsministerium tätig werden wollten.

Dass Bareiß von den Journalistinnen Susanne Götze und Annika Joeres in ihrem 2020 erschienenen Buch *Die Klimaschmutzlobby* als Klimaskeptiker eingeordnet wird, ist sicher ähnlich überspitzt wie die im Buch zitierte Bezeichnung »Bermudadreieck der Energiewende« für Bareiß zusammen mit seinen CDU-Parteifreunden Joachim Pfeiffer und Carsten Linnemann: »Diese drei schlucken, so heiße es im Bundestag, jeden klimapolitischen Fortschritt.«

Und dass Bareiß die Klimapläne des Lobbyverbands Initiative Neue Soziale Marktwirtschaft (INSM) befürwortete, der sich 2019 darauf konzentrierte, die Einführung einer CO_2-Steuer in Deutschland zu verhindern, wie in dem Buch auch nachzulesen ist, war selbstverständlich sein gutes Recht in einer Demokratie. Meinungsfreiheit ist ein hohes Gut.

Meinungsfreiheit genießt auch Stephanie von Ahlefeldt, die von Altmaier als Abteilungsleiterin für Energiepolitik berufen wurde. Auch sie soll privat eine erbitterte Gegnerin der Energiewende sein. Aber bestimmt hat sie völlig unabhängig davon in ihrer Amtszeit im sogenannten »Klimaschutzprogramm 2030« eine Mindestabstandsregelung von Windkraftanlagen zur Wohnbebauung befürwortet. Schließlich ging es dabei lediglich darum, in der Bevölkerung Akzeptanz für neue Windräder zu schaffen. Von ihrem Kollegen Ziegler konnte von Ahlefeldt glücklicherweise aus erster Hand erfahren, wie groß die Sorgen der Menschen vor Windrädern sind, wenn sie mit Fake News und nachweislichem Unsinn beschallt werden.

Unglücklicherweise erwies sich die vom Wirtschaftsministerium eingebrachte Regelung nicht als akzeptanzsteigernd, sondern als überraschende Ausbaubremse für die Windenergie. Ein Evaluationsbericht des Bayrischen Wirtschaftsministeriums stellte im Oktober 2022 fest, die Regelung habe in Bayern, einem strengen Verfechter der sogenannten »10-H-Regel«, den Ausbau der Windkraft weitgehend zum Erliegen gebracht. Komisch. Das hat sicher niemand gewollt. Ironie off.

Die angebliche Deindustrialisierung

Ausgerechnet in Bayern geht jetzt die Angst vor einer De-Industrialisierung um. Der Wirtschaftsstandort Bayern sei in seiner Existenz gefährdet. »Es droht die Deindustrialisierung«, sagte Bertram Brossardt, der Hauptgeschäftsführer der Vereinigung der bayerischen Wirtschaft (vbw). Um der krisenhaften Entwicklung entgegenzuwirken, forderte der Verband Anfang Oktober 2022, umgehend das Angebot an Energie auszuweiten.

Putin wird vor Freude in die Hände geklatscht haben, wenn er solche Nachrichten hörte. Das passte perfekt in sein Erpresser-Narrativ. Denn die einzige Variante, das Energie-Angebot in Deutschland kurzfristig auszuweiten, war laut diesem Verband zu diesem Zeitpunkt, dem russischen Präsidenten ein freundschaftliches Zeichen zu geben, damit der den Gashahn wieder aufdrehte. Dafür hätte man die einzig verbliebene nicht-defekte Pipeline Nord Stream 2 freigeben – und natürlich die Solidarität mit der Ukraine aufgeben müssen. Naja, würde man dann seufzend sagen, man könne sich seine Geschäftspartner eben nicht aussuchen. Man müsse Prioritäten setzen, wenn man einer Deindustrialisierung Bayerns vorbeugen wolle.

Was für eine Überraschung: Wirtschaftsnahe, aber wissenschaftsferne Verbände hatten jahrelang behauptet, die Energiewende lasse die Energiepreise steigen. Nun passierte genau das Gegenteil: Ausgerechnet die Nicht-Energiewende ließ die Preise emporschießen.

Wegen des rapiden Anstiegs der Gas- und Strompreise, so berichtete die *Süddeutsche Zeitung* im Herbst 2022, greife in Teilen der deutschen Wirtschaft Panikstimmung um sich. Angesichts der erwarteten Preiserhöhungen fürchten Betriebe und Branchenverbände, dass die Produktion in Deutschland dauerhaft unrentabel werden könnte.

Solche Deutschland-ade-Drohungen kenne ich schon aus den Blütezeiten der Energiewende-Blockaden: Wenn wegen der Klima-Ideologie die Energiepreise zu sehr stiegen, hieß es sinngemäß, dann werde die Industrie aus Deutschland abwandern müssen.

Schon 2014 hatte der Verband der Chemischen Industrie (VCI) gewarnt: »Aluminium-, Stahl-, Zement- und Chemiehersteller, bei denen der Energieverbrauch bis zu 40 Prozent der Gesamtkosten ausmacht, sehen ihre Existenz bedroht.« Der Verband prophezeite »eine Welle der Deindustrialisierung«. Wirtschaftsminister Gabriel hatte sofort eingeräumt: »Wir müssen die Kosten in den Griff bekommen.«

Deindustrialisierung und Abwandern – das sind Standard-Vokabeln aus der Phrasen-Dreschmaschine, wenn es darum geht, die Energiewende schlechtzureden und gleichzeitig staatliche Fördermittel zu erhöhen. 2022 beschwört beispielsweise die Vereinigung der Bayerischen Wirtschaft (vbw) dramatische Blackout-Szenarien herauf und behauptet, dass ein Bäcker auf die aus dem Ruder laufenden Kosten nur mit einer Betriebsaufgabe reagieren könne und dass in der Industrie die Frage nach Standortverlagerungen ganz weit oben auf der Agenda stünde.

Tausendfach habe ich derlei in den letzten 15 Jahren zu hören bekommen. Kein einziges namhaftes Unternehmen ist jemals abgewandert. Der Kostenanteil für Energie ist bei den meisten Unternehmen nämlich gar nicht so hoch. Laut Münchner ifo-Institut liegt der Anteil der Energiekosten am Bruttoproduktionswert in der Autobranche bei 0,5 Prozent, im Maschinenbau bei 0,8 Prozent und in der Chemie bei 3,1 Prozent.

Verlagerungen ins Ausland würden die Unternehmen allein wegen der Energiepreise nicht vornehmen, sagt das Institut, aber stark steigende Energiepreise könnten »im Einzelfall das Zünglein an der Waage sein«.

Eine Studie der IWH Halle hat herausgefunden, dass die deutsche Industrie hohe Mengen Gas einsparen kann, aber nur wenig Umsatzeinbußen erleiden muss. Besonders gasintensive Produkte würden dann nicht mehr im Land hergestellt, sondern importiert werden. Na bitte. Die hohe Gasabhängigkeit kann somit leicht überwunden werden. Die deutsche Industrie ist also deutlich resilienter, als manche glauben. Ihr droht keine Deindustrialisierung. Im Gegenteil. Durch die konsequente Umsetzung der Energiewende wird eine *Re*industrialisierung erreicht werden können.

Aber ist es nicht verrückt, dass ausgerechnet diejenigen, die so sehr auf die Versorgungssicherheit vermeintlich billiger fossiler »Brückentechnologien« vertraut haben, jetzt mit dem Rücken zur Wand stehen? Und ist es nicht mindestens ebenso verrückt, dass sie dieselben Texte wieder aufsagen, statt einmal ehrlich in den Spiegel zu schauen und zuzugeben: »Wir haben uns geirrt«? Lieber machen sie Pleite oder wandern wirklich ab, als dass sie sich auch nur einen Millimeter in Richtung der verhassten Energiewende bewegen. Wer hier wohl ideologisch verbohrt ist?!

Aber vielleicht sollten Unternehmen, bevor sie nach Russland, Katar oder in andere politisch unwägbare Länder mit vermeintlich billigen fossilen Energien umziehen, vorher wenigstens einen kurzen Blick in ihre gar nicht so ferne Nachbarschaft werfen.

Es gibt sogar energie-intensive Unternehmen, die sich allen bürokratischen und politischen Hürden zum Trotz auf den Weg der erneuerbaren Energien gemacht haben und heute vollkommen unberührt von den russischen Gasanfechtungen und fossilen Preisexplosionen weiter produzieren können wie bisher. Sie waren schon vor Jahren »technologieoffen«, wie es heute so gern ausgerechnet von denen gefordert wird, die sich so gar nicht von alten fossilen oder nuklearen Technologien trennen wollen.

Die Bäckereikette Schüren in Hilden hat in den letzten elf Jahren immer dann in neue Technik wie Photovoltaik und Energiespeicher investiert, wenn eine alte Anlage sowieso ersetzt oder erweitert werden musste. Dank eines ausgeklügelten Energiemanagement-Systems arbeite die mittelständische Bäckerei – im Verhältnis zum Umsatz das energieintensivste Handwerk – mit 250 Mitarbeitern und 19 Filialen vollkommen ohne fossile Energien. Dazu gehören ein Biomasseheizkessel, die Photovoltaik-Anlage auf dem Dach, eine Wärmerückgewinnungsanlage und ein Wärmetauschsystem. Mithilfe von Erdsonden zieht zudem eine wassergekühlte Kälteanlage im Sommer die natürliche Erdkühle aus bis zu 100 Metern Tiefe. Auch der Fuhrpark ist inzwischen voll elektrisiert. Nebenbei entstand daraus Europas größte Ladestation für E-Autos.

Ein zweites Beispiel für die Chancen der Energiewende ist das bayerische Unternehmen Münch Energie, das insbesondere energieintensiven Industriekunden ein Rundum-sorglos-Paket aus erneuerbaren Energien und Energiesparen anbietet. Ich erinnere mich gut an einen Besuch im Jahre 2018 beim Stammsitz des Unternehmens in Oberfranken, wo ich das beeindruckende Unternehmen kennenlernen konnte. Damals war gleichzeitig auch der FDP-Vorsitzende Christian Lindner zu Gast, mit dem ich wie so oft über die Vorteile der Energiewende stritt. Heute nennt er erneuerbare Energien zu Recht »Freiheitsenergien«. Damals hätte er schon erkennen können, dass es sich dabei auch um »Industrie- und Wachstumsenergien« handelt. Münch Energie ist ein modernes, innovatives mittelständisches Familienunternehmen – geradezu ideal als Vorzeigeunternehmen für eine FDP, wenn sie sich endlich für eine vernünftige ökologische Wirtschaftspolitik öffnen würde. Dasselbe gilt für die CSU. Dieses Vorzeigeunternehmen einer echten und machbaren Energiewende sitzt immerhin in Bayern!

Wer will, findet Wege. Wer nicht will, findet Gründe. Deswegen brauchen wir definitiv keine Brückentechnologie mehr. Stattdessen brauchen wir »No-Regret-Maßnahmen«, also Maßnahmen, die wir nicht bereuen. Das heißt, alles, was wir ab jetzt tun, sollte in jedem Fall auch in der Nullemissionswelt funktionieren. Angesichts des knappen Zeitfensters sind Investitionen, bei denen zumindest unklar ist, ob sie Teil einer dekarbonisierten Zukunft sein können, nicht mehr vertretbar.

Zack, klappt bei solchen Sätzen der Deckel der Kiste auf, und heraus springt ein buntes Kasperle. Fröhlich wackelnd verkündet es die perfekte Lösung für all unsere Probleme: Atomenergie!

Atomenergie – der ewige Kai aus der Kiste

Mir ist wirklich nicht ganz klar, warum Atomkraft im Jahr 2022 noch mal ein solch großes Thema wurde, dass bei der Niedersachsenwahl im Oktober gleich drei Parteien meinten, davon profitieren zu können: FDP, CDU und AfD. Die nukleare Brücke ist ganz sicher die längste unter den Brückentechnologien – und die allerteuerste.

Doch immer wieder erscheint im Nebel der Energie-Großtechnologien zumindest schemenhaft der Umriss der Kernenergie. Atomkraft ist quasi der Gott unter den konventionellen Energien. Allmächtig, allwissend, unsterblich. Wenn nichts mehr geht und unausweichlich der Dämon der erneuerbaren Energien vor der Tür steht, dann springt der nukleare Deus ex machina aus den Kulissen.

Natürlich kann es für einen gelangweilten Multimilliardär in seiner 6 000-Quadratmeter-Villa am See bei Seattle eine hübsche Abwechslung sein, bis zu zwei Milliarden in die Wiederbelebung einer Idee aus den 1950er Jahren zu investieren. Andere Superreiche kaufen sich einen Kreisliga-Fußballclub und versuchen, ihn über zwei Jahrzehnte zu einem Champions-League-Player aufzubauen, oder finanzieren den Bau einer Uhr, deren Zeiger sich nur alle 100 Jahre bewegt. Viel Spaß! Ich habe sicher auch schon ein wenig meines Geldes für Schnickschnack ausgegeben.

Aber nur, weil Bill Gates etwas eine spannende Idee findet, müssen wir nicht ernsthaft darüber reden, ob wir unsere Energieversorgung darauf ausrichten. Ich kaufe meine Möbel ja auch nicht für ein Luftschloss, sondern für die vier Wände, in denen ich tatsächlich wohne.

Ich weiß, es werden in den Zeitungsartikeln und Fernsehbeiträgen sehr kluge Nuklearingenieure zitiert, die mit leuchtenden Augen von der neuen Generation von Salzschmelz- oder anderen Reaktoren schwärmen. Sie zählen gern alle möglichen Vorzüge auf, die dafür sprächen. Das ist alles sehr aufregend.

Genauso aufregend findet mein Mann als Architekt städteplanerische Utopien, die zum Beispiel beim Skyscraper-Wettbewerb präsentiert werden: etwa ein durch und durch grünes Windturbinenhochhaus mit Höhengewächshäusern und Mineralbädern, ein horizontal arrondierter Sonnenenergie und Regenwasser speichernder Wohnkomplex oder eine Neuinterpretation des Hoover-Damms, bei dem der Riesenkraftwerksbau mit biomorph verschlungenen Appartements gekoppelt würde, aus denen man eine spektakulär unverstellte Aussicht auf einen Wasserfall hätte. Alles toll. Nur leben in Deutschland die meisten Menschen nicht annähernd in solchen Gebäuden. Sie leben in halbwegs modernisierten Gründerzeit-Altbauten aus der vorletzten Jahrhundertwende, in Plattenbauten der 1960er Jahre oder in Reihen- oder Einfamilienhäusern der 1970er bis 1990er Jahre. Wir brauchen keine fantastischen Utopien für irgendwann. Wir brauchen sehr pragmatische Lösungen für hier und heute.

Ich bin sicher, die Forschung zu diesen neuen Reaktoren ist sehr aufregend. Nur: Sie ist eben noch nicht sehr weit gediehen. Nicht zuletzt ist ein zentrales Problem noch nicht gelöst: Thorium selbst enthält kein spaltbares Material. Erst wenn aus dem Thorium das eigentlich wichtige Uran-233 herausgebrütet worden ist, kann dies dann für die Energiegewinnung verwendet werden. Doch in der Praxis fehlt für diesen Vorprozess die Infrastruktur. Es wird noch Jahrzehnte brauchen, die Technologie zu realisieren, wie selbst Lyndon Edwards, Nuklearingenieur bei der Australischen Organisation für Nuklearwissenschaft, in der Zeitschrift *Nature* zugibt. Aber klar: »it would be a very useful technology to have in 50 or 100 years' time.« In 50 oder 100 Jahren könnte das vielleicht eine sehr nützliche Technologie werden. Die Tatsache, dass sie gerade »in China einen Thorium-Reaktor testen« ist also ähnlich relevant wie die Nachricht, dass in China ein Sack Reis umfällt.

Wer sich für Thorium-Reaktoren interessiert, dem sei das *Terra X*-Video auf YouTube empfohlen, in dem der Astrophysiker Harald Lesch in acht Minuten leicht verständlich erklärt, wie die Technik funktioniert, aber auch, wie kompliziert, aufwendig und risikoreich sie ist. Sein Fazit: »Wir setzen die stärkste Kraft im Universum frei, um Wasser heiß zu machen. Ich denke, wir könnten was Besseres machen.«

Auch der von Bill Gates finanzierte Forschungsreaktor, ein experimenteller Natrium-Reaktor, verspricht wenig Erfolg und schon gar keine schnelle Lösung. Frühere Versuche mit Natrium wurden in den USA bereits im Jahr 1994 eingestellt. Im Gespräch sind ebenso sogenannte »Small Modular Reactors«(SMR)-Konzepte, deren Entwicklung genauso auf die 1950er Jahre zurückgeht. Das sind keineswegs niedliche Kraftwerke für den Vorgarten, die auf wundersame Weise ihren Müll gleich selbst entsorgen. Ein wissenschaftliches Gutachten im Auftrag des Bundesamts für die Sicherheit der nuklearen Entsorgung (BASE) entlarvt die SMR-Werbenarrative als kompletten Mythos. Auch für die SMR gilt: »Zu teuer, zu unsicher und zu gefährlich.« So hat die Wissenschaftsjournalistin Mai-Thi Nguyen in *MaiThink X – Die Show* (ZDF) den Erkenntnisstand im September 2022 zur gesamten Atomenergie sehr treffend zusammengefasst.

Am Ende sind die Menschen nicht so dumm, wie manche Wahlkampfstrategen meinen. Sie wissen, dass Atomkraftwerke eine hochriskante Angelegenheit sind, die nicht allein aufgrund eigener technischer Mängel, sondern auch und vor allem durch äußere Umstände gefährlich sind. Es mögen Erdbeben und Tsunami ursächlich zum Super-GAU in Fukushima geführt haben, aber spätestens seit der Ahrtal-Flut wissen wir, dass auch Deutschland nicht vor Naturkatastrophen größeren Ausmaßes gefeit ist. Und in der Ukraine sehen wir, dass im Kriegsfall sogar ein stillgelegtes Kraftwerk in Tschernobyl zur monströsen Waffe werden kann.

Aus Saporischschja hören wir jeden Tag die besorgten Experten warnen, dass ein kriegsbedingter Stromausfall schon binnen weniger Tage zu einer Kernschmelze führen könnte.

Dass auch ohne Krieg und Naturkatastrophen Atomkraftwerke hohe Ausfallrisiken haben, konnten wir 2022 zudem live in der Industrienation Frankreich miterleben. Aufgrund der großen Trockenheit während des Hitzesommers führten die Flüsse nicht genügend Wasser, das aber zur Kühlung der Kraftwerke dringend benötigt wird. Dazu kamen Qualitätsmängel bei einzelnen Kraftwerken. Gleich mehrere französische Atomkraftwerke wurden wegen Korrosionsproblemen schlagartig abgeschaltet. Am Ende fielen gleichzeitig bis zu 32 der insgesamt 56 französischen Atomkraftwerke aus. Die theoretisch in der gesamten französischen Atomkraftflotte installierte Leistung von 61 370 Megawatt brach zeitweilig auf unter 20 000 Megawatt ein. Kosten durch den Stromausfall: knapp 30 Milliarden Euro.

Staatspräsident Emmanuel Macron kündigte als Reaktion auf die Stromkrise an, sechs neue Atomreaktoren vom Typ EPR 2 bauen zu wollen. Angesichts der langen Bauzeiten von Atomkraftwerken ist eine Fertigstellung aber nicht vor 2035 zu erwarten. Nun ist die Frage, wie die energiewirtschaftliche Brücke bis dahin aussehen soll.

Atomkraftwerke sind eher Utopie als Realität. Sie haben nie wirklich gehalten, was sie versprochen haben. Kernenergie in der uns heute bekannten und möglichen Version, und das wissen wir nunmehr aus 60 Jahren Praxiserfahrung, ist sicherheitspolitisch gefährlich, aber sie ist vor allem ökonomisch unsinnig. Die vermeintlich billige Atomkraft ist nur dann »billig«, wenn sie in höchstem Maße staatlich subventioniert oder durch staatliche Markteingriffe wie Preisgarantien finanziell abgesichert wird.

Das letzte in Europa geplante neu zu bauende Atomkraftwerk in Hinkley Point, Großbritannien, wird 23,2 Milliarden Euro kosten. Damit sich die Baukosten irgendwann amortisieren können, wurde (übrigens ganz rigide planwirtschaftlich!) festgelegt, dass der dort produzierte Atomstrom für rund 12 Eurocent pro Kilowattstunde ins Stromnetz verkauft wird – und zwar für 30 Jahre plus Inflationsaufschlag.

Atomenergie ist somit wahnsinnig teuer und wird deshalb auch nur von Atommächten oder von Ländern gebaut, die gern Atommächte wären; denn die zivile Nutzung allein rechnet sich hinten und vorne nicht.

Solar- und Windstrom sind schon heute deutlich günstiger. So kostet heute Strom in Deutschland aus neuen Windanlagen etwa 6,1 Eurocent pro Kilowattstunde und aus neuen großen Solarkraftwerken im Durchschnitt 5,2 Eurocent. In sonnenreichen Ländern sind die Kosten für Solarstrom noch günstiger und liegen unter 4 Eurocent. Erneuerbare Energien kosten weniger als die Hälfte der Atomenergie, sie haben nicht annähernd die technischen, geostrategischen, gesundheitlichen Risiken und sie sind mittlerweile technisch so ausgereift, dass sie ohne Zweifel auch ein Industrieland wie Deutschland zu 100 Prozent mit Energie versorgen können. Außerdem hinterlassen sie keinen radioaktiven Müll.

Es gibt Alternativen – wir müssen sie nur nutzen

Jede Stunde, die ein Atomkraftwerk läuft, produziert es Müll und Müll und Müll – von dem wir auch nach einem halben Jahrhundert intensiver Forschungsarbeit nicht wissen, wie wir damit umgehen sollen. Klar, in Finnland haben sie eine Höhle gefunden, in der sich radioaktiver Müll für die nächsten Jahrtausende lagern lassen soll. Aber die Höhle reicht nur für den finnischen Müll.

Selbst wenn wir jetzt nicht über den weltweit produzierten Atommüll nachdenken, sondern nur über den deutschen, dann wissen wir, dass es auch dafür noch keine Lösung gibt. Unsere »Zwischenlager« haben Genehmigungen für 40 Jahre, erdzeitgeschichtlich also bis übermorgen. Das vermeintlich sichere Zwischenlager Asse II in Niedersachsen mit rund 126 000 Fässern voller radioaktivem Abfall, der dort seit den späten 1960er Jahren lagert, droht, mit Wasser vollzulaufen. 13 000 Liter Wasser laufen jeden Tag in das einsturzgefährdete Atommülllager. Es ist ein Wettlauf mit der Zeit. Der Atommüll muss wieder raus, hat Niedersachsen vor zehn Jahren beschlossen. 2033 soll es losgehen. Nur: Wohin damit?

Der Müll strahlt etwa 30 000 Jahre radioaktiv. In einer historischen Dimension entspricht das einem Zeitraum zwischen dem Steinzeitmenschen und uns heutigen Menschen. Auf welche Weise wollen wir die künftigen Generationen vor der Gefahr unserer atomaren Endlager warnen? Glaubt wirklich irgendjemand, dass drei schwarze Dreiecke auf gelbem Grund universell verstanden werden?

All diese Risiken könnte man vielleicht in Kauf nehmen, wenn es keine Alternative gäbe. Aber es gibt sie. Atomkraft ist energiewirtschaftlich vollkommen unnötig. Die Sonne bietet uns jährlich zehntausendmal mehr Energie, als wir derzeit benötigen. Wir brauchen sie nur zu ernten. Die Techniken sind da. Auf allen Kontinenten dieser Erde liefern bereits Millionen von Solaranlagen und Windrädern Energie. Sie sind da. Wir wissen, wie es geht.

Erneuerbare Energien sind sauber. Sie verursachen keine Klimaschäden und hinterlassen keinen radioaktiven Müll. Sie führen nicht zu Abhängigkeiten von geostrategisch riskanten Lieferländern. Zudem stärken erneuerbare Energien durch das Zusammenspiel unterschiedlicher Energiequellen wie Sonne, Wind, Wasser und Geothermie eine hohe Resilienz gegen Energieausfälle, sprich größtmögliche Versorgungssicherheit. Außerdem sparen sie angesichts der horrenden Kosten für fossile Energieimporte viel Geld.

Das Potenzial ist da, auch wenn es die letzten Jahre brachlag oder sogar künstlich kleingehalten wurde. Wir brauchen keine Brücken mehr; wir stehen bereits am anderen Ufer. Die einzige Lücke, vor der wir Angst haben sollten, ist die Ökostromlücke, wenn es uns nicht rechtzeitig gelingt, die erneuerbaren Energien in dem Tempo auszubauen, wie wir sie brauchen.

Wer wirklich technologieoffen sein will, sollte die Augen aufmachen und die Vielzahl an technisch ausgereiften, umweltfreundlichen und klimaschonenden Energien entdecken, die uns heute ein breites Repertoire an Möglichkeiten eröffnen.

Während Dänemark über einen russischen Gasimport-Stopp müde lächelt, hetzt unsere Regierung von einem Krisen-Treffen zum nächsten. Wir sind abhängig und erpressbar von fossilen Energielieferanten. Putins Kriegskasse ist üppig gefüllt, während wir in aller Welt um fossile Energien betteln. Und die Klimakatastrophe kündigt sich mit immer stärkeren Extremwettern an.

Dabei könnte der Anteil erneuerbarer Energien in Deutschland heute bereits bei 80 Prozent oder höher liegen, wenn die Politik zwischen 2009 und 2021 die Energiewende nicht komplett ausgebremst hätte. Es gäbe über 150 000 wertvolle Industriearbeitsplätze allein in der Photovoltaik-Branche, und wir wären weniger abhängig von Lieferketten, insbesondere aus China.

Es gäbe genug Handwerksbetriebe, die jetzt die vollständige Umstellung auf erneuerbare Energien umsetzen könnten. Windradabstände wären kein Streitthema, da dank Bürgerbeteiligung Tausende von Windparks finanziell profitierten. Solarenergie auf jedem Dach würde – im Zusammenspiel mit Heimbatterien – Stromkosten senken. Und zwar für alle, vor allem für ärmere Haushalte und Unternehmen. Die Flugbranche hätte – wie einst angekündigt – konsequent in E-Fuels investiert. Fahrzeuge wären überwiegend elektrisch unterwegs, Bahn und ÖPNV attraktiv und preiswert.

Sogar die gebremste Energiewende beweist: Erneuerbare Energien wirken preissenkend an der Strombörse und sparen schon jetzt in wenigen Monaten bis zu 9 Milliarden Euro. Die Kosten für erneuerbare Energien sind massiv gesunken, wovon alle Länder profitieren, allen voran Entwicklungsländer. Speicherbatterien, Elektromobilität oder E-Fuels hätten ein Exportschlager werden können. Hätten, hätten. Tja.

Wir müssen endlich umsteuern! Die unterlassenen Investitionen der letzten 20 Jahre hätten eine fulminante Wertschöpfung und wertvolle Arbeitsplätze geschaffen, die eine Volkswirtschaft dauerhaft resilient machen. Der Nutzen dieser Entwicklung wäre gigantisch gewesen – und er ist es noch.

100-Prozent-Vollversorgung durch erneuerbare Energien ist möglich, versorgungssicher, rentabel und Job- und Exportmotor für die deutsche Industrie. Es sind Freiheits- und Friedensenergien. Wer derzeit ruft: »Jetzt erst einmal nicht«, macht denselben Fehler wieder. Die richtige Devise heißt: »Jetzt erst recht!«

KAPITEL 10

WIE ES ENDET, LIEGT AN UNS

Es geht um mehr als den Wechsel der Energiequelle

Allen Widerständen zum Trotz ist in Deutschland eine quicklebendige Erneuerbare-Energien-Wirtschaft entstanden, die zugleich demokratische Innovationen wagt. Bürgerenergie-Kommunen führen vor, wie es gehen könnte: Die Wärmewende würde uns von Putins Gas befreien und die Verkehrswende von Autokraten-Öl. Erneuerbare Energien sind Friedens-, Freiheits- und Wohlstandsenergien. Wir müssen sie nur endlich mit aller Entschlossenheit und Kraft konsequent umsetzen!

Die MacGyvers der Energiewende

Dieses Buch hat kein Ende, denn die Geschichte der Energiewende ist noch lange nicht vorbei. Sie fängt gerade erst an. Wir sind vielleicht bei Staffel 2 einer Erfolgsserie, die sich immer größerer Beliebtheit erfreut. Das Beste daran ist, dass die Protagonist:innen ähnlich einfallsreich wie MacGyver sind. MacGyver? MacGyver!

Angus MacGyver war der Held einer sehr erfolgreichen Fernsehserie aus den später 1980ern Jahren, die in über sieben Staffeln die Geschichte eines ziemlich gewieften und zugleich absolut integren Agenten erzählt: In 139 Episoden besiegt er mittels fundierter wissenschaftlicher Kenntnisse und genialen Improvisationstalents die ärgsten und scheinbar übermächtigsten Widersacher. Im Auftrag der humanitär engagierten (fiktiven) Phoenix Foundation macht er die Welt zu einer besseren. Er bekämpft Geldwäsche, Umweltverbrechen und Terrorismus. Er ist ein gewaltloser Held in einer gewalttätigen Welt. Statt mit Schusswaffen kämpft er mit banalen, aber sehr originell genutzten Hilfsmitteln wie seinem Schweizer Taschenmesser, Klebeband, Schokolade oder Kaugummipapier.

Heute nennt man es »Lifehack«, wenn jemand mit zweckentfremdeten Alltagsgegenständen Probleme löst. MacGyver ist quasi die Mutter aller Lifehacks. Der Begriff »MacGyverism« hat sogar Einzug ins traditionelle *Collins Dictionary* gefunden. Er bezeichnet die Nutzung aller verfügbaren Ressourcen, um eine Problemlösung zu einem erfolgreichen Abschluss zu bringen. Robert F. Engle, Träger des Wirtschaftsnobelpreises 2003, der sich heute auch mit der Messung systemischer klimabedingter Finanzrisiken beschäftigt, hat eine von ihm entwickelte finanzmathematische Schätzmethode »MacGyver-Methode« genannt. Sie liefert für verbleibende Unsicherheiten der dynamischen Währungsumrechnung theoretische und empirische Daten, die bei der Lösung helfen.

So wie MacGyver Bomben mit einer Büroklammer entschärft und ein Schloss mit dem Faden einer Glühbirne knackt, hat die Avantgarde der Energiewende in den letzten zwanzig Jahren mit trickreichen Tüfteleien sämtliche Hürden und Hindernisse so gut wie möglich überwunden, immer auf Basis neuester Forschung, immer getrieben von unternehmerischem Wagemut. Genau wie die Ideen für die Filmfigur, die im Laufe der Jahre durch Zuschriften der Serien-Fans inspiriert wurden, entstanden die Lösungen und Innovationen der Erneuerbare-Energien-Welt mithilfe der vielfältigen Unterstützung unzähliger Menschen. Denn auch die Energiewende ist ein David-gegen-Goliath-Kampf, der bislang neben guten Ideen vor allem eine große Portion Beharrlichkeit gebraucht hat.

Eine Analyse des Redaktionsnetzes Correctiv und der NGO Lobbycontrol zählte entlang der Lieferkette im Erdgasmarkt mehr als 50 Unternehmen plus etwa ein Dutzend Gas-Lobbyverbände. Für Lobbyarbeit geben sie insgesamt mehr als 40 Millionen Euro aus, wobei ein Großteil davon allein von Eon, Uniper, EnBW, RWE und Wintershall DEA investiert wird.

Zum Vergleich: Die drei größten deutschen Umweltverbände, die Deutsche Umwelthilfe, Greenpeace und der Bund für Umwelt- und Naturschutz Deutschland (BUND), haben für Lobbyarbeit insgesamt etwa 1,5 Millionen Euro zur Verfügung. Für sie ist das Thema Gas nur eines von vielen. Das Lobby-Budget der fossilen Erdgasindustrie umfasst demnach fast das Dreißigfache. Das ist eine ziemlich große Übermacht.

Zur Goliath-Armee gehören außerdem noch zahlreiche energieintensive Unternehmen, also die Großkunden der Gasindustrie. Auch sie treten proaktiv als Gaslobbyisten auf: Die Unternehmen BASF, Lanxess, Evonik, Thyssenkrupp und Bayer geben zusammen über 11 Millionen Euro für ihre Lobbyarbeit aus, was die finanzielle Übermacht auf 35 zu 1 vergrößert.

Auch personell besteht hier ein großes Ungleichgewicht: In den Gasunternehmen sind über 400 000 Menschen abhängig beschäftigt; die Angestellten der energieintensiven Unternehmen dazugerechnet, sind es etwa 900 000 Menschen, die sich tendenziell eher für die Interessen ihres arbeitgebenden Unternehmens aussprechen dürften.

An dieser Stelle kommt auch die Industriegewerkschaft Bergbau, Chemie, Energie (IGBCE) ins Spiel, die seit Jahren einer der stärksten Akteure bei der Verzögerung der Energiewende ist. Im März 2022 tat sie sich als einer der ersten und striktesten Gegner eines Gasembargos gegen Russland hervor.

Der IGBCE-Vorsitzende Michael Vassiliadis ist einer der drei Vorsitzenden der Gaskommission, die im Oktober 2022 gebildet wurde, um die umstrittene Deckelung des Gaspreises zu konzipieren. Bereits 2015 war er einer der Protagonisten im Kampf gegen den Kohleausstieg und setzte damals den SPD-Wirtschaftsminister Gabriel mit den rhetorischen Keulen »Vernichtung von Tausenden Arbeitsplätzen« und »Deindustrialisierung Deutschlands« massiv unter Druck. Gabriel knickte ein, und so wurden gemäß dem Vorschlag der Gewerkschaft lieber schrittweise einzelne Kraftwerke stillgelegt, als alle mit einer Klimaabgabe zu belasten.

Vassiliadis ist langjähriges SPD-Mitglied und Lebensgefährte von Yasmin Fahimi, der früheren SPD-Generalsekretärin und späteren Staatssekretärin im Arbeitsministerium, die bis Mai 2022 als Bundestagsabgeordnete zudem im Ausschuss für Bildung, Forschung und Technikfolgenabschätzung aktiv war, also dem Gremium, das sich auch mit Themen wie Klimaschutz, Nachhaltigkeit und wissenschaftlicher Qualität und Redlichkeit beschäftigt. Mehr Politiknähe geht nicht.

Heute ist Fahimi Vorsitzende des Deutschen Gewerkschaftsbundes DGB, der größten Dachorganisation von Einzelgewerkschaften in Deutschland mit indirekt rund sechs Millionen Mitgliedern. Mehr Macht geht auch nicht.

Fossile Werbefilme enden im Albtraum

Die Einflussnahme der fossilen Industrie und ihrer Beschäftigten reicht also über ein weit verstricktes Netz von persönlichen Kontakten und Beziehungen bis in die höchsten Spitzen von Gewerkschaften und Politik hinein.

Um Missverständnisse zu vermeiden: Lobbyarbeit unterschiedlicher Akteure ist in einer Demokratie notwendig und politisch erwünscht. Nur braucht es dafür ein Gleichgewicht unterschiedlicher Interessengruppen. Eine bewusste Gegensteuerung ist spätestens dann erforderlich, wenn sich einige wenige, mächtige Akteure sehr viel mehr Gehör und Zugang zu entscheidenden Gremien verschaffen als andere, die finanziell und organisatorisch weniger stark aufgestellt sind.

Die MacGyvers der Energiewende verfügen also vergleichsweise über sehr wenig Geld, sehr kleine politische Netzwerke und sehr geringe personelle Ressourcen. Dabei vertreten sie mehr als bloß die Interessen von einigen Dutzend Unternehmen und deren paar Hunderttausend Beschäftigten. Sie kümmern sich um die Gesundheit und Sicherheit von 84 Millionen Menschen in Deutschland sowie um deren erst künftig geborene Kinder und Enkel, die in zwanzig, dreißig oder fünfzig Jahren in Deutschland leben werden. Und mehr noch: Sie kümmern sich um die Zukunft unseres Planeten und aller Menschen, die darauf leben.

Um trotzdem im professionellen Getöse der Gas-Lobbyisten überhaupt durchzudringen, müssen die wenigen Umweltverbände in Deutschland, die sich mit dem Thema Erdgas befassen, extrem klug und effizient agieren. Die Deutsche Umwelthilfe beschäftigt immerhin ein mehrköpfiges Team, um gegen die Produktion und Nutzung von Flüssiggas und den Bau von LNG-Terminals zu protestieren und für einen schnellen Erdgasausstieg zu plädieren. Seit Sommer 2021 produzieren sie dafür den sehr informativen Podcast *Erdgas ist die neue Kohle*, in dem sie unterschiedlichste Expert:innen befragen, Einblicke in aktuelle Forschung geben und mögliche Lösungswege vorstellen.

Auch der BUND verbreitet auf seinen Kanälen wissenschaftliche Erkenntnisse, etwa über die klimaschädlichen Methanemissionen bei Gasproduktionsstätten. Dafür kooperiert der Umweltschutzverein im größten europäischen Netzwerk selbstständiger Umweltverbände, Friends of the Earth Europe (FoEE), mit mehr als 30 Gruppen aus anderen Ländern, die jeweils unzählige lokale Gruppen repräsentieren. FoEE wiederum ist der europäische Arm von Friends of the Earth International, die insgesamt 73 nationale Mitgliedsorganisationen, 5 000 lokale Aktivistengruppen und über zwei Millionen Unterstützer:innen auf der ganzen Welt vereint. Mit der Kampagne »Fossil Free Europe« will FoEE darauf hinwirken, dass Europa bis 2030 die dreckigen fossilen Brennstoffe Öl, Kohle und natürlich auch Gas verbannt und einen Strukturwandel hin zu 100 Prozent erneuerbarer Energie einleitet.

Zum Thema fossiles Erdgas engagiert sich auch der Verein urgewald, der als »Anwalt für Umwelt- und Menschenrechte« dabei hilft, dass »vertriebene Kleinbauern, Aktivisten gegen Streubomben, Atomkraftgegner und Klimaschützer aus aller Welt auf Aktionärsversammlungen, Pressekonferenzen und in den Vorstandsetagen deutscher Firmen und Banken

Gehör finden«. Der im Münsterland ansässige Verein hat die weltweit erste öffentliche umfangreiche Datenbank zu Unternehmen aus der Öl- und Gasindustrie erstellt: Die Global Oil and Gas Exit List (GOGEL) umfasst derzeit 887 Unternehmen und bildet damit knapp 95 Prozent der weltweiten Öl- und Gasproduktion ab. So können klimaschutzwillige Menschen, die privat oder professionell nach zukunftsträchtigen Geldanlagen suchen, leicht herausfinden, in welche Firmen sie besser *nicht* investieren.

Und schließlich gibt es noch unterschiedlichste kleinere regionale Initiativen, vom Bündnis Weidener Becken gegen Fracking über die Bürgerinitiative lebenswertes Korbach bis zur Interessengemeinschaft Schönes Lünnen, die sich an Kampagnen gegen Fracking oder den Bau neuer LNG-Terminals in Deutschland beteiligen.

Angesichts der großen Übermacht der fossilen Wirtschaftsmacht und der Komplexität des Themas ist es wenig verwunderlich, dass es den fossilen Erdgaslobbyisten so gut gelungen ist, mit ein bisschen interessengeleiteter Schaumschlägerei die angeblich »billigen fossilen Energien« als Versprechen einer ewig florierenden deutschen Industrie zu verkaufen. Erst durch die aktuelle Gaskrise und den damit verbundenen Preisschock geht den Menschen langsam ein Licht auf, dass ihnen all die Jahre ein Bär aufgebunden wurde.

Wer an das fossile Märchen vom billigen Gas geglaubt und die geostrategischen Risiken völlig verdrängt hat, ist nun geschockt von der Wucht der aktuellen Gaskrise. Plötzlich wird umgekehrt ein Schuh draus: Nicht die Energiewende, sondern die Nicht-Energiewende führt ins Desaster. Energiekrieg, Gaskrise, Rezession, Inflation – ein fossiler Albtraum wird Realität.

Dass auch im Industrieland Deutschland eine hundertprozentige Vollversorgung mit erneuerbaren Energien möglich ist, hatten mein DIW-Team und ich zuletzt 2021 in einer Studie vorgerechnet. Sie zeigt: Es geht und vor allem senkt es die Energiekosten massiv. Weniger Energie wird verschwendet und fossile Kosten vermieden.

Es wollte nur kaum einer glauben. Zu verlockend schien der fossile Werbefilm, in dem eine rosarote Wunderwelt nur mit fossiler Energie möglich ist. Und zu bedrohlich wirkte der propagandistische Energiewende-Horrorfilm – starring: »Zappelstrom«, »Blackout« und »Dunkelflaute«.

Aus Sicht nüchterner Wissenschaft waren diese erfundenen Monster lächerlich; doch in den Chefetagen der Wirtschaft wirkte der Grusel. Leider.

Wie oft habe ich gehört: »Eine Industrienation wie Deutschland kann nicht allein mit Wind und Sonne funktionieren.« Wie oft habe ich geantwortet: Muss sie auch gar nicht! Denn zum industrie- und zukunftstauglichen Energie-Mix gehören außer Wind und Sonne auch nachhaltige Biomasse, Erdwärme, Wasserkraft oder grüner Wasserstoff. Entscheidend ist das intelligente Zusammenspiel aller Komponenten. Auch die Digitalisierung ist dabei wichtig, die intelligente Energieversorgungen und Mobilitätsdienstleistungen ermöglicht.

Die Energiewende krempelt das Energiesystem um, so wie das Internet das Vertriebssystem umgekrempelt hat. Unternehmen, die an Kohle, Öl und Gas festhalten, sind wie Händler, die auf Verkaufstresen und Registrierkassen beharren.

Egal, die deutsche Wirtschaft saß gemütlich auf dem Sofa und wartete aufs versprochene Happy End.

Und nun befinden wir uns im Jahre 2022 n. Chr. Ganz Deutschland ist von umwelt- und klimaschädlichen Energien durchdrungen. Ganz Deutschland? Nein! Einige von unbeugsamen MacGyvern bevölkerte Dörfer hören nicht auf, den fossilen Oligopolen und nuklearen Autokraten Widerstand zu leisten.

Bürgerenergie bringt frischen Wettbewerb in den Markt

Weit über 800 Energiegenossenschaften gibt es inzwischen in Deutschland. In ihnen haben sich rund 200 000 engagierte Menschen zusammengetan, um gemeinsam Strom aus erneuerbaren Energien zu produzieren. Sie haben gemeinsam etwa 3,2 Milliarden Euro investiert. Im Schnitt beträgt die finanzielle Beteiligung pro Mitglied 5 200 Euro, wobei Beteiligungen schon ab 50 Euro möglich sind.

Die Zahl der Energiegenossenschaften steigt – wenngleich langsam. Der Koalitionsvertrag der aktuellen Ampel-Regierung sieht deswegen eine Stärkung der Bürgerenergie vor. Das Energy-Sharing, also das gemeinschaftliche Produzieren und die gemeinschaftliche Nutzung von Strom, soll erleichtert und sicher geregelt werden. Nicht nur in Deutschland, sondern in ganz Europa. Auch soll ein Fonds zur Absicherung der Risiken bei Ausschreibungen geprüft werden. Der würde es Bürgerenergien erleichtern, sich an den Ausschreibungen größerer Wind- oder Solaranlagen zu beteiligen. Das wären keine Riesensprünge der Evolution, aber immerhin wichtige kleine Fortschritte auf dem Weg in eine vollständig erneuerbare Energiewelt.

Doch aufgrund der akuten Krise kommen noch nicht mal diese geplanten Maßnahmen in Gang. Stattdessen werden staatliche Rettungspakete mit der Gießkanne verteilt. Sie sind bislang nichts als teure Trostpflaster ohne Perspektive. Besser wäre es, die Hilfsgelder an zukunftsträchtige Auflagen zu koppeln. Hoffentlich ändert sich das bald, sonst steuern wir geradewegs auf die nächste Energiekrise zu, für die wir dann vielleicht gar keine Reserven mehr haben.

Auch im Hinblick auf Europarecht soll es wesentliche Veränderungen geben. Denn das EU-Wettbewerbsrecht verbietet grundsätzlich staatliche Beihilfen beziehungsweise Subventionen an Unternehmen. Die sogenannte »De-minimis-Regelung« soll verhindern, dass die Unternehmen, die in ihrem Heimatland subventioniert werden, im europäischen Wettbewerb gegenüber anderen im Vorteil sind, die in ihrem Land keine Subventionen erhalten. Mittlere Solarstrom- und Windenergieprojekte, wie sie Energiegenossenschaften betreiben, stehen jedoch gar nicht im internationalen Wettbewerb. Aber sie stehen national im Wettbewerb mit großen Energiekonzernen, die ganz andere finanzielle Voraussetzungen haben. Dafür benötigen sie staatlichen Rückenwind, um überhaupt mithalten zu können.

Große Konzerne haben allerdings weder Interesse daran, sich mit kleinteiligen Projekten herumzuschlagen (aus ihrer Perspektive »peanuts«), noch wollen sie sich (egal wie kleine) Marktanteile von kleineren Unternehmen »wegknabbern« lassen. Die Erfahrung zeigt, dass sie sich deswegen an Ausschreibungen beteiligen, die sie mit Dumping-Angeboten locker gewinnen. Doch dann nutzen sie oftmals die dadurch erworbenen Rechte gar nicht zur Energieproduktion, weil es ihnen eigentlich nur darum geht, die Konkurrenz zu verhindern. In der Folge können dann die eigentlich gewünschten und notwendigen Windräder nie gebaut werden. Auch für solche Art von in sich plausiblem, aber im Ergebnis absurdem Marktverhalten müssen bessere Regeln gefunden werden.

Die meisten Städte und Gemeinden hatten in den 1990er Jahren ihre Versorgungsbetriebe in der Hoffnung auf einen preissenkenden Wettbewerb privatisiert. Doch die Preise für Wasser, Gas und Strom waren entgegen den Erwartungen für die Verbraucher:innen oftmals gestiegen. Ein echter Lehrbuch-Wettbewerb kam so nicht zustande. Die großen Energiekonzerne teilten sich die Marktgebiete auf und schufen über vielfältigste Tochterunternehmen lediglich eine weitestgehende Pseudo-Vielfalt. In Wahrheit aber blieb es in großen Teilen ein Oligopol-Markt.

Das führte zu einer gewissen Trendwende. »Rekommunalisierung« hieß das Stichwort. Überall in Deutschland wollten Kommunen ihre Strom-, Wasser- und Gasversorgung wieder selbst kontrollieren. Doch meistens konnten die großen Energiekonzerne ihre Oligopole gegen eine kommunale Übernahme verteidigen – nicht immer in völlig transparentem Wettbewerb.

Das Rekommunalisierungsverfahren in meiner niedersächsischen Geburtsstadt Delmenhorst scheiterte beispielsweise auf merkwürdige Weise. Obwohl der kommunale Betreiber alle Kriterien erfüllte und seinem Konkurrenten EWE in der Ausschreibung überlegen war, endete das Vergabeverfahren mit einer Ablehnung des Rückkaufs. Bei der alles entscheidenden Abstimmung waren – aus gesundheitlichen Gründen, wie es hieß – nur 17 von 45 stimmberechtigten Ratsmitgliedern anwesend. Und diese 17 sprachen sich mehrheitlich gegen die Rekommunalisierung aus. Ein seltsamer Zufall.

In Hamburg hingegen gelang es 2013, das Energienetz per Volksentscheid wieder in städtische Hand zurückzukaufen, mit dem Versprechen, »eine sichere, preisgünstige, verbraucherfreundliche, effiziente und umweltgerechte Energieversorgung« zu garantieren. Tatsächlich arbeitet man in der Millionenmetropole seither tatkräftig an einer klimagerechten Energieversorgung: Nach Megawattstunden gemessen ist Hamburg Energie bereits der größte Betreiber von Windkraftanlagen in Hamburg, auch wenn das Kommunalunternehmen nur 15 der insgesamt 65 Windräder im Stadtgebiet betreibt. Aber die sind eben besonders effizient.

100 Prozent Ökostrom und Gas mit bis zu 15 Prozent Biogasanteil sind ökologisch schon mal vorzeigbar – vor allem aber der völlige Verzicht auf Kohle und Atomstrom. Das Unternehmen ist nicht nur Versorger, sondern auch Erzeuger von regionaler Energie aus Sonne und Wind. Und zu guter Letzt fließen die Gewinne nicht an anonyme Investor:innen, sondern werden im Sinne der Bürger:innen vor Ort reinvestiert.

Besonders spektakulär ist der riesige unterirdische Wärmespeicher, der 2019 im Hamburger Hafen in Betrieb genommen wurde. Die bislang weltweit einmalige Anlage wurde von Siemens Gamesa hergestellt und nutzt rund 1000 Tonnen Vulkangestein, die mittels eines Gebläses auf 750 Grad Celsius aufgeheizt werden. So kann der überschüssige Strom aus den Windrädern als Wärme in den Steinen für rund eine Woche gespeichert werden. Anders als bei Batterien bleibt die Speicherkapazität des Systems über die Ladezyklen hinweg konstant. Die Stromerzeugung muss damit nicht mehr unmittelbar dann stattfinden, wenn der Strom gebraucht wird.

Nunmehr will die Hansestadt sogar das Abwasser als Energiequelle nutzen. Die Restwärme in den rund 450000 Kubikmetern Abwasser, die täglich im Klärwerk Dradenau landen, soll durch eine spezielle Wärmepumpe entzogen werden, um sie dann ins Fernwärmenetz einzuspeisen. Ab 2025 könnten mit dieser klimafreundlichen Stadtwärme rein rechnerisch 39000 Wohnungen versorgt und rund 66000 Tonnen CO_2-Emissionen eingespart werden.

Trauriges Schlusslicht ist die Hansestadt allerdings im Bereich Sonnenenergie, wie wir in unseren DIW-Studien zum Vergleich der Bundesländer beim Ausbau erneuerbarer Energien zeigen: Während in Städten wie Dortmund, Hannover oder Leipzig bald die Hälfte der neu errichteten Dachflächen mit Solaranlagen ausgestattet wird, in Frankfurt immerhin ein Drittel, in Berlin und Düsseldorf ein Viertel, in Bremen und München etwa ein Fünftel, wird in Hamburg nur jeder zehnte Quadratmeter der nutzbaren Dachfläche solar aktiviert.

Die für alle Neubauten ab 2023 geltende Solarpflicht in Hamburg und Berlin wird das verändern. Sie gilt leider noch nicht bundesweit und in manchen Bundesländern (Nordrhein-Westfalen, Schleswig-Holstein, Niedersachsen) nur für bestimmte Gebäudearten. Vorreiter ist in diesem Fall

Baden-Württemberg, wo seit Anfang 2022 für alle Neubauten und ab 2023 auch für sanierte Bestandsdächer eine Solarpflicht gilt.

Das Beste aber am Ausbau der Photovoltaik ist der Effekt auf den Energiemarkt. Denn mit der Solaranlage auf dem Dach oder dem Balkon produzieren wir nicht nur Strom, den wir selbst mittels Wärmepumpe direkt zum Heizen nutzen können. Sondern die damit verknüpfte Hausbatterie wird beispielsweise gleichzeitig zum dezentralen Energiespeicher, der dank »Sektorkopplung« gleichzeitig das dezentrale Stromnetz entlasten kann. Obendrein lässt sich überschüssiger Solarstrom in die kommunalen Netze einspeisen, sodass wir nicht nur weniger Geld für unseren verringerten Energieverbrauch bezahlen, sondern uns als Energieproduzenten noch etwas dazuverdienen können. Wir sind nicht länger bloß »Consumer«, sondern auch »Producer«, neudeutsch: »Prosumer«.

Diese Veränderung ist vielleicht die größte Bedrohung für die klassischen Energieunternehmen. Wenn aus passiven Endverbraucher:innen auf diese Weise an Umsatz und Gewinn beteiligte Unternehmer:innen werden, entsteht ein vollkommen ungewohnter Wettbewerb im sonst so gemütlichen oligopolistischen Geschäft.

Wie derlei in großem Stil funktionieren kann, zeigt die Energiegenossenschaft EWS Schönau seit Jahrzehnten. Sie ging aus einer Bürgerinitiative hervor, die nach dem Super-GAU in Tschernobyl 1986 gegründet worden war. Gemeinsam machte die kleine Gruppe den ersten Schritt und kämpfte hart, bis per Bürgerentscheid 1994 der Rückkauf des örtlichen Stromnetzes gelang. Zu diesem Zeitpunkt waren bereits über 650 Einzelpersonen als Gesellschafter:innen der damaligen Netzkauf Schönau GbR beteiligt. Mit einem zweiten Bürgerentscheid und einer Rekordwahlbeteiligung von fast 85 Prozent sicherte sich die Initiative 1996 auch die Konzession als lokaler Stromversorger. Sie seien der »demokratisch legitimierteste Energieversorger der Welt«, heißt es auf der Webseite der Energiegenossenschaft.

Seit Dezember 2009 ist die heutige EWS eG als eingetragene Genossenschaft die Eigentümergesellschaft der Schönauer Elektrizitätswerke. Die neue Rechtsform erleichtert die Aufnahme neuer Mitglieder. Inzwischen tragen deutschlandweit über 200 000 Menschen dazu bei, die Energiewende voranzubringen, indem sie Strom und Biogas aus Schönau beziehen und mit ihrem Förderanteil unterstützen.

Auch was das Thema Nahwärme angeht, gibt es beeindruckende Pioniergeschichten. Es gibt in Deutschland ganze Dörfer und Kommunen, die unabhängig von der politischen Großwetterlage gemeinschaftlich und demokratisch auf erneuerbare Energien umgestiegen sind und sich so weitestgehend unabhängig vom fossilen Energiemarkt gemacht haben – ohne riesige Offshore-Windparks, ohne störende Stromtrassen oder gigantische Speicherkraftwerke, allein durch eine zeitgemäße Energieversorgung vor Ort.

Zum beliebten Reiseziel des globalen Energiewende-Tourismus ist dabei das bereits in Kapitel 7 erwähnte Dorf in Brandenburg geworden: Feldheim heißt das futuristische Wunder der Energie-Autonomie. Seit Putin im Handumdrehen (am Pipeline-Gashahn) Europas Volkswirtschaften ins Taumeln bringt und seine Armee mit Bomben und Granaten ukrainische Atomkraftwerke zur größten anzunehmenden Bombe wachsen lässt, fragen sich viele, wieso sie Feldheim so lange ignoriert haben.

Energieautarke Ökodörfer gibt es auch andernorts, in Niedersachsen, in Nordrhein-Westfalen oder in Bayern. Sie alle zeigen Putins mit fossiler oder atomarer Energie geladenen Waffen die lange Nase, vor allem finanzieren sie nicht eine einzige Gewehrkugel in seinem brutalen Krieg. Rund 170 Energiedörfer sind es insgesamt in Deutschland, die sich mindestens zu 50 Prozent oder gar vollständig unabhängig von Kohle, Öl, Gas und Atomenergie gemacht haben. Sie haben weder Angst vor steigenden Gas- und Strompreisen noch ein schlechtes Gewissen, antidemokratische Systeme finanziert zu haben.

Contra Putins Gas heißt pro Wärmewende

Mit ihren bescheidenen Mitteln und Möglichkeiten tragen die beispielhaft genannten Akteure gemeinsam mit vielen anderen und alle auf ihre eigene Weise dazu bei, dass die Energiewende immer noch lebt, obwohl fossiles Erdgas in den letzten 15 Jahren im angeblichen Klimavorreiter Deutschland gewaltige Marktanteile gewonnen hat.

Aber es wird Zeit, dass wir in diesem fossilen Markteroberungskrieg aus der Defensive herauskommen und die (gewaltfreie!) Gegenoffensive starten. Denn mit dem aktuellen Energiekrieg, der den militärischen Krieg in der Ukraine begleitet, hat sich die Situation in Deutschland und ganz Europa dramatisch zugespitzt. Alles, was wir jetzt nicht endlich in Angriff nehmen, verlängert die Liste der verpassten Chancen, und die ist heute schon so lang, dass sie uns in eine tiefe Rezession zu stürzen droht.

Doch zwischen Verteidigung und Angriff ist ein himmelweiter Unterschied. *Gegen* fossiles Erdgas zu kämpfen ist eine völlig andere Seite der Nachhaltigkeitsmedaille als die andere, nämlich das Engagement *für* die Energiewende.

Beim Thema Strom haben die meisten eine grobe Vorstellung davon, wie das mit den erneuerbaren Energien funktioniert. Auch bei der Verkehrswende gibt es viele Initiativen und kreative lokale Lösungen für die Stärkung des öffentlichen Nahverkehrs, die Schaffung von sicheren Fuß- und Radwegen, den Ausbau der Ladeinfrastruktur für Elektromobilität sowie die Umwandlung von anonymen Metropolen in lebenswerte Kieze einer 15-Minuten-Stadt.

Im Hinblick auf fossiles Erdgas müssen wir aber die Wärmewende voranbringen. Hier blicke ich meist in fragende Gesichter. Wie soll das gehen? Die wenigsten wussten bis Februar 2022, wo das fossile Erdgas herkommt, aber noch weniger wussten, wofür es genutzt wurde.

Inzwischen haben wohl alle gelernt: Rund 70 Prozent des fossilen Erdgases werden für die Wärmeerzeugung in Haushalten und der Industrie eingesetzt. Jede zweite Wohnung in Deutschland wird derzeit mit Gas beheizt, und immer noch wird der Einbau neuer Gasheizungen staatlich gefördert. Das ist natürlich widersinnig und muss sofort aufhören. Doch damit die Politik solche Einschnitte wagt, braucht es attraktive und leicht zugängliche Alternativen. Und, oh Wunder, auch hier leisten die MacGyvers der Energiewende seit Jahren wertvolle Pionierarbeit – und zwar auf allen Ebenen: Forschung, Kommunikation und Umsetzung der Wärmewende.

In einem Team von 16 Wissenschaftler:innen im Forschungsverbund der Scientists for Future haben wir direkt nach Beginn des russischen Überfalls auf die Ukraine gemeinsam ein Impulspapier verfasst, in dem unser Fokus darauf lag, möglichst schnell von (russischem) fossilem Erdgas unabhängig zu werden. Wir wollten verhindern, dass die Politik in hektisches, aber planloses Umsortieren zwischen Erdgas, Kohle und Kernkraft verfällt. Derlei wurde leider unter der Überschrift »Der Klimaschutz muss jetzt warten« sofort populistisch in den (sozialen) Medien diskutiert. In dem knapp 20-seitigen Impulspapier erklärten wir, dass und wie es möglich sei, in wenigen Jahren so viel fossiles Erdgas einzusparen, wie zu diesem Zeitpunkt aus der Russischen Föderation importiert wurde, nämlich 500 Terrawattstunden pro Jahr.

Dafür müsste sofort der fossile Gasverbrauch reduziert und zugleich die Wärmewende beschleunigt werden. Das sei kein Ding der Unmöglichkeit, erklärten wir. Vier Maßnahmen führten ans Ziel, wenn wir sie konsequent verfolgen würden: Wärmepumpen, Wärmenetze, Ökostrom und Energieeinsparung.

Ich schreibe im Konjunktiv, weil sich leider bis zur Drucklegung dieses Buches abzeichnet, dass das populistische Getöse mal wieder mehr Gehör findet als unsere wissenschaftsbasierte Kommunikation. Aber vielleicht dreht sich die öffentliche Diskussion bis zum Erscheinen dieses Buches noch, was mich freuen würde. Falls nicht, wären die empfohlenen Maßnahmen weiterhin aktuell, weswegen ich nunmehr im Indikativ weiterschreibe – wohlwissend, dass wir das fossile Erdgas mittlerweile nur noch zu geringen Anteilen oder gar nicht aus Russland beziehen, sondern aus anderen Ländern. Dadurch hat sich vielleicht die Abhängigkeit von Russland reduziert, aber nicht die Abhängigkeit von teurer fossiler Energie aus anderen autokratischen Staaten. Das lässt sich ändern, auch ohne dass wir frieren.

Ungefähr ein Drittel des fossilen Erdgasbedarfs wird als Rohstoff für die chemische Industrie gebraucht, etwa zur Herstellung von Methanol oder Ammoniak, die wiederum zum Beispiel für die Kunststoffproduktion benötigt werden. Diesen Part können wir vorerst ignorieren, denn die übrigen 70 Prozent unseres Gasbedarfs können wir leichter ersetzen. Schauen wir also auf die tiefer hängenden Früchte.

Den Rest des fossilen Erdgases benötigen wir hauptsächlich zum Heizen, nämlich rund ein Drittel für Raumwärme, also zum Beheizen von Wohnungen und Gewerberäumen, sowie ein zweites Drittel für Prozesswärme, also für Fertigungsprozesse etwa in der Zement-, Stahl-, oder Chemieindustrie. Das verbleibende Zehntel landet in der Wärmeversorgung des Dienstleistungssektors. All diesen Gasbedarf können wir durch andere Energieträger ersetzen – und zwar gar nicht aufwendig, wie es immer behauptet wird. Man muss es nur wollen.

Eine Umstellung auf klimafreundliche Wärmesysteme ist mit den heutigen Technologien ohne Weiteres möglich. Es ist bereits alles erfunden worden, was nachhaltige Raumwärme erzeugt – marktreif und massentauglich. Trotzdem wurden selbst im Jahr 2021 noch 600 000 neue Gasheizungen eingebaut, »dank« entsprechender staatlicher Förderungen. Im selben Zeitraum wurden leider nur etwa 150 000 Heizungswärmepumpen installiert. Dies unselige Verhältnis 80:20 muss und kann möglichst rasch umgedreht werden. Immerhin sieht das 2022 vorgelegte »Osterpaket« des Wirtschaftsministeriums vor, dass ab 2024 jede neu eingebaute oder ausgetauschte Heizung mit erneuerbaren Energien betrieben werden muss, allerdings nur zu 65 Prozent. Auch dieses Ziel könnte also noch deutlich ambitionierter ausfallen. Denn so ist es weiterhin möglich, fossiles Erdgas in einer Hybridlösung weiterzuverwenden. Schon wieder gibt es eine Brückentechnologie, die nur übergangsweise funktioniert. Wozu? Es ist nicht nur ineffizient, sondern auch teuer.

Besser wäre es, möglichst schnell ausschließlich 100 Prozent erneuerbare Wärmepumpen zuzulassen. Wärmepumpen entziehen der Umgebung – also aus der Luft, der Erde, dem Abwasser, aus industrieller Abwärme, unterirdischen Wasseradern oder Gewässern – mithilfe von Strom Wärme und heizen damit Räume oder niedrigthermische industrielle Prozesse. Sie lassen sich vor allem in Einfamilienhäusern oder kleineren Gewerbeimmobilien zum Einsatz bringen.

Hochgerechnet auf 16 Millionen Einfamilienhäuser würde der Bedarf an Wärmepumpen natürlich absehbar enorm steigen. Dafür bräuchte man entsprechende modernste Produktionsanlagen. Die dafür nötigen Investitionen ließen sich umso leichter zusammenbringen, je sicherer und langfristiger die Regulierung ausfiele. Mit dem halbherzigen 65-Prozent-Ziel bleibt die Tür für herkömmliche Kraft-Wärme-Kopplung mit vermeintlich billigerem fossilem Erdgas weiterhin geöffnet. Das erhöht das Risiko für die Finanzindustrie. Denn eventuell werden dadurch wieder kurzfristig irgendwelche fossilen »Brückentechnologien« attraktiv, die uns langfristig Klimaschäden unbekannten Ausmaßes bescheren.

Viel vernünftiger und vorausschauender wäre es deswegen, durch strengere Vorgaben einen Nachfrage-Sog für möglichst langlebige klimafreundliche Lösungen herzustellen. Am leichtesten lassen sich natürlich Neubauten mit Wärmepumpen ausstatten. Hier könnte man eine zu 100 Prozent mit erneuerbaren Energien erzeugte Heizung zur Pflicht machen. Aber auch in Bestandsbauten werden Jahr für Jahr rund 800 000 alte Öl- oder Gasheizungen ausgetauscht.

Bei entsprechenden gesetzlichen Rahmenbedingungen entstünde also ab 2025 ein Marktpotenzial von rund 800 000 Wärmepumpen oder mehr pro Jahr – und das für etwa 20 Jahre, bis alle Einfamilienhäuser den Umstieg geschafft haben. Und dann beginnt bereits der Austausch der Altgeräte zu neueren Wärmepumpen. Hier wächst also ein dauerhaft attraktiver Markt und ein »großer betriebswirtschaftlicher Kuchen«, von dem sicher viele Unternehmen profitieren wollen. Daraus kann ein florierender und attraktiver Wettbewerb entstehen. Dank hoher Skalierungseffekte würde sich der Preis der Wärmepumpen gegenüber dem heutigen Niveau voraussichtlich halbieren, was wiederum die Nachfrage steigen ließe. Solch hohe Nachfragesicherheit macht die Investitionen in Forschung und Entwicklung und den Aufbau von Produktionsstätten attraktiv. Je klarer die Regulierung, desto schneller greifen die Marktmechanismen.

Der faire Schlüssel zur Wärmewende: Warmmiete

Etwas komplizierter wird es bei Gebäuden, die nicht dezentral mit regenerativen Wärmequellen versorgt werden können, etwa Mehrfamilienhäuser in dicht besiedeltem städtischem Raum. Hier genügen schon die Dachflächen nicht, um für alle Wohnparteien ausreichend Strom zu erzeugen. Für Luftwärmepumpen ist die Bebauung zu dicht. Zudem gibt es auch nicht ausreichend Bodenfläche, um Erdwärme zu nutzen.

Solche Immobilien brauchen deswegen andere Lösungen für die Wärmewende. Empfehlenswert ist ein Anschluss an Wärmenetze, sei es an die vielfach ohnehin vorhandenen Fernwärmenetze, sei es an bestehende oder neu zu errichtende Nahwärmenetze. Das ist ein größerer Eingriff, der nur in enger Abstimmung und Koordination mit allen Beteiligten erfolgen kann.

In einem zweistufigen Verfahren kann dieser nicht dezentral zu versorgende Gebäudebestand jedoch ebenfalls sehr gut an der Wärmewende partizipieren. Im ersten (und längst überfälligen) Schritt wäre der Energieverbrauch zu reduzieren. Das heißt nicht, dass wir frieren, sondern dass wir die Häuser und Wohnungen besser isolieren. Wir können uns Pullover anziehen. Prima. Aber wir können zusätzlich die Fenster, die Türen, die Außenwände, die Dächer und die Keller isolieren. Hier gibt es enorme Einsparmöglichkeiten. In manchen Kellern liegen die Heizungsrohre offen; da bräuchte es manchmal nur ein bisschen Dämmmaterial, um den Verbrauch erheblich zu reduzieren.

Angesichts der Vielfalt an Haushalten und Wohnungen gibt es keine pauschalen Antworten. Deswegen ist einfach jeder Haushalt, jede Nachbarschaft, jede Dorfgemeinschaft aufgefordert, in den Keller, auf den Dachboden oder einfach ans Fenster zu gehen und zu schauen: Was kann hier verbessert werden?

Wärmepumpen und energetische Sanierungen sind natürlich auch für Gebäude und Industrieanlagen sinnvoll, die nicht an Wärmenetze angeschlossen sind, aber zur Versorgung mit Niedertemperaturwärme bislang unsinnigerweise Erdgas einsetzen.

Doch in dicht besiedelten Ballungsräumen und Mehrfamilienhäusern ließen sich dank gut gedämmter Gebäude – und das wäre der zweite Schritt – auch in den Fernwärme-Kraftwerken statt wie bisher üblich Kohle und Gas dann etablierte Niedertemperatur-Wärmequellen wie Wärmepumpen, Industrie-Abwärme, Geothermie- oder Solarthermieanlagen zum Einsatz bringen.

Bei Mehrfamilien-Immobilien muss meist eine weitere Herausforderung bewältigt werden, nämlich die Besitzverhältnisse. Wer im Immobilien-Eigentum wohnt, hat ein unmittelbares Interesse, sein Gebäude zu sanieren und zu dämmern. Denn man profitiert unmittelbar von den daraus resultierenden Einsparungen. Doch in Deutschland gibt es eine starke Miet-Kultur, und zwar vor allem bei Wohnungen in Mehrfamilienhäusern. Knapp 60 Prozent der Haushalte leben zur Miete.

Vermieter:innen haben bei unserem Kaltmiet-System aber keinen Nutzen von reduzierten Energiekosten, weil die Heizkosten durch die Mieter:innen getragen werden. Für die notwendige Wärmewende muss es an diesem Punkt dringend ordnungspolitische Eingriffe geben, die diesen Widerspruch auflösen. Hierzu gab es schon viel Kopfzerbrechen und politische Diskussionen.

Der Schlüssel zur Wärmewende im Mietsektor liege in der Kombination von vier Elementen, empfiehlt eine von Agora Energiewende und der Universität Kassel im Jahr 2020 publizierte Studie. Zu den ohnehin stetig steigenden CO_2-Preisen, staatlicher Förderung und verpflichtenden Sanierungsfahrplänen käme als viertes und entscheidendes Element die Warmmiete. Das Prinzip der »Warmmietenneutralität« wäre laut der Studie sehr viel besser als die aktuell geltende, teure und ineffektive Modernisierungsumlage.

Als Vorbild dient hierfür der schwedische Warmmietenmarkt, bei dem Vermieter:innen die Heiz- und Warmwasserkosten übernehmen, welche durch die vertraglich vereinbarte Miete gedeckt sind. Wird die Wohnung saniert, dann kommt der Nutzen den Vermieter:innen zugute. Sie erhöhen ihre Marge. Gleichzeitig werden Sanierungsmaßnahmen, die den Energieverbrauch senken, nicht zum Anlass für Mieterhöhungen genommen. Es wäre ein sehr fairer Schlüssel für die Wärmewende.

Natürlich verfällt für die Mieter:innen scheinbar der Anreiz zum Energiesparen; sie könnten theoretisch bei offenem Fenster heizen. Aber die Erfahrung aus Schweden zeigt, dass Menschen in der Regel nicht vorsätzlich Energie vergeuden. Zudem würden hohe Energieausgaben aufgrund von Verschwendung die Vermieter:innen zwingen, die Warmmiete zu erhöhen, was die Mietpreise insgesamt steigen ließe. Offenbar sind die Mieter:innen vorausschauend genug, diesen Negativeffektiv zu vermeiden. Schweden jedenfalls hat in den letzten Jahren – im Unterschied zu Deutschland – im Gebäudebereich erhebliche Energie- und somit auch CO_2-Einsparungen erzielt. Insofern sollten wir auch in Deutschland den Mut entwickeln, einander zu vertrauen. Die Wärmewende ist ein Gemeinschaftsprojekt, kein Wettbewerb im Egoismus.

Die moderne umweltschonende Wärmedämmung ist jedenfalls eine conditio sine qua non. Ohne sie kommen wir im Gebäudesektor mit der

Wärmewende nicht voran. Sie spart nicht nur Energie, sondern ermöglicht obendrein, dass sich die Vorlauftemperaturen der Wärmenetze reduzieren können. Derzeit wird Fernwärme bei den Energieversorgern zentral auf 80 bis 110 Grad Celsius erhitzt, obwohl die Endverbraucher:innen so hohe Temperaturen natürlich weder zum Waschen noch zum Heizen benötigen.

Doch beim Weg durch die Leitungen und beim Erwärmen der Räume kühlt sich in den Hausstationen das Fernheizwasser ab. Die typische Rücklauftemperatur liegt meist nur noch bei 50 bis 60 Grad. Das sind bis zu 60 Grad Temperaturverlust, bloß, um im Winter den Unterschied von vielleicht 25 bis 30 Grad zur Außentemperatur auszugleichen und einen Raum auf angenehme 20 bis 25 Grad zu erwärmen. Indem man die Gebäude dämmt und die Vorlauftemperaturen reduziert, könnte man also viel Energie sparen und auch in großen Kraftwerken auf eine Wärmeproduktion aus erneuerbaren Energien umstellen.

Wasserstoff im Tank – eine aussichtslose Champagner-Wette

Hat man diese Grundlogik unseres Wärmesystems erst einmal verstanden, ist offensichtlich, dass wir einen Plan brauchen. Schließlich kann man nicht von einem Tag zum anderen sagen: »So Leute, Schluss mit lustig. Fossile Energien sind jetzt verboten. Seht zu, wie ihr klarkommt!« Das gäbe zu Recht Volksaufstände.

Gleichzeitig lässt sich ein dezentrales Energie- und Wärmenetz nicht am grünen Tisch planen. Dafür ist die Wärmeversorgung viel zu kleinteilig. Jedes Haus ist anders. Jeder Ort hat eine andere bestehende Infrastruktur. Jede Region hat andere Voraussetzungen in der Energieproduktion; hier gibt es mehr Wind, da mehr Sonne und dort mehr Wasser. Aber individuelle Lösungen funktionieren eben auch nicht, wenn Menschen dicht beieinander wohnen und deswegen gemeinsam Lösungen finden müssen. Es ist wie der Müllraum oder der gemeinsame Fahrradkeller – man muss sich einigen. Mit der Zeit findet sich eine Lösung, mit der alle irgendwie klarkommen. Dezentral heißt nicht vereinzelt, sondern in einer Vielzahl von miteinander kombinierten, aber in sich strukturierten Kleinnetzen.

Wir brauchen also eine kommunale Wärmeplanung kombiniert mit einer kommunalen Sanierungsplanung. Je früher wir damit anfangen, desto mehr Zeit haben wir. Das Ziel Emissionsfreiheit und damit auch Fossilfreiheit bis zum Jahr 2045 ist scheinbar noch fern. Gleichzeitig spüren wir schon jetzt, was es bedeutet, wenn wir zu spät anfangen. Ich kann es nicht oft genug sagen: Die Preise, die wir derzeit zahlen, sind die Preise der verschleppten Energiewende. Deswegen ist glücklicherweise in mehreren Bundesländern die kommunale Wärmeplanung bereits gesetzlich vorgeschrieben, und weitere Bundesländer werden absehbar nachziehen, wie es im Koalitionsausschuss der Bundesregierung im März 2022 beschlossen wurde. In einem im Februar 2022 veröffentlichten Policy-Paper der Scientists for Future werden die Grundlagen einer klimaverantwortlichen Stadtplanung sehr anschaulich erklärt.

So wird in jeder Kommune bald ein spezifischer Plan entstehen, wie sie vorgehen kann und will. Kernfrage: Wie kriegen wir es hin, alle Gebäude schnellstmöglich fossilfrei zu machen? Logischerweise wird man dabei den »natürlichen« Altersverfall bestehender Anlagen berücksichtigen, also nach und nach den fossilen Altbestand durch neue erneuerbare Anlagen austauschen. Genauso wird man nach und nach die Wärmenetze auf Niedrigtemperaturnutzung umstellen. So werden wir Stück für Stück den Gebäudesektor klimafreundlich umbauen, ohne dass es uns ein Vermögen kostet. Im Gegenteil: Wenn wir es richtig angehen, sparen wir jede Menge Geld. Wir müssen nur damit heute anfangen. Also jetzt!

Klar ist auch, dass wir entsprechende Handwerksbetriebe brauchen, die all die erforderlichen Maßnahmen umsetzen können. Kaum eine Branche hat derart attraktive berufliche Zukunftsaussichten wie die Heiz- und Klimatechnik. Das sollte sich auch an Berufsschulen und in Industrie- und Handelskammern herumsprechen und durch staatliche Kampagnen und Programme verbreitet werden. Ohne jeden Zweifel bedarf es dringend einer Ausbildungsoffensive im Handwerk. Ich frage mich, worauf die Politik hier noch wartet.

Vielleicht lassen sich manche schon wieder von den wilden Geschichten fossiler Lobbyisten irritieren. Die verbreiten nämlich allzu gern, dass wir in der Wärmeversorgung bald problemlos auf Wasserstoff umsteigen könnten. Leider lassen sich solche Behauptungen weder technisch noch wissenschaftlich bestätigen. Es ist das nächste große Technologieversprechen, das nicht gehalten wird, weil es nicht gehalten werden kann.

Egal, wer den Mythos der großen Infrastruktur-Rettung durch Wasserstoff verbreitet, ob der Deutsche Verein des Gas- und Wasserfaches (DVGW) oder der Bundesverband der Energie- und Wasserwirtschaft (BDEW), sie alle verraten nie, woher dieser wundersame Wasserstoff in den benötigten Mengen kommen soll. Auf Mittelstufen-Schulniveau wird zwar die Produktion von Wasserstoff durch Elektrolyse erklärt, aber gleichzeitig nicht über den dafür benötigten Energiebedarf gesprochen. Denn der größte Haken am Wasserstoff ist die Ineffizienz seiner Herstellung.

Im Vergleich zur direkten Nutzung von Strom braucht die Nutzung über den Umweg Wasserstoff ein Vielfaches an Energie. Das bedeutet aber: Wir müssten bis zu achtmal so viel Ökostrom ausbauen wie derzeit geplant. Und wir streiten jetzt schon um jede Windanlage. Wasserstoff ist also kostbar, quasi der Champagner unter den Energieträgern. Der kostbare Wasserstoff sollte nur da zum Einsatz kommen, wo wir keine elektrische Alternative haben, etwa in der Industrie. »Champagner in den Tank« hilft weder dem Klima noch der Wirtschaft, sondern ist pure Dekadenz. Das gilt auch für den Heizkessel.

Es wäre völliger Unfug, wenn ich den Ökostrom vom Dach nicht direkt zum Betrieb der Wärmepumpe nutzen würde, sondern mühsam erst in komplexen Verfahren an zentraler Stelle irgendwo zu Wasserstoff umwandele, um ihn dann durch Rohsysteme wieder im Land zu verteilen – und das alles zum Vielfachen des Preises. Wer will schon mit Champagner heizen, wenn es auch mit Brause ginge? Sonne und Wind sind bereits heute kostengünstig sprudelnde Energiequellen. Die Stromnetze für erneuerbare Energien sind vorhanden und ließen sich vergleichsweise unaufwendig in der Fläche für den Gebäudebereich zum Einsatz bringen.

Grüner Wasserstoff hat nur eine Zukunft in ganz speziellen Bereichen. Dort spielt er allerdings eine wichtige Rolle: So wird Wasserstoff benötigt, um die Grundstoffe Ammoniak und Methanol für die chemische Industrie herzustellen. Auch in der Eisen- und Stahlherstellung kann Wasserstoff als Reduktionsmittel die Kohle ersetzen. Und wirklich große Bedeutung hat Wasserstoff für die langfristige Speicherung von Energie. Im Rahmen des Sachverständigenrats für Umweltfragen haben wir uns intensiv mit der Bedeutung des Wasserstoffs beschäftigt und ausführlich erläutert, warum beim Wasserstoff »Klasse statt Masse« wichtig ist. Es gibt auch ein Policy Paper der Scientists for Future, das im März 2022 erstellt wurde und faktenbasiert erklärt, warum Wasserstoff »unverzichtbar, aber keine Ideallösung« ist.

Zusammengefasst wird Wasserstoff künftig wohl eher die zweite Geige spielen, oder wie jemand auf Twitter so treffend formulierte: Wasserstoff ist die Triangel im Energie-Orchester; kommt nur selten zum Einsatz, aber dann mit großem Effekt.

Wir kommen also nicht drum herum: Der Ausbau von Windkraft und Photovoltaik zur regenerativen Stromerzeugung muss massiv gesteigert werden. Hier gibt es viel ungenutztes Potenzial, dessen Nutzen sich zunehmend offenbart. Von März bis September 2022 beispielsweise haben Wind- und Solarenergie europäische Gasimporte in der Größenordnung von 70 Milliarden Kubikmetern vermieden. Zum Vergleich: Der gesamte deutsche Erdgasverbrauch lag im Vorjahr bei 94 Milliarden Kubikmetern. Damit hat die Europäische Union Erdgasimporte im Wert von 99 Milliarden Euro gespart, binnen sieben Monaten 11 Milliarden Euro mehr als im gesamten Vorjahr.

Wenn wir das Fit-for-55-Paket der EU konsequent umsetzen, können wir bis 2025 zwei Drittel der russischen Gasimporte durch erneuerbare Energie ersetzen – europaweit! Um das erforderliche Niveau der Umsetzung zu erreichen, ist lediglich eine Verschärfung der politischen Vorgaben erforderlich. Eine neue Gasimportinfrastruktur brauchen wir dagegen nicht. Auch die Kohleverstromung muss nicht ausgebaut werden.

Zu diesem Ergebnis kamen die zwei Denkfabriken E3G und Ember in einer Analyse der Energiemärkte im genannten Zeitraum. Sie empfahlen dem Rat der Europäischen Union, die »RePowerEU«-Pläne der EU-Kommission zu unterstützen. Demnach soll der Anteil erneuerbarer Energien in der EU bis 2030 statt bislang auf 40 Prozent künftig auf 45 Prozent steigen.

Damit ein unkomplizierter Wechsel auf erneuerbare Energien auch in Deutschland möglich ist, bedarf es ebenfalls dringend eines Umdenkens auf politischer Ebene. Denn die Wärmewende wird ja leider nicht nur erschwert, weil es an Wärmepumpen, Baumaterial, Fachkräften und Know-how fehlt. Vor allem wird der Ausbau erneuerbarer Energien erschwert durch komplizierte Regulierungen, Auflagen und Vorschriften, die in den letzten Jahren gezielt eingeführt wurden, um die fossilen Unternehmen vor unliebsamem Wettbewerb zu schützen. Damit muss jetzt endlich Schluss sein, und zwar schnell!

Der finale Wettkampf zweier Energiesysteme

Oft höre ich solche Sätze wie: Was kann ich allein denn schon bewirken? Das müssen die da oben auf politischer Ebene regeln!

Ja, stimmt. Vieles muss auf politischer Ebene geregelt werden. Trotzdem unterschätzt, wer so denkt, seine Möglichkeiten. Aus persönlicher Erfahrung weiß ich, dass sich viel mehr Menschen für Umwelt- und Klimaschutz interessieren, als man gemeinhin denkt. Umfragen bestätigen das. Das Bewusstsein dafür, dass etwas getan werden müsste, ist weit verbreitet. Aber es fehlt an Ideen, was man konkret tun könnte.

Doch eins ist klar: Solange die Menschen auf dem Sofa sitzen und darauf warten, dass sich etwas von selbst verändert, passiert gar nichts. Indem wir uns selbst auf die Rolle von passiv Konsumierenden reduzieren, geben wir anderen die Macht über unser Leben.

Es ist ein Menschheitstraum, dass lauter Engel oder die Heinzelmännchen alle unbequeme Arbeit für uns erledigen. Leider reißen eher autokratische Egomanen die Macht an sich und kehren das erträumte Prinzip einfach um: Nicht sie arbeiten für uns, sondern wir dürfen für sie schuften. Nein, eine freie und demokratische Gesellschaft braucht freie und demokratisch denkende Menschen, die Verantwortung übernehmen und sich für die Gemeinschaft stark machen. Freiheit und Demokratie gibt es genauso wenig im Supermarkt wie Klima- und Umweltschutz.

»Politik ist, was möglich ist«, so hat es Bundeskanzlerin Angela Merkel mal jungen Klimaschützer:innen erklärt – und mahnte damit zu mehr Geduld.

Ich sage: »Es ist allerhand möglich«, und möchte damit zum Handeln ermutigen.

In meinem letzten Buch *Mondays for Future* habe ich die vielfältigen Möglichkeiten zusammengetragen, wie wir – nach den Demonstrationen am Freitag, den Klimapartys am Samstag und den unzähligen Sonntagsreden – am Montag endlich zum Handeln kommen.

Jetzt beginnt die nächste Woche. Jetzt kommt das Team, das die Arbeit aufnimmt. Es gibt viel zu tun. Wir müssen Entscheidungen treffen, Prioritäten setzen, Bewährtes fortführen, aber auch Experimente wagen. Dafür brauchen wir Grundlagen, Wissen, Fakten, Erkenntnisse – aber vor allem eine große Portion Entschlossenheit.

Wenn die heutige Regierung rätselt, welche Veränderungen zumutbar sind und wie viel Neuerungen sie dem Wahlvolk zutrauen, dann möchte ich an den Mai 1961 erinnern. Die Amtseinführung des US-Präsidenten John F. Kennedy lag gerade erst vier Monate zurück. Aber der junge Präsident stand bereits mächtig unter Druck. Am 17. April war die von den Vereinigten Staaten organisierte Invasion Kubas krachend gescheitert. Und wenige Tage später hatte der russische Kosmonaut Juri Gagarin, ein 27-jähriger Bauernsohn aus Smolensk, als erster Mensch die Erde umrundet. Die USA war blamiert und abgehängt. Die Sowjetunion schien im All uneinholbar vorn zu liegen.

In dieser Situation hielt Kennedy eine unvergessene Rede: »Ich meine, diese Nation sollte sich dem Ziel verschreiben, bis zum Ende des Jahrzehnts einen Menschen auf dem Mond landen zu lassen und ihn wieder sicher zurück zur Erde zu bringen.«

Es schien eine verrückte Idee. Die USA waren noch nicht einmal in der Lage, einen Menschen in die Umlaufbahn zu schicken, und wollten jetzt physisch zum Mond reisen?

Wir wissen, wie die Geschichte ausging: Mit einem gewaltigen Kraftakt – die NASA verfügte zeitweilig über 4 Prozent des US-Haushalts – landeten im Juli 1969 die ersten Menschen auf dem Mond und kehrten sicher zur Erde zurück. Vor dem Ende des Jahrzehnts.

»Ein kleiner Schritt für einen Menschen, aber ein großer Sprung für die Menschheit.« Diesen berühmten Satz von Neil Armstrong kennen wir alle. Jedes Kind hat ihn schon mal gehört. Auch die Kinder und Jugendlichen, die im Schulstreik sind, oder jene, die sich an Straßen und Museumswänden festkleben, kennen diesen Satz und versuchen ihren kleinen, aber hoffentlich wirkungsvollen Beitrag im Kampf gegen den menschengemachten Klimawandel beizutragen. Kleine Schritte als Anlauf zum großen Sprung.

Keine 100 Jahre ist der Aufbruch der Menschheit ins All her, und er hat doch unsere Welt, vor allem unsere Weltsicht verändert wie kaum eine Eroberung oder Entdeckung zuvor. Wir haben damit die fundamentale Erfahrung gemacht, dass wir Ideen realisieren können, auch wenn sie uns heute als Utopie erscheinen. Neil Armstrongs Mondfahrt hat uns vor Augen geführt, dass jeder einzelne Mensch Teil eines großen Menschheitsprojekts sein kann – wenn wir nur wirklich wollen.

Nun stehen wir erneut vor einem Jahrzehnt des Wandels und der Möglichkeiten. Es geht nicht um einen Wettkampf zweier politischer Systeme gegeneinander, sondern um den Wettkampf zweier Energiesysteme. Das zentralistisch-autokratische und zerstörerische System der ineffizienten Verbrennung fossiler Energien gegen das dezentrale, demokratische und friedliche System der effizienten Nutzung erneuerbarer Energien.

Es geht um einen Kampf der Menschheit mit sich selbst, gegen die eigene Trägheit, gegen die eigene Ignoranz, gegen die eigene Bequemlichkeit.

Ich habe mir bei dem Thema Klimawandel, das so viele Menschen in Angst und Panik versetzt, den Optimismus auf die Fahne geschrieben. Martin Luther Kings berühmtester Satz heißt ja auch nicht: »I have a nightmare«, sondern: »I have a dream«. Träume geben Kraft. Zukunft braucht Zuversicht. Doch mit Träumen allein ist nichts gewonnen. Wir müssen handeln, wir müssen machen, wir müssen endlich ins Tun kommen.

Was Greta Thunberg kann, können wir alle

Die Eroberung des Weltraums damals ermöglichte uns einen neuen Blick auf unseren Planeten. Vor zwei Jahren berichtete der deutsche Astronaut Alexander Gerst im deutschen Bundestag von seinen Eindrücken bei den Weltraummissionen und warnte vor den Folgen des Klimawandels:

»Man sieht Dinge, die einen überraschen: Gletscher, die kleiner werden, Seen, die austrocknen.« Er wolle seinen künftigen Enkelkindern gern einen Planeten übergeben, dessen Zustand mindestens so gut sei wie jetzt – »vielleicht sogar ein Stück besser«. Seine Worte müssen uns aufrütteln. Genau wie die Satellitenbilder unseres Planeten.

Wir alle wissen: Die Uhr tickt. Wir haben global noch knapp 420 Gigatonnen CO_2 Zeit, um das 1,5-Grad-Ziel zu erreichen. Deutschland hat nur noch 2,0 bis 3,1 Gigatonnen CO_2 übrig. Das wäre der angemessene und faire Beitrag Deutschlands zum Klimaschutz, den wir beim Sachverständigenrat für Umweltfragen für das 1,5-Grad-Ziel berechnet haben. Es geht um nichts weniger, aber auch nicht um mehr als darum, die Erde ungefähr so zu erhalten, wie wir sie heute kennen und wie sie Mensch und Tier die letzten tausend Jahre ein lebenswertes Zuhause geboten hat. Übersetzt auf unseren aktuellen Energieverbrauch sind das ungefähr zehn Jahre. Oder etwas länger, falls es uns gelingt, schneller sparsamer mit Energie umzugehen und schneller auf erneuerbare Energien umzusteigen.

Seit über zwanzig Jahren setze ich mich für mehr Klimaschutz ein, wie übrigens viele andere Wissenschaftler:innen, insbesondere Klimaforscher:innen weltweit. Doch erst eine 16-jährige Schülerin, die beschloss, nicht in die Schule zu gehen, sondern stattdessen vor dem Rathaus ihrer Stadt für mehr Klimaschutz zu demonstrieren, hat einen Turbo in die politische Entwicklung gebracht. Was Greta Thunberg kann, können wir alle: eine Entscheidung fällen, was in unserem Leben wirklich wichtig ist; einen Unterschied machen.

Das Engagement der Fridays-for-Future-Bewegung hat verdeutlicht, dass es eine überwältigende Mehrheit für den Wandel gibt. Lange Jahre wehrten sich die fossilen Konzerne mit allen Mitteln gegen die notwendige Umstrukturierung des Energiemarktes, mit Tricks, mit Kniffen und mit Hinterzimmer-Deals. Immer aggressiver kämpfen sie um die Sicherung ihrer Pfründe, jetzt sogar mit Bomben und Granaten.

Nunmehr sind wir an einem Punkt angelangt, an dem wir nicht noch ein Jahrzehnt mit rückwärtsgewandten Diskussionen vergeuden dürfen, sondern beherzt nach vorne gehen müssen. Es beginnt das Jahrzehnt, in dem es auf die Frage nach Klimaschutz nur noch Ja oder Nein als Antwort gibt.

Und wenn wir »Ja« sagen, dann ist die nächste Frage »Wie?«

Um von fossilen Energien loszukommen und so gleichzeitig den Klimawandel zu begrenzen, brauchen wir einen ganzen Strauß von Maßnahmen. Ein Instrument allein reicht nicht. Wir müssen alle mitwirken.

Ich stelle mir vor: Alle, die tatkräftig mitwirken wollen, versammeln sich um einen großen Tisch. Wir sehen lauter unbekannte Gesichter, entdecken vereinzelt alte Bekannte, begrüßen einander, reden durcheinander, alle haben Unsicherheiten und Wünsche, Hoffnungen und Ängste, die Ideen und Gedanken sprudeln. Jemand klopft mit dem Löffel ans Glas, die Stimmen ebben ab, im Raum wird es ruhig.

Und dann geht er los, der Wettbewerb um die besten Ideen:

Verkehrswende, Wärmewende, Energiewende. Energie sparen, wo immer möglich. Das Ausbautempo der erneuerbaren Energien vervierfachen. Sechsmal so viele Solaranlagen, dreimal so viele Windkraftanlagen. Schnellere Genehmigungsverfahren. Die Förderung energetischer Gebäudesanierung, die Förderung von grünem Wasserstoff für die Industrie, ein schneller Ausbau der Ladeinfrastruktur für Autos. Eine massive Stärkung des Schienenverkehrs, mehr Bahnstrecken, mehr Elektrifizierung, mehr Digitalisierung im Sinne intelligenter Mobilitätsdienstleistungen. ÖPNV günstiger, 1-Euro-Tages-Tickets, 9-Euro-Tickets, 365-Euro-Jahrestickets. Klimafreundliche Geschäftsmodelle, Impact Investing, Klimakredite, Green Bonds. Soziale Klimapolitik, Pro-Kopf-Klimaprämie, Energiegeld. Klimafreundliche Demokratie, Energiegenossenschaften, Bürgerklimaräte.

Es gibt eine Vielzahl von Ideen, Lösungen und Maßnahmen. Der echte Zeit- und Maßnahmenplan muss gemeinsam entwickelt werden – und zwar von all denen, die das 21. Jahrhundert zu einem Jahrhundert von Demokratie, Frieden und Gerechtigkeit machen wollen, von Washington bis Peking, von Paris bis Teheran, von Berlin bis Moskau. Hier und heute. Ab sofort.

Die Politik der kleinen Schritte in den letzten Jahren und Jahrzehnten war vielleicht für manche eine angenehme Gangart. Doch uns läuft die Zeit davon. Unsere kleinen Schritte müssen deutlich größer werden, aber vor allem schneller und am besten auch zu weiten Sprüngen führen. Kurz: Wir müssen Tempo aufnehmen. Die Kipppunkte kommen in rasender Geschwindigkeit immer näher. Der Countdown läuft. 10, 9, 8, … Genau wie damals in Cape Canaveral müssen wir jetzt wieder eine Rakete zünden, eine Energiewende-Rakete.

Die Lage ist verdammt ernst, aber sie ist nicht hoffnungslos. Wir haben noch die Chance für eine Energiewende und Frieden, aber vermutlich ist sie unsere letzte. Wir müssen jetzt den MacGyver in uns entdecken und schnelle und effektive Lösungen finden, nicht zur Eroberung des Weltraums, sondern zur Rettung dieses Planeten. Denn mindestens genauso wichtig wie der Mann auf dem Mond ist die Menschheit auf der Erde.

LITERATUR

Auszug aus erwähnten und lesenswerten Quellen

Kapitel 1 Verpasstes Energieembargo

Bachmann, Rüdiger, et al. (2022): Was wäre, wenn …? Die wirtschaftlichen Auswirkungen eines Importstopps russischer Energie auf Deutschland. ECONtribute, Policy Brief No. 029. https://www.econtribute.de/RePEc/ajk/ajkpbs/ECONtribute_PB_029_2022.pdf

Holz, Franziska; Sogalla, Robin; von Hirschhausen, Christian; Kemfert, Claudia (2022): Energieversorgung in Deutschland auch ohne Erdgas aus Russland gesichert. *DIW aktuell*, 83. Sonderausgaben zum Krieg in der Ukraine. https://www.diw.de/de/diw_01.c.838843.de/publikationen/diw_aktuell/2022_0083/energieversorgung_in_deutschland_auch_ohne_erdgas_aus_russland_gesichert.html

Schlögl, Robert, et al. (2022): Wie sich russisches Erdgas in der deutschen und europäischen Energieversorgung ersetzen lässt. Ad-hoc-Stellungnahme. 08.03.2022, Leopoldina. Nationale Akademie der Wissenschaften. https://www.leopoldina.org/fileadmin/redaktion/Publikationen/Nationale_Empfehlungen/2022_Stellungnahme_Energiesicherheit.pdf

IfW Studie (2022): Mit diesen Sanktionen trifft der Westen Russlands Wirtschaft am stärksten. https://www.ifw-kiel.de/de/publikationen/medieninformationen/2022/mit-diesen-sanktionen-trifft-der-westen-russlands-wirtschaft-am-staerksten/

Hauenstein, Christian; Hainsch, Karlo; Herpich, Philipp; von Hirschhausen, Christian; Holz, Franziska; Kemfert, Claudia; Kendziorski, Mario; Oei, Pao-Yu; Rieve, Catharina (2022): Stromversorgung auch ohne russische Energielieferungen und trotz Atomausstiegs sicher – Kohleausstieg 2030 bleibt machbar. *DIW aktuell*, 84: Sonderausgaben zum Krieg in der Ukraine. https://www.diw.de/de/diw_01.c.839636.de/publikationen/diw_aktuell/2022_0084/stromversorgung_auch_ohne_russische_energielieferungen_und_t___z_atomausstiegs_sicher_____kohleausstieg_2030_bleibt_machbar.html

Kapitel 2 Machtfaktor Rohstoffe

Schlögel, Karl (2015): *Entscheidung in Kiew: Ukrainische Lektionen*. Carl Hanser Verlag. https://www.hanser-literaturverlage.de/buch/entscheidung-in-kiew/978-3-446-24942-4/

Sasse, Gwendolyn (2007): *The Crimea question: Identity, Transition, and Conflict*. Harvard University Press. https://www.hup.harvard.edu/catalog.php?isbn=9781932650129

Sasse, Gwendolyn (2022): *Der Krieg gegen die Ukraine: Hintergründe, Ereignisse, Folgen*. C. H. Beck. https://www.chbeck.de/sasse-krieg-ukraine/product/33864904

IPCC (2022): Climate Change 2022: Mitigation of Climate Change. Contribution of Working Group III to the Sixth Assessment Report of the Intergovernmental Panel on Climate Change [Shukla, P. R.; Skea, J.; Slade, R.; Al Khourdajie, A.; van Diemen, R.; McCollum, D.; Pathak, M.; Some, S.; Vyas, P.; Fradera, R.; Belkacemi, M.; Hasija, A.; Lisboa, G.; Luz, S.; Malley, J. (Hg.)]. https://www.ipcc.ch/report/sixth-assessment-report-working-group-3/. Deutsch: https://www.umweltbundesamt.de/themen/ipcc-bericht-sofortige-globale-trendwende-noetig

Musial, Bogdan (2011): Die westdeutsche Ostpolitik und der Zerfall der Sowjetunion. Bundeszentrale für politische Bildung, 08.02.2011. https://www.bpb.de/themen/deutschlandarchiv/54107/die-westdeutsche-ostpolitik-und-der-zerfall-der-sowjetunion/

Kapitel 3 Geschäftspartner Eon, BASF, Gazprom

Putin, Wladimir (2001): Wortprotokoll der Rede am 25. September 2001 vor dem Deutschen Bundestag (Simultanübersetzung). https://www.bundestag.de/parlament/geschichte/gastredner/putin/putin_wort-244966

Gloger, Katja (2017): *Fremde Federn*. Piper.

Leuschner, Udo (1991 ff.): Energie-Chronik. Eine monatliche Übersicht der wichtigsten Ereignisse in Energiewirtschaft und -politik. https://www.energie-chronik.de

Kapitel 4 Die Gasstreits

Hacke, Christian (2021): Deutsche Außenpolitik unter Bundeskanzlerin Angela Merkel. *Aus Politik und Zeitgeschichte*. https://www.bpb.de/shop/zeitschriften/apuz/29462/deutsche-aussenpolitik-unter-bundeskanzlerin-angela-merkel/#footnote-target-13

Kommission der Europäischen Gemeinschaften (2006): Grünbuch. Eine europäische Strategie für nachhaltige, wettbewerbsfähige und sichere Energie. Brüssel,

08.03.2006. https://europa.eu/documents/comm/green_papers/pdf/com2006_105_de.pdf
Larsson, R. L. (2006): *Russia's Energy Policy. Security Dimensions and Russia's Reliability as an Energy Supplier.* Totalförsvarets Forskningsinstitut.

Kapitel 5 Falsche Lehren

Umbach, F. (2006): Europas nächster Kalter Krieg: Die EU braucht endlich ein Konzept zur Versorgungssicherheit. *Internationale Politik*, 61(2), 6–14. https://nbn-resolving.org/urn:nbn:de:0168-ssoar-122335
Bundesregierung (2004): Fortschrittsbericht 2004. Perspektiven für Deutschland. Unsere Strategie für eine nachhaltige Entwicklung. Herausgeber: Presse- und Informationsamt der Bundesregierung. https://www.bundesregierung.de/resource/blob/974430/418638/dfe29981ad718652c877c93f6b2fc1a0/fortschrittsbericht-2004-data.pdf?download=1
Kemfert, Claudia (2004): Die ökonomischen Kosten des Klimawandels. *Wochenbericht des DIW*, Berlin 42/04. https://www.diw.de/de/diw_01.c.31209.de/wb_42/04_die_oekonomischen_kosten_des_klimawandels.html
»Der größte Fall von Marktversagen, den die Welt je gesehen hat«. Die Klimastudie von Nicholas Stern vom 30. Oktober 2006 (Auszug). https://www.blaetter.de/ausgabe/2006/dezember/der-groesste-fall-von-marktversagen-den-die-welt-je-gesehen-hat
Kemfert, Claudia (2007): Klimawandel kostet die deutsche Volkswirtschaft Milliarden. *Wochenbericht des DIW*, Berlin 11/2004. https://www.diw.de/documents/publikationen/73/diw_01.c.55814.de/07-11-1.pdf

Kapitel 6 Klimakanzlerin Merkel und die SPD

Merkel, Angela; Osang, Alexander (2022): »Was also ist mein Land?«. Altkanzlerin Merkel im Live-Gespräch mit Schriftsteller Alexander Osang. Berliner Ensemble, Aufzeichnung vom 07.06.2022. YouTube-Channel: Phoenix. https://www.youtube.com/watch?v=hiwnDookVow
Rede von Bundeskanzlerin Angela Merkel anlässlich der Tagung »Impulse 21 – Berliner Forum Sicherheitspolitik«, 10.11.2006. https://politische-reden.eu/BR/t/1034.html
Schubert, Renate, u. a. (2007): Welt im Wandel. Sicherheitsrisiko Klimawandel. Wissenschaftlicher Beirat der Bundesregierung Globale Umweltveränderungen, 21.05.2007. https://www.wbgu.de/fileadmin/user_upload/wbgu/publikationen/archiv/wbgu_jg2007.pdf

Rede von Bundeskanzlerin Angela Merkel zur 55. Münchner Sicherheitskonferenz am 16. Februar 2019 in München. https://www.bundeskanzler.de/bk-de/aktuelles/rede-von-bundeskanzlerin-merkel-zur-55-muenchner-sicherheitskonferenz-am-16-februar-2019-in-muenchen-1580936

von Daniels, Justus; Joeres, Annika; Richter, Frederik (2022): Die Gazprom-Lobby. Wie Russland Deutschland vom russischen Gas abhängig gemacht hat. *Correctiv*, 20.09.2022. https://correctiv.org/aktuelles/russland-ukraine-2/2022/09/20/gas-gazprom-lobby-deutschland/

Biedermann, Anna (2011): *Klimaschutzziele in den deutschen Bundesländern*. Masterarbeit, Umweltbundesamt, April 2011. https://www.umweltbundesamt.de/sites/default/files/medien/461/publikationen/4146.pdf

Karrer, L., et al. (2011): *Science-to-Action Guidebook*. Science and Knowledge Division, Conservation International, Arlington, Virginia, USA. http://seaknowledgebank.net/sites/default/files/science-to-action-guidebook_0.pdf

Kapitel 7 **Die Verhinderer**

Initiative #wirspielennichtmit. https://www.energynet.de/2021/04/08/strom-monopoly/

Oreskes, Naomi; Conway, Erik M. (2014): *Die Machiavellis der Wissenschaft. Das Netzwerk des Leugnens*. Wiley-VCH.

Hagedorn, Gregor, et al. (2022): Umgang mit Klimawandel-Leugnern. Materialsammlung von Scientists for Future, Version 02.06.2022. https://files.scientists4future.org/viewer.php?path=32__Psychologie_und_Kommunikation&title=Umgang_mit_Klimawandelleugnern_%28S4F-Sammlung%29&no=001&maxno=30

Auer, Martin (2021): Diskurse der Klimaschutzverzögerung. Zusammenfassung von Lamb, William F.; Mattioli, Giulio; Levi, Sebastian; Roberts, J. Timmons; Capstick, Stuart; Creutzig, Felix, et al. (2020): Discourses of climate delay. In: *Global Sustainability*, 3. https://files.scientists4future.org/viewer.php?path=32__Psychologie_und_Kommunikation&title=Vortrag_Diskurse_der_Klimaschutzverz%C3%B6gerung_%28Martin_Auer_2021-05%29&no=004&maxno=26

Kungl, Gregor (2018): *Die großen Stromkonzerne und die Energiewende*. Campus.

Oreskes, Naomi (2004): Beyond the Ivory Tower: The Scientific Consensus on Climate Change. *Science* (New York, N. Y.), 306. 1686. https://www.researchgate.net/publication/8150290_Beyond_the_Ivory_Tower_The_Scientific_Consensus_on_Climate_Change

Kapitel 8 Nord Stream 2

NordStreamAG: Nord Stream The Project, Imagevideo 19.06.2012, YouTube-Channel der Nord Stream AG. https://www.youtube.com/watch?v=P932P07yMFM

Neumann, Anne; Göke, Leonard; Holz, Franziska; Kemfert, Claudia; von Hirschhausen, Christian (2018): Erdgasversorgung: Weitere Ostsee-Pipeline ist überflüssig, *DIW-Wochenbericht*, 27/2018. https://www.diw.de/documents/publikationen/73/diw_01.c.593445.de/18-27-1.pdf

Meister, Stefan (2014): Reframing Germany's Russia Policy: An Opportunity for the EU. European Council on Foreign Relations (ECFR). https://ecfr.eu/wp-content/uploads/ECFR100_GERMANY_RUSSIA_BRIEF_AW.pdf

Engerer, Hella; Holz, Franziska; Richter, Philipp; von Hirschhausen, Christian; Kemfert, Claudia (2014): Europäische Erdgasversorgung trotz politischer Krisen sicher. *DIW-Wochenbericht*, 22/2014. https://www.diw.de/documents/publikationen/73/diw_01.c.465398.de/14-22.pdf

Bensmann, Marcus; Crawford, David (2015): Flug MH17. Die Suche nach der Wahrheit. *Correctiv*, 09.01.2015. https://mh17.correctiv.org/

Behrends, Jan Claas (2015): Ein Jahr der Gewalt. Russlands Staatskrise und der Krieg gegen die Ukraine. *Osteuropa*, 65, 3, Entfremdet: Russland und der Westen 2015 (2015), 47–66. Berliner Wissenschafts-Verlag. https://www.jstor.org/stable/44936759?read-now=1&seq=20#page_scan_tab_contents

Reisinger, Heidi; Gol'c, Aleksandr (2014): Hybrider Krieg in der Ukraine: Russlands Intervention und die Lehren für die NATO. *Osteuropa*, 64, 9/10, 2014, 119–34. http://www.jstor.org/stable/44937050.

Sabadus, Aura (2021): Why the Black Sea could emerge as the world's next great energy battleground. *Atlantic Council*, 30.03.2021. https://www.atlanticcouncil.org/blogs/ukrainealert/why-the-black-sea-could-emerge-as-the-worlds-next-great-energy-battleground/

Blum, Petra; Obermaier, Frederik; Obermayer, Bastian (2016): Putins beste Freunde. Panama Papers. Die Geheimnisse des schmutzigen Geldes. *Süddeutsche Zeitung*, 15.04.2016. https://panamapapers.sueddeutsche.de/articles/56eff9f22f17ab0f205e636a/

Belton, Catherine (2020): *Putin's People. How the KGB Took Back Russia and Then Took on the West*. HarperCollins. Deutsch: *Putins Netz. Wie sich der KGB Russland zurückholte und dann den Westen ins Auge fasste.*

Schneckener, U. (2016): Hybrider Krieg in Zeiten der Geopolitik? Zur Deutung und Charakterisierung des Donbass-Konflikts. *Politische Vierteljahresschrift*, 57, 4, 586–613. http://www.jstor.org/stable/24878009

Kapitel 9 Mythos Deindustrialisierung

Uthoff, Max; von Wagner, Claus (2019): Der Weg zum Ziel 100 % erneuerbare Energien. *Die Anstalt.* Aufzeichnung vom 01.10.2019, auf YouTube gestellt am 24.09.2020, YouTube-Channel: ZDF Satire. https://www.youtube.com/watch?v=yduqBkbroL4

Götze, Susanne; Joeres, Annika (2020): *Die Klimaschmutzlobby.* Piper.

Myhre, G., et al. (2013): Anthropogenic and Natural Radiative Forcing. In: Stocker, Thomas, et al. (Hg.): *Climate Change 2013: The Physical Science Basis,* 659–740 (IPCC, Cambridge Univ. Press).

Brauers, Hanna; Braunger, Isabell; Hoffart, Franziska; Kemfert, Claudia; Oei, Pao-Yu; Präger, Fabian; Schmalz, Sophie; Troschke, Manuela (2021): Ausbau der Erdgas-Infrastruktur: Brückentechnologie oder Risiko für die Energiewende? *Diskussionsbeiträge der Scientists for Future,* 6 (1) 2021. https://zenodo.org/record/4474498#.Y4jRB3bMJaR

Gerhards, Christoph; Weber, Urban, et al. (2021): Massive Investitionen in die Energiewende ermöglichen Klimaschutz und wirtschaftlichen Erfolg. *Scientists for Future,* 22.04.2021. https://de.scientists4future.org/massive-investitionen-in-energiewende-ermoeglichen-klimaschutz-und-wirtschaftlichen-erfolg/

Wealer, Ben; Breyer, Christian; Kemfert, Claudia (2021): Kernenergie ist keine Technologie zur Lösung der Klimakrise. *Scientists for Future*, Oktober 2021. https://info-de.scientists4future.org/kernenergie-ist-keine-technologie-zur-loesung-der-klimakrise/

Pistner, Christoph; Englert, Matthias; Küppers, Christian; von Hirschhausen, Christian; Wealer, Ben; Steigerwald, Björn; Donderer, Richard (2021): Sicherheitstechnische Analyse und Risikobewertung einer Anwendung von SMR-Konzepten (Small Modular Reactors). Studie im Auftrag von BASE (Bundesamt für die Sicherheit der nuklearen Entsorgung), BASE 001/21. https://www.base.bund.de/SharedDocs/Downloads/BASE/DE/berichte/kt/gutachten-small-modular-reactors.pdf?__blob=publicationFile&v=2

Lesch, Harald (2017): Atomkraft ohne Risiko? Der Flüssigsalzreaktor. Re-Upload, 17.05.2017. Produktion des ZDF in Zusammenarbeit mit objektiv media. YouTube-Channel: Terra X Lesch & Co. https://www.youtube.com/watch?v=MmPrWr4pY10

Nguyen-Kim, Mai Thi (2022): Atomkraft ohne Plan, Sendung *MAITHINK X*, 25.09.2022. https://www.zdf.de/show/mai-think-x-die-show/maithink-x-folge-14-100.html

Kapitel 10 Wie es endet, liegt an uns

Urgewald: Global Oil and Gas Exit List. https://www.urgewald.org/global-oil-and-gas-exit-list

Kendziorski, Mario; Göke, Leonard; Kemfert, Claudia; von Hirschhausen, Christian; Zozmann, Elmar (2021): 100 % erneuerbare Energie für Deutschland unter besonderer Berücksichtigung von Dezentralität und räumlicher Verbrauchsnähe – Potenziale, Szenarien und Auswirkungen auf Netzinfrastrukturen: Studie in Kooperation mit der 100 Prozent Erneuerbar Stiftung. *Politikberatung Kompakt*, 167/2021. https://www.diw.de/de/diw_01.c.816924.de/publikationen/politikberatung_kompakt/2021_0167/100__erneuerbare_energie_fuer_deutschland_unter_besonderer_b___tudie_in_kooperation_mit_der_100_prozent_erneuerbar_stiftung.html

Diekmann, Jochen; Schill, Wolf-Peter; Püttner, Andreas; Walker, Marion; Kirrmann, Sven; Maier, Magnus (2019): Vergleich der Bundesländer: Analyse der Erfolgsfaktoren für den Ausbau der Erneuerbaren Energien 2019: Indikatoren und Ranking, Endbericht. *Politikberatung kompakt*, 145/2019. https://www.diw.de/de/diw_01.c.698756.de/publikationen/politikberatung_kompakt/2019_0145/vergleich_der_bundeslaender__analyse_der_erfolgsfaktoren_fue___euerbaren_energien_2019__indikatoren_und_ranking__endbericht.html

Gerhards, C.; Weber, U.; Klafka, P.; Golla, S.; Hagedorn, G., et al. (2021): Klimaverträgliche Energieversorgung für Deutschland. 16 Orientierungspunkte (Version 1.0, Deutsch). *Diskussionsbeiträge der Scientists for Future*, 7. https://www.borderstep.de/wp-content/uploads/2021/06/Diskussionsbeitraege-S4F20210716.pdf

Clausen, Jens; Johannsen, Lea; Böhler, Heike; Kranich, Kerstin; Huber, Michael; Seifert, Thomas (2022): Kommunale Wärmeplanung, Grundlage einer klimaverantwortlichen Stadtplanung. *Scientists for Future*, Februar 2022. https://info-de.scientists4future.org/kommunale-waermeplanung/

Agora Energiewende (2020): Wie passen Mieterschutz und Klimaschutz unter einen Hut? https://static.agora-energiewende.de/fileadmin/Projekte/2020/2020_07_Warmmieten/A-EW_190_Mieterschutz_Klimaschutz_WEB.pdf

Clausen, Jens; Huber, Michael; Linow, Sven; Gerhards, Christoph; Ehrhardt, Helge; Seifert, Thomas (2022): Wasserstoff in der Energiewende, unverzichtbar, aber keine Universallösung. *Scientists for Future*, Oktober 2022. https://info-de.scientists4future.org/wasserstoff-in-der-energiewende/

Sachverständigenrat für Umweltfragen SRU (2021): Wasserstoff im Klimaschutz: Klasse statt Masse. Stellungnahme. https://www.umweltrat.de/SharedDocs/Downloads/DE/04_Stellungnahmen/2020_2024/2021_06_stellungnahme_wasserstoff_im_klimaschutz.pdf;jsessionid=6CFF48A70186F9F9A7CD9825D9A890B3.intranet242?__blob=publicationFile&v=4

Thomas, Stefan; Schüwer, Dietmar; Vondung, Florin; Wagner, Oliver (2022): Heizen ohne Öl und Gas bis 2035: Ein Sofortprogramm für erneuerbare Wärme und effiziente Gebäude. Studie im Auftrag von Greenpeace e. V., Wuppertal Institut für Klima, Umwelt, Energie gGmbH. https://epub.wupperinst.org/frontdoor/index/index/docId/7954

E3G, Ember (2022): EU can stop Russian Gas imports by 2025. https://www.e3g.org/publications/eu-can-stop-russian-gas-imports-by-2025/

DANKSAGUNG

Ungeplant und unbewusst ist im Laufe der letzten Jahre mit meinen Buchpublikationen eine Art Trilogie entstanden, die nunmehr ihren Abschluss gefunden hat.

In meinen ersten beiden Büchern – *Die andere Klima-Zukunft* und *Jetzt die Krise nutzen* – hatte ich in einer relativ frühen Phase des gesellschaftlichen Diskurses auf die Gefahren und die hohen Kosten des Klimawandels hingewiesen, aber vor allem auf die Chancen einer beherzten Energiewende.

Die nächsten zwei Bücher – *Kampf um Strom und Das fossile Imperium schlägt zurück* – waren wissenschaftsbasierte Abwehrschriften gegen die Verleumdungen und Desinformationen der Energiewende-Gegner:innen, die sich massiv formiert hatten und den öffentlichen Diskurs dominierten.

Heute sprechen wir nicht mehr von Klimawandel, sondern von Klimakatastrophe. Die Kosten des Klimawandels sind evident. Wir sehen sie fast jeden Tag in den Nachrichten, wenn über Waldbrände, Dürren, Flutkatastrophen, Hagel und Sturm berichtet wird. Und zwar nicht nur an irgendwelchen fernen Zipfeln der Erde, sondern direkt vor unserer Haustür. Trotzdem werden immer noch nicht die notwendigen Maßnahmen ergriffen.

Deswegen habe ich in meinen letzten zwei Büchern – *Mondays for Future* und dem vorliegenden, *Schockwellen* – dringlich an alle zivilgesellschaftlichen Akteur:innen appelliert, sich aktiv zu engagieren. Denn der Schutz von Klima, Umwelt und Biodiversität hängt mit Gemeinwohl, Partizipation, Vielfalt und Demokratie zusammen. Sie alle sind keine Selbstverständlichkeit, sie sind nicht vom Himmel gefallen, sondern sie wurden von den Generationen vor uns mühsam erkämpft. Doch sie sind bedroht, genau wie die freien Medien und die freie Wissenschaft. Es ist mir ein Herzensanliegen, dass all diese Facetten einer freien und friedlichen Welt nicht von der autokratischen, Mensch, Tier und Natur verachtenden Ideologie eines falsch verstandenen Darwinismus zerstört werden.

Dieses Buch ist mein persönlichstes. Ich schreibe es als Tochter, Schwester, Ehefrau, Freundin, Vorgesetzte und in jeder anderen Rolle, die ich in unserer Welt einnehme. Trotzdem habe ich dieses stärker denn je als Wissenschaftlerin geschrieben.

Wissenschaftliche Arbeit ist ein wesentlicher Teil unserer Demokratie. In einer Diktatur gibt es keine freie Wissenschaft. Ohne Freiheit gibt es keine Wissenschaft. Wissenschaft braucht Unabhängigkeit. Und deswegen braucht Wissenschaft Öffentlichkeit. Aber dieses Buch ist keine wissenschaftliche Abhandlung, sondern ein sogenanntes populäres Sachbuch. Bewusst habe ich – anders als in wissenschaftlichen Texten – auf Fußnoten verzichtet. Wissenschaftliche Texte funktionieren nach ganz speziellen Regeln und gelten, nicht ohne Grund, oft für die breite Masse als unlesbar. Dieses Buch aber soll lesbar sein.

Trotzdem basiert es auf den Erkenntnissen meiner wissenschaftlichen Arbeit und auf den Erkenntnissen der wissenschaftlichen Arbeiten anderer. Aber ich bin nicht die Urheberin all dieser Ideen und Arbeiten, selbst wenn ich sie hier mit ähnlichen oder anderen Worten wiedergebe. Alle genannten oder auch ungenannten Personen sind willkürlich gewählte Einzelbeispiele. Es gäbe unzählige Personen, die genauso gut gepasst hätten – im Guten wie im Schlechten.

Deswegen möchte ich an dieser Stelle einer Vielzahl von Menschen in meinem Umfeld danken, ohne die dieses Buch nicht entstanden wäre. Nahezu hundert Namen fallen mir ein, denen ich danken könnte und möchte. Aber das sind natürlich zu viele, um sie alle zu nennen. Deswegen seien nur einige wenige genannt, stellvertretend für die vielen engagierten und lieben Menschen.

Zuallererst und zutiefst danke ich meinen zahlreichen Kolleg:innen am Deutschen Institut für Wirtschaftsforschung, beim Sachverständigenrat für Umweltfragen und der TU Berlin. Zahlreiche wissenschaftliche Studien, die hier eingeflossen sind, sind in Teamarbeit am DIW, an der TU Berlin und dem SRU entstanden.

Besonders erwähnenswert und ausdrücklich zu rühmen ist mein großartiges DIW-Team, das in den letzten vier Jahren im Hintergrund schlicht Unglaubliches geleistet hat. Ganz gleich, wer von ihnen wie lange und in welcher Form an unseren Studien und Publikationen mitgewirkt hat, jedem und jeder Einzelnen schulde ich großen Dank für die wichtige und wertvolle Arbeit.

Besonderer Dank speziell für die Mitarbeit an diesem Buch geht dabei an Franziska Hoffart, die nicht nur unermüdlich wie alle an wissenschaftlichen Facharbeiten beteiligt war, sondern auch obendrein als kritische Leserin des Buches viele wertvolle Hinweise geben konnte.

Wesentlich beteiligt an diesem Buch war Claudia Cornelsen, die es meisterhaft versteht, komplizierte und sperrige wissenschaftliche Texte in verständlichen Fließtext zu verwandeln. Zudem hat sie einen schier wahnwitzigen Ritt durch die Fülle an Fachtexten, Medienartikeln, Webseiten, Podcasts und Filmen absolviert, um daraus die Dramaturgie für eine lesbare Geschichte der gewollten, verhinderten und ausgebremsten Energiewende in Deutschland zu entwickeln. Ich bin dankbar für ihre Akribie und Unermüdlichkeit bei dieser komplexen Recherche- und Übersetzungsarbeit.

Nicht zuletzt danke ich Waltraud Berz vom Campus Verlag, die in den letzten Jahren mehrfach an meine Tür geklopft hat und sich im Sommer 2022 von der Idee für dieses Buch begeistern ließ. Die hochprofessionelle Zusammenarbeit mit ihr und ihren Kolleg:innen auf allen Ebenen vom Lektorat über Marketing und Vertrieb bis zu Rechten und Lizenzen, die Geduld bei allen Widrigkeiten sowie das stete Verständnis für wissenschaftliche Zusammenhänge und Ansprüche waren und sind eine große Freude.

In der langen Kette der Wissenschaftskommunikation vom letzten Winkel der Forschungslabore bis in die Köpfe aller Menschen spielen auch Journalist:innen eine große Rolle. Auch bei diesem Buch waren die Medien als gesellschaftlicher Spiegel und Archiv kollektiven Bewusstseins eine wertvolle Basis und Quelle. Dankbar bin ich aber besonders den gründlichen und fachkundigen Recherchen der vielen investigativen

Journalist:innen, von denen ich einzelne im Buch zitieren konnte, aber sehr viele mehr unerwähnt lassen musste. Den Genannten wie den Ungenannten danke ich für ihre beharrliche, mutige und für manche auch unbequeme Arbeit, die unsere Demokratie gegen alle orchestrierten Desinformationskampagnen verteidigt und am Leben erhält.

Und natürlich danke ich meinem Mann Jürgen. Ohne ihn wäre alles nichts.